JN372031

한국가스기술공사

NCS + 최종점검 모의고사 5회

시대에듀

2025 최신판 시대에듀 한국가스기술공사 NCS + 최종점검 모의고사 5회 + 무료NCS특강

Always **with you**

사람의 인연은 길에서 우연하게 만나거나 함께 살아가는 것만을 의미하지는 않습니다.
책을 펴내는 출판사와 그 책을 읽는 독자의 만남도 소중한 인연입니다.
시대에듀는 항상 독자의 마음을 헤아리기 위해 노력하고 있습니다. 늘 독자와 함께하겠습니다.

머리말 PREFACE

세계 일류 에너지 기술기업으로 도약하기 위해 노력하는 한국가스기술공사는 2025년에 신입직원을 채용할 예정이다. 한국가스기술공사의 채용절차는 「원서접수 ➡ 1차 전형(서류전형) ➡ 2차 전형(필기전형) ➡ 3차 전형(면접전형) ➡ 합격자 발표」 순서로 진행되며, 채용예정인원의 20배수에게 필기전형 응시 기회를 부여한다. 필기전형은 직업기초능력, 직무전공, 인성검사로 진행하며, 그중 직업기초능력은 문제해결능력, 수리능력, 자원관리능력, 기술능력, 조직이해능력으로 총 5개의 영역을 평가하고, 직무전공은 분야별로 내용이 다르므로 반드시 확정된 채용공고를 확인해야 한다. 또한, 필기전형 고득점자 순으로 채용예정인원의 2~5배수를 선발하여 면접전형을 진행하므로 필기전형에서 고득점을 받기 위해 다양한 유형에 대한 폭넓은 학습과 문제풀이 능력을 높이는 등 철저한 준비가 필요하다.

한국가스기술공사 필기전형 합격을 위해 시대에듀에서는 한국가스기술공사 판매량 1위의 출간경험을 토대로 다음과 같은 특징을 가진 도서를 출간하였다.

도서의 특징

❶ 기출복원문제를 통한 출제경향 확인!

- 2024년 하반기 주요 공기업 NCS 기출복원문제를 수록하여 공기업별 출제경향을 파악할 수 있도록 하였다.

❷ 출제 영역 맞춤 문제를 통한 실력 상승!

- 직업기초능력 대표기출유형&기출응용문제를 수록하여 유형별로 학습할 수 있도록 하였다.

❸ 최종점검 모의고사를 통한 완벽한 실전 대비!

- 철저한 분석을 통해 실제 유형과 유사한 최종점검 모의고사를 수록하여 자신의 실력을 점검할 수 있도록 하였다.

❹ 다양한 콘텐츠로 최종 합격까지!

- 한국가스기술공사 채용 가이드와 면접 기출질문을 수록하여 채용 전반에 대비할 수 있도록 하였다.
- 온라인 모의고사를 무료로 제공하여 필기전형을 준비하는 데 부족함이 없도록 하였다.

끝으로 본 도서를 통해 한국가스기술공사 채용을 준비하는 모든 수험생 여러분이 합격의 기쁨을 누리기를 진심으로 기원한다.

SDC(Sidae Data Center) 씀

한국가스기술공사 기업분석 INTRODUCE

◇ 미션

깨끗하고 안전한 에너지 기술 Solution 제공으로 **탄소중립 실현 기여**

◇ 비전

천연가스의 안전한 공급 및 국민생활의 편의 증진을 위한 **Vision 2030**

◇ 핵심가치

안전우선 / 기술중시 / 상생협력 / 미래선도

◇ 인재상

Safety 안전	Communication 소통
안전에 최선을 다하는 인재	국민과 소통하는 인재
Innovation 혁신	**Challenge 도전**
성장을 위해 혁신하는 인재	미래를 향해 도전하는 인재

◇ 전략방향

스마트 기술 기반 정비 경쟁력 제고	그린에너지 미래 성장 동력 확보
지속 가능 성장 인프라 강화	디지털 활용, 전사적 경영시스템 혁신

◇ 중장기 경영목표(Vision 2030)

에너지 전문인력 **1만 명 양성**	ESG 지속가능지수 **S등급**
중대재해사고 **ZERO 달성**	매출 **7천억 원**
기술 개발 활용 성과 **10% 증가**	E BITDA 대 매출액 **10% 이상**
에너지 설비 **100% 완벽 정비**	부채비율 **80% 미만**

◇ 12대 전략과제

1. 가스플랜트 정비사업 안전 및 전문성 제고
2. 스마트 정비체계 기반 생산성 제고
3. 에너지 정비 기술 솔루션 사업 확대
4. 수소산업 지원 플랫폼 사업 확대 및 핵심기술 확보
5. 수소 인프라 기반 친환경 에너지 사업 선도적 수행
6. 글로벌 엔지니어링 기술 경쟁력 강화
7. 미래 성장사업 인재경영시스템 고도화
8. KOGAS-Tech형 ESG 가치체계 확립
9. 중대재해 예방 및 안전보건경영체계 확립
10. 디지털 전환(DX)을 통한 일하는 방식 개선
11. 전사 리스크 관리를 통한 재무성과 창출
12. 조직역량 강화 및 합리적 조직 운영

신입 채용 안내 INFORMATION

◇ 지원자격(공통)

❶ 연령 · 성별 : 제한 없음(단, 임용일 기준 만 60세 초과자 제외)
❷ 학력 · 전공 : 제한 없음
❸ 병역 : 병역법 제76조에서 정한 병역의무 불이행 사실이 없으며 병역을 필하였거나 면제받은 자 (임용일 전까지 전역 가능한 자 포함)
❹ 임용일부터 근무 가능한 자
❺ 한국가스기술공사 인사규정에 의한 채용 결격사유가 없는 자

◇ 필기전형

구분	평가내용	문항 수
직업기초능력	문제해결능력, 수리능력, 자원관리능력, 기술능력, 조직이해능력	50문항 (영역별 10문항)
직무전공	채용 분야별 전공과목	50문항
인성검사	책임감, 성실성 등 인성분야 항목	

◇ 면접전형

구분	내용
직업기초능력	직업인으로서 공통적으로 갖추어야 할 능력
직무수행능력	해당 직무수행에 필요한 지식, 기술, 태도 및 발전 가능성 등 평가

❖ 위 채용 안내는 2024년 하반기 채용공고를 기준으로 작성하였으므로 세부사항은 확정된 채용공고를 확인하기 바랍니다.

2024년 하반기 기출분석 ANALYSIS

총평

한국가스기술공사의 필기전형은 피듈형으로 출제되었으며, 난이도가 무난했다는 후기가 많았다. 다만, 수리능력에서 응용 수리의 비중이 높았고 자세한 계산을 요구하는 문제가 많았다는 후기가 있었다. 따라서 NCS 영역별 개념을 확실히 익혀두고 실수 없는 계산 연습을 하는 것이 좋겠다.

◇ 영역별 출제 비중

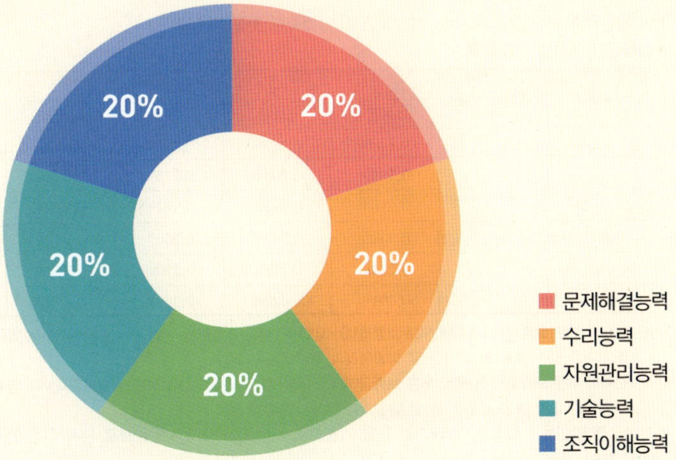

구분	출제 특징	출제 키워드
문제해결능력	• 명제 추론 문제가 출제됨	• 참/거짓 등
수리능력	• 응용 수리 문제가 출제됨 • 수열 계산 문제가 출제됨	• 소금물, 속력, 유속, 분수 등
자원관리능력	• 시간 계획 문제가 출제됨	• 시차, 규칙 등
기술능력	• 모듈형 문제가 출제됨	• 기술 등
조직이해능력	• 모듈형 문제가 출제됨	• 경영, 조직 등

PSAT형

ㅣ수리능력

04 다음은 신용등급에 따른 아파트 보증률에 대한 사항이다. 자료와 상황에 근거할 때, 갑(甲)과 을(乙)의 보증료의 차이는 얼마인가?(단, 두 명 모두 대지비 보증금액은 5억 원, 건축비 보증금액은 3억 원이며, 보증서 발급일로부터 입주자 모집공고 안에 기재된 입주 예정 월의 다음 달 말일까지의 해당 일수는 365일이다)

• (신용등급별 보증료)=(대지비 부분 보증료)+(건축비 부분 보증료)
• 신용평가 등급별 보증료율

구분	대지비 부분	건축비 부분				
		1등급	2등급	3등급	4등급	5등급
AAA, AA	0.138%	0.178%	0.185%	0.192%	0.203%	0.221%
A^+		0.194%	0.208%	0.215%	0.226%	0.236%
A^-, BBB^+		0.216%	0.225%	0.231%	0.242%	0.261%
BBB^-		0.232%	0.247%	0.255%	0.267%	0.301%
BB^+ ~ CC		0.254%	0.276%	0.296%	0.314%	0.335%
C, D		0.404%	0.427%	0.461%	0.495%	0.531%

※ (대지비 부분 보증료)=(대지비 부분 보증금액)×(대지비 부분 보증료율)×(보증서 발급일로부터 입주자 모집공고 안에 기재된 입주 예정 월의 다음 달 말일까지의 해당 일수)÷365
※ (건축비 부분 보증료)=(건축비 부분 보증금액)×(건축비 부분 보증료율)×(보증서 발급일로부터 입주자 모집공고 안에 기재된 입주 예정 월의 다음 달 말일까지의 해당 일수)÷365

• 기여고객 할인율 : 보증료, 거래기간 등을 기준으로 기여도에 따라 6개 군으로 분류하며, 건축비 부분 요율에서 할인 가능

구분	1군	2군	3군	4군	5군	6군
차감률	0.058%	0.050%	0.042%	0.033%	0.025%	0.017%

〈상황〉

• 갑 : 신용등급은 A^+이며, 3등급 아파트 보증금을 내야 한다. 기여고객 할인율에서는 2군으로 선정되었다.
• 을 : 신용등급은 C이며, 1등급 아파트 보증금을 내야 한다. 기여고객 할인율은 3군으로 선정되었다.

① 554,000원
② 566,000원
③ 582,000원
④ 591,000원
⑤ 623,000원

특징
▸ 대부분 의사소통능력, 수리능력, 문제해결능력을 중심으로 출제(일부 기업의 경우 자원관리능력, 조직이해능력을 출제)
▸ 자료에 대한 추론 및 해석 능력을 요구

대행사
▸ 엑스퍼트컨설팅, 커리어넷, 태드솔루션, 한국행동과학연구소(행과연), 휴노 등

모듈형

| 문제해결능력

41 문제해결절차의 문제 도출 단계는 (가)와 (나)의 절차를 거쳐 수행된다. 다음 중 (가)에 대한 설명으로 적절하지 않은 것은?

(가)	→	(나)
전체 문제를 개별화된 이슈들로 세분화		문제에 영향력이 큰 핵심이슈를 선정

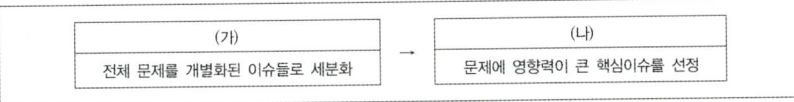

① 문제의 내용 및 영향 등을 파악하여 문제의 구조를 도출한다.
② 본래 문제가 발생한 배경이나 문제를 일으키는 메커니즘을 분명히 해야 한다.
③ 현상에 얽매이지 말고 문제의 본질과 실제를 봐야 한다.
④ 눈앞의 결과를 중심으로 문제를 바라봐야 한다.
⑤ 문제 구조 파악을 위해서 Logic Tree 방법이 주로 사용된다.

특징
- 이론 및 개념을 활용하여 푸는 유형
- 채용 기업 및 직무에 따라 NCS 직업기초능력평가 10개 영역 중 선발하여 출제
- 기업의 특성을 고려한 직무 관련 문제를 출제
- 주어진 상황에 대한 판단 및 이론 적용을 요구

대행사
- 인트로맨, 휴스테이션, ORP연구소 등

피듈형(PSAT형 + 모듈형)

| 자원관리능력

07 다음 자료를 근거로 판단할 때, 연구모임 A ~ E 중 세 번째로 많은 지원금을 받는 모임은?

〈지원계획〉

- 지원을 받기 위해서는 한 모임당 5명 이상 9명 미만으로 구성되어야 한다.
- 기본지원금은 모임당 1,500천 원을 기본으로 지원한다. 단, 상품개발을 위한 모임의 경우는 2,000천 원을 지원한다.
- 추가지원금

등급	상	중	하
추가지원금(천 원/명)	120	100	70

※ 추가지원금은 연구 계획 사전평가결과에 따라 달라진다.

- 협업 장려를 위해 협업이 인정되는 모임에는 위의 두 지원금을 합한 금액의 30%를 별도로 지원한다.

〈연구모임 현황 및 평가결과〉

특징
- 기초 및 응용 모듈을 구분하여 푸는 유형
- 기초인지모듈과 응용업무모듈로 구분하여 출제
- PSAT형보다 난도가 낮은 편
- 유형이 정형화되어 있고, 유사한 유형의 문제를 세트로 출제

대행사
- 사람인, 스카우트, 인크루트, 커리어케어, 트리피, 한국사회능력개발원 등

한국가스기술공사

참 / 거짓 ▶ 유형

2024년 적중

07 이번 학기에 4개의 강좌 A ~ D가 새로 개설되는데, 강사 갑 ~ 무 중 4명이 한 강좌씩 맡으려 한다. 배정 결과를 궁금해 하는 5명은 다음 〈조건〉과 같이 예측했다. 배정 결과를 보니 갑 ~ 무의 진술 중 한 명의 진술만이 거짓이고 나머지는 참임이 드러났을 때, 다음 중 바르게 추론한 것은?

조건

갑 : 을이 A강좌를 담당하고 병은 강좌를 담당하지 않을 것이다.
을 : 병이 B강좌를 담당할 것이다.
병 : 정은 D강좌가 아닌 다른 강좌를 담당할 것이다.
정 : 무가 D강좌를 담당할 것이다.
무 : 을의 말은 거짓일 것이다.

① 갑은 A강좌를 담당한다.
② 을은 C강좌를 담당한다.
③ 병은 강좌를 담당하지 않는다.
④ 정은 D강좌를 담당한다.
⑤ 무는 B강좌를 담당한다.

소금물 ▶ 키워드

2024년 적중

11 6%의 소금물 700g에서 한 컵의 소금물을 퍼내고, 퍼낸 양만큼 13%의 소금물을 넣었더니 9%의 소금물이 되었다. 이때, 퍼낸 소금물의 양은?

① 300g
② 320g
③ 350g
④ 390g
⑤ 450g

속력 ▶ 유형

2024년 적중

12 A기차와 B기차가 36m/s의 일정한 속력으로 달리고 있다. 600m 길이의 터널을 완전히 통과하는데 A기차가 25초, B기차가 20초 걸렸다면 각 기차의 길이로 알맞게 짝지어진 것은?

	A기차	B기차
①	200m	150m
②	300m	100m
③	150m	120m
④	200m	130m
⑤	300m	120m

한국전력공사

문장 삽입 ▸ 유형

2024년 적중

06 다음 중 빈칸에 들어갈 문장으로 가장 적절한 것은?

> 사회가 변하면 사람들은 새로운 생활에 맞는 새로운 언어를 필요로 하게 된다. 그 언어가 자연스럽게 육성되기를 기다릴 수도 있지만, 사람들은 대개 외국으로부터 그러한 개념의 언어를 빌려오려고 한다. 돈이나 기술을 빌리는 것에 비하면 언어는 대가 없이 빌려 쓸 수 있으므로 대개는 제한 없이 외래어를 빌린다. 특히 ______________ 광복 이후 우리 사회에서 외래어가 넘쳐나는 것은 그간 우리나라의 고도성장과 절대 무관하지 않다.

① 외래어의 증가는 사회의 팽창과 함께 진행된다.
② 새로운 언어는 사회의 변화를 선도하기도 한다.
③ 외래어가 증가하면 범람한다는 비판을 받게 된다.
④ 새로운 언어는 인간의 욕망을 적절히 표현해 준다.
⑤ 새로운 언어는 필연적으로 외국의 개념을 빌릴 수밖에 없다.

퇴직금 ▸ 키워드

2024년 적중

09 K공사에 근무하는 A씨는 사정이 생겨 퇴사하게 되었다. A씨의 근무기간 및 기본급 등의 기본정보가 다음과 같다면, A씨가 받게 되는 퇴직금의 세전금액은 얼마인가?(단, A씨의 퇴직일 이전 3개월간 기타수당은 720,000원이며, 퇴직일 이전 3개월간 총일수는 80일이다)

- 입사일자 : 2021년 9월 1일
- 퇴사일자 : 2023년 9월 4일
- 재직일수 : 730일
- 월기본급 : 2,000,000원
- 월기타수당 : 월별 상이
- 퇴직 전 3개월 임금 총액 계산(세전금액)

퇴직 이전 3개월간 총일수	기본급(3개월분)	기타수당(3개월분)
80일	6,000,000원	720,000원

- (1일 평균임금)=[퇴직일 이전 3개월간에 지급 받은 임금총액(기본급)+(기타수당)]/(퇴직일 이전 3개월간 총일수)
- (퇴직금)=(1일 평균임금)×(30일)×[(재직일수)/365]

① 5,020,000원
② 5,030,000원
③ 5,040,000원
④ 5,050,000원
⑤ 5,060,000원

한전KDN

농도 ▶ 유형

2024년 적중

05 농도를 알 수 없는 설탕물 500g에 3%의 설탕물 200g을 온전히 섞었더니 섞은 설탕물의 농도는 7%가 되었다. 이때, 처음 500g의 설탕물에 녹아있던 설탕은 몇 g인가?

① 40g ② 41g
③ 42g ④ 43g
⑤ 44g

비율 ▶ 키워드

2024년 적중

※ 다음은 외국인 직접투자의 투자건수 비율과 투자금액 비율을 투자규모별로 나타낸 자료이다. 이어지는 질문에 답하시오. **[12~13]**

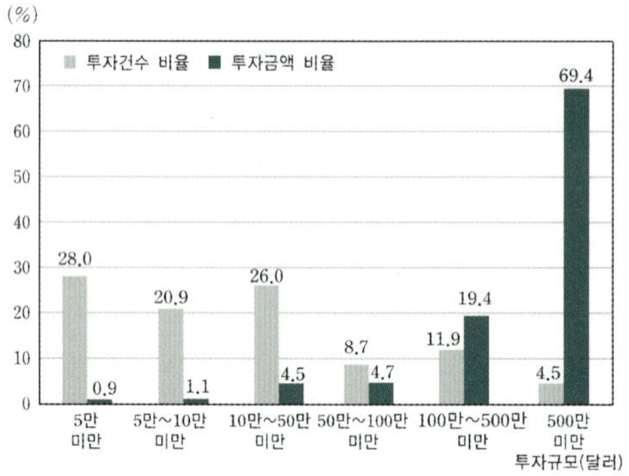

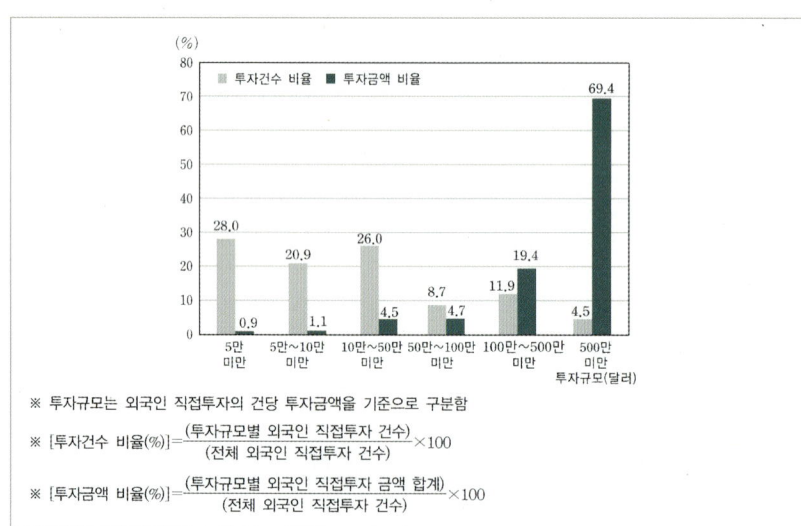

※ 투자규모는 외국인 직접투자의 건당 투자금액을 기준으로 구분함

※ [투자건수 비율(%)]$=\frac{\text{(투자규모별 외국인 직접투자 건수)}}{\text{(전체 외국인 직접투자 건수)}}\times 100$

※ [투자금액 비율(%)]$=\frac{\text{(투자규모별 외국인 직접투자 금액 합계)}}{\text{(전체 외국인 직접투자 건수)}}\times 100$

12 다음 중 투자규모가 50만 달러 미만인 투자건수 비율은?

① 55.3% ② 62.8%
③ 68.6% ④ 74.9%
⑤ 83.6.3%

한국수력원자력

암호 ▸ 키워드

2024년 적중

※ H공단의 ICT 센터는 정보보안을 위해 직원의 컴퓨터 암호를 다음과 같은 규칙으로 지정해두었다. 이어지는 질문에 답하시오. **[36~37]**

〈규칙〉

1. 자음과 모음의 배열은 국어사전의 배열 순서에 따른다.
   - 자음
     - 국어사전 배열 순서에 따라 알파벳 소문자(a, b, c, …)로 치환하여 사용한다.
     - 받침으로 사용되는 자음의 경우 대문자로 구분한다.
     - 겹받침일 경우, 먼저 쓰인 순서대로 알파벳을 나열한다.
   - 모음
     - 국어사전 배열 순서에 따라 숫자(1, 2, 3, …)로 치환하여 사용한다.
2. 비밀번호는 임의의 세 글자로 구성하되 마지막 음절 뒤 한 자리 숫자는 다음의 규칙에 따라 지정한다.
   - 음절에 사용된 각 모음의 합으로 구성한다.
   - 모음의 합이 두 자리 이상일 경우엔 각 자릿수를 다시 합하여 한 자리 수가 나올 때까지 더한다.
   - '–'을 사용하여 단어와 구별한다.

36 김사원 컴퓨터의 비밀번호는 '자전거'이다. 이를 암호로 바르게 치환한 것은?

① m1m3ca5–9　　② m1m5Ca5–2

신재생에너지 ▸ 키워드

2024년 적중

02 다음은 2022년도 신재생에너지 산업통계에 대한 자료이다. 이를 토대로 작성한 그래프로 옳지 않은 것은?

〈신재생에너지원별 산업 현황〉

(단위 : 억 원)

구분	기업체 수(개)	고용인원(명)	매출액	내수	수출액	해외공장매출	투자액
태양광	127	8,698	75,637	22,975	33,892	18,770	5,324
태양열	21	228	290	290	0	0	1
풍력	37	2,369	14,571	5,123	5,639	3,809	583
연료전지	15	802	2,837	2,143	693	0	47
지열	26	541	1,430	1,430	0	0	251
수열	3	46	29	29	0	0	0
수력	4	83	129	116	13	0	0
바이오	128	1,511	12,390	11,884	506	0	221
폐기물	132	1,899	5,763	5,763	0	0	1,539
합계	493	16,177	113,076	49,753	40,743	22,579	7,966

① 신재생에너지원별 기업체 수(단위 : 개)

도서 200% 활용하기 STRUCTURES

1 기출복원문제로 출제경향 파악

2024 하반기 주요 공기업

NCS 기출복원문제

정답 및 해설 p.002

| 코레일 한국철도공사 / 의사소통능력

01 다음 중 비언어적 요소인 쉼을 사용하는 경우로 적절하지 않은 것은?

① 양해나 동조를 구할 경우
② 상대방에게 반문을 할 경우
③ 이야기의 흐름을 바꿀 경우
④ 연단공포증을 극복하려는 경우
⑤ 이야기를 생략하거나 암시할 경우

| 코레일 한국철도공사 / 의사소통능력

03 다음 글을 통해 알 수 있는 철도사고 발생 시 행동요령으로 적절하지 않은 것은?

> 철도사고는 지하철, 고속철도 등 철도에서 발생하는 사고를 뜻한다. 많은 사람이 한꺼번에 이용하며 무거운 전동차가 고속으로 움직이는 특성상 철도사고가 발생할 경우 인명과 재산에 큰 피해가 발생한다.
> 철도사고는 다양한 원인에 의해 발생하며 사고 유형 또한 다양하게 나타나는데, 대표적으로는 충돌사고, 탈선사고, 열차화재사고가 있다. 이 사고들은 철도안전법에서 철도교통사고로 규정되어 있으며, 많은 인명피해를 야기하므로 철도사업자는 반드시 이를 예방하기 위한 조치를 취해야 한다. 또한 승객들은 위험으로부터 빠르게 벗어나기 위해 사고 시 대피요령을 파악하고 있어야 한다.
> 국토교통부는 철도사고 발생 시 인명과 재산을 보호하기 위한 국민행동요령을 제시하고 있다. 이 행동요령에 따르면 지하철에서 사고가 발생할 경우 가장 먼저 객실 양 끝에 있는 인터폰으로 승무원에게 사고를 알려야 한다. 만약 화재가 발생했다면 곧바로 119에 신고하고, 여유가 있다면 객실 양 끝에 비치된 소화기로 불을 꺼야 한다. 반면 화재의 진화가 어려울 경우 입과 코를 젖은 천으로 막고 화재가 발생하지 않은 다른 객실로 이동해야 한다. 전동차에서 대피할 때는 안내방송과 승무원의 안내에 따라 질서 있게 대피해야 하며 이때 부상자, 노약자, 임산부가 먼저 대피할 수 있도록 배려하고 도와주어야 한다. 만약 전동차의 문이 열리지 않으면 반드시 열차가 멈춘 후에 안내방송에 따라 비상핸들이나 비상콕크를 돌려 문을 열고 탈출해야 한다. 전동차가 플랫폼에 멈췄을 경우 스크린도어를 열고 탈출해야 하는데, 손잡이를 양쪽으로 밀거나 빨간색 비상바를 밀고 탈출해야 한다. 반대로 역이 아닌 곳에서 멈췄을 경우 감전의 위험이 있으므로 반드시 승무원의 안내에 따라 반대편 선로의 열차 진입에 유의하며 대피 유도등을 따라 침착하게 비상구로 대피해야 한다.
> 이와 같이 승객들은 철도사고 발생 시 신고, 질서 유지, 빠른 대피를 중점적으로 유념하여 행동해야 한다. 철도사고는 사고 자체가 일어나지 않도록 철저한 안전관리와 예방이 필요하지만, 다양한 원인으로 예상치 못하게 발생한다. 따라서 철도교통을 이용하는 승객 또한 평소에 안전 수칙을 준수하고 비상 상황에서 침착하게 대처하는 훈련이 필요하다.

① 침착함을 잃지 않고 승무원의 안내에 따라 대피해야 한다.
② 화재사고 발생 시 규모가 크지 않다면 빠르게 진화 작업을 해야 한다.
③ 선로에서 대피할 경우 승무원의 안내와 대피 유도등을 따라 대피해야 한다.
④ 열차에서 대피할 때는 탈출이 어려운 사람부터 대피할 수 있도록 도와야 한다.
⑤ 열차사고 발생 시 탈출을 위해 우선 비상핸들을 돌려 열차의 문을 개방해야 한다.

▸ 2024년 하반기 주요 공기업 NCS 기출복원문제를 수록하여 공기업별 출제경향을 파악할 수 있도록 하였다.

2 대표기출유형 + 기출응용문제로 NCS 완벽 대비

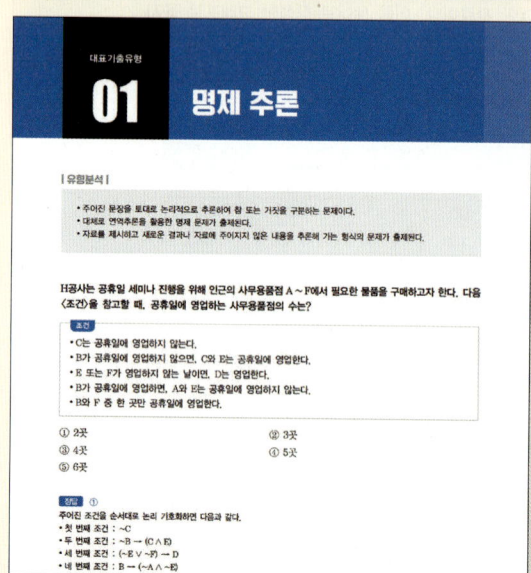

대표기출유형

01 명제 추론

| 유형분석 |

- 주어진 문장을 토대로 논리적으로 추론하여 참 또는 거짓을 구분하는 문제이다.
- 대체로 연역추론을 활용한 명제 문제가 출제된다.
- 자료를 제시하고 새로운 결과나 자료에 주어지지 않은 내용을 추론해 가는 형식의 문제가 출제된다.

H공사는 공휴일 세미나 진행을 위해 인근의 사무용품점 A ~ F에서 필요한 물품을 구매하고자 한다. 다음 〈조건〉을 참고할 때, 공휴일에 영업하는 사무용품점의 수는?

조건

- C는 공휴일에 영업하지 않는다.
- B가 공휴일에 영업하지 않으면, C와 E는 공휴일에 영업한다.
- E 또는 F가 영업하지 않는 날이면, D는 영업한다.
- B가 공휴일에 영업하면, A와 E는 공휴일에 영업하지 않는다.
- B와 F 중 한 곳만 공휴일에 영업한다.

① 2곳　② 3곳
③ 4곳　④ 5곳
⑤ 6곳

정답 ①

주어진 조건을 순서대로 논리 기호화하면 다음과 같다.

- 첫 번째 조건 : ~C
- 두 번째 조건 : ~B → (C ∧ E)
- 세 번째 조건 : (~E ∨ ~F) → D
- 네 번째 조건 : B → (~A ∧ ~E)

대표기출유형 01 기출응용문제

01 9층 건물의 지하에서 출발한 엘리베이터에 타고 있던 A ~ I 9명은 1층부터 9층까지 각각 다른 층에 내렸다. 〈조건〉을 근거로 할 때, 다음 중 짝수 층에서 내리지 않은 사람은?

조건

- D는 F보다는 빨리 내렸고, A보다는 늦게 내렸다.
- H는 홀수 층에 내렸다.
- C는 3층에 내렸다.
- G는 C보다 늦게 내렸고, B보다 빨리 내렸다.
- B는 C보다 3층 후에 내렸고, F보다는 1층 전에 내렸다.
- I는 D보다 늦게 내렸고, G보다는 일찍 내렸다.

① B　② D
③ E　④ G
⑤ I

02 국제영화제 행사에 참석한 K는 A ~ F영화를 〈조건〉에 맞춰 5월 1일부터 5월 6일까지 하루에 한 편씩 보려고 한다. 다음 중 반드시 참인 것은?

조건

- F영화는 3일과 4일 중 하루만 상영된다.

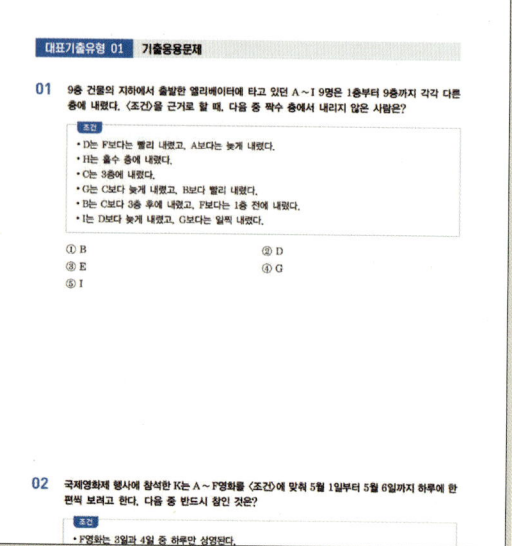

▸ NCS 출제 영역에 대한 대표기출유형&기출응용문제를 수록하여 유형별로 학습할 수 있도록 하였다.

3 최종점검 모의고사 + OMR을 활용한 실전 연습

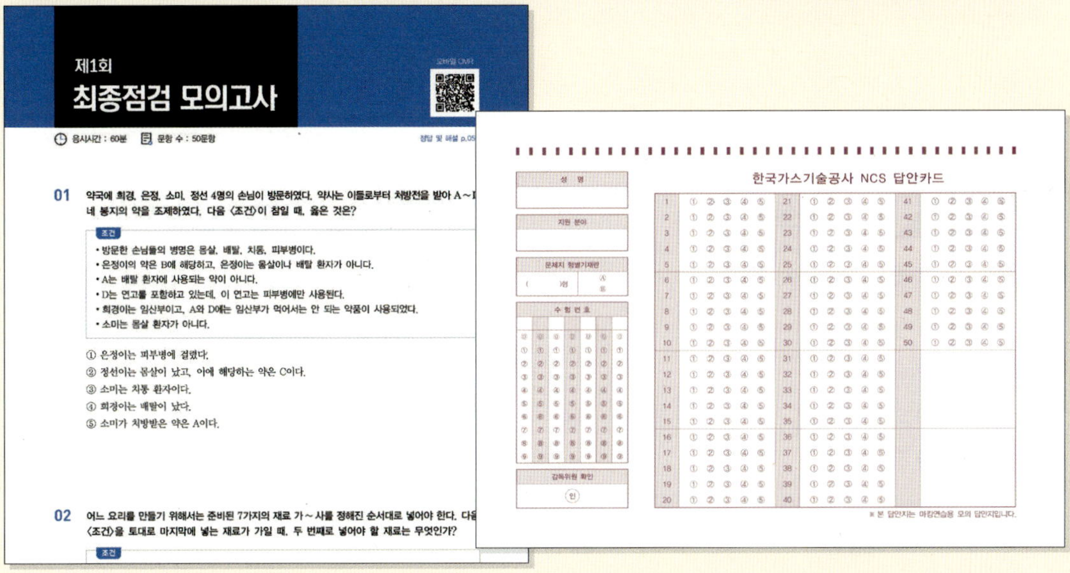

▸ 철저한 분석을 통해 실제 유형과 유사한 최종점검 모의고사를 수록하여 자신의 실력을 점검할 수 있도록 하였다.
▸ 모바일 OMR 답안채점/성적분석 서비스를 통해 필기전형에 대비할 수 있도록 하였다.

4 인성검사부터 면접까지 한 권으로 최종 마무리

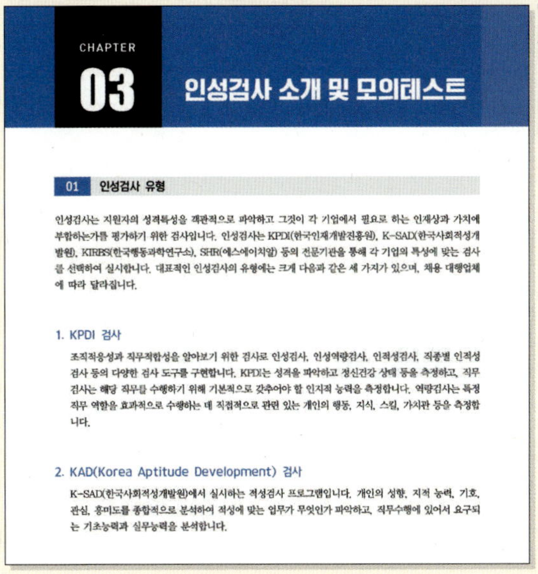

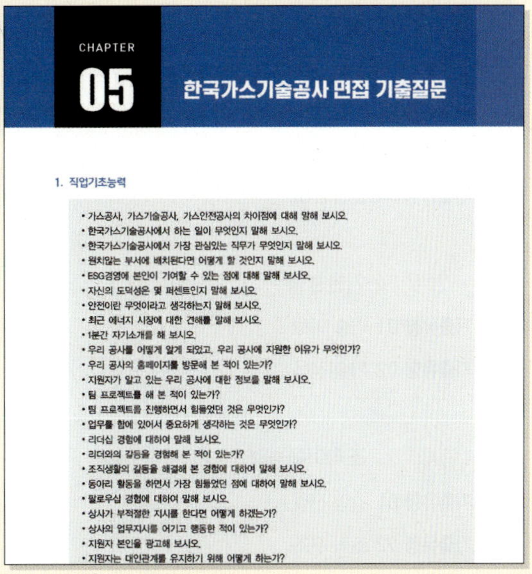

▸ 인성검사 모의테스트를 수록하여 인성검사 유형 및 문항을 확인할 수 있도록 하였다.
▸ 한국가스기술공사 면접 기출질문을 수록하여 실제 면접에서 나오는 질문을 미리 파악하고 연습할 수 있도록 하였다.

이 책의 차례 CONTENTS

Add+

2024년 하반기 주요 공기업 NCS 기출복원문제

2024
하반기 주요 공기업
NCS 기출복원문제

정답 및 해설 p.002

| 코레일 한국철도공사 / 의사소통능력

01 다음 중 비언어적 요소인 쉼을 사용하는 경우로 적절하지 않은 것은?

① 양해나 동조를 구할 경우
② 상대방에게 반문을 할 경우
③ 이야기의 흐름을 바꿀 경우
④ 연단공포증을 극복하려는 경우
⑤ 이야기를 생략하거나 암시할 경우

| 코레일 한국철도공사 / 의사소통능력

02 다음 밑줄 친 부분에 해당하는 키슬러의 대인관계 의사소통 유형은?

> 의사소통 시 <u>이 유형</u>의 사람은 따뜻하고 인정이 많고 자기희생적이나 타인의 요구를 거절하지 못하므로 타인과의 정서적인 거리를 유지하는 노력이 필요하다.

① 지배형
② 사교형
③ 친화형
④ 고립형
⑤ 순박형

03 다음 글을 통해 알 수 있는 철도사고 발생 시 행동요령으로 적절하지 않은 것은?

> 철도사고는 지하철, 고속철도 등 철도에서 발생하는 사고를 뜻한다. 많은 사람이 한꺼번에 이용하며 무거운 전동차가 고속으로 움직이는 특성상 철도사고가 발생할 경우 인명과 재산에 큰 피해가 발생한다.
> 철도사고는 다양한 원인에 의해 발생하며 사고 유형 또한 다양하게 나타나는데, 대표적으로는 충돌사고, 탈선사고, 열차화재사고가 있다. 이 사고들은 철도안전법에서 철도교통사고로 규정되어 있으며, 많은 인명피해를 야기하므로 철도사업자는 반드시 이를 예방하기 위한 조치를 취해야 한다. 또한 승객들은 위험으로부터 빠르게 벗어나기 위해 사고 시 대피요령을 파악하고 있어야 한다.
> 국토교통부는 철도사고 발생 시 인명과 재산을 보호하기 위한 국민행동요령을 제시하고 있다. 이 행동요령에 따르면 지하철에서 사고가 발생할 경우 가장 먼저 객실 양 끝에 있는 인터폰으로 승무원에게 사고를 알려야 한다. 만약 화재가 발생했다면 곧바로 119에 신고하고, 여유가 있다면 객실 양 끝에 비치된 소화기로 불을 꺼야 한다. 반면 화재의 진화가 어려울 경우 입과 코를 젖은 천으로 막고 화재가 발생하지 않은 다른 객실로 이동해야 한다. 전동차에서 대피할 때는 안내방송과 승무원의 안내에 따라 질서 있게 대피해야 하며 이때 부상자, 노약자, 임산부가 먼저 대피할 수 있도록 배려하고 도와주어야 한다. 만약 전동차의 문이 열리지 않으면 반드시 열차가 멈춘 후에 안내방송에 따라 비상핸들이나 비상콕크를 돌려 문을 열고 탈출해야 한다. 전동차가 플랫폼에 멈췄을 경우 스크린도어를 열고 탈출해야 하는데, 손잡이를 양쪽으로 밀거나 빨간색 비상바를 밀고 탈출해야 한다. 반대로 역이 아닌 곳에서 멈췄을 경우 감전의 위험이 있으므로 반드시 승무원의 안내에 따라 반대편 선로의 열차 진입에 유의하며 대피 유도등을 따라 침착하게 비상구로 대피해야 한다.
> 이와 같이 승객들은 철도사고 발생 시 신고, 질서 유지, 빠른 대피를 중점적으로 유념하여 행동해야 한다. 철도사고는 사고 자체가 일어나지 않도록 철저한 안전관리와 예방이 필요하지만, 다양한 원인으로 예상치 못하게 발생한다. 따라서 철도교통을 이용하는 승객 또한 평소에 안전 수칙을 준수하고 비상 상황에서 침착하게 대처하는 훈련이 필요하다.

① 침착함을 잃지 않고 승무원의 안내에 따라 대피해야 한다.
② 화재사고 발생 시 규모가 크지 않다면 빠르게 진화 작업을 해야 한다.
③ 선로에서 대피할 경우 승무원의 안내와 대피 유도등을 따라 대피해야 한다.
④ 열차에서 대피할 때는 탈출이 어려운 사람부터 대피할 수 있도록 도와야 한다.
⑤ 열차사고 발생 시 탈출을 위해 우선 비상핸들을 돌려 열차의 문을 개방해야 한다.

04 다음 글을 읽고 알 수 있는 하향식 읽기 모형의 사례로 적절하지 않은 것은?

> 글을 읽는 것은 단순히 책에 쓰인 문자를 해독하는 것이 아니라 그 안에 담긴 의미를 파악하는 과정이다. 그렇다면 사람들은 어떤 방식으로 글의 의미를 파악할까? 세상의 모든 어휘를 알고 있는 사람은 없을 것이다. 그러나 대부분의 사람들, 특히 고등교육을 받은 성인들은 자신이 잘 모르는 어휘가 있더라도 글의 전체적인 맥락과 의미를 파악할 수 있다. 이를 설명해 주는 것이 바로 하향식 읽기 모형이다.
>
> 하향식 읽기 모형은 독자가 이미 알고 있는 배경지식과 경험을 바탕으로 글의 전체적인 맥락을 먼저 파악하는 방식이다. 하향식 읽기 모형은 독자의 능동적인 참여를 활용하는 읽기로, 여기서 독자는 단순히 글을 받아들이는 수동적인 존재가 아니라 자신의 지식과 경험을 활용하여 글의 의미를 구성해 나가는 주체적인 역할을 한다. 이때 독자는 글의 내용을 예측하고 추론하며, 심지어 자신의 생각을 더하여 글에 대한 이해를 넓혀갈 수 있다.
>
> 하향식 읽기 모형의 장점은 빠르고 효율적인 독서가 가능하다는 것이다. 글의 전체적인 맥락을 먼저 파악하기 때문에 글의 핵심 내용을 빠르게 파악할 수 있고, 배경지식을 활용하여 더 깊이 있는 이해를 얻을 수 있다. 또한 예측과 추론을 통한 능동적인 독서는 독서에 대한 흥미를 높여 주는 효과도 있다.
>
> 그러나 하향식 읽기 모형은 독자의 배경지식에 의존하여 읽는 방법이므로 배경지식이 부족한 경우 글의 의미를 정확하게 파악하기 어려울 수 있으며, 배경지식에 의존하여 오해를 할 가능성도 크다. 또한 글의 내용이 복잡하다면 많은 배경지식을 가지고 있더라도 글의 맥락을 적극적으로 가정하거나 추측하기 어려운 것 또한 하향식 읽기 모형의 단점이 된다.
>
> 하향식 읽기 모형은 글의 내용을 빠르게 이해하고 독자 스스로 내면화할 수 있으므로 독서 능력 향상에 유용한 방법이다. 그러나 모든 글에 동일하게 적용할 수 있는 읽기 모델은 아니므로 글의 종류와 독자의 배경지식에 따라 적절한 읽기 전략을 사용해야 한다. 따라서 하향식 읽기 모형과 함께 상향식 읽기(문자의 정확한 해독), 주석 달기, 소리 내어 읽기 등 다양한 읽기 전략을 활용하여야 한다.

① 회의 자료를 읽기 전 회의 주제를 먼저 파악하여 회의 안건을 예상하였다.
② 기사의 헤드라인을 먼저 읽어 기사의 내용을 유추한 뒤 상세 내용을 읽었다.
③ 제품 설명서를 읽어 제품의 기능과 각 버튼의 용도를 파악하고 기계를 작동시켰다.
④ 요리법의 전체적인 조리 과정을 파악하고 단계별로 필요한 재료와 순서를 확인하였다.
⑤ 서문이나 목차를 통해 책의 전체적인 흐름을 파악하고 관심 있는 부분을 집중적으로 읽었다.

05 농도가 15%인 소금물 200g과 농도가 20%인 소금물 300g을 섞었을 때, 섞인 소금물의 농도는?

① 17%
② 17.5%
③ 18%
④ 18.5%
⑤ 19%

06 남직원 A ~ C, 여직원 D ~ F 6명이 일렬로 앉고자 한다. 여직원끼리 인접하지 않고, 여직원 D와 남직원 B가 서로 인접하여 앉는 경우의 수는?

① 12가지
② 20가지
③ 40가지
④ 60가지
⑤ 120가지

07 다음과 같이 일정한 규칙으로 수를 나열할 때 빈칸에 들어갈 수로 옳은 것은?

−23	−15	−11	5	13	25	( )	45	157	65

① 49
② 53
③ 57
④ 61
⑤ 65

08 다음은 K시의 유치원, 초·중·고등학교, 고등교육기관의 취학률 및 초·중·고등학교의 상급학교 진학률에 대한 자료이다. 이에 대한 설명으로 옳지 않은 것은?

〈유치원, 초·중·고등학교, 고등교육기관 취학률〉

(단위 : %)

구분	2014년	2015년	2016년	2017년	2018년	2019년	2020년	2021년	2022년	2023년
유치원	45.8	45.2	48.3	50.6	51.6	48.1	44.3	45.8	49.7	52.8
초등학교	98.7	99	98.6	98.9	99.3	99.6	98.1	98.1	99.5	99.9
중학교	98.5	98.6	98.1	98	98.9	98.5	97.1	97.6	97.5	98.2
고등학교	95.3	96.9	96.2	95.4	96.2	94.7	92.1	93.7	95.2	95.6
고등교육기관	65.6	68.9	64.9	66.2	67.5	69.2	70.8	71.7	74.3	73.5

〈초·중·고등학교 상급학교 진학률〉

(단위 : %)

구분	2014년	2015년	2016년	2017년	2018년	2019년	2020년	2021년	2022년	2023년
초등학교	100	100	100	100	100	100	100	100	100	100
중학교	99.7	99.7	99.7	99.7	99.7	99.7	99.7	99.7	99.7	99.6
고등학교	93.5	91.8	90.2	93.2	91.7	90.5	91.4	92.6	93.9	92.8

① 중학교의 취학률은 매년 97% 이상이다.

② 매년 취학률이 가장 높은 기관은 초등학교이다.

③ 고등교육기관의 취학률이 70%를 넘긴 해는 2020년부터이다.

④ 2023년에 중학교에서 고등학교로 진학하지 않은 학생의 비율은 전년 대비 감소하였다.

⑤ 고등교육기관의 취학률이 가장 낮은 해와 고등학교의 상급학교 진학률이 가장 낮은 해는 같다.

09 다음은 A기업과 B기업의 2024년 1 ~ 6월 매출액에 대한 자료이다. 이를 그래프로 옮겼을 때의 개형으로 옳은 것은?

〈2024년 1 ~ 6월 A, B기업 매출액〉

(단위 : 억 원)

구분	2024년 1월	2024년 2월	2024년 3월	2024년 4월	2024년 5월	2024년 6월
A기업	307.06	316.38	315.97	294.75	317.25	329.15
B기업	256.72	300.56	335.73	313.71	296.49	309.85

①
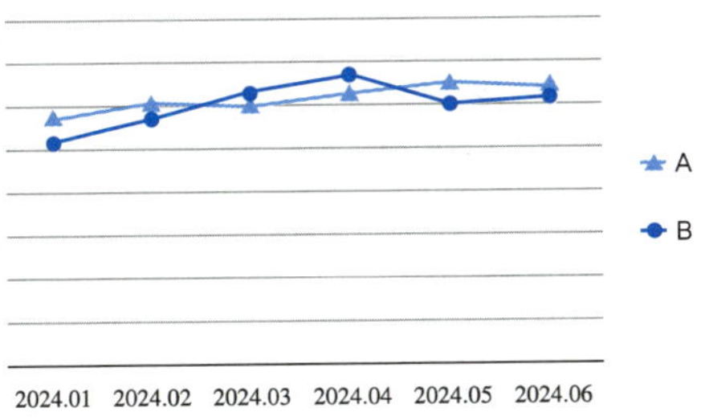

②
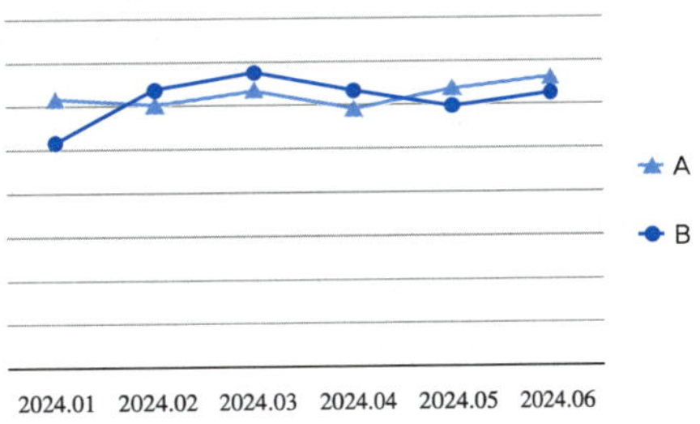

③
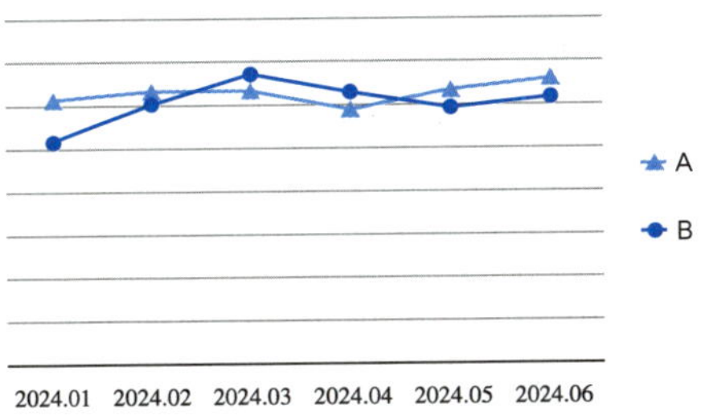

④
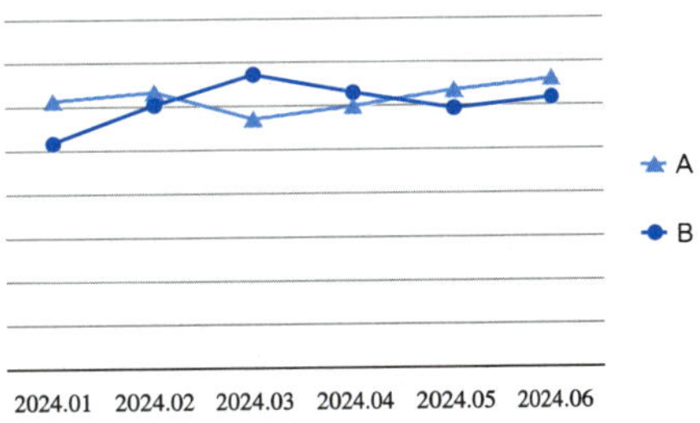

⑤
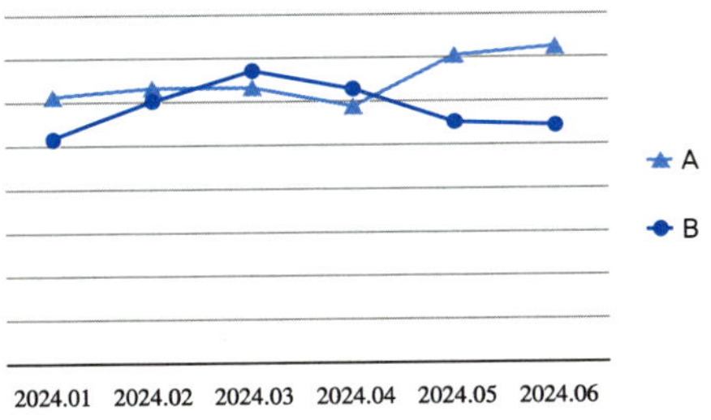

10 다음은 스마트 팜을 운영하는 K사에 대한 SWOT 분석 결과이다. 이에 따른 전략이 나머지와 다른 것은?

〈K사 스마트 팜 SWOT 분석 결과〉

구분		분석 결과
내부환경요인	강점 (Strength)	• 차별화된 기술력 : 기존 스마트 팜 솔루션과 차별화된 센서 기술, AI 기반 데이터 분석 기술 보유 • 젊고 유연한 조직 : 빠른 의사결정과 시장 변화에 대한 적응력 • 정부 사업 참여 경험 : 스마트 팜 관련 정부 사업 참여 가능성
	약점 (Weakness)	• 자금 부족 : 연구개발, 마케팅 등에 필요한 자금 확보 어려움 • 인력 부족 : 다양한 분야의 전문 인력 확보 필요 • 개발력 부족 : 신규 기술 개발 속도 느림
외부환경요인	기회 (Opportunity)	• 스마트 팜 시장 성장 : 스마트 팜에 대한 관심 증가와 이에 따른 정부의 적극적인 지원 • 해외 시장 진출 가능성 : 글로벌 스마트 팜 시장 진출 기회 확대 • 활발한 관련 연구 : 스마트 팜 관련 공동연구 및 포럼, 설명회 등 정보 교류가 활발하게 논의
	위협 (Threat)	• 경쟁 심화 : 후발 주자의 등장과 기존 대기업의 시장 장악 가능성 • 기술 변화 : 빠르게 변화하는 기술 트렌드에 대한 대응 어려움 • 자연재해 : 기후 변화 등 예측 불가능한 자연재해로 인한 피해 가능성

① 정부 지원을 바탕으로 연구개발에 필요한 자금을 확보
② 스마트 팜 관련 공동연구에 참가하여 빠르게 신규 기술을 확보
③ 스마트 팜에 대한 높은 관심을 바탕으로 온라인 펀딩을 통해 자금을 확보
④ 포럼 등 설명회에 적극적으로 참가하여 전문 인력 확충을 위한 인맥을 확보
⑤ 스마트 팜 관련 정부 사업 참여 경험을 바탕으로 정부의 적극적인 지원을 확보

11 **다음 대화에서 공통적으로 나타나는 논리적 오류로 가장 적절한 것은?**

A : 반려견 출입 금지라고 쓰여 있는 카페에 갔는데 거절당했어. 반려견 출입 금지면 고양이는 괜찮은 거 아니야?
B : 어제 직장동료가 "조심히 들어가세요."라고 했는데 집에 들어갈 때만 조심하라는 건가?
C : 친구가 비가 와서 우울하다고 했는데, 비가 안 오면 행복해지겠지?
D : 이웃을 사랑하라는 선생님의 가르침을 실천하기 위해 사기를 저지른 이웃을 숨겨 주었어.
E : 의사가 건강을 위해 채소를 많이 먹으라고 하던데 앞으로는 채소만 먹으면 되겠어.
F : 긍정적인 생각을 하면 좋은 일이 생기니까 아무리 나쁜 일이 있어도 긍정적으로만 생각하면 될 거야.

① 무지의 오류
② 연역법의 오류
③ 과대해석의 오류
④ 허수아비 공격의 오류
⑤ 권위나 인신공격에 의존한 논증

12 **A ~ E열차를 운행거리가 가장 긴 순서대로 나열하려고 한다. 운행시간 및 평균 속력이 다음과 같을 때, C열차는 몇 번째로 운행거리가 긴 열차인가?(단, 열차 대기시간은 고려하지 않는다)**

〈A ~ E열차 운행시간 및 평균 속력〉

구분	운행시간	평균 속력
A열차	900분	50m/s
B열차	10시간 30분	150km/h
C열차	8시간	55m/s
D열차	720분	2.5km/min
E열차	10시간	2.7km/min

① 첫 번째
② 두 번째
③ 세 번째
④ 네 번째
⑤ 다섯 번째

13 다음 글에서 나타난 문제해결 절차의 단계로 가장 적절한 것은?

> K대학교 기숙사는 최근 학생들의 불만이 끊이지 않고 있다. 특히, 식사의 질이 낮고, 시설이 노후화되었으며, 인터넷 연결 상태가 불안정하다는 의견이 많았다. 이에 K대학교 기숙사 운영위원회는 문제해결을 위해 긴급회의를 소집했다.
> 회의에서 학생 대표들은 식단의 다양성 부족, 식재료의 신선도 문제, 식당 내 위생 상태 불량 등을 지적했다. 또한, 시설 관리 담당자는 건물 외벽의 균열, 낡은 가구, 잦은 누수 현상 등 시설 노후화 문제를 강조했다. IT 담당자는 기숙사 내 와이파이 연결 불안정, 인터넷 속도 저하 등 통신환경 문제를 제기했다.
> 운영위원회는 이러한 다양한 의견을 종합하여 문제를 더욱 구체적으로 분석하기로 결정했다. 먼저, 식사 문제의 경우 학생들의 식습관 변화에 따른 메뉴 구성의 문제점, 식자재 조달 과정의 비효율성, 조리 시설의 부족 등의 문제점을 파악했다. 시설 문제는 건물의 노후화로 인한 안전 문제, 에너지 효율 저하, 학생들의 편의성 저하 등으로 세분화했다. 마지막으로, 통신환경 문제는 기존 네트워크 장비의 노후화, 학생 수 증가에 따른 네트워크 부하 증가 등의 세부 문제가 제시되었다.

① 문제 인식
② 문제 도출
③ 원인 분석
④ 해결안 개발
⑤ 실행 및 평가

14 다음 중 빈칸에 들어갈 단어로 가장 적절한 것은?

> 감사원의 조사 결과 J공사는 공공사업을 위해 투입된 세금을 본래의 목적에 사용하지 않고 무단으로 ______했음이 밝혀졌다.

① 전용(轉用)
② 남용(濫用)
③ 적용(適用)
④ 활용(活用)
⑤ 준용(遵用)

15 다음 중 비행을 하기 위한 시조새의 신체 조건으로 가장 적절한 것은?

> 시조새(Archaeopteryx)는 약 1억 5천만 년 전 중생대 쥐라기 시대에 살았던 고대 생물로, 조류와 공룡의 중간 단계에 위치한 생물이다. 1861년 독일 바이에른 지방에 있는 졸른호펜 채석장에서 화석이 발견된 이후, 시조새는 조류의 기원과 공룡에서 새로의 진화 과정을 밝히는 데 중요한 단서를 제공해 왔다. '시조(始祖)'라는 이름에서 알 수 있듯이 시조새는 현대 조류의 조상으로 여겨지며 고생물학계에서 매우 중요한 연구 대상으로 취급된다.
> 시조새는 오늘날의 새와는 여러 가지 차이점이 있다. 이빨이 있는 부리, 긴 척추뼈로 이루어진 꼬리, 그리고 날개에 있는 세 개의 갈고리 발톱은 공룡의 특징을 잘 보여준다. 비록 현대 조류처럼 가슴뼈가 비행에 최적화된 형태로 발달되지는 않았지만, 갈비뼈와 팔에 강한 근육이 붙어있어 짧은 거리를 활강하거나 나뭇가지 사이를 오르내리며 이동할 수 있었던 것으로 추정된다.
> 한편, 시조새는 비대칭형 깃털을 가진 최초의 동물 중 하나로, 이는 비행을 하기에 적합한 형태이다. 시조새의 깃털은 현대의 날 수 있는 조류처럼 바람을 맞는 곳의 깃털은 짧고, 뒤쪽은 긴 형태인데, 이러한 비대칭형 깃털은 양력을 제공해 짧은 거리의 활강을 가능하게 했으며, 새의 조상으로서 비행의 초기 형태를 보여준다. 이로 인해 시조새는 공룡에서 새로 이어지는 진화 과정을 이해하는 데 있어 중요한 생물학적 증거로 여겨지고 있다.
> 시조새의 화석 연구는 당시의 생태계에 대한 정보도 제공하고 있다. 시조새는 열대 우림이나 활엽수림 근처에서 생활하며 나뭇가지를 오르내렸을 가능성이 큰 것으로 추정된다. 시조새의 이동 방식에 대해서는 여러 가설이 존재하지만, 짧은 거리의 활강을 통해 먹이를 찾고 이동했을 것이라는 주장이 유력하다.
> 결론적으로 시조새는 공룡과 새의 특성을 모두 가진 중간 단계의 생물로, 진화의 과정을 이해하는 데 핵심적인 역할을 한다. 시조새의 다양한 신체적 특징들은 공룡에서 새로 이어지는 진화의 연결고리를 보여주며, 조류 비행의 기원을 이해하는 중요한 증거로 평가된다.

① 날개 사이에 근육질의 익막이 있다.
② 날개에는 세 개의 갈고리 발톱이 있다.
③ 날개의 깃털이 비대칭 구조로 형성되어 있다.
④ 척추뼈가 꼬리까지 이어지는 유선형 구조이다.
⑤ 현대 조류처럼 가슴뼈가 비행에 최적화된 구조이다.

16 다음 글의 주제로 가장 적절한 것은?

사람들에게 의학을 대표하는 인물을 물어본다면 대부분 히포크라테스(Hippocrates)를 떠올릴 것이다. 히포크라테스는 당시 신의 징벌이나 초자연적인 힘으로 생각되었던 질병을 관찰을 통해 자연적 현상으로 이해하였고, 당시 마술이나 철학으로 여겨졌던 의학을 분리하였다. 이에 따라 의사라는 직업이 과학적인 기반 위에 만들어지게 되었다. 현재에는 의학의 아버지로 불리며 히포크라테스 선서라고 불리는 의사의 윤리적 기준을 저술한 것으로 알려져 있다. 이처럼 히포크라테스는 서양의학의 상징으로 받아들여지지만, 서양의학에 절대적인 영향을 준 사람은 클라우디오스 갈레노스(Claudius Galenus)이다.
갈레노스는 로마 시대 검투사 담당의에서 황제 마르쿠스 아우렐리우스의 주치의로 활동한 의사로, 해부학, 생리학, 병리학에 걸친 방대한 의학체계를 집대성하여 이후 1,000년 이상 서양의학의 토대를 닦았다. 당시에는 인체의 해부가 금지되어 있었기 때문에 갈레노스는 원숭이, 돼지 등을 사용하여 해부학적 지식을 쌓았으며, 임상 실험을 병행하여 의학적 지식을 확립하였다. 이러한 해부 및 실험을 통해 갈레노스는 여러 장기의 기능을 밝히고, 근육과 뼈를 구분하였으며, 심장의 판막이나 정맥과 동맥의 차이점 등을 밝혀내거나, 혈액이 혈관을 통해 신체 말단까지 퍼져나가며 신진대사를 조절하는 물질을 운반한다고 밝혀냈다. 물론 갈레노스도 히포크라테스가 주장한 4원소에 따른 4체액설(혈액, 담즙, 황담즙, 흑담즙)을 믿거나 피를 뽑아 치료하는 사혈법을 주장하는 등 현대 의학과는 거리가 있지만, 당시에 의학 이론을 해부와 실험을 통해 증명하고 방대한 저술을 남겼다는 놀라운 업적을 가지고 있으며, 이것이 실제로 가장 오랫동안 서양의학을 실제로 지배하는 토대가 되었다.

① 갈레노스의 생애와 의학의 발전
② 고대에서 현대까지 해부학의 발전 과정
③ 히포크라테스 선서에 의한 전문직의 도덕적 기준
④ 히포크라테스와 갈레노스가 서양의학에 끼친 영향과 중요성
⑤ 히포크라테스와 갈레노스의 4체액설이 현대 의학에 끼친 영향

| 한국전력공사 / 의사소통능력

17 다음 중 제시된 단어와 가장 비슷한 단어는?

비상구

① 진입로
② 출입구
③ 돌파구
④ 여울목
⑤ 탈출구

| 한국전력공사 / 수리능력

18 A열차가 어떤 터널을 진입하고 5초 후 B열차가 같은 터널에 진입하였다. 그로부터 5초 후 B열차가 터널을 빠져나왔고 5초 후 A열차가 터널을 빠져나왔다. A열차가 터널을 빠져나오는 데 걸린 시간이 14초일 때, B열차는 A열차보다 몇 배 빠른가?(단, A열차와 B열차 모두 속력의 변화는 없으며, 두 열차의 길이는 서로 같다)

① 2배
② 2.5배
③ 3배
④ 3.5배
⑤ 4배

| 한국전력공사 / 수리능력

19 A팀은 5일부터 5일마다 회의실을 사용하고, B팀은 4일부터 4일마다 회의실을 사용하기로 하였으며, 두 팀이 사용하고자 하는 날이 겹칠 경우에는 A, B팀이 번갈아가며 사용하기로 하였다. 어느 날 A팀과 B팀이 사용하고자 하는 날이 겹쳤을 때, 겹친 날을 기준으로 A팀이 9번, B팀이 8번 회의실을 사용했다면, 이때까지 A팀은 회의실을 최대 몇 번 이용하였는가?(단, 회의실 사용일이 첫 번째로 겹친 날에는 A팀이 먼저 사용하였으며, 회의실 사용일은 주말 및 공휴일도 포함한다)

① 61회
② 62회
③ 63회
④ 64회
⑤ 65회

20 다음 모스 굳기 10단계에 해당하는 광물 A～C가 〈조건〉을 만족할 때, 이에 대한 설명으로 옳은 것은?

〈모스 굳기 10단계〉

단계	1단계	2단계	3단계	4단계	5단계
광물	활석	석고	방해석	형석	인회석
단계	6단계	7단계	8단계	9단계	10단계
광물	정장석	석영	황옥	강옥	금강석

- 모스 굳기 단계의 단계가 낮을수록 더 무른 광물이고, 단계가 높을수록 단단한 광물이다.
- 단계가 더 낮은 광물로 단계가 더 높은 광물을 긁으면 긁힘 자국이 생기지 않는다.
- 단계가 더 높은 광물로 단계가 더 낮은 광물을 긁으면 긁힘 자국이 생긴다.

조건

- 광물 A로 광물 B를 긁으면 긁힘 자국이 생기지 않는다.
- 광물 A로 광물 C를 긁으면 긁힘 자국이 생긴다.
- 광물 B로 광물 C를 긁으면 긁힘 자국이 생긴다.
- 광물 B는 인회석이다.

① 광물 C는 석영이다.
② 광물 A는 방해석이다.
③ 광물 A가 가장 무르다.
④ 광물 B가 가장 단단하다.
⑤ 광물 B는 모스 굳기 단계가 7단계 이상이다.

21 J공사는 지방에 있는 지점 사무실을 공유 오피스로 이전하고자 한다. 다음 사무실 이전 조건을 참고할 때, 〈보기〉 중 이전할 오피스로 가장 적절한 곳은?

〈사무실 이전 조건〉

- 지점 근무 인원 : 71명
- 사무실 예상 이용 기간 : 5년
- 교통 조건 : 역이나 버스 정류장에서 도보 10분 이내
- 시설 조건 : 자사 홍보영상 제작을 위한 스튜디오 필요, 회의실 필요
- 비용 조건 : 다른 조건이 모두 가능한 공유 오피스 중 가장 저렴한 곳(1년 치 비용 선납 가능)

보기

구분	가용 인원수	보유시설	교통 조건	임대비용
A오피스	100인	라운지, 회의실, 스튜디오, 복사실, 탕비실	A역에서 도보 8분	1인당 연간 600만 원
B오피스	60인	회의실, 스튜디오, 복사실	B정류장에서 도보 5분	1인당 월 40만 원
C오피스	100인	라운지, 회의실, 스튜디오	C역에서 도보 7분	월 3,600만 원
D오피스	90인	회의실, 복사실, 탕비실	D정류장에서 도보 4분	월 3,500만 원 (1년 치 선납 시 8% 할인)
E오피스	80인	라운지, 회의실, 스튜디오	E역과 연결된 사무실	월 3,800만 원 (1년 치 선납 시 10% 할인)

① A오피스
② B오피스
③ C오피스
④ D오피스
⑤ E오피스

※ 다음은 에너지바우처 사업에 대한 자료이다. 이어지는 질문에 답하시오. [22~23]

〈에너지바우처〉

1. 에너지바우처란?
   국민 모두가 시원한 여름, 따뜻한 겨울을 보낼 수 있도록 에너지 취약계층을 위해 에너지바우처(이용권)를 지급하여 전기, 도시가스, 지역난방, 등유, LPG, 연탄을 구입할 수 있도록 지원하는 제도
2. 신청대상 : 소득기준과 세대원 특성기준을 모두 충족하는 세대
   - 소득기준 : 국민기초생활 보장법에 따른 생계급여 / 의료급여 / 주거급여 / 교육급여 수급자
   - 세대원 특성기준 : 주민등록표 등본상 기초생활수급자(본인) 또는 세대원이 다음 중 어느 하나에 해당하는 경우
     - 노인 : 65세 이상
     - 영유아 : 7세 이하의 취학 전 아동
     - 장애인 : 장애인복지법에 따라 등록한 장애인
     - 임산부 : 임신 중이거나 분만 후 6개월 미만인 여성
     - 중증질환자, 희귀질환자, 중증난치질환자 : 국민건강보험법 시행령에 따라 보건복지부장관이 정하여 고시하는 중증질환, 희귀질환, 중증난치질환을 가진 사람
     - 한부모가족 : 한부모가족지원법에 따른 '모' 또는 '부'로서 아동인 자녀를 양육하는 사람
     - 소년소녀가정 : 보건복지부에서 정한 아동분야 지원대상에 해당하는 사람(아동복지법에 의한 가정위탁보호 아동 포함)
   - 지원 제외 대상 : 세대원 모두가 보장시설 수급자
   - 다음의 경우 동절기 에너지바우처 중복 지원 불가
     - 긴급복지지원법에 따라 동절기 연료비를 지원받은 자(세대)
     - 한국에너지공단의 등유바우처를 발급받은 자(세대)
     - 한국광해광업공단의 연탄쿠폰을 발급받은 자(세대)

     ※ 하절기 에너지바우처를 사용한 수급자가 동절기에 위 사업들을 신청할 경우 동절기 에너지바우처를 중지 처리한 후 신청(중지사유 : 타동절기 에너지이용권 수급)

     ※ 단, 동절기 에너지바우처를 일부 사용한 경우 위 사업들은 신청 불가
3. 바우처 지원금액

구분	1인 세대	2인 세대	3인 세대	4인 이상 세대
하절기	55,700원	73,800원	90,800원	117,000원
동절기	254,500원	348,700원	456,900원	599,300원
총액	310,200원	422,500원	547,700원	716,300원

4. 지원방법
   - 요금차감
     - 하절기 : 전기요금 고지서에서 요금을 자동으로 차감
     - 동절기 : 도시가스 / 지역난방 중 하나를 선택하여 고지서에서 요금을 자동으로 차감
   - 실물카드 : 동절기 도시가스, 등유, LPG, 연탄을 실물카드(국민행복카드)로 직접 결제

| 한국전력공사 / 자원관리능력

22 다음 중 에너지바우처에 대한 설명으로 옳지 않은 것은?

① 36개월의 아이가 있는 의료급여 수급자 A는 에너지바우처를 신청할 수 있다.
② 혼자서 아이를 3명 키우는 교육급여 수급자 B는 1년에 70만 원을 넘게 지원받을 수 있다.
③ 보장시설인 양로시설에 살면서 생계급여를 받는 70세 독거노인 C는 에너지바우처를 신청할 수 있다.
④ 에너지바우처 기준을 충족하는 D는 겨울에 연탄보일러를 사용하므로 실물카드를 받는 방법으로 지원을 받아야 한다.
⑤ 희귀질환을 앓고 있는 어머니와 함께 단둘이 사는 생계급여 수급자 E는 에너지바우처를 통해 여름에 전기비에서 73,800원이 차감될 것이다.

| 한국전력공사 / 자원관리능력

23 다음은 A, B가족의 에너지바우처 정보이다. A, B가족이 올해 에너지바우처를 통해 지원받는 금액의 총합은 얼마인가?

〈A, B가족의 에너지바우처 정보〉

구분	세대 인원	소득기준	세대원 특성기준	특이사항
A가족	5명	의료급여 수급자	영유아 2명	연탄쿠폰 발급받음
B가족	2명	생계급여 수급자	소년소녀가정	지역난방 이용

① 190,800원
② 539,500원
③ 948,000원
④ 1,021,800원
⑤ 1,138,800원

| 한국전력공사 / 정보능력

24 다음 C 프로그램을 실행하였을 때의 결과로 옳은 것은?

```
#include <stdio.h>
int main() {
    int result=0;
    while (result<2) {
        result=result+1;
        printf("%d₩n",result);
        result=result-1;
    }
}
```

① 실행되지 않는다.

② 0
1

③ 0
−1

④ 1
1

⑤ 1이 무한히 출력된다.

| 한국전력공사 / 정보능력

25 다음은 A국과 B국의 물가지수 동향에 대한 자료이다. [E2] 셀에 「=ROUND(D2, −1)」를 입력하였을 때, 출력되는 값은?

〈A, B국 물가지수 동향〉

	A	B	C	D	E
1		A국	B국	평균 판매지수	
2	2024년 1월	122.313	112.36	117.3365	
3	2024년 2월	119.741	110.311	115.026	
4	2024년 3월	117.556	115.379	116.4675	
5	2024년 4월	124.739	118.652	121.6955	
6	⋮	⋮	⋮	⋮	
7					

① 100

② 105

③ 110

④ 115

⑤ 120

26 다음 중 빈칸에 들어갈 내용으로 가장 적절한 것은?

주의력 결핍 과잉행동장애(ADHD)는 학령기 아동에게 흔히 나타나는 질환으로, 주의력 결핍, 과잉행동, 충동성의 증상을 보인다. 이는 아동의 학교 및 가정생활에 큰 영향을 미치며, 적절한 치료와 관리가 필요하다. ADHD의 원인은 신경화학적 요인과 유전적 요인이 복합적으로 작용하는 것으로 여겨진다. 도파민과 노르에피네프린 같은 신경전달물질의 불균형이 주요 원인으로 지목되며, 가족력이 있는 경우 ADHD 발병 확률이 높아진다. 연구에 따르면, ADHD는 상당한 유전적 연관성을 보이며, 부모나 형제 중에 ADHD를 가진 사람이 있을 경우 그 위험이 증가한다.

환경적 요인도 ADHD 발병에 영향을 미칠 수 있다. 임신 중 음주, 흡연, 약물 사용 등이 위험을 높일 수 있으며, 조산이나 저체중 출산도 연관성이 있다. 이러한 환경적 요인들은 태아의 뇌 발달에 영향을 미쳐 ADHD 발병 가능성을 증가시킬 수 있다. 그러나 이러한 요인들이 단독으로 ADHD를 유발하는 것은 아니며, 다양한 요인이 복합적으로 작용하여 증상이 나타난다.

ADHD 치료는 약물요법과 비약물요법으로 나뉜다. 약물요법에서는 메틸페니데이트 같은 중추신경자극제가 널리 사용된다. 이 약물은 도파민과 노르에피네프린의 재흡수를 억제해 증상을 완화한다. 이러한 약물은 주의력 향상과 충동성 감소에 효과적이며, 많은 연구에서 그 효능이 입증되었다. 비약물요법으로는 행동개입 요법과 심리사회적 프로그램이 있다. 이는 구조화된 환경에서 집중을 방해하는 요소를 최소화하고, 연령에 맞는 개입방법을 적용한다. 예를 들어, 학령기 아동에게는 그룹 부모훈련과 교실 내 행동개입 프로그램이 추천된다.

가정에서는 부모가 아이가 해야 할 일을 목록으로 작성하도록 돕고, 한 번에 한 가지씩 처리하도록 지도해야 한다. 특히 아이의 바람직한 행동에는 칭찬하고, 잘못된 행동에는 책임을 지도록 하는 것이 중요하다. 이러한 방법은 아이의 자존감을 높이고 긍정적인 행동을 강화하는 데 도움이 된다. 학교에서는 과제를 짧게 나누고, 수업이 지루하지 않도록 하며, 규칙과 보상을 일관되게 유지해야 한다. 교사는 ADHD 아동이 주의가 산만해질 수 있는 환경적 요소를 제거하고, 많은 격려와 칭찬을 통해 학습 동기를 유발해야 한다.

ADHD는 완치가 어려운 만성 질환이지만 적절한 치료와 관리를 통해 증상을 개선할 수 있다. 약물치료와 비약물 치료를 병행하고 가정과 학교에서 적절한 지원이 이루어지면 ADHD 아동도 건강하고 행복한 삶을 영위할 수 있다. 결론적으로, ADHD는 ______________________

따라서 다양한 원인에 부합하는 맞춤형 치료와 환경 조성을 통해 아동의 잠재력을 최대한 발휘할 수 있도록 지원해야 한다. 이는 아동이 자신의 능력을 충분히 발휘하고 성공적인 삶을 살아가는 데 중요한 역할을 한다.

① 완벽한 치료가 불가능한 불치병이다.

② 약물 치료를 통해 쉽게 치료가 가능하다.

③ 다양한 원인이 복합적으로 작용하는 질환이다.

④ 아동에게 적극적으로 개입해 충동성을 감소시켜야 하는 질환이다.

27 **다음 중 밑줄 친 단어가 맞춤법상 옳지 않은 것은?**

① 김주임은 지난 분기 매출을 조사하여 증가량을 <u>백분율</u>로 표기하였다.
② 젊은 세대를 중심으로 빠른 이직 트렌드가 형성되어 <u>이직률</u>이 높아지고 있다.
③ 이번 학기 <u>출석율</u>이 이전보다 크게 향상되어 학생들의 참여도가 높아지고 있다.
④ 이번 시험의 <u>합격률</u>이 역대 최고치를 기록하며 수험생들에게 희망을 안겨주었다.

28 **S공사는 2024년 상반기에 신입사원을 채용하였다. 전체 지원자 중 채용에 불합격한 남성 수와 여성 수의 비율은 같으며, 합격한 남성 수와 여성 수의 비율은 2 : 3이라고 한다. 남성 전체 지원자와 여성 전체 지원자의 비율이 6 : 7일 때, 합격한 남성 수가 32명이면 전체 지원자는 몇 명인가?**

① 192명 ② 200명
③ 208명 ④ 216명

29 다음은 직장가입자 보수월액보험료에 대한 자료이다. A씨가 〈조건〉에 따라 장기요양보험료를 납부할 때, A씨의 2023년 보수월액은?(단, 소수점 첫째 자리에서 반올림한다)

〈직장가입자 보수월액보험료〉

- 개요 : 보수월액보험료는 직장가입자의 보수월액에 보험료율을 곱하여 산정한 금액에 경감 등을 적용하여 부과한다.
- 보험료 산정 방법
  - 건강보험료는 다음과 같이 산정한다.
    (건강보험료)=(보수월액)×(건강보험료율)
    ※ 보수월액 : 동일사업장에서 당해 연도에 지급받은 보수총액을 근무월수로 나눈 금액
  - 장기요양보험료는 다음과 같이 산정한다.
    2022.12.31. 이전 : (장기요양보험료)=(건강보험료)×(장기요양보험료율)
    2023.01.01. 이후 : $(\text{장기요양보험료})=(\text{건강보험료})\times\frac{(\text{장기요양보험료율})}{(\text{건강보험료율})}$

〈2020 ~ 2024년 보험료율〉

(단위 : %)

구분	2020년	2021년	2022년	2023년	2024년
건강보험료율	6.67	6.86	6.99	7.09	7.09
장기요양보험료율	10.25	11.52	12.27	0.9082	0.9182

조건

- A씨는 S공사에서 2011년 3월부터 2023년 9월까지 근무하였다.
- A씨는 3개월 후 2024년 1월부터 S공사에서 현재까지 근무하고 있다.
- A씨의 2023년 장기요양보험료는 35,120원이었다.

① 3,866,990원 ② 3,974,560원
③ 4,024,820원 ④ 4,135,970원

30 **다음 중 개인정보보호법에서 사용하는 용어에 대한 정의로 옳지 않은 것은?**

① ‘가명처리’란 추가 정보 없이도 특정 개인을 알아볼 수 있도록 처리하는 것을 말한다.

② ‘정보주체’란 처리되는 정보에 의하여 알아볼 수 있는 사람으로서 그 정보의 주체가 되는 사람을 말한다.

③ ‘개인정보’란 살아 있는 개인에 관한 정보로서 성명, 주민등록번호 및 영상 등을 통하여 개인을 알아볼 수 있는 정보를 말한다.

④ ‘처리’란 개인정보의 수집, 생성, 연계, 연동, 기록, 저장, 보유, 가공, 편집, 검색, 출력, 정정, 복구, 이용, 제공, 공개, 파기, 그 밖에 이와 유사한 행위를 말한다.

31 **다음은 생활보조금 신청자의 소득 및 결과에 대한 자료이다. 월 소득이 100만 원 이하인 사람은 보조금 지급이 가능하고, 100만 원을 초과한 사람은 보조금 지급이 불가능할 때, 보조금 지급을 받는 사람의 수를 구하는 함수로 옳은 것은?**

〈생활보조금 신청자 소득 및 결과〉

	A	B	C	D	E
1	지원번호	소득(만 원)	결과		
2	1001	150	불가능		
3	1002	80	가능		보조금 지급 인원 수
4	1003	120	불가능		
5	1004	95	가능		
6	⋮	⋮	⋮		
7					

① =COUNTIF(A:C,“<=100”)

② =COUNTIF(A:C,<=100)

③ =COUNTIF(B:B,“<=100”)

④ =COUNTIF(B:B,<=100)

32 다음은 초등학생의 주차별 용돈에 대한 자료이다. 빈칸에 들어갈 함수를 바르게 짝지은 것은?(단, 한 달은 4주로 한다)

〈초등학생 주차별 용돈〉

	A	B	C	D	E	F
1	학생번호	1주	2주	3주	4주	합계
2	1	7,000	8,000	12,000	11,000	(A)
3	2	50,000	60,000	45,000	55,000	
4	3	70,000	85,000	40,000	55,000	
5	4	10,000	6,000	18,000	14,000	
6	5	24,000	17,000	34,000	21,000	
7	6	27,000	56,000	43,000	28,000	
8	한 달 용돈이 150,000원 이상인 학생 수					(B)

	(A)	(B)
①	=SUM(B2:E2)	=COUNTIF(F2:F7,">=150,000")
②	=SUM(B2:E2)	=COUNTIF(B2:E2,">=150,000")
③	=SUM(B2:E2)	=COUNTIF(B2:E7,">=150,000")
④	=SUM(B2:E7)	=COUNTIF(F2:F7,">=150,000")

33 다음 중 빅데이터 분석 기획 절차를 순서대로 바르게 나열한 것은?

① 범위 설정 → 프로젝트 정의 → 위험 계획 수립 → 수행 계획 수립
② 범위 설정 → 프로젝트 정의 → 수행 계획 수립 → 위험 계획 수립
③ 프로젝트 정의 → 범위 정의 → 위험 계획 수립 → 수행 계획 수립
④ 프로젝트 정의 → 범위 설정 → 수행 계획 수립 → 위험 계획 수립

34 다음 중 밑줄 친 부분의 단어가 어법상 옳은 것은?

> K씨는 항상 ㉠ <u>짜깁기 / 짜집기</u>한 자료로 보고서를 작성했다. 처음에는 아무도 눈치채지 못했지만, 시간이 지나면서 K씨의 작업이 다른 사람들의 것과 비교해 질적으로 떨어지는 것이 분명해졌다. K씨는 결국 동료들 사이에서 ㉡ <u>뒤처지기 / 뒤쳐지기</u> 시작했고, 격차를 좁히기 위해 더 많은 시간을 투자해야 했다.

	㉠	㉡
①	짜깁기	뒤처지기
②	짜깁기	뒤쳐지기
③	짜집기	뒤처지기
④	짜집기	뒤쳐지기

35 다음 중 공문서 작성 시 유의해야 할 점으로 옳지 않은 것은?

① 한 장에 담아내는 것이 원칙이다.
② 부정문이나 의문문의 형식은 피한다.
③ 마지막엔 반드시 '끝'자로 마무리한다.
④ 날짜 다음에 괄호를 사용할 경우에는 반드시 마침표를 찍는다.

36 영서가 어머니와 함께 40분 동안 만두를 60개 빚었다고 한다. 어머니가 혼자서 1시간 동안 만두를 빚을 수 있는 개수가 영서가 혼자서 1시간 동안 만두를 빚을 수 있는 개수보다 10개 더 많을 때, 영서는 1시간 동안 만두를 몇 개 빚을 수 있는가?

① 30개　　② 35개
③ 40개　　④ 45개

| 경기도 공공기관 통합채용 / 수리능력

37 대칭수는 순서대로 읽은 수와 거꾸로 읽은 수가 같은 수를 가리키는 말이다. 예컨대, 121, 303, 1,441, 85,058 등은 대칭수이다. 1,000 이상 50,000 미만의 대칭수는 모두 몇 개인가?

① 180개
② 325개
③ 405개
④ 490개

| 경기도 공공기관 통합채용 / 수리능력

38 어떤 자연수 '25□'가 3의 배수일 때, □에 들어갈 수 있는 모든 자연수의 합은?

① 12
② 13
③ 14
④ 15

| 경기도 공공기관 통합채용 / 문제해결능력

39 바이올린, 호른, 오보에, 플루트 4가지의 악기를 다음 〈조건〉에 따라 좌우로 4칸인 선반에 각각 1대씩 보관하려 한다. 각 칸에는 한 대의 악기만 배치할 수 있을 때, 왼쪽에서 두 번째 칸에 배치할 수 없는 악기는?

조건
- 호른은 바이올린 바로 왼쪽에 위치한다.
- 오보에는 플루트 왼쪽에 위치하지 않는다.

① 바이올린
② 호른
③ 오보에
④ 플루트

| 경기도 공공기관 통합채용 / 조직이해능력

40 다음 중 비영리조직에 해당하지 않는 것은?

① 교육기관
② 자선단체
③ 사회적 기업
④ 비정부기구

| 한국도로공사 / 수리능력

41 다음은 D기업의 분기별 재무제표에 대한 자료이다. 2022년 4분기의 영업이익률은 얼마인가?

〈D기업 분기별 재무제표〉

(단위 : 십억 원, %)

구분	2022년 1분기	2022년 2분기	2022년 3분기	2022년 4분기	2023년 1분기	2023년 2분기	2023년 3분기	2023년 4분기
매출액	40	50	80	60	60	100	150	160
매출원가	30	40	70	80	100	100	120	130
매출총이익	10	10	10	(　)	−40	0	30	30
판관비	3	5	5	7	8	5	7.5	10
영업이익	7	5	5	(　)	−8	−5	22.5	20
영업이익률	17.5	10	6.25	(　)	−80	−5	15	12.5

※ (영업이익률)=(영업이익)÷(매출액)×100
※ (영업이익)=(매출총이익)−(판관비)
※ (매출총이익)=(매출액)−(매출원가)

① −30%　　② −45%
③ −60%　　④ −75%

| 한국도로공사 / 수리능력

42 5km/h의 속력으로 움직이는 무빙워크를 이용하여 이동하는 데 36초가 걸렸다. 무빙워크 위에서 무빙워크와 같은 방향으로 4km/h의 속력으로 걸어 이동할 때 걸리는 시간은?

① 10초　　② 15초
③ 20초　　④ 25초

43 다음 순서도에서 출력되는 result 값은?

〈순서도 기호〉

기호	설명	기호	설명
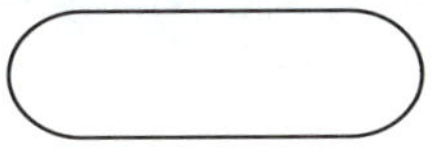	시작과 끝을 나타낸다.	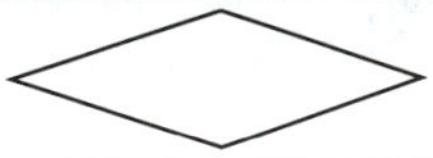	어느 것을 택할 것인지 판단한다.
	데이터를 입력하거나 계산하는 등의 처리를 한다.		선택한 값을 출력한다.

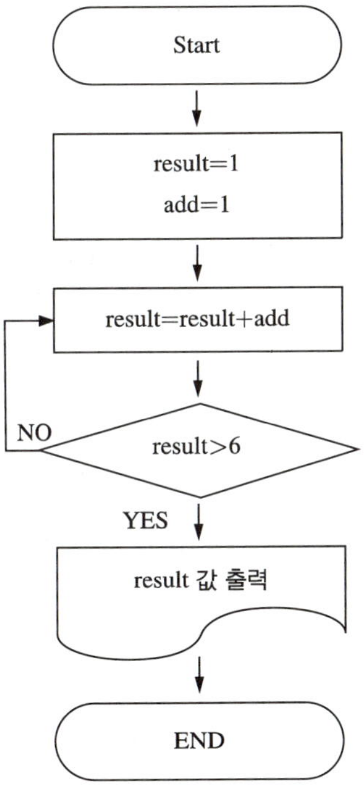

① 11
② 10
③ 9
④ 8
⑤ 7

44 다음은 A컴퓨터 A/S센터의 하드디스크 수리 방문접수 과정에 대한 순서도이다. 하드디스크 데이터 복구를 문의할 때, 출력되는 도형은 무엇인가?

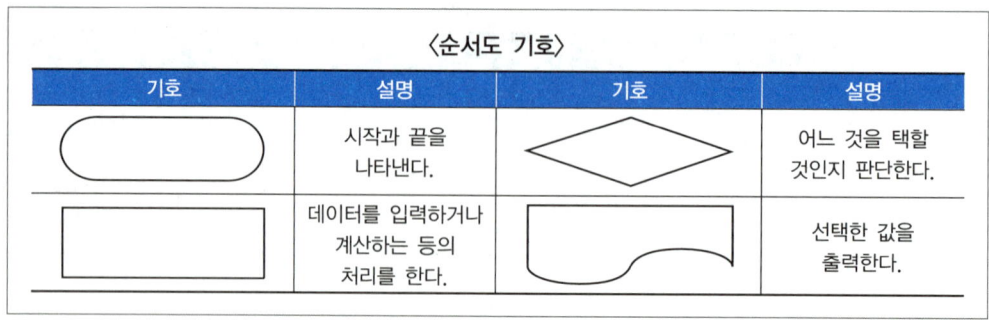

〈순서도 기호〉

기호	설명	기호	설명
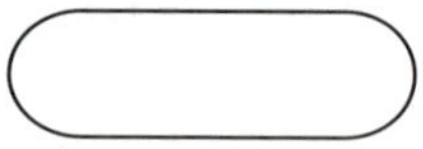	시작과 끝을 나타낸다.	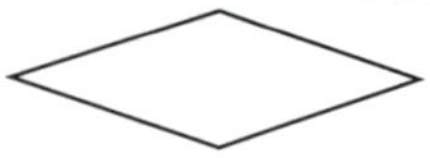	어느 것을 택할 것인지 판단한다.
	데이터를 입력하거나 계산하는 등의 처리를 한다.		선택한 값을 출력한다.

〈A컴퓨터 하드디스크 수리 방문접수 순서도〉

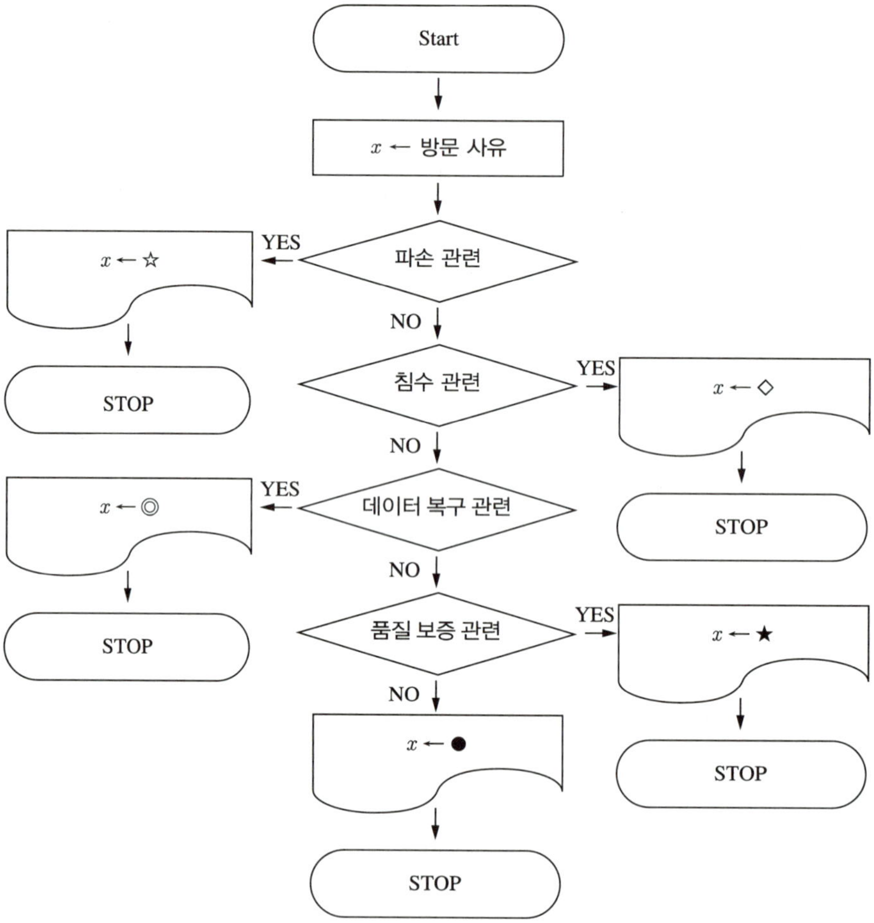

① ☆
② ◇
③ ◎
④ ★
⑤ ●

45 다음은 EAN-13 바코드 부여 규칙에 대한 자료이다. 상품코드의 맨 앞 자릿수가 9일 때, 2～7번째 자릿수가 '387655'라면 이를 이진코드로 바르게 변환한 것은?

〈EAN-13 바코드 부여 규칙〉

1. 13자리 상품코드의 맨 앞 자릿수에 따라 다음과 같이 변환한다.

상품코드 번호	2～7번째 자릿수	8～13번째 자릿수
0	AAAAAA	CCCCCC
1	AABABB	CCCCCC
2	AABBAB	CCCCCC
3	AABBBA	CCCCCC
4	ABAABB	CCCCCC
5	ABBAAB	CCCCCC
6	ABBBAA	CCCCCC
7	ABABAB	CCCCCC
8	ABABBA	CCCCCC
9	ABBABA	CCCCCC

2. A, B, C는 다음과 같이 상품코드 번호를 이진코드로 변환한 값이다.

상품코드 번호	A	B	C
0	0001101	0100111	1110010
1	0011001	0110011	1100110
2	0010011	0011011	1101100
3	0111101	0100001	1000010
4	0100011	0011101	1011100
5	0110001	0111001	1001110
6	0101111	0000101	1010000
7	0111011	0010001	1000100
8	0110111	0001001	1001000
9	0001011	0010111	1110100

	2번째 수	3번째 수	4번째 수	5번째 수	6번째 수	7번째 수
①	0111101	0001001	0010001	0101111	0111001	0110001
②	0100001	0001001	0010001	0000101	0111101	0111101
③	0111101	0110111	0111011	0101111	0111001	0111101
④	0100001	0101111	0010001	0010111	0100111	0001011
⑤	0111101	0011001	0010001	0101111	0011001	0111001

※ 다음은 청소 유형별 청소기 사용 방법 및 고장 유형별 확인 사항에 대한 자료이다. 이어지는 질문에 답하시오. **[46~47]**

〈청소 유형별 청소기 사용 방법〉

유형	사용 방법
일반 청소	1. 기본형 청소구를 장착해 주세요. 2. 작동 버튼을 눌러 주세요.
틈새 청소	1. 기본형 청소구의 입구 돌출부를 누르고 잡아당기면 좁은 흡입구를 꺼낼 수 있습니다. 반대로 돌출부를 누르면서 밀어 넣으면 좁은 흡입구를 안쪽으로 정리할 수 있습니다. 2. 1.의 좁은 흡입구를 꺼낸 상태에서 돌출부를 시계 방향으로 돌리면 돌출부를 고정할 수 있습니다. 3. 좁은 흡입구를 고정한 후 작동 버튼을 눌러 주세요. (좁은 흡입구에는 솔이 함께 들어 있습니다)
카펫 청소	1. 별도의 돌기 청소구로 교체해 주세요. (기본형으로도 카펫 청소를 할 수 있으나, 청소 효율이 떨어집니다) 2. 작동 버튼을 눌러 주세요.
스팀 청소	1. 별도의 스팀 청소구로 교체해 주세요. 2. 스팀 청소구의 물통에 물을 충분히 채운 후 뚜껑을 잠가 주세요. ※ 반드시 전원을 분리한 상태에서 진행해 주세요. 3. 걸레판에 걸레를 부착한 후 스팀 청소구의 노즐에 장착해 주세요. ※ 반드시 전원을 분리한 상태에서 진행해 주세요. 4. 스팀 청소 버튼을 누르고 안전 스위치를 눌러 주세요. ※ 안전을 위해 안전 스위치를 누르는 동안에만 스팀이 발생합니다. ※ 스팀 청소 작업 도중 및 완료 직후에 청소기를 거꾸로 세우거나 스팀 청소구를 눕히면 뜨거운 물이 새어 나와 화상을 입을 수 있습니다. 5. 스팀 청소 완료 후 물이 충분히 식은 후 물통 및 스팀 청소구를 분리해 주세요. ※ 충분히 식지 않은 상태에서 분리 시 뜨거운 물이 새어 나와 화상의 위험이 있습니다.

〈고장 유형별 확인 사항〉

유형	확인 사항
흡입력 약화	• 흡입구, 호스, 먼지통, 먼지분리기에 크기가 큰 이물질이 걸려 있는지 확인해 주세요. • 필터를 교체해 주세요. • 먼지통, 먼지분리기, 필터의 조립 상태를 확인해 주세요.
청소기 미작동	• 전원이 제대로 연결되어 있는지 확인해 주세요.
물 보충 램프 깜빡임	• 물통에 물이 충분한지 확인해 주세요. • 물이 충분히 채워졌어도 꺼질 때까지 시간이 다소 걸립니다. 잠시 기다려 주세요.
스팀 안 나옴	• 물통에 물이 충분한지 확인해 주세요. • 안전 스위치를 눌렀는지 확인해 주세요.
바닥에 물이 남음	• 스팀 청소구를 너무 자주 좌우로 기울이면 물이 소량 새어 나올 수 있습니다. • 걸레가 많이 젖었으므로 걸레를 교체해 주세요.
악취 발생	• 제품 기능상의 문제는 아니므로 고장이 아닙니다. • 먼지통 및 필터를 교체해 주세요. • 스팀 청소구의 물통 등 청결 상태를 확인해 주세요.
소음 발생	• 흡입구, 호스, 먼지통, 먼지분리기에 크기가 큰 이물질이 걸려 있는지 확인해 주세요. • 먼지통, 먼지분리기, 필터의 조립 상태를 확인해 주세요.

46 **다음 중 청소 유형별 청소기 사용 방법에 대한 설명으로 옳지 않은 것은?**

① 기본형 청소구로 카펫 청소가 가능하다.
② 스팀 청소 직후 통을 분리하면 화상의 위험이 있다.
③ 기본형 청소구를 이용하여 좁은 틈새를 청소할 수 있다.
④ 안전 스위치를 1회 누르면 별도의 외부 입력 없이 스팀을 지속하여 발생시킬 수 있다.
⑤ 스팀 청소 시 물 보충 및 걸레 부착 작업은 반드시 전원을 분리한 상태에서 진행해야 한다.

47 **다음 중 고장 유형별 확인 사항이 바르게 연결되어 있지 않은 것은?**

① 물 보충 램프 깜빡임 : 잠시 기다리기
② 악취 발생 : 스팀 청소구의 청결 상태 확인하기
③ 흡입력 약화 : 먼지통, 먼지분리기, 필터 교체하기
④ 바닥에 물이 남음 : 물통에 물이 너무 많이 있는지 확인하기
⑤ 소음 발생 : 흡입구, 호스, 먼지통, 먼지분리기의 이물질 걸림 확인하기

| 인천교통공사 / 대인관계능력

48 다음 중 동료의 피드백을 장려하기 위한 방안으로 적절하지 않은 것은?

① 행동과 수행을 관찰한다.
② 즉각적인 피드백을 제공한다.
③ 뛰어난 수행성과에 대해서는 인정한다.
④ 간단하고 분명한 목표와 우선순위를 설정한다.
⑤ 긍정적인 상황에서는 피드백을 자제하는 것도 나쁘지 않다.

| 인천교통공사 / 대인관계능력

49 다음 중 내적 동기를 유발하는 방법으로 적절하지 않은 것은?

① 변화를 두려워하지 않는다.
② 업무 관련 교육을 생략한다.
③ 주어진 일에 책임감을 갖는다.
④ 창의적인 문제해결법을 찾는다.
⑤ 새로운 도전의 기회를 부여한다.

| 인천교통공사 / 대인관계능력

50 다음은 갈등 정도와 조직 성과의 관계에 대한 그래프이다. 이에 대한 설명으로 옳지 않은 것은?

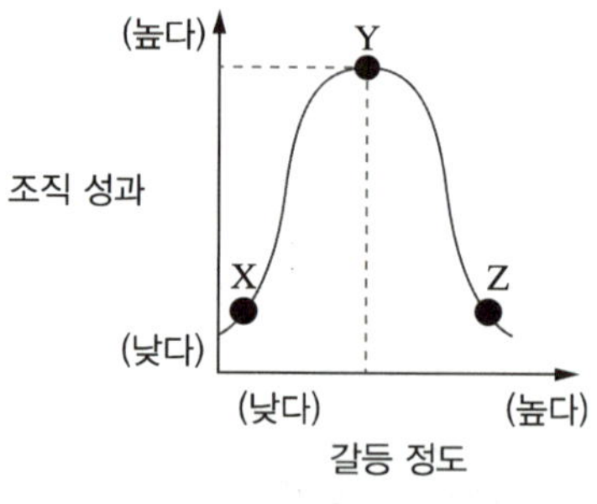

① 적절한 갈등이 있을 경우 가장 높은 조직 성과를 얻을 수 있다.
② 갈등이 없을수록 조직 내부가 결속되어 높은 조직 성과를 보인다.
③ Y점에서는 갈등의 순기능, Z점에서는 갈등의 역기능이 작용한다.
④ 갈등이 없을 경우 낮은 조직 성과를 얻을 수 있다.
⑤ 갈등이 잦을 경우 낮은 조직 성과를 얻을 수 있다.

PART 1

직업기초능력

CHAPTER 01

문제해결능력

합격 Cheat Key

문제해결능력은 업무를 수행하면서 여러 가지 문제 상황이 발생하였을 때, 창의적이고 논리적인 사고를 통하여 이를 올바르게 인식하고 적절히 해결하는 능력으로, 하위 능력에는 사고력과 문제처리능력이 있다.

문제해결능력은 NCS 기반 채용을 진행하는 대다수의 공사·공단에서 채택하고 있으며, 다양한 자료와 함께 출제되는 경우가 많아 어렵게 느껴질 수 있다. 특히, 난이도가 높은 문제로 자주 출제되기 때문에 다른 영역보다 더 많은 노력이 필요할 수는 있지만 그렇기에 차별화를 할 수 있는 득점 영역이므로 포기하지 말고 꾸준하게 노력해야 한다.

1 질문의 의도를 정확하게 파악하라!

문제해결능력은 문제에서 무엇을 묻고 있는지 정확하게 파악하여 먼저 풀이 방향을 설정하는 것이 가장 효율적인 방법이다. 특히, 조건이 주어지고 답을 찾는 창의적·분석적인 문제가 주로 출제되고 있기 때문에 처음에 정확한 풀이 방향이 설정되지 않는다면 문제를 제대로 풀지 못하게 되므로 첫 번째로 출제 의도 파악에 집중해야 한다.

2 중요한 정보는 반드시 표시하라!

출제 의도를 정확히 파악하기 위해서는 문제의 중요한 정보를 반드시 표시하거나 메모하여 하나의 조건, 단서도 잊고 넘어가는 일이 없도록 해야 한다. 실제 시험에서는 시간의 압박과 긴장감으로 정보를 잘못 적용하거나 잊어버리는 실수가 많이 발생하므로 사전에 충분한 연습이 필요하다.

3 반복 풀이를 통해 취약 유형을 파악하라!

문제해결능력은 특히 시간관리가 중요한 영역이다. 따라서 정해진 시간 안에 고득점을 할 수 있는 효율적인 문제 풀이 방법을 찾아야 한다. 이때, 반복적인 문제 풀이를 통해 자신이 취약한 유형을 파악하는 것이 중요하다. 정확하게 풀 수 있는 문제부터 빠르게 풀고 취약한 유형은 나중에 푸는 효율적인 문제 풀이를 통해 최대한 고득점을 맞는 것이 중요하다.

대표기출유형

01 명제 추론

| 유형분석 |

- 주어진 문장을 토대로 논리적으로 추론하여 참 또는 거짓을 구분하는 문제이다.
- 대체로 연역추론을 활용한 명제 문제가 출제된다.
- 자료를 제시하고 새로운 결과나 자료에 주어지지 않은 내용을 추론해 가는 형식의 문제가 출제된다.

H공사는 공휴일 세미나 진행을 위해 인근의 사무용품점 A ~ F에서 필요한 물품을 구매하고자 한다. 다음 〈조건〉을 참고할 때, 공휴일에 영업하는 사무용품점의 수는?

조건

- C는 공휴일에 영업하지 않는다.
- B가 공휴일에 영업하지 않으면, C와 E는 공휴일에 영업한다.
- E 또는 F가 영업하지 않는 날이면, D는 영업한다.
- B가 공휴일에 영업하면, A와 E는 공휴일에 영업하지 않는다.
- B와 F 중 한 곳만 공휴일에 영업한다.

① 2곳 ② 3곳
③ 4곳 ④ 5곳
⑤ 6곳

정답 ①

주어진 조건을 순서대로 논리 기호화하면 다음과 같다.

- 첫 번째 조건 : ~C
- 두 번째 조건 : ~B → (C ∧ E)
- 세 번째 조건 : (~E ∨ ~F) → D
- 네 번째 조건 : B → (~A ∧ ~E)

첫 번째 조건이 참이므로 두 번째 조건의 대우[(~C ∨ ~E) → B]에 따라 B는 공휴일에 영업한다. 이때 네 번째 조건에 따라 A와 E는 영업하지 않고, 다섯 번째 조건에 따라 F도 영업하지 않는다. 마지막으로 세 번째 조건에 따라 D는 영업한다. 따라서 공휴일에 영업하는 사무용품점은 B와 D 2곳이다.

풀이 전략!

명제와 관련한 기본적인 논법에 대해서는 미리 학습해 두며, 이를 바탕으로 각 문장에 있는 핵심단어 또는 문구를 기호화하여 정리한 후, 선택지와 비교하여 참 또는 거짓을 판단한다.

01 9층 건물의 지하에서 출발한 엘리베이터에 타고 있던 A～I 9명은 1층부터 9층까지 각각 다른 층에 내렸다. 〈조건〉을 근거로 할 때, 다음 중 짝수 층에서 내리지 않은 사람은?

조건

- D는 F보다는 빨리 내렸고, A보다는 늦게 내렸다.
- H는 홀수 층에 내렸다.
- C는 3층에 내렸다.
- G는 C보다 늦게 내렸고, B보다 빨리 내렸다.
- B는 C보다 3층 후에 내렸고, F보다는 1층 전에 내렸다.
- I는 D보다 늦게 내렸고, G보다는 일찍 내렸다.

① B
② D
③ E
④ G
⑤ I

02 국제영화제 행사에 참석한 K는 A～F영화를 〈조건〉에 맞춰 5월 1일부터 5월 6일까지 하루에 한 편씩 보려고 한다. 다음 중 반드시 참인 것은?

조건

- F영화는 3일과 4일 중 하루만 상영된다.
- D영화는 C영화가 상영된 날 이틀 후에 상영된다.
- B영화는 C, D영화보다 먼저 상영된다.
- 첫째 날 B영화를 본다면, 5일에 반드시 A영화를 본다.

① A영화는 C영화보다 먼저 상영될 수 없다.
② B영화는 1일 또는 2일에 상영된다.
③ C영화는 E영화보다 먼저 상영된다.
④ D영화는 5일이나 폐막작으로 상영될 수 없다.
⑤ E영화는 개막작이나 폐막작으로 상영된다.

03 어느 호텔 라운지에 둔 화분이 투숙자 중 1명에 의해 깨진 사건이 발생했다. 이 호텔에는 갑, 을, 병, 정, 무 5명의 투숙자가 있었으며, 각 투숙자는 다음과 같이 진술하였다. 5명의 투숙자 중 4명은 진실을 말하고 1명이 거짓말을 하고 있다면, 거짓말을 하고 있는 사람은 누구인가?

> 갑 : '을'은 화분을 깨뜨리지 않았다.
> 을 : 화분을 깨뜨린 사람은 '정'이다.
> 병 : 내가 깨뜨렸다.
> 정 : '을'의 말은 거짓말이다.
> 무 : 나는 깨뜨리지 않았다.

① 갑
② 을
③ 병
④ 정
⑤ 무

04 K베이커리에서는 A ~ D단체에 우유식빵, 밤식빵, 옥수수식빵, 호밀식빵을 〈조건〉에 따라 한 종류씩 납품하려고 한다. 다음 중 반드시 참인 것은?

> **조건**
> • 이전에 납품했던 종류의 빵은 다시 납품할 수 없다.
> • 우유식빵과 밤식빵은 A에 납품된 적이 있다.
> • 옥수수식빵과 호밀식빵은 C에 납품된 적이 있다.
> • 옥수수식빵은 D에 납품된다.

① 우유식빵은 B에 납품된 적이 있다.
② 옥수수식빵은 A에 납품된 적이 있다.
③ 호밀식빵은 A에 납품될 것이다.
④ 우유식빵은 C에 납품된 적이 있다.
⑤ 호밀식빵은 D에 납품된 적이 있다.

05 K건설은 D공사의 건설사업과 관련한 입찰부정 의혹사건으로 감사원의 집중 감사를 받았다. 감사원에서는 이 사건에 연루된 윤부장, 이과장, 김대리, 박대리 및 입찰담당자 강주임을 조사하여 최종적으로 〈조건〉과 같은 결론을 내렸다. 다음 중 입찰부정에 실제로 가담한 사람을 모두 고르면?

조건

- 입찰부정에 가담한 사람은 정확히 두 명이다.
- 이과장과 김대리는 함께 가담했거나 가담하지 않았다.
- 윤부장이 가담하지 않았다면, 이과장과 입찰담당자 강주임도 가담하지 않았다.
- 박대리가 가담하지 않았다면, 김대리도 가담하지 않았다.
- 박대리가 가담하였다면, 입찰담당자 강주임도 분명히 가담하였다.

① 윤부장, 이과장
② 이과장, 김대리
③ 김대리, 박대리
④ 윤부장, 강주임
⑤ 이과장, 박대리

06 A～E사원이 강남, 여의도, 상암, 잠실, 광화문 다섯 지역에 각각 출장을 간다. 다음 대화에서 1명은 거짓말을 하고 나머지 4명은 진실을 말하고 있을 때, 반드시 거짓인 것은?

A : B는 상암으로 출장을 가지 않는다.
B : D는 강남으로 출장을 간다.
C : B는 진실을 말하고 있다.
D : C는 거짓말을 하고 있다.
E : C는 여의도, A는 잠실로 출장을 간다.

① A사원은 광화문으로 출장을 가지 않는다.
② B사원은 여의도로 출장을 가지 않는다.
③ C사원은 강남으로 출장을 가지 않는다.
④ D사원은 잠실로 출장을 가지 않는다.
⑤ E사원은 상암으로 출장을 가지 않는다.

07 이번 학기에 4개의 강좌 A ~ D가 새로 개설되는데, 강사 갑 ~ 무 중 4명이 한 강좌씩 맡으려 한다. 배정 결과를 궁금해 하는 5명은 〈조건〉과 같이 예측했다. 배정 결과를 보니 갑 ~ 무의 진술 중 한 명의 진술만이 거짓이고 나머지는 참임이 드러났을 때, 다음 중 바르게 추론한 것은?

조건

갑 : 을이 A강좌를 담당하고 병은 강좌를 담당하지 않을 것이다.
을 : 병이 B강좌를 담당할 것이다.
병 : 정은 D강좌가 아닌 다른 강좌를 담당할 것이다.
정 : 무가 D강좌를 담당할 것이다.
무 : 을의 말은 거짓일 것이다.

① 갑은 A강좌를 담당한다.
② 을은 C강좌를 담당한다.
③ 병은 강좌를 담당하지 않는다.
④ 정은 D강좌를 담당한다.
⑤ 무는 B강좌를 담당한다.

08 A ~ D사원은 각각 홍보부, 총무부, 영업부, 기획부 소속으로 3 ~ 6층의 서로 다른 층에서 근무하고 있다. 이들 중 한 명이 거짓말을 하고 있을 때, 다음 중 바르게 추론한 것은?(단, 각 팀은 서로 다른 층에 위치한다)

A사원 : 저는 홍보부와 총무부 소속이 아니며, 3층에서 근무하고 있지 않습니다.
B사원 : 저는 영업부 소속이며, 4층에서 근무하고 있습니다.
C사원 : 저는 홍보부 소속이며, 5층에서 근무하고 있습니다.
D사원 : 저는 기획부 소속이며, 3층에서 근무하고 있습니다.

① A사원은 홍보부 소속이다.
② B사원은 영업부 소속이다.
③ 기획부는 3층에 위치한다.
④ 홍보부는 4층에 위치한다.
⑤ D사원은 5층에서 근무하고 있다.

09 K공사의 A팀 가대리, 나사원, 다사원, 라사원, 마대리 중 1명이 어제 출근하지 않았다. 이와 관련하여 5명의 직원이 다음과 같이 말했고, 이들 중 2명이 거짓말을 한다고 할 때, 다음 중 출근하지 않은 사람은 누구인가?(단, 출근을 하였어도, 결근 사유를 듣지 못할 수도 있다)

> 가대리 : 나는 출근했고, 마대리도 출근했다. 누가 왜 출근하지 않았는지는 알지 못한다.
> 나사원 : 다사원은 출근하였다. 가대리님의 말은 모두 사실이다.
> 다사원 : 라사원은 출근하지 않았다.
> 라사원 : 나사원의 말은 모두 사실이다.
> 마대리 : 출근하지 않은 사람은 라사원이다. 라사원이 개인 사정으로 인해 출석하지 못한다고 가대리님에게 전했다.

① 가대리
② 나사원
③ 다사원
④ 라사원
⑤ 마대리

PART 1

10 다음 〈조건〉을 통해 얻을 수 있는 결론으로 옳은 것은?

> **조건**
> • 재현이가 춤을 추면 서현이나 지훈이가 춤을 춘다.
> • 재현이가 춤을 추지 않으면 종열이가 춤을 춘다.
> • 종열이가 춤을 추지 않으면 지훈이도 춤을 추지 않는다.
> • 종열이는 춤을 추지 않았다.

① 재현이만 춤을 추었다.
② 서현이만 춤을 추었다.
③ 지훈이만 춤을 추었다.
④ 재현이와 지훈이가 춤을 추었다.
⑤ 재현이와 서현이가 춤을 추었다.

대표기출유형

02 규칙 적용

| 유형분석 |

- 주어진 상황과 규칙을 종합적으로 활용하여 풀어가는 문제이다.
- 일정, 비용, 순서 등 다양한 내용을 다루고 있어 유형을 한 가지로 단일화하기 어려우므로 여러 문제를 접해 보는 것이 좋다.

A팀과 B팀은 보안등급 상에 해당하는 문서를 나누어 보관하고 있다. 이에 따라 두 팀은 보안을 위해 아래와 같은 규칙에 따라 각 팀의 비밀번호를 지정하였다. 다음 중 A팀과 B팀에 들어갈 수 있는 암호배열은?

〈규칙〉

- 1 ~ 9까지의 숫자로 (한 자릿수)×(두 자릿수)=(세 자릿수)=(두 자릿수)×(한 자릿수) 형식의 비밀번호로 구성한다.
- 가운데에 들어갈 세 자릿수의 숫자는 156이며 숫자는 중복 사용할 수 없다. 즉, 각 팀의 비밀번호에 1, 5, 6이란 숫자가 들어가지 않는다.

□ × □□ = 156 = □□ × □

A팀 B팀

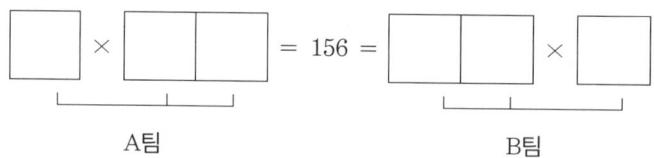

① 23
② 27
③ 29
④ 35
⑤ 39

정답 ⑤

규칙에 따라 사용할 수 있는 숫자는 1, 5, 6을 제외한 나머지 2, 3, 4, 7, 8, 9의 총 6개이다. (한 자릿수)×(두 자릿수)=156이 되는 수를 알기 위해서는 156의 소인수를 구해보면 된다. 156의 소인수는 3, 2^2, 13으로 여기서 156이 되는 수의 곱 중에 조건을 만족하는 것은 2×78과 4×39이다. 따라서 선택지 중에 A팀 또는 B팀에 들어갈 수 있는 암호배열은 39이다.

풀이 전략!

문제에 제시된 조건이나 규칙을 정확히 파악한 후, 선택지나 상황에 적용하여 문제를 풀어나간다.

01 다음 그림과 같이 검은색 바둑돌과 흰색 바둑돌을 교대로 개수를 늘려가며 삼각형 모양으로 배열하고 있다. 37번째에 배열되는 바둑돌 중 개수가 많은 바둑돌의 종류와 바둑돌 개수 차이를 순서대로 바르게 나열한 것은?

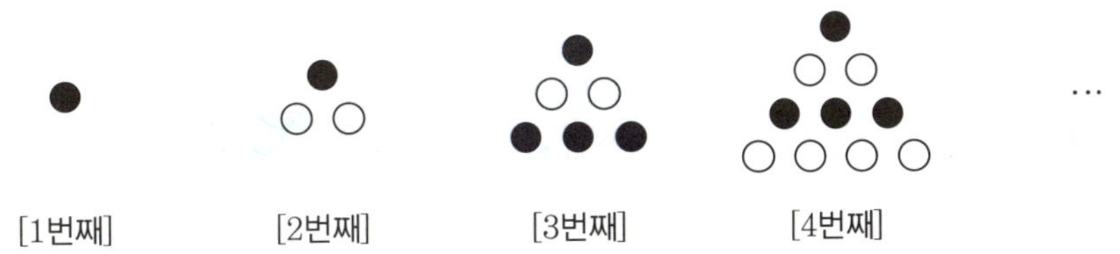

	바둑돌	차이
①	검은색	18개
②	검은색	19개
③	검은색	20개
④	흰색	18개
⑤	흰색	21개

02 다음은 달걀에 표시되는 난각코드에 대한 자료이다. 생산자 고유번호가 'M3FDS'인 농장에서 2023년 8월 23일 이후 생산된 달걀로 볼 수 없는 것은?

〈난각코드〉

- 1단계(2023.04.25.부터) : 생산자 고유번호(5자리) 기재
  ※ 생산자 고유번호는 가축사육업 허가·등록증에 기재된 고유번호
- 2단계(2023.08.23.부터) : 생산자 고유번호(5자리)+사육환경번호(1자리)
  ※ 사육환경번호

1	2	3	4
방사사육 ($1.1m^2$/마리)	축사 내 평사 ($0.1m^2$/마리)	개선된 케이지 ($0.075m^2$/마리)	기존 케이지 ($0.05m^2$/마리)

- 3단계(2024.02.23.부터) : 산란일자(4자리)+생산자 고유번호(5자리)+사육환경번호(1자리)
  ※ 산란일은 '△△○○(월일)'의 방법으로 표시함(예) 10월 2일 – 1002)
  ※ 달걀 껍데기 표시를 1줄로 표시하기 어려운 경우 2줄로 표시 가능함

① M3FDS
② M3FDS1
③ 0324M3FDS1
④ 0405M3FDS2
⑤ 0405M3FDS2

03 다음은 도서코드(ISBN)에 대한 자료이다. 주문한 도서에 대한 설명으로 옳은 것은?

〈[예시] 도서코드(ISBN)〉

국제표준도서번호					부가기호		
접두부	국가번호	발행자번호	서명식별번호	체크기호	독자대상	발행형태	내용분류
123	12	1234567		1	1	1	123

※ 국제표준도서번호는 5개의 군으로 나누어지고 군마다 '–'로 구분함

〈도서코드(ISBN) 세부사항〉

접두부	국가번호	발행자번호	서명식별번호	체크기호
978 또는 979	한국 89 미국 05 중국 72 일본 40 프랑스 22	발행자번호 – 서명식별번호 7자리 숫자 예 8491 – 208 : 발행자번호가 8491번인 출판사에서 208번째 발행한 책		0 ~ 9

독자대상	발행형태	내용분류
0 교양 1 실용 2 여성 3 (예비) 4 청소년 5 중・고등 학습참고서 6 초등 학습참고서 7 아동 8 (예비) 9 전문	0 문고본 1 사전 2 신서판 3 단행본 4 전집 5 (예비) 6 도감 7 그림책, 만화 8 혼합자료, 점자자료, 전자책, 마이크로자료 9 (예비)	030 백과사전 100 철학 170 심리학 200 종교 360 법학 470 생명과학 680 연극 710 한국어 770 스페인어 740 영미문학 720 유럽사

〈주문도서〉

978 – 05 – 441 – 1011 – 314710

① 한국에서 출판한 도서이다.
② 441번째 발행된 도서이다.
③ 발행자번호는 총 7자리이다.
④ 한 권으로만 출판되지는 않았다.
⑤ 한국어로 되어 있다.

※ 김대리는 사내 메신저의 보안을 위해 다음과 같이 암호화 규칙을 만들어 동료들과 대화하기로 하였다. 이어지는 질문에 답하시오. [4~5]

〈암호화 규칙〉

- 한글 자음은 사전 순서에 따라 바로 뒤의 한글 자음으로 변환한다.
  예 ㄱ → ㄴ … ㅎ → ㄱ
- 쌍자음의 경우 자음 두 개로 풀어 표기한다.
  예 ㄲ → ㄴㄴ
- 한글 모음은 사전 순서에 따라 알파벳 a, b, c …로 변환한다.
  예 ㅏ → a, ㅐ → b … ㅢ → t, ㅣ → u
- 겹받침의 경우 풀어 표기한다.
  예 맑다 → ㅂaㅁㄴㄹa
- 공백은 0으로 표현한다.

04

메신저를 통해 김대리가 오늘 점심 메뉴로 'ㄴuㅂㅋuㅊㅊuㄴb'를 먹자고 했을 때, 김대리가 말한 메뉴는?

① 김치김밥
② 김치찌개
③ 계란말이
④ 된장찌개
⑤ 부대찌개

05

김대리는 이번 주 금요일에 사내 워크숍에서 사용할 조별 구호를 '존중과 배려'로 결정하였고, 메신저를 통해 조원들에게 알리려고 한다. 다음 중 김대리가 전달할 구호를 암호화 규칙에 따라 바르게 변환한 것은?

① ㅊiㄷㅊuㅈㄴjㅅbㅁg
② ㅊiㄷㅊnㅈㄴjㅅbㅁg
③ ㅊiㄷㅊnㅈㄴj0ㅅbㅁg
④ ㅊiㄷㅊnㅈㄴia0ㅅbㅁg
⑤ ㅊiㄷㅊuㅈㄴia0ㅅbㅁg

06 K공사는 철도사고가 발생했을 경우 안전하고 신속한 대응태세를 확립하기 위한 비상대응훈련을 실시하고 있다. 철도사고의 종류, 형태, 대상, 위치를 고려하여 비상사고 유형을 분류하고, 이를 코드화하였다. 〈보기〉에 따라 비상대응훈련을 했을 때, 중앙관제센터에 비상사고 코드를 잘못 전송한 것은?

〈비상사고 유형 분류〉

철도사고 종류	철도사고 형태	철도사고 대상	철도사고 위치
충돌사고(C)	1. 열차 정면충돌	1. 전동열차 2. 고속열차 3. 여객열차 4. 여객·위험물 수송열차 5. 시설·전기분야	1. 역내 2. 본선구간 3. 터널 4. 교량
	2. 열차 추돌		
	3. 열차 측면충돌		
탈선사고(R)	1. 열차 탈선		
화재사고(F)	1. 열차 화재		
	2. 차량 화재		
	3. 역사 화재		
위험물(H)	1. 화학공업(유류)		
	2. 화약류(화약, 폭약, 화공품)		
	3. 산류(황산 등)		
	4. 가스류(압축·액화가스)		
	5. 가연성 물질(액체·고체류)		
	6. 산화부식제		
	7. 독물류(방사능물질, 휘산성)		
	8. 특별취급 화공품(타르류 등)		
자연재해(N)	1. 침수(노반 유실)		
	2. 강설		
	3. 지진		
테러(T)	1. 독가스 테러		
	2. 폭발물 테러		
	3. 생화학(탄저균) 테러		
차량 및 시설 장애(I)	1. 차량 고장 및 장애		
	2. 시설 고장 및 장애		
	3. 전기 고장 및 장애		

〈비상사고 코드화〉

구분	철도사고 종류	철도사고 형태	철도사고 대상	철도사고 위치
사용문자	알파벳 문자	숫자	숫자	숫자
표기방법	C : 충돌사고 R : 탈선사고 F : 화재사고 H : 위험물 N : 자연재해 T : 테러 I : 차량 및 시설장해	세부적인 사고 유형을 오름차순 숫자로 표현	1. 전동열차 2. 고속열차 3. 여객열차 4. 여객·위험물 열차 5. 시설·전기분야	1. 역내 2. 본선구간 3. 터널 4. 교량

보기

(가) 사고 상황 : ○○터널 내 여객열차 폭발물 테러
(나) 사고 상황 : ○○터널 내 여객열차 탈선
(다) 사고 상황 : ○○터널 내 여객열차 화재
(라) 사고 상황 : ○○터널 내 황산 수송열차 누출 발생
(마) 사고 상황 : 여객열차 본선구간 폭우로 인한 선로 침수로 노반 유실 발생

① (가) : T233
② (나) : R133
③ (다) : F133
④ (라) : H343
⑤ (마) : N134

PART 1

07 다음 〈조건〉을 근거로 〈보기〉를 계산한 값은?

조건

연산자 A, B, C, D는 다음과 같이 정의한다.
- A : 좌우에 있는 두 수를 더한다. 단, 더한 값이 10 미만이면 좌우에 있는 두 수를 곱한다.
- B : 좌우에 있는 두 수 가운데 큰 수에서 작은 수를 뺀다. 단, 두 수가 같거나 뺀 값이 10 미만이면 두 수를 곱한다.
- C : 좌우에 있는 두 수를 곱한다. 단, 곱한 값이 10 미만이면 좌우에 있는 두 수를 더한다.
- D : 좌우에 있는 두 수 가운데 큰 수를 작은 수로 나눈다. 단, 두 수가 같거나 나눈 값이 10 미만이면 두 수를 곱한다.

※ 연산은 '( )', '[ ]'의 순으로 함

보기

[(1A5)B(3C4)]D6

① 10
② 12
③ 90
④ 210
⑤ 360

대표기출유형

03 SWOT 분석

| 유형분석 |

- 상황에 대한 환경 분석 결과를 통해 주요 과제를 도출하는 문제이다.
- 주로 3C 분석 또는 SWOT 분석을 활용한 문제들이 출제되고 있으므로 해당 분석도구에 대한 사전 학습이 요구된다.

다음 글을 참고하여 B자동차가 취할 수 있는 전략으로 옳은 것은?

'SWOT'는 Strength(강점), Weakness(약점), Opportunity(기회), Threat(위협)의 머리글자를 따서 만든 단어로, 경영 전략을 세우는 방법론이다. SWOT로 도출된 조직의 내・외부 환경을 분석하고, 이 결과를 통해 대응전략을 구상할 수 있다. 'SO전략'은 기회를 활용하기 위해 강점을 사용하는 전략이고, 'WO전략'은 약점을 보완 또는 극복하여 시장의 기회를 활용하는 전략이다. 'ST전략'은 위협을 피하기 위해 강점을 활용하는 방법이며, 'WT전략'은 위협요인을 피하기 위해 약점을 보완하는 전략이다.

- 새로운 정권의 탄생으로 자동차 업계 내 새로운 바람이 불 것으로 예상된다. A당선인이 이번 선거에서 친환경차 보급 확대를 주요 공약으로 내세웠고, 공약에 따라 공공기관용 친환경차 비율을 70%로 상향시키기로 하고, 친환경차 보조금 확대 등을 통해 친환경차 보급률을 높이겠다는 계획을 세웠다. 또한 최근 환경을 생각하는 국민 의식의 향상과 친환경차의 연비 절감 부분이 친환경차 구매 욕구 상승에 기여하고 있다.
- B자동차는 기존에 전기자동차 모델들을 꾸준히 출시하여 성장세가 두드러지고 있는데다 고객들의 다양한 구매 욕구를 충족시킬 만한 전기자동차 상품의 다양성을 확보하였다. 또한, B자동차의 전기자동차 미국 수출이 증가하고 있는 만큼 앞으로의 전망도 밝을 것으로 예상된다.

① SO전략　　② WO전략
③ ST전략　　④ WT전략

정답 ①

- Strength(강점) : B자동차는 전기자동차 모델들을 꾸준히 출시하여 성장세가 두드러지고 있는데다 고객들의 다양한 구매 욕구를 충족시킬 만한 전기자동차 상품의 다양성을 확보하였다.
- Opportunity(기회) : 새로운 정권에서 친환경차 보급 확대에 적극 나설 것으로 보인다는 점과 환경을 생각하는 국민 의식의 향상과 친환경차의 연비 절감 부분이 친환경차 구매 욕구 상승에 기여하고 있으며 B자동차의 미국 수출이 증가하고 있다.

따라서 해당 기사를 분석하면 SO전략이 적절하다.

풀이 전략!

문제에 제시된 분석도구를 확인한 후, 분석 결과를 종합적으로 판단하여 각 선택지의 전략 과제와 일치 여부를 판단한다.

01 다음은 K공사의 국내 자율주행자동차 산업에 대한 SWOT 분석 결과이다. 이를 바탕으로 경영 전략을 세웠을 때, 〈보기〉에서 적절하지 않은 것을 모두 고르면?

〈국내 자율주행자동차 산업에 대한 SWOT 분석 결과〉

구분	분석 결과
강점(Strength)	• 민간 자율주행기술 R&D지원을 위한 대규모 예산 확보 • 국내외에서 우수한 평가를 받는 국내 자동차기업 존재
약점(Weakness)	• 국내 민간기업의 자율주행기술 투자 미비 • 기술적 안전성 확보 미비
기회(Opportunity)	• 국가의 지속적 자율주행자동차 R&D 지원법안 본회의 통과 • 완성도 있는 자율주행기술을 갖춘 외국 기업들의 등장
위협(Threat)	• 자율주행차에 대한 국민들의 심리적 거부감 • 자율주행차에 대한 국가의 과도한 규제

〈SWOT 분석에 의한 경영 전략〉

• SO전략 : 기회를 이용해 강점을 활용하는 전략
• ST전략 : 강점을 활용하여 위협을 최소화하거나 극복하는 전략
• WO전략 : 기회를 활용하여 약점을 보완하는 전략
• WT전략 : 약점을 최소화하고 위협을 회피하는 전략

보기

ㄱ. 자율주행기술 수준이 우수한 외국 기업과의 기술이전협약을 통해 국내 우수 자동차기업들의 자율주행기술 연구 및 상용화 수준을 향상시키려는 전략은 SO전략에 해당한다.
ㄴ. 민간의 자율주행기술 R&D를 적극 지원하여 자율주행기술의 안전성을 높이려는 전략은 ST전략에 해당한다.
ㄷ. 자율주행자동차 R&D를 지원하는 법률을 토대로 국내 기업의 기술개발을 적극 지원하여 안전성을 확보하려는 전략은 WO전략에 해당한다.
ㄹ. 자율주행기술개발에 대한 국내기업의 투자가 부족하므로 국가기관이 주도하여 기술개발을 추진하는 전략은 WT전략에 해당한다.

① ㄱ, ㄴ
② ㄱ, ㄷ
③ ㄴ, ㄷ
④ ㄴ, ㄹ
⑤ ㄱ, ㄴ, ㄷ

02 다음은 K공사의 경제자유구역사업에 대한 SWOT 분석 결과이다. 이를 바탕으로 경영 전략을 세웠을 때, 〈보기〉에서 적절하지 않은 것을 모두 고르면?

〈경제자유구역사업에 대한 SWOT 분석 결과〉

구분	분석 결과
강점(Strength)	• 성공적인 경제자유구역 조성 및 육성 경험 • 다양한 분야의 경제자유구역 입주희망 국내기업 확보
약점(Weakness)	• 과다하게 높은 외자금액 비율 • 외국계 기업과 국내기업 간의 구조 및 운영상 이질감
기회(Opportunity)	• 국제경제 호황으로 인하여 타국 사업지구 입주를 희망하는 해외시장부문의 지속적 증가 • 국내진출 해외기업 증가로 인한 동형화 및 협업 사례 급증
위협(Threat)	• 국내거주 외국인 근로자에 대한 사회적 포용심 부족 • 대대적 교통망 정비로 인한 기성 대도시의 흡수효과 확대

〈SWOT 분석에 의한 경영 전략〉

- SO전략 : 강점을 활용하여 기회를 선점하는 전략
- ST전략 : 강점을 활용하여 위협을 최소화하거나 극복하는 전략
- WO전략 : 기회를 활용하여 약점을 보완하는 전략
- WT전략 : 약점을 최소화하고 위협을 회피하는 전략

보기

ㄱ. 성공적인 경제자유구역 조성 노하우를 활용하여 타국 사업지구로의 진출을 희망하는 해외기업을 유인 및 유치하는 전략은 SO전략에 해당한다.
ㄴ. 다수의 풍부한 경제자유구역 성공 사례를 바탕으로 외국인 근로자를 국내주민과 문화적으로 동화시킴으로써 원활한 지역발전의 토대를 조성하는 전략은 ST전략에 해당한다.
ㄷ. 기존에 국내에 입주한 해외기업의 동형화 사례를 활용하여 국내기업과 외국계 기업의 운영상 이질감을 해소하여 생산성을 증대시키는 전략은 WO전략에 해당한다.
ㄹ. 경제자유구역 인근 대도시와의 연계를 활성화하여 경제자유구역 내 국내·외 기업 간의 이질감을 해소하는 전략은 WT전략에 해당한다.

① ㄱ, ㄴ
② ㄱ, ㄷ
③ ㄴ, ㄷ
④ ㄴ, ㄹ
⑤ ㄷ, ㄹ

03 다음은 K섬유회사에 대한 SWOT 분석 자료이다. 이에 대한 경영 전략으로 적절한 것을 〈보기〉에서 모두 고르면?

S(강점)	W(약점)
• 첨단 신소재 관련 특허 다수 보유	• 신규 생산 설비 투자 미흡 • 브랜드의 인지도 부족
O(기회)	**T(위협)**
• 고기능성 제품에 대한 수요 증가 • 정부 주도의 문화 콘텐츠 사업 지원	• 중저가 의류용 제품의 공급 과잉 • 저임금의 개발도상국과 경쟁 심화

보기

ㄱ. SO전략으로 첨단 신소재를 적용한 고기능성 제품을 개발한다.
ㄴ. ST전략으로 첨단 신소재 관련 특허를 개발도상국의 경쟁업체에 무상 이전한다.
ㄷ. WO전략으로 문화 콘텐츠와 디자인을 접목한 신규 브랜드 개발을 통해 적극적으로 마케팅 한다.
ㄹ. WT전략으로 기존 설비에 대한 재투자를 통해 대량생산 체제로 전환한다.

① ㄱ, ㄷ
② ㄱ, ㄹ
③ ㄴ, ㄷ
④ ㄴ, ㄹ
⑤ ㄷ, ㄹ

04 K공사의 기획팀 B팀장은 C사원에게 K공사에 대한 마케팅 전략 보고서를 요청하였다. C사원이 B팀장에게 제출한 SWOT 분석이 다음과 같을 때, 다음 ㉠~㉤ 중 SWOT 분석에 들어갈 내용으로 적절하지 않은 것은?

강점(Strength)	• 새롭고 혁신적인 서비스 • ㉠ 직원들에게 가치를 더하는 공사의 다양한 측면 • 특화된 마케팅 전문 지식
약점(Weakness)	• 낮은 품질의 서비스 • ㉡ 경쟁자의 시장 철수로 인한 시장 진입 가능성
기회(Opportunity)	• ㉢ 합작회사를 통한 전략적 협력 구축 가능성 • 글로벌 시장으로의 접근성 향상
위협(Threat)	• ㉣ 주력 시장에 나타난 신규 경쟁자 • ㉤ 경쟁 기업의 혁신적 서비스 개발 • 경쟁 기업과의 가격 전쟁

① ㉠
② ㉡
③ ㉢
④ ㉣
⑤ ㉤

대표기출유형

04 자료 해석

| 유형분석 |

- 주어진 자료를 해석하고 활용하여 풀어가는 문제이다.
- 꼼꼼하고 분석적인 접근이 필요한 다양한 자료들이 출제된다.

K씨는 자신의 생활을 참고하여 신용카드를 발급받고자 한다. 다음 중 K씨에게 가장 적합한 것은?

〈K씨의 생활〉

K씨는 아침에 일어나 간단하게 끼니를 챙기고 출근을 한다. 자가용을 타고 가는 길이 항상 막혀 짜증이 날 법도 하지만, K씨는 라디오 뉴스로 주요 이슈를 확인하느라 정신이 없다. 출퇴근 중에는 차에서 보내는 시간이 많아 주유비가 상당히 많이 나온다. 그나마 기름 값이 싸져서 부담은 덜하다. 보조석에는 공과금 용지가 펼쳐져 있다. 혼자 살기 때문에 많은 요금이 나오지 않아 납부하는 것을 신경 쓰지 못하고 있다. 이제 곧 겨울이 올 것을 대비하여 오늘 오후에 차량 점검을 맡기려고 예약을 해두었다. 아직 사고는 난 적이 없지만 혹시나 하는 마음에 점검을 받으려고 한다.

〈신용카드 종류〉

A카드	B카드	C카드	D카드
• 놀이공원 할인 • 커피 할인 • Kids카페 할인	• 포인트 두 배 적립 • 6개월간 무이자 할인	• 공과금 할인 • 온라인 쇼핑몰 할인 • 병원 / 약국 할인	• 주유비 할인 • 차량 소모품 할인 • 상해보험 무료 가입

① A카드 ② B카드
③ C카드 ④ D카드

정답 ④

K씨의 생활을 살펴보면 출퇴근길에 자가용을 사용하고 있고 주유비에 대해서 부담을 가지고 있다. 그리고 곧 겨울이 올 것을 대비해 차량 점검을 할 예정이다. 따라서 K씨는 자동차와 관련된 혜택을 받을 수 있는 D카드를 선택하는 것이 가장 적절하다.

풀이 전략!

문제 해결을 위해 필요한 정보가 무엇인지 먼저 파악한 후, 제시된 자료를 분석적으로 읽고 해석한다.

01 K동에서는 임신한 주민에게 출산장려금을 지원하고자 한다. 출산장려금 지급 기준 및 K동에 거주하는 임산부에 대한 정보가 다음과 같을 때, 출산장려금을 가장 먼저 받을 수 있는 사람은?

〈K동 출산장려금 지급 기준〉

- 출산장려금 지급액은 모두 같으나, 지급 시기는 모두 다르다.
- 지급 순서 기준은 임신일, 자녀 수, 소득 수준 순서이다.
- 임신일이 길수록, 자녀가 많을수록, 소득 수준이 낮을수록 먼저 받는다(단, 자녀는 만 19세 미만의 아동 및 청소년으로 제한한다).
- 임신일, 자녀 수, 소득 수준이 모두 같으면 같은 날에 지급한다.

〈K동 거주 임산부 정보〉

임산부	임신일	자녀	소득 수준
A	150일	만 1세	하
B	200일	만 3세	상
C	100일	만 10세, 만 6세, 만 5세, 만 4세	상
D	200일	만 7세, 만 5세, 만 3세	중
E	200일	만 20세, 만 16세, 만 14세, 만 10세	상

① A임산부
② B임산부
③ C임산부
④ D임산부
⑤ E임산부

※ 다음은 음료의 메뉴판과 이번 주 일기예보이다. A사원은 그 날의 날씨와 평균기온을 고려하여 〈조건〉에 따라 자신이 마실 음료를 고른다. 이어지는 질문에 답하시오. **[2~3]**

〈메뉴판〉

(단위 : 원)

커피류			차 및 에이드류		
구분	작은 컵	큰 컵	구분	작은 컵	큰 컵
아메리카노	3,900	4,300	자몽에이드	4,200	4,700
카페라테	4,400	4,800	레몬에이드	4,300	4,800
바닐라라테	4,600	5,000	자두에이드	4,500	4,900
카페모카	5,000	5,400	밀크티	4,300	4,800

〈이번 주 일기예보〉

구분	7월 22일 일요일	7월 23일 월요일	7월 24일 화요일	7월 25일 수요일	7월 26일 목요일	7월 27일 금요일	7월 28일 토요일
날씨	흐림	맑음	맑음	흐림	비	비	맑음
평균기온	24℃	26℃	28℃	27℃	27℃	25℃	26℃

조건

- A사원은 맑거나 흐린 날에는 차 및 에이드류를 마시고, 비가 오는 날에는 커피류를 마신다.
- 평균기온이 26℃ 미만인 날에는 작은 컵으로, 26℃ 이상인 날은 큰 컵으로 마신다.
- 커피를 마시는 날 중 평균기온이 25℃ 미만인 날은 아메리카노를, 25℃ 이상, 27℃ 미만인 날은 바닐라라테를, 27℃인 날은 카페라테를, 28℃ 이상인 날은 카페모카를 마신다.
- 차 및 에이드류를 마시는 날 중 평균기온이 27℃ 미만인 날은 자몽에이드를, 27℃ 이상인 날은 자두에이드를 마신다. 단, 비가 오지 않는 화요일과 목요일에는 반드시 밀크티를 마신다.

02 오늘이 7월 26일이라고 할 때, A사원이 오늘 마실 음료는?

① 아메리카노 큰 컵
② 카페라테 큰 컵
③ 바닐라라테 작은 컵
④ 카페모카 큰 컵
⑤ 자두에이드 작은 컵

03 A사원은 24일에 직장동료인 B사원에게 음료를 사주고자 한다. B사원에게는 자신이 전날 마신 음료와 같은 종류의 음료를 사준다고 할 때, A사원이 음료 두 잔을 주문하며 지불할 금액은?

① 8,700원
② 9,000원
③ 9,200원
④ 9,500원
⑤ 9,700원

04 다음 〈조건〉과 상황을 근거로 판단할 때, 출장을 함께 갈 수 있는 직원들의 조합으로 적절한 것은?

조건

K공사 B지사에서는 12월 11일 회계감사 관련 서류 제출을 위해 본사로 출장을 가야 한다. 오전 8시 정각 출발이 확정되어 있으며, 출발 후 B지사에 복귀하기까지 총 8시간이 소요된다. 단, 비가 오는 경우 1시간이 추가로 소요된다.

- 출장인원 중 한 명이 직접 운전하여야 하며, '운전면허 1종 보통' 소지자만 운전할 수 있다.
- 출장시간에 사내 업무가 겹치는 경우에는 출장을 갈 수 없다.
- 출장인원 중 부상자가 포함되어 있는 경우, 서류 박스 운반 지연으로 인해 30분이 추가로 소요된다.
- 차장은 책임자로서 출장인원에 적어도 한 명은 포함되어야 한다.
- 주어진 조건 외에는 고려하지 않는다.

〈상황〉

- 12월 11일은 하루 종일 비가 온다.
- 12월 11일 당직 근무는 17시 10분에 시작한다.

직원	직위	운전면허	건강상태	출장 당일 사내 업무
갑	차장	1종 보통	부상	없음
을	차장	2종 보통	건강	17시 15분 계약업체 면담
병	과장	없음	건강	17시 35분 관리팀과 회의
정	과장	1종 보통	건강	당직 근무
무	대리	2종 보통	건강	없음

① 갑・을・병
② 갑・병・정
③ 을・병・무
④ 을・정・무
⑤ 병・정・무

05 K공사 홍보실에 근무하는 A사원은 12일부터 15일까지 워크숍을 가게 되었다. 워크숍을 떠나기 직전 A사원은 스마트폰의 날씨예보 어플을 통해 워크숍 장소인 춘천의 날씨를 확인해 보았다. 다음 중 A사원이 확인한 날씨예보의 내용으로 가장 적절한 것은?

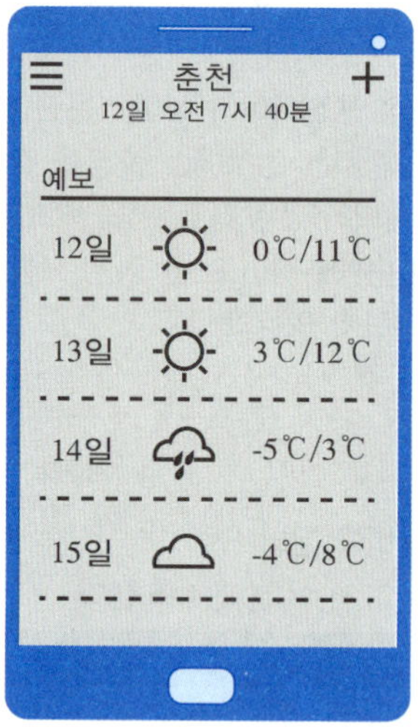

① 워크숍 기간 중 오늘이 일교차가 가장 크므로 감기에 유의해야 한다.
② 내일 춘천지역의 미세먼지가 심하므로 주의해야 한다.
③ 워크숍 기간 중 비를 동반한 낙뢰가 예보된 날이 있다.
④ 내일모레 춘천지역의 최고·최저기온이 모두 영하이므로 야외활동 시 옷을 잘 챙겨 입어야 한다.
⑤ 글피엔 비가 내리지 않지만 최저기온이 영하이다.

06 같은 해에 입사한 동기 A ~ E는 모두 서로 다른 부서에서 일하고 있다. 이들이 근무하는 부서와 해당 부서의 성과급이 다음 자료와 같을 때, 항상 옳은 것은?

〈부서별 성과급〉

비서실	영업부	인사부	총무부	홍보부
60만 원	20만 원	40만 원	60만 원	60만 원

※ 각 사원은 모두 각 부서의 성과급을 동일하게 받음

〈부서 배치 조건〉

- A는 성과급이 평균보다 적은 부서에서 일한다.
- B와 D의 성과급을 더하면 나머지 세 명의 성과급 합과 같다.
- C의 성과급은 총무부보다는 적지만 A보다는 많다.
- C와 D 중 한 사람은 비서실에서 일한다.
- E는 홍보부에서 일한다.

〈휴가 조건〉

- 영업부 직원은 비서실 직원보다 늦게 휴가를 가야 한다.
- 인사부 직원은 첫 번째 또는 제일 마지막으로 휴가를 가야 한다.
- B의 휴가 순서는 이들 중 세 번째이다.
- E는 휴가를 반납하고 성과급을 두 배로 받는다.

① A의 3개월 치 성과급은 C의 2개월 치 성과급보다 많다.
② C가 제일 먼저 휴가를 갈 경우, B가 제일 마지막으로 휴가를 가게 된다.
③ D가 C보다 성과급이 많다.
④ 휴가철이 끝난 직후, 급여명세서에 D와 E의 성과급 차이는 세 배이다.
⑤ B는 A보다 휴가를 먼저 가게 된다.

CHAPTER 02

수리능력

합격 Cheat Key

수리능력은 사칙 연산 · 통계 · 확률의 의미를 정확하게 이해하고 이를 업무에 적용하는 능력으로, 기초 연산과 기초 통계, 도표 분석 및 작성의 문제 유형으로 출제된다. 수리능력 역시 채택하지 않는 공사 · 공단이 거의 없을 만큼 필기시험에서 중요도가 높은 영역이다.

특히, 난이도가 높은 공사 · 공단의 시험에서는 도표 분석, 즉 자료 해석 유형의 문제가 많이 출제되고 있고, 응용 수리 역시 꾸준히 출제하는 공사 · 공단이 많기 때문에 기초 연산과 기초 통계에 대한 공식의 암기와 자료 해석 능력을 기를 수 있는 꾸준한 연습이 필요하다.

1 응용 수리의 공식은 반드시 암기하라!

응용 수리는 공사 · 공단마다 출제되는 문제는 다르지만, 사용되는 공식은 비슷한 경우가 많으므로 자주 출제되는 공식을 반드시 암기하여야 한다. 문제에서 묻는 것을 정확하게 파악하여 그에 맞는 공식을 적절하게 적용하는 꾸준한 노력과 공식을 암기하는 연습이 필요하다.

2 자료의 해석은 자료에서 즉시 확인할 수 있는 지문부터 확인하라!

수리능력 중 도표 분석, 즉 자료 해석 능력은 많은 시간을 필요로 하는 문제가 출제되므로, 증가·감소 추이와 같이 눈으로 확인이 가능한 지문을 먼저 확인한 후 복잡한 계산이 필요한 지문을 확인하는 방법으로 문제를 풀이한다면 시간을 조금이라도 아낄 수 있다. 또한, 여러 가지 보기가 주어진 문제 역시 지문을 잘 확인하고 문제를 풀이한다면 불필요한 계산을 생략할 수 있으므로 항상 지문부터 확인하는 습관을 들여야 한다.

3 도표 작성에서 지문에 작성된 도표의 제목을 반드시 확인하라!

도표 작성은 하나의 자료 혹은 보고서와 같은 수치가 표현된 자료를 도표로 작성하는 형식으로 출제되는데, 대체로 표보다는 그래프를 작성하는 형태로 많이 출제된다. 지문을 살펴보면 각 지문에서 주어진 도표에도 소제목이 있는 경우가 대부분이다. 이때, 자료의 수치와 도표의 제목이 일치하지 않는 경우 함정이 존재하는 문제일 가능성이 높으므로 도표의 제목을 반드시 확인하는 것이 중요하다.

대표기출유형

01 응용 수리

| 유형분석 |

- 문제에서 제공하는 정보를 파악한 뒤, 사칙연산을 활용하여 계산하는 전형적인 수리문제이다.
- 문제를 풀기 위한 정보가 산재되어 있는 경우가 많으므로 주어진 조건 등을 꼼꼼히 확인해야 한다.

세희네 가족의 올해 휴가비용은 작년 대비 교통비는 15%, 숙박비는 24% 증가하였고, 전체 휴가비용은 20% 증가하였다. 작년 전체 휴가비용이 36만 원일 때, 올해 숙박비는?(단, 전체 휴가비는 교통비와 숙박비의 합이다)

① 160,000원
② 184,000원
③ 200,000원
④ 248,000원
⑤ 268,000원

정답 ④

작년 교통비를 x원, 숙박비를 y원이라 하자.

$1.15x+1.24y=1.2(x+y)$ … ㉠

$x+y=36$ … ㉡

㉠과 ㉡을 연립하면 $x=16$, $y=20$이다.

따라서 올해 숙박비는 $20\times1.24=24.8$만 원이다.

풀이 전략!

문제에서 묻는 바를 정확하게 확인한 후, 필요한 조건 또는 정보를 구분하여 신속하게 풀어 나간다. 단, 계산에 착오가 생기지 않도록 유의한다.

대표기출유형 01 기출응용문제

01 혜영이가 자전거를 타고 300m를 달리는 동안 지훈이는 자전거를 타고 400m를 달린다고 한다. 두 사람이 둘레가 1,800m인 원 모양의 연못 둘레를 같은 지점에서 같은 방향으로 동시에 출발하여 15분 후에 처음으로 만날 때 혜영이와 지훈이가 이동한 거리의 합은?

① 7,200m
② 8,800m
③ 9,400m
④ 12,600m
⑤ 16,800m

02 농도 8%의 소금물 200g에서 한 컵의 소금물을 떠내고 떠낸 양만큼 물을 부었다. 그리고 다시 농도 2%의 소금물을 더 넣었더니 농도 3%의 소금물 320g이 되었다고 할 때, 떠낸 소금물의 양은?

① 100g
② 110g
③ 120g
④ 130g
⑤ 150g

03 주사위를 두 번 던질 때, 두 눈의 합이 10 이상 나올 확률은?

① $\frac{1}{2}$
② $\frac{1}{3}$
③ $\frac{1}{4}$
④ $\frac{1}{5}$
⑤ $\frac{1}{6}$

04 K팀의 작년 승률은 40%였고, 올해는 총 120경기 중 65승을 하였다. 작년과 올해의 경기를 합하여 구한 승률이 45%일 때, K팀이 승리한 총 횟수는?

① 151회
② 152회
③ 153회
④ 154회
⑤ 155회

05 조각 케이크 1조각을 정가로 팔면 3,000원의 이익을 얻는다. 만일, 장사가 되지 않아 정가에서 20%를 할인하여 5개 팔았을 때 순이익과 조각 케이크 1조각당 정가에서 2,000원씩 할인하여 4개를 팔았을 때의 매출액이 같다면, 이 상품의 정가는 얼마인가?

① 4,000원
② 4,100원
③ 4,300원
④ 4,400원
⑤ 4,600원

06 아버지와 어머니의 나이 차는 4세이고, 형과 동생의 나이 차는 2세이다. 또한, 아버지와 어머니의 나이의 합은 형 나이의 6배이다. 형과 동생의 나이의 합이 40세라면 아버지의 나이는 몇 세인가? (단, 아버지가 어머니보다 나이가 더 많다)

① 59세
② 60세
③ 63세
④ 65세
⑤ 67세

07 철수는 다음과 같은 길을 따라 A에서 C까지 최단 거리로 이동하려고 한다. 최단 거리로 이동하는 동안 점 B를 거쳐서 이동하는 경우의 수는?

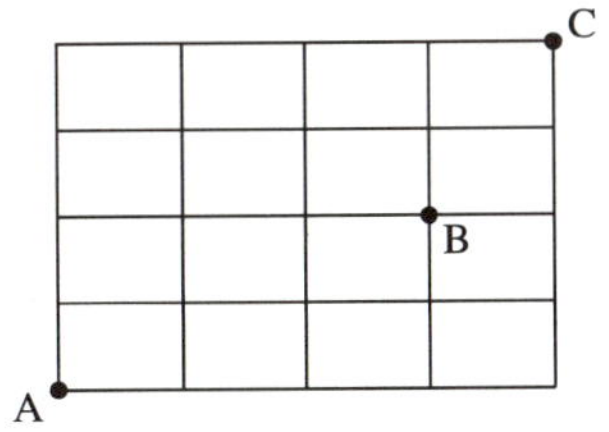

① 15가지
② 24가지
③ 28가지
④ 30가지
⑤ 32가지

08 그림과 같은 모양의 직각삼각형 ABC가 있다. 변 AB의 길이는 18cm이고 직각삼각형의 둘레가 72cm일 때, 직각삼각형 ABC의 넓이는?

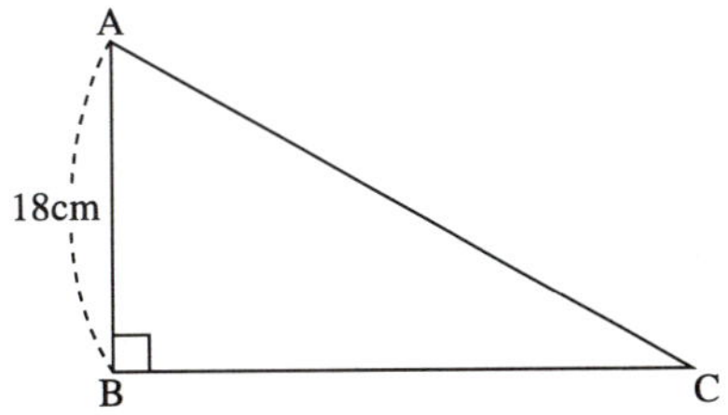

① 182cm^2
② 186cm^2
③ 192cm^2
④ 210cm^2
⑤ 216cm^2

09

A와 B는 가위바위보를 해서 이기면 2계단을 올라가고, 지면 1계단을 내려가는 게임을 하였다. 게임이 끝난 후, A는 11계단, B는 2계단을 올라가 있었다. A가 이긴 횟수는?(단, 비기는 경우는 고려하지 않는다)

① 5번
② 8번
③ 12번
④ 18번
⑤ 20번

10

올림픽 양궁 시합에서 우리나라 선수가 10점 만점 중 10점을 쏠 확률은 $\frac{1}{5}$이다. 4번의 화살을 쐈을 때 4번 중 2번은 10점을 쏘고, 나머지 2번은 10점을 쏘지 못할 확률은?

① $\frac{16}{125}$
② $\frac{24}{125}$
③ $\frac{16}{625}$
④ $\frac{96}{625}$
⑤ $\frac{256}{625}$

11

K공사에서 공청회를 개최하였다. 공청회에 참석한 여성 인원수는 공청회에 참석한 전체 인원의 $\frac{3}{7}$보다 13명 적었고, 남성 인원수는 전체 인원의 $\frac{1}{2}$보다 33명 많았다. 공청회에 참석한 전체 인원은 몇 명인가?

① 210명
② 240명
③ 280명
④ 330명
⑤ 350명

12 K시는 정육각형 모양의 길에 나무를 심어 산책로를 조성하려고 한다. 정육각형의 각 꼭짓점에 반드시 나무를 심고, 길을 따라 8m 간격으로 나무를 심을 때 총 750그루의 나무가 필요하다면, 산책로의 길이는?(단, 나무의 너비는 고려하지 않는다)

① 0.6km
② 0.696km
③ 6km
④ 6.96km
⑤ 60km

13 K고등학교는 도서관에 컴퓨터를 설치하려고 한다. 컴퓨터 구매 가격을 알아보니, 한 대당 100만 원이고 4대 이상 구매 시 3대까지는 한 대당 100만 원, 4대 이상부터는 한 대당 80만 원에 판매가 되고 있었다. 컴퓨터 구매에 배정된 예산이 2,750만 원일 때, 최대 몇 대의 컴퓨터를 구매할 수 있는가?

① 33대
② 34대
③ 35대
④ 36대
⑤ 37대

14 너비는 같고 지름이 각각 10cm인 A롤러와 3cm인 B롤러로 각각 벽을 칠하고 있다. 두 롤러가 처음으로 같은 면적을 칠했을 때 A롤러와 B롤러 각각의 회전수의 합은?(단, 롤러는 한 번 칠할 때 1회전씩 하며, 회전 중간에 멈추는 일은 없다)

① 11바퀴
② 12바퀴
③ 13바퀴
④ 14바퀴
⑤ 15바퀴

대표기출유형

02 수열 규칙

| 유형분석 |

- 나열된 수의 규칙을 찾아 해결하는 문제이다.
- 등차·등비수열 등 다양한 수열 규칙에 대한 사전 학습이 요구된다.

다음과 같이 일정한 규칙으로 수를 나열할 때, 빈칸에 들어갈 수는?

1　　2　　8　　(　　)　　148　　765　　4,626

① 12　　② 16
③ 24　　④ 27
⑤ 33

정답 ⑤

앞의 항에 $\times1+1^2$, $\times2+2^2$, $\times3+3^2$, $\times4+4^2$, …인 수열이다.
따라서 (　　)$=8\times3+3^2=33$이다.

풀이 전략!

- 수열을 풀이할 때는 다음과 같은 규칙이 적용되는지를 순차적으로 판단한다.
  1) 각 항에 일정한 수를 사칙연산(+, −, ×, ÷)하는 규칙
  2) 홀수 항, 짝수 항 규칙
  3) 피보나치 수열과 같은 계차를 이용한 규칙
  4) 군수열을 활용한 규칙
  5) 항끼리 사칙연산을 하는 규칙

주요 수열 규칙

구분	내용
등차수열	앞의 항에 일정한 수를 더해 이루어지는 수열
등비수열	앞의 항에 일정한 수를 곱해 이루어지는 수열
피보나치 수열	앞의 두 항의 합이 그 다음 항의 수가 되는 수열
건너뛰기 수열	두 개 이상의 수열 또는 규칙이 일정한 간격을 두고 번갈아가며 적용되는 수열
계차수열	앞의 항과 차가 일정하게 증가하는 수열
군수열	일정한 규칙성으로 몇 항씩 묶어 나눈 수열

대표기출유형 02 기출응용문제

※ 다음과 같이 일정한 규칙으로 수를 나열할 때, 빈칸에 들어갈 수를 고르시오. [1~9]

01

4 6 12 24 ( ) 96 108 384

① 9
② 16
③ 28
④ 36
⑤ 44

02

3 12 6 24 12 48 ( ) 96

① 24
② 26
③ 28
④ 30
⑤ 32

03

−5 5 9 −9 −1 ( ) 13

① 1
② 2
③ −1
④ −2
⑤ −3

04

51　50　42　59　13　88　72　(　)

① 27　② 29
③ 31　④ 33
⑤ 35

05

64　16　12　3　$\frac{11}{2}$　(　)　$\frac{75}{16}$

① $\frac{5}{4}$　② $\frac{11}{4}$
③ $\frac{7}{8}$　④ $\frac{11}{8}$
⑤ $\frac{17}{8}$

06

12.3　15　7.5　10.2　(　)　7.8　3.9

① 4.2　② 5.1
③ 6.3　④ 7.2
⑤ 8.1

07

4	−1	8	16	−256	( )

① 8,192
② −8,192
③ 4,096
④ −4,096
⑤ 2,048

08

5	1	2	3	9	4	8	( )	6

① 2
② 7
③ 10
④ 11
⑤ 12

09

$\frac{1}{2} \quad \frac{6}{8} \quad \frac{11}{32} \quad \frac{16}{128} \quad (\quad)$

① $\frac{20}{128}$
② $\frac{21}{256}$
③ $\frac{21}{512}$
④ $\frac{22}{1,024}$
⑤ $\frac{24}{1,024}$

대표기출유형

03 자료 계산

| 유형분석 |

- 문제에 주어진 자료를 분석하여 각 선택지의 값을 계산해 정답 유무를 판단하는 문제이다.
- 주로 그래프와 표로 제시되며, 경영 · 경제 · 산업 등과 관련된 최신 이슈를 많이 다룬다.
- 자료 간의 증감률 · 합계 · 차이 등을 자주 묻는다.

K마트 물류팀에 근무하는 E사원은 9월 라면 입고량과 판매량을 확인하던 중 11일과 15일에 A, B업체의 기록이 누락되어 있는 것을 발견하였다. 동료직원인 D사원은 E사원에게 "9월 11일의 전체 라면 재고량 중 A업체는 10%, B업체는 9%를 차지하였고, 9월 15일의 A업체 라면 재고량은 B업체보다 500개가 더 많았다."라고 말했다. 이때 9월 11일의 전체 라면 재고량은 몇 개인가?

구분		9월 12일	9월 13일	9월 14일
A업체	입고량	300	–	200
	판매량	150	100	–
B업체	입고량	–	250	–
	판매량	200	150	50

① 10,000개
② 15,000개
③ 20,000개
④ 25,000개
⑤ 30,000개

정답 ①

9월 11일의 전체 라면 재고량을 x개라고 하면, A, B업체의 9월 11일 라면 재고량은 각각 $0.1x$개, $0.09x$개이다.
이때 A, B업체의 9월 15일 라면 재고량을 구하면 다음과 같다.
- A업체 : $0.1x+300+200-150-100=(0.1x+250)$개
- B업체 : $0.09x+250-200-150-50=(0.09x-150)$개

9월 15일에는 A업체의 라면 재고량이 B업체보다 500개가 더 많으므로 식을 세우면 다음과 같다.
$0.1x+250=0.09x-150+500$
$\therefore x=10,000$
따라서 9월 11일의 전체 라면 재고량은 10,000개이다.

풀이 전략!

선택지에 주어진 값의 차이가 크지 않다면 어림값을 활용하는 것이 오히려 풀이 속도를 지연시킬 수 있으므로 주의해야 한다.

01 다음은 4개 국가의 연도별 관광 수입 및 지출을 나타낸 자료이다. 2023년 관광 수입이 가장 많은 국가와 가장 적은 국가의 2024년 관광 지출 대비 관광 수입 비율의 차이는 얼마인가?(단, 소수점 둘째 자리에서 반올림한다)

〈국가별 관광 수입 및 지출〉

(단위 : 백만 달러)

구분	관광 수입			관광 지출		
	2022년	2023년	2024년	2022년	2023년	2024년
한국	15,214	17,300	13,400	25,300	27,200	30,600
중국	44,969	44,400	32,600	249,800	250,100	257,700
홍콩	36,150	32,800	33,300	23,100	24,100	25,400
인도	21,013	22,400	27,400	14,800	16,400	18,400

① 25.0%p
② 27.5%p
③ 28.3%p
④ 30.4%p
⑤ 31.1%p

02 K통신회사는 휴대전화의 통화시간에 따라 월 2시간까지는 기본요금이 부과되고, 2시간 초과 3시간까지는 분당 a원, 3시간 초과부터는 $2a$원을 부과한다. 다음과 같이 요금이 청구되었을 때, a의 값은 얼마인가?

〈휴대전화 이용요금〉

구분	통화시간	요금
8월	3시간 30분	21,600원
9월	2시간 20분	13,600원

① 50
② 80
③ 100
④ 120
⑤ 150

03 다음은 K공사에서 발표한 최근 2개년 1/4분기 산업단지별 수출현황을 나타낸 자료이다. 빈칸에 들어갈 수치가 바르게 연결된 것은?(단, 전년 대비 수치는 소수점 둘째 자리에서 반올림한다)

〈최근 2개년 1/4분기 산업단지별 수출현황〉

(단위 : 백만 달러)

구분	2024년 1/4분기	2023년 1/4분기	전년 대비
국가	66,652	58,809	13.3% 상승
일반	34,273	29,094	(가)% 상승
농공	2,729	3,172	14.0% 하락
합계	(나)	91,075	(다)% 상승

	(가)	(나)	(다)
①	15.8	103,654	13.8
②	15.8	104,654	11.8
③	17.8	102,554	13.8
④	17.8	103,654	11.8
⑤	17.8	103,654	13.8

04 다음은 폐기물협회에서 제공하는 전국 폐기물 발생 현황 자료이다. 빈칸에 해당하는 값으로 옳은 것은?(단, 소수점 둘째 자리에서 반올림한다)

〈전국 폐기물 발생 현황〉

(단위 : 톤/일, %)

구분		2019년	2020년	2021년	2022년	2023년	2024년
총계	발생량	359,296	357,861	365,154	373,312	382,009	382,081
	증감률	6.6	−0.4	2.0	2.2	2.3	0.02
의료 폐기물	발생량	52,072	50,906	49,159	48,934	48,990	48,728
	증감률	3.4	−2.2	−3.4	(ㄱ)	0.1	−0.5
사업장 배출시설계 폐기물	발생량	130,777	123,604	137,875	137,961	146,390	149,815
	증감률	13.9	(ㄴ)	11.5	0.1	6.1	2.3
건설 폐기물	발생량	176,447	183,351	178,120	186,417	186,629	183,538
	증감률	2.6	3.9	−2.9	4.7	0.1	−1.7

	(ㄱ)	(ㄴ)
①	−0.5	−5.5
②	−0.5	−4.5
③	−0.6	−5.5
④	−0.6	−4.5
⑤	−0.7	−5.5

05 다음은 세계 음악시장의 규모에 대한 자료이다. 이를 바탕으로 〈조건〉에 근거하여 2025년의 음악 시장 규모를 구하면?(단, 소수점 둘째 자리에서 반올림한다)

〈세계 음악시장 규모〉

(단위 : 백만 달러)

구분		2020년	2021년	2022년	2023년	2024년
공연음악	후원	5,930	6,008	6,097	6,197	6,305
	티켓 판매	20,240	20,688	21,165	21,703	22,324
	합계	26,170	26,696	27,262	27,900	28,629
음반	디지털	8,719	9,432	10,180	10,905	11,544
	다운로드	5,743	5,986	6,258	6,520	6,755
	스트리밍	1,530	2,148	2,692	3,174	3,557
	모바일	1,447	1,298	1,230	1,212	1,233
	오프라인 음반	12,716	11,287	10,171	9,270	8,551
	합계	30,155	30,151	30,531	31,081	31,640
합계		56,325	56,847	57,793	58,981	60,269

조건

- 2025년 공연음악 후원금은 2024년보다 1억 1천 8백만 달러, 티켓 판매는 2024년보다 7억 4천만 달러가 증가할 것으로 예상된다.
- 스트리밍 시장의 경우 빠르게 성장하는 추세로 2025년 스트리밍 시장 규모는 2020년 스트리밍 시장 규모의 2.5배가 될 것으로 예상된다.
- 오프라인 음반 시장은 점점 감소하는 추세로 2025년 오프라인 음반 시장 규모는 2024년 대비 6%의 감소율을 보일 것으로 예상된다.

	공연음악	스트리밍	오프라인 음반
①	29,487백만 달러	3,711백만 달러	8,037.9백만 달러
②	29,487백만 달러	3,825백만 달러	8,037.9백만 달러
③	29,685백만 달러	3,825백만 달러	7,998.4백만 달러
④	29,685백만 달러	4,371백만 달러	7,998.4백만 달러
⑤	29,685백만 달러	3,825백만 달러	8,037.9백만 달러

PART 1

06 다음은 K기업의 매출액과 분기별 매출액의 영업팀 구성비를 나타낸 자료이다. 연간 영업팀의 매출 순위와 1위 팀이 기록한 연 매출액을 차례대로 나열한 것은?

〈영업 A ~ D팀의 분기별 매출액〉

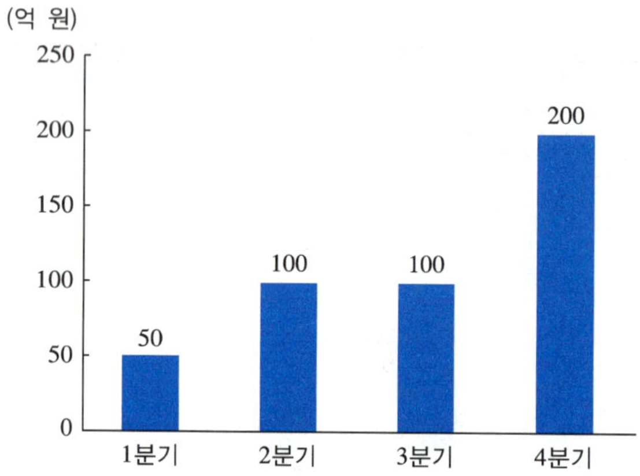

〈분기별 매출액에서 각 영업팀의 구성비〉

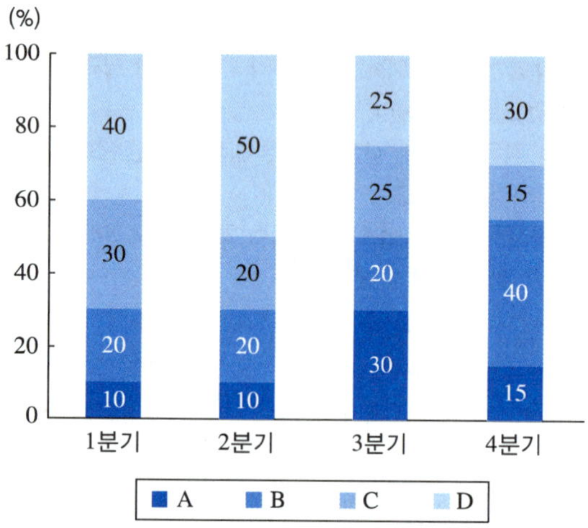

① A－B－C－D, 120억 원
② B－A－C－D, 120억 원
③ B－A－D－C, 155억 원
④ D－B－A－C, 120억 원
⑤ D－B－C－A, 155억 원

07 다음은 소나무재선충병 발생지역에 대한 자료이다. 이를 참고할 때, 고사한 소나무 수가 가장 많은 발생지역은?

〈소나무재선충병 발생지역별 소나무 수〉

(단위 : 천 그루)

발생지역	소나무 수
거제	1,590
경주	2,981
제주	1,201
청도	279
포항	2,312

〈소나무재선충병 발생지역별 감염률 및 고사율〉

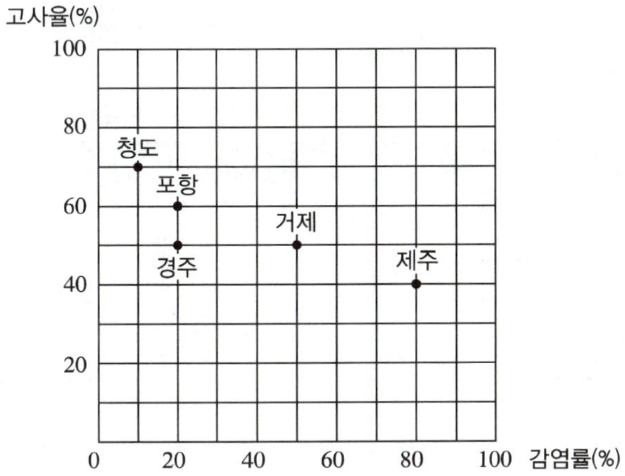

※ $[\text{감염률}(\%)] = \frac{(\text{발생지역의 감염된 소나무 수})}{(\text{발생지역의 소나무 수})} \times 100$

※ $[\text{고사율}(\%)] = \frac{(\text{발생지역의 고사한 소나무 수})}{(\text{발생지역의 감염된 소나무 수})} \times 100$

① 거제
② 경주
③ 제주
④ 청도
⑤ 포항

대표기출유형

04 자료 이해

| 유형분석 |

- 제시된 자료를 분석하여 선택지의 정답 유무를 판단하는 문제이다.
- 표의 수치 등을 통해 변화량이나 증감률, 비중 등을 비교하여 판단하는 문제가 자주 출제된다.
- 지원하고자 하는 기업이나 산업과 관련된 자료 등이 문제의 자료로 많이 다뤄진다.

다음은 A ~ E 5개국의 경제 및 사회 지표 자료이다. 이에 대한 설명으로 옳지 않은 것은?

〈주요 5개국의 경제 및 사회 지표〉

구분	1인당 GDP(달러)	경제성장률(%)	수출(백만 달러)	수입(백만 달러)	총인구(백만 명)
A	27,214	2.6	526,757	436,499	50.6
B	32,477	0.5	624,787	648,315	126.6
C	55,837	2.4	1,504,580	2,315,300	321.8
D	25,832	3.2	277,423	304,315	46.1
E	56,328	2.3	188,445	208,414	24.0

※ (총 GDP)=(1인당 GDP)×(총인구)

① 경제성장률이 가장 큰 나라가 총 GDP는 가장 작다.
② 총 GDP가 가장 큰 나라의 GDP는 가장 작은 나라의 GDP보다 10배 이상 더 크다.
③ 5개국 중 수출과 수입에 있어서 규모에 따라 나열한 순위는 서로 일치한다.
④ A국이 E국보다 총 GDP가 더 크다.
⑤ 1인당 GDP에 따른 순위와 총 GDP에 따른 순위는 서로 일치한다.

정답 ⑤

1인당 GDP 순위는 E>C>B>A>D이다. 그런데 1인당 GDP가 가장 큰 E국은 1인당 GDP가 2위인 C국보다 1% 정도밖에 높지 않은 반면, 인구는 C국의 $\frac{1}{10}$ 이하이므로 총 GDP 역시 C국보다 작다. 따라서 1인당 GDP 순위와 총 GDP 순위는 일치하지 않는다.

풀이 전략!

평소 변화량이나 증감률, 비중 등을 구하는 공식을 알아두고 있어야 하며, 지원하는 기업이나 산업에 대한 자료 등을 확인하여 비교하는 연습 등을 한다.

01 다음은 K신도시 쓰레기 처리 관련 통계 자료이다. 이에 대한 설명으로 옳지 않은 것은?

〈K신도시 쓰레기 처리 관련 통계〉

구분	2021년	2022년	2023년	2024년
1kg 쓰레기 종량제 봉투 가격	100원	200원	300원	400원
쓰레기 1kg당 처리비용	400원	400원	400원	400원
K신도시 쓰레기 발생량	5,013톤	4,521톤	4,209톤	4,007톤
K신도시 쓰레기 관련 예산 적자	15억 원	9억 원	4억 원	0원

① 쓰레기 종량제 봉투 가격과 K신도시의 쓰레기 발생량의 증감 추이는 반비례한다.
② 연간 쓰레기 발생량 감소곡선보다 쓰레기 종량제 봉투 가격의 인상곡선이 더 가파르다.
③ 봉투 가격이 인상됨으로써 주민들은 비용에 부담을 느끼고 쓰레기 배출을 줄였을 것이다.
④ 쓰레기 1kg당 처리비용이 인상될수록 K신도시의 쓰레기 발생량과 쓰레기 관련 예산 적자가 급격히 감소하는 것을 볼 수 있다.
⑤ 쓰레기 종량제 봉투 가격이 100원이었던 2021년에 비해 400원이 된 2024년에는 쓰레기 발생량이 약 20%p나 감소하였고 쓰레기 관련 예산 적자는 0원이 되었다.

02 다음은 항목별 상위 7개 동의 자산규모를 나타낸 자료이다. 이에 대한 설명으로 옳은 것은?

〈항목별 상위 7개 동의 자산규모〉

구분 / 순위	총자산(조 원)		부동산자산(조 원)		예금자산(조 원)		가구당 총자산(억 원)	
	동명	규모	동명	규모	동명	규모	동명	규모
1	여의도동	24.9	대치동	17.7	여의도동	9.6	을지로동	51.2
2	대치동	23.0	서초동	16.8	태평로동	7.0	여의도동	26.7
3	서초동	22.6	압구정동	14.3	을지로동	4.5	압구정동	12.8
4	반포동	15.6	목동	13.7	서초동	4.3	도곡동	9.2
5	목동	15.5	신정동	13.6	역삼동	3.9	잠원동	8.7
6	도곡동	15.0	반포동	12.5	대치동	3.1	이촌동	7.4
7	압구정동	14.4	도곡동	12.3	반포동	2.5	서초동	6.4

※ (총자산)=(부동산자산)+(예금자산)+(증권자산)
※ (가구 수)=(총자산)÷(가구당 총자산)

① 압구정동의 가구 수는 여의도동의 가구 수보다 적다.
② 이촌동의 가구 수는 2만 가구 이상이다.
③ 대치동의 증권자산은 서초동의 증권자산보다 많다.
④ 여의도동의 증권자산은 최소 4조 원 이상이다.
⑤ 총자산 대비 부동산자산의 비율은 도곡동이 목동보다 높다.

03 다음은 2015 ~ 2024년 범죄별 발생건수에 대한 자료이다. 이에 대한 설명으로 옳은 것은?

〈2015 ~ 2024년 범죄별 발생건수〉

(단위 : 천 건)

구분	2015년	2016년	2017년	2018년	2019년	2020년	2021년	2022년	2023년	2024년
사기	282	272	270	266	242	235	231	234	241	239
절도	366	356	371	354	345	319	322	328	348	359
폭행	139	144	148	149	150	155	161	158	155	156
방화	5	4	2	1	2	5	2	4	5	3
살인	3	11	12	13	13	15	16	12	11	14

① 2015 ~ 2024년 동안 범죄별 발생건수의 순위는 매년 동일하다.
② 2015 ~ 2024년 동안 발생한 방화의 총 발생건수는 3만 건 미만이다.
③ 2016 ~ 2024년까지 전년 대비 사기와 폭행의 발생건수 증감추이는 반비례한다.
④ 2017년 전체 범죄발생건수 중 절도가 차지하는 비율은 50% 이상이다.
⑤ 2015년 대비 2024년 전체 범죄발생건수 감소율은 5% 이상이다.

04 다음은 자동차 생산 · 내수 · 수출 현황에 대한 자료이다. 이에 대한 설명으로 옳지 않은 것은?

〈자동차 생산 · 내수 · 수출 현황〉

(단위 : 대, %)

구분		2020년	2021년	2022년	2023년	2024년
생산	차량 대수	4,086,308	3,826,682	3,512,926	4,271,741	4,657,094
	증감률	(6.4)	(▽6.4)	(▽8.2)	(21.6)	(9.0)
내수	차량 대수	1,219,335	1,154,483	1,394,000	1,465,426	1,474,637
	증감률	(4.7)	(▽5.3)	(20.7)	(5.1)	(0.6)
수출	차량 대수	2,847,138	2,683,965	2,148,862	2,772,107	3,151,708
	증감률	(7.5)	(▽5.7)	(▽19.9)	(29.0)	(13.7)

① 2020년에는 전년 대비 생산, 내수, 수출이 모두 증가했다.
② 내수가 가장 큰 폭으로 증가한 해에는 생산과 수출이 모두 감소했다.
③ 수출이 증가했던 해는 생산과 내수 모두 증가했다.
④ 내수는 증가했지만 생산과 수출이 모두 감소한 해도 있다.
⑤ 생산이 증가했지만 내수나 수출이 감소한 해가 있다.

05 다음은 수송부문 대기 중 온실가스 배출량에 대한 자료이다. 이에 대한 설명으로 옳지 않은 것은?

〈수송부문 대기 중 온실가스 배출량〉

(단위 : ppm)

연도	구분	합계	이산화탄소	아산화질소	메탄
2020년	합계	83,617.9	82,917.7	197.6	502.6
	산업 부문	58,168.8	57,702.5	138.0	328.3
	가계 부문	25,449.1	25,215.2	59.6	174.3
2021년	합계	85,343.0	84,626.3	202.8	513.9
	산업 부문	59,160.2	58,686.7	141.4	332.1
	가계 부문	26,182.8	25,939.6	61.4	181.8
2022년	합계	85,014.3	84,306.8	203.1	504.4
	산업 부문	60,030.0	59,553.9	144.4	331.7
	가계 부문	24,984.3	24,752.9	58.7	172.7
2023년	합계	86,338.3	85,632.1	205.1	501.1
	산업 부문	64,462.4	63,936.9	151.5	374.0
	가계 부문	21,875.9	21,695.2	53.6	127.1
2024년	합계	88,261.4	87,547.5	211.0	502.9
	산업 부문	65,491.6	64,973.3	155.9	362.4
	가계 부문	22,769.8	22,574.2	55.1	140.5

① 이산화탄소의 비중은 어느 시기든 상관없이 가장 크다.

② 연도별 가계와 산업 부문의 배출량 차이 값은 2024년에 가장 크다.

③ 연도별 가계와 산업 부문의 배출량 차이 값은 해가 지날수록 지속적으로 증가한다.

④ 해당 기간 동안 온실가스 배출량 총량은 지속적으로 증가하고 있다.

⑤ 모든 시기에서 메탄은 아산화질소보다 더 많이 배출되고 있다.

PART 1

06 다음은 우리나라 1차 에너지 소비량 현황 자료이다. 이에 대한 설명으로 옳은 것은?

〈1차 에너지 소비량 현황〉

(단위 : 백만 TOE)

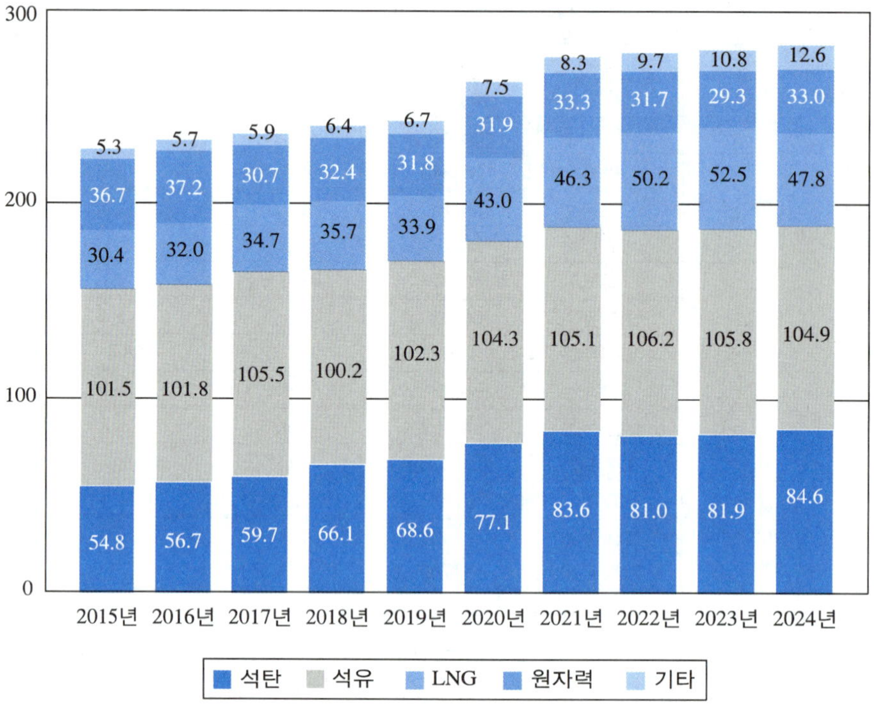

① 매년 석유 소비량이 나머지 에너지 소비량의 합보다 많다.

② 석탄 소비량은 완만한 하락세를 보이고 있다.

③ 기타 에너지 소비량이 지속적으로 감소하는 추세이다.

④ 2016 ~ 2020년 원자력 소비량은 증감을 반복하고 있다.

⑤ 2016 ~ 2020년 LNG 소비량의 증가 추세는 그 정도가 심화되었다.

07 다음은 청년층 고용동향에 대한 자료이다. 이에 대한 설명으로 옳지 않은 것은?

〈청년층(15 ~ 26세) 고용률 및 실업률〉

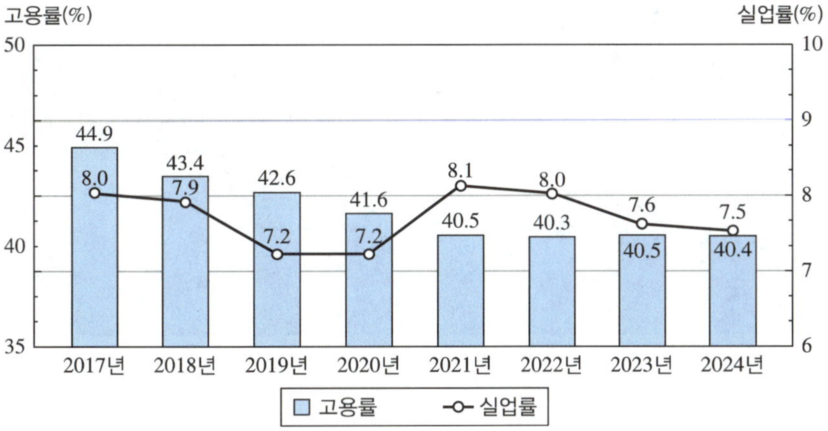

※ 실업률 : [(실업자수)/(경제활동인구)]×100

※ 고용률 : [(취업자수)/(생산가능인구)]×100

〈청년층(15 ~ 26세) 고용동향〉

(단위 : 천 명, %)

구분	2017년	2018년	2019년	2020년	2021년	2022년	2023년	2024년
생산가능인구	9,920	9,843	9,855	9,822	9,780	9,705	9,589	9,517
경제활동인구	4,836	4,634	4,530	4,398	4,304	4,254	4,199	4,156
경제활동참가율	48.8	47.1	46.0	44.8	44.0	43.8	43.8	43.7

※ 생산가능인구 : 만 15세 이상 인구

※ 경제활동인구 : 만 15세 이상 인구 중 취업자와 실업자

※ 경제활동참가율 : [(경제활동인구)/(생산가능인구)]×100

① 2017년부터 2019년까지 청년층 고용률과 실업률의 증감추이는 동일하다.

② 전년과 비교했을 때, 2018년에 경제활동인구가 가장 많이 감소했다.

③ 생산가능인구는 매년 감소하고 있다.

④ 고용률 대비 실업률 비율이 가장 높았던 해는 2021년이다.

⑤ 경제활동참가율은 전체적으로 감소하고 있다.

CHAPTER 03

자원관리능력

합격 Cheat Key

자원관리능력은 현재 NCS 기반 채용을 진행하는 많은 공사·공단에서 핵심영역으로 자리 잡아, 일부를 제외한 대부분의 시험에서 출제되고 있다.

세부 유형은 비용 계산, 해외파견 지원금 계산, 주문 제작 단가 계산, 일정 조율, 일정 선정, 행사 대여 장소 선정, 최단거리 구하기, 시차 계산, 소요시간 구하기, 해외파견 근무 기준에 부합하는 또는 부합하지 않는 직원 고르기 등으로 나눌 수 있다.

1 시차를 먼저 계산하라!

시간 자원 관리의 대표유형 중 시차를 계산하여 일정에 맞는 항공권을 구입하거나 회의시간을 구하는 문제에서는 각각의 나라 시간을 한국 시간으로 전부 바꾸어 계산하는 것이 편리하다. 조건에 맞는 나라들의 시간을 전부 한국 시간으로 바꾸고 한국 시간과의 시차만 더하거나 빼면 시간을 단축하여 풀 수 있다.

2 선택지를 잘 활용하라!

계산을 해서 값을 요구하는 문제 유형에서는 선택지를 먼저 본 후 자리 수가 몇 단위로 끝나는지 확인해야 한다. 예를 들어 412,300원, 426,700원, 434,100원인 선택지가 있다고 할 때, 제시된 조건에서 100원 단위로 나올 수 있는 항목을 찾아 그 항목만 계산하는 방법이 있다. 또한, 일일이 계산하는 문제가 많다. 예를 들어 640,000원, 720,000원, 810,000원 등의 수를 이용해 푸는 문제가 있다고 할 때, 만 원 단위를 절사하고 계산하여 64, 72, 81처럼 요약하는 방법이 있다.

3 최적의 값을 구하는 문제인지 파악하라!

물적 자원 관리의 대표유형에서는 제한된 자원 내에서 최대의 만족 또는 이익을 얻을 수 있는 방법을 강구하는 문제가 출제된다. 이때, 구하고자 하는 값을 x, y로 정하고 연립방정식을 이용해 x, y 값을 구한다. 최소 비용으로 목표생산량을 달성하기 위한 업무 및 인력 할당, 정해진 시간 내에 최대 이윤을 낼 수 있는 업체 선정, 정해진 인력으로 효율적 업무 배치 등을 구하는 문제에서 사용되는 방법이다.

4 각 평가항목을 비교하라!

인적 자원 관리의 대표유형에서는 각 평가항목을 비교하여 기준에 적합한 인물을 고르거나, 저렴한 업체를 선정하거나, 총점이 높은 업체를 선정하는 문제가 출제된다. 이런 유형은 평가항목에서 가격이나 점수 차이에 영향을 많이 미치는 항목을 찾아 $1\sim2$개의 선택지를 삭제하고, 남은 $3\sim4$개의 선택지만 계산하여 시간을 단축할 수 있다.

01 시간 계획

| 유형분석 |

- 시간 자원과 관련된 다양한 정보를 활용하여 풀어가는 문제이다.
- 대체로 교통편 정보나 국가별 시차 정보가 제공되며, 이를 근거로 '현지 도착시간 또는 약속된 시간 내에 도착하기 위한 방안'을 고르는 문제가 출제된다.

한국은 뉴욕보다 16시간 빠르고, 런던은 한국보다 8시간 느리다. 다음 비행기가 현지에 도착할 때의 시각(㉠, ㉡)으로 옳은 것은?

구분	출발 일자	출발 시각	비행 시간	도착 시각
뉴욕행 비행기	6월 6일	22:20	13시간 40분	㉠
런던행 비행기	6월 13일	18:15	12시간 15분	㉡

	㉠	㉡
①	6월 6일 09시	6월 13일 09시 30분
②	6월 6일 20시	6월 13일 22시 30분
③	6월 7일 09시	6월 14일 09시 30분
④	6월 7일 13시	6월 14일 15시 30분
⑤	6월 7일 20시	6월 14일 20시 30분

정답 ②

㉠ 뉴욕행 비행기는 한국에서 6월 6일 22시 20분에 출발하고, 13시간 40분 동안 비행하기 때문에 6월 7일 12시에 도착한다. 한국 시간은 뉴욕보다 16시간 빠르므로 현지에 도착하는 시각은 6월 6일 20시가 된다.

㉡ 런던행 비행기는 한국에서 6월 13일 18시 15분에 출발하고, 12시간 15분 동안 비행하기 때문에 현지에 6월 14일 6시 30분에 도착한다. 한국 시간은 런던보다 8시간이 빠르므로 현지에 도착하는 시각은 6월 13일 22시 30분이 된다.

풀이 전략!

문제에서 묻는 것을 정확히 파악한다. 특히 제한사항에 대해서는 빠짐없이 확인해 두어야 한다. 이후 제시된 정보(시차 등)에서 필요한 것을 선별하여 문제를 풀어간다.

01 K공사에서 근무하고 있는 김인턴은 경기본부로 파견 근무를 나가고자 한다. 〈조건〉에 따라 파견일을 결정할 때, 다음 중 김인턴이 경기본부 파견 근무를 갈 수 있는 기간으로 옳은 것은?

〈10월 달력〉

일요일	월요일	화요일	수요일	목요일	금요일	토요일
				1	2	3
4	5	6	7	8	9	10
11	12	13	14	15	16	17
18	19	20	21	22	23	24
25	26	27	28	29	30	31

조건

- 김인턴은 10월 중에 경기본부로 파견 근무를 나간다.
- 파견 근무는 2일 동안 진행되며, 이틀 동안 연이어 진행하여야 한다.
- 파견 근무는 주중에만 진행된다.
- 김인턴은 10월 1일부터 10월 7일까지 연수에 참석하므로 해당 기간에는 근무를 진행할 수 없다.
- 김인턴은 10월 27일부터는 부서이동을 하므로, 27일부터는 파견 근무를 포함한 모든 담당 업무를 후임자에게 인계하여야 한다.
- 김인턴은 목요일마다 G본부로 출장을 가며, 출장일에는 파견 근무를 수행할 수 없다.

① 6 ~ 7일
② 11 ~ 12일
③ 14 ~ 15일
④ 20 ~ 21일
⑤ 27 ~ 28일

02 다음은 K회사 신제품개발1팀의 하루 업무 스케줄에 대한 자료이다. 신입사원 A씨는 스케줄을 바탕으로 금일 회의 시간을 정하려고 한다. 1시간 동안 진행될 팀 회의의 가장 적절한 시간대는?

〈K회사 신제품개발1팀 스케줄〉

시간	직위별 스케줄				
	부장	차장	과장	대리	사원
09:00 ~ 10:00	업무회의				
10:00 ~ 11:00					비품요청
11:00 ~ 12:00			시장조사	시장조사	시장조사
12:00 ~ 13:00	점심식사				
13:00 ~ 14:00	개발전략수립		시장조사	시장조사	시장조사
14:00 ~ 15:00		샘플검수	제품구상	제품구상	제품구상
15:00 ~ 16:00			제품개발	제품개발	제품개발
16:00 ~ 17:00					
17:00 ~ 18:00			결과보고	결과보고	

① 09:00 ~ 10:00
② 10:00 ~ 11:00
③ 14:00 ~ 15:00
④ 16:00 ~ 17:00
⑤ 17:00 ~ 18:00

03 해외로 출장을 가는 김대리는 다음과 같이 이동하려고 계획하고 있다. 연착 없이 계획대로 출장지에 도착했을 때의 현지 시각은?

- 서울 시각으로 5일 오후 1시 35분에 출발하는 비행기를 타고, 경유지 한 곳을 거쳐 출장지에 도착한다.
- 경유지는 서울보다 1시간 빠르고, 출장지는 경유지보다 2시간 느리다.
- 첫 번째 비행은 3시간 45분이 소요된다.
- 경유지에서 3시간 50분을 대기하고 출발한다.
- 두 번째 비행은 9시간 25분이 소요된다.

① 오전 5시 35분
② 오전 6시
③ 오후 5시 35분
④ 오후 6시
⑤ 오전 7시

04 K공사 홍보팀 팀원들은 함께 출장근무를 마치고 서울로 복귀하고자 한다. 다음 자료를 참고했을 때, 서울에 가장 일찍 도착할 수 있는 예정시각은?

〈상황〉

- 홍보팀 팀원은 총 4명이다.
- 대전에서 출장을 마치고 서울로 돌아가려고 한다.
- 고속버스터미널에는 은행, 편의점, 화장실, 패스트푸드점 등이 있다.

※ 시설별 소요시간 : 은행 30분, 편의점 10분, 화장실 20분, 패스트푸드점 25분

〈대화 내용〉

A과장 : 긴장이 풀려서 그런가? 배가 출출하네. 햄버거라도 사 먹어야겠어.
B대리 : 저도 출출하긴 한데 그것보다 화장실이 더 급하네요. 금방 다녀오겠습니다.
C주임 : 그럼 그사이에 버스표를 사야 하니 은행에 들러 현금을 찾아오겠습니다.
D사원 : 저는 그동안 버스 안에서 먹을 과자를 편의점에서 사 오겠습니다.
A과장 : 지금이 16시 50분이니까 다들 각자 볼일 보고 빨리 돌아와. 다 같이 타고 가야 하니까.

〈시외버스 배차정보〉

대전 출발	서울 도착	잔여좌석 수
17:00	19:00	6
17:15	19:15	8
17:30	19:30	3
17:45	19:45	4
18:00	20:00	8
18:15	20:15	5
18:30	20:30	6
18:45	20:45	10
19:00	21:00	16

① 19:00
② 19:15
③ 19:45
④ 20:15
⑤ 20:45

05 K공사는 직원들의 사기 증진과 친화력 도모를 위해 전 직원이 참여하는 사내 가족 체육대회를 열기로 하였다. 8월 달력과 〈조건〉을 참고할 때 체육대회를 열기에 가장 적절한 날은?

〈8월 달력〉

월	화	수	목	금	토	일
	1	2	3	4	5	6
7	8	9	10	11	12	13
14	15	16	17	18	19	20
21	22	23	24	25	26	27
28	29	30	31			

조건

- 8월 3일부터 7일까지는 장마 기간으로 비가 온다.
- 가족 모두가 참여해야 하므로 주말(토・일요일) 중 하루로 정한다.
- 마케팅팀은 토요일에 격주로 출근을 한다.
- 서비스팀은 토요일에 격주로 출근을 한다.
- 사장은 8월 11일부터 15일까지 중국으로 출장을 간다.
- 마케팅팀 M사원은 12일에 출근을 했다.
- 서비스팀 L과장은 5일에 출근을 했다.
- 체육대회를 진행할 운동장은 둘째・넷째 주말에는 개방하지 않는다.

① 6일

② 12일

③ 13일

④ 20일

⑤ 26일

06 K사에서 인사팀의 1박 2일 워크숍 날짜를 결정하려고 한다. 다음 인사팀의 11월 월간 일정표와 〈조건〉을 고려할 때, 인사팀 워크숍 날짜로 가장 적절한 것은?

〈11월 월간 일정표〉

월	화	수	목	금	토	일
	1	2 오전 10시 연간 채용계획 발표(A팀장)	3	4 오전 10시 주간업무보고 오후 7시 B대리 송별회	5	6
7	8 오후 5시 총무팀과 팀 연합회의	9	10	11 오전 10시 주간업무보고	12	13
14 오전 11시 승진대상자 목록 취합 및 보고(C차장)	15	16	17 A팀장 출장	18 오전 10시 주간업무보고	19	20
21 오후 1시 팀미팅(30분 소요 예정)	22	23 D사원 출장	24 외부인사 방문 일정	25 오전 10시 주간업무보고	26	27
28 E대리 휴가	29	30				

조건

- 워크숍은 평일로 한다.
- 워크숍에는 모든 팀원이 빠짐없이 참석해야 한다.
- 워크숍 일정은 첫날 오후 3시 출발부터 다음 날 오후 2시까지이다.
- 다른 팀과 함께하는 업무가 있는 주에는 워크숍 일정을 잡지 않는다.
- 매월 말일에는 월간 업무 마무리를 위해 워크숍 일정을 잡지 않는다.

① 9 ~ 10일
② 18 ~ 19일
③ 21 ~ 22일
④ 28 ~ 29일
⑤ 29 ~ 30일

대표기출유형

02 비용 계산

| 유형분석 |

- 예산 자원과 관련된 다양한 정보를 활용하여 풀어가는 문제이다.
- 대체로 한정된 예산 내에서 수행할 수 있는 업무 및 예산 가격을 묻는 문제가 출제된다.

A사원은 이번 출장을 위해 KTX 표를 미리 40% 할인된 가격에 구매하였으나, 출장 일정이 바뀌는 바람에 하루 전날 표를 취소하였다. 다음 환불 규정에 따라 16,800원을 돌려받았을 때, 할인되지 않은 KTX표의 가격은 얼마인가?

〈KTX 환불 규정〉

출발 2일 전	출발 1일 전 ~ 열차 출발 전	열차 출발 후
100%	70%	50%

① 40,000원
② 48,000원
③ 56,000원
④ 67,200원
⑤ 70,000원

정답 ①

할인되지 않은 KTX 표의 가격을 x원이라 하면, 표를 40% 할인된 가격으로 구매하였으므로 구매 가격은 $(1-0.4)x=0.6x$원이다.
환불 규정에 따르면 하루 전에 표를 취소하는 경우 70%의 금액을 돌려받을 수 있으므로 이를 식으로 정리하면 다음과 같다.

$0.6x \times 0.7 = 16,800$

$\rightarrow 0.42x = 16,800$

$\therefore x = 40,000$

따라서 할인되지 않은 KTX 표의 가격은 40,000원이다.

풀이 전략!

제한사항인 예산을 고려하여 문제에서 묻는 것을 정확히 파악한 후, 제시된 정보에서 필요한 것을 선별하여 문제를 풀어간다.

01 K씨는 개인사유로 인해 5년간 재직했던 회사를 그만두게 되었다. K씨에게 지급된 퇴직금이 1,900만 원일 때, K씨의 평균 연봉은 얼마인가?[단, 평균 연봉은 (1일 평균임금)×365이고, 천의 자리에서 올림한다]

〈퇴직금 산정 방법〉

▶ 고용주는 퇴직하는 근로자에게 계속근로기간 1년에 대해 30일분 이상의 평균임금을 퇴직금으로 지급해야 합니다.
  – "평균임금"이란 이를 산정해야 할 사유가 발생한 날 이전 3개월 동안에 해당 근로자에게 지급된 임금의 총액을 그 기간의 총일수로 나눈 금액을 말합니다.
  – 평균임금이 근로자의 통상임금보다 적으면 그 통상임금을 평균임금으로 합니다.

▶ 퇴직금 산정공식
  (퇴직금)=[(1일 평균임금)×30일×(총계속근로기간)]÷365

① 4,110만 원
② 4,452만 원
③ 4,650만 원
④ 4,745만 원
⑤ 4,800만 원

02 수인이는 베트남 여행을 위해 K국제공항에서 환전하기로 하였다. 다음은 H환전소의 당일 환율 및 수수료를 나타낸 자료이다. 수인이가 한국 돈으로 베트남 현금 1,670만 동을 환전한다고 할 때, 수수료까지 포함하여 필요한 돈은 얼마인가?(단, 모든 계산과정에서 구한 값은 일의 자리에서 버림한다)

〈H환전소 환율 및 수수료〉

- 베트남 환율 : 483원/만 동
- 수수료 : 0.5%
- 우대사항 : 50만 원 이상 환전 시 70만 원까지 수수료 0.4%로 인하 적용
  100만 원 이상 환전 시 총금액 수수료 0.4%로 인하 적용

① 808,840원
② 808,940원
③ 809,840원
④ 809,940원
⑤ 810,040원

03 다음은 K시의 가정용 수도요금 기준과 계산 방법에 대한 자료이다. K시의 주민 A씨는 다음의 자료를 이용하여 A씨 건물의 수도요금을 계산해보고자 한다. A씨 건물의 2개월 수도 사용량이 400m^3, 세대수는 4세대이고, 계량기 구경이 20mm인 경우 요금총액은 얼마인가?

〈사용요금 요율표(1개월 기준)〉

구분	사용 구분(m^3)	m^3당 단가(원)	구분	사용 구분(m^3)	m^3당 단가(원)
상수도	0 이상 30 이하	360	하수도	0 이상 30 이하	360
	30 초과 50 이하	550		30 초과 50 이하	850
	50 초과	790		50 초과	1,290
물이용부담금	1m^3당	170		유출지하수 1m^3당 360원	

〈계량기 구경별 기본요금(1개월 기준)〉

구경(mm)	요금(원)	구경(mm)	요금(원)	구경(mm)	요금(원)	구경(mm)	요금(원)
15	1,080	40	16,000	100	89,000	250	375,000
20	3,000	50	25,000	125	143,000	300	465,000
25	5,200	65	38,900	150	195,000	350	565,000
32	9,400	75	52,300	200	277,000	400	615,000

〈요금총액 계산방법〉

상수도요금 : ①+②원(원 단위 절사)	① (사용요금)=(1세대 1개월 요금)×(세대수)×(개월수) ② (기본요금)=(계량기 구경별 기본요금)×(개월수)
하수도요금 : 원(원 단위 절사)	(하수도요금)=(1세대 1개월 요금)×(세대수)×(개월수)
물이용부담금 : 원(원 단위 절사)	(물이용부담금)=(1세대 1개월 요금)×(세대수)×(개월수)
요금총액	(상수도요금)+(하수도요금)+(물이용부담금)

※ [세대당 월평균 사용량(m^3)]=[사용량(m^3)]÷(개월수)÷(세대수)
※ (1세대 1개월 요금)=(세대당 월평균 사용량)×(요율)
※ 상수도 및 하수도 요율 적용은 사용 구분별로 해당 구간의 요율을 적용함
예 세대당 월평균 사용량이 60m^3인 경우에 가정용 상수도요금
→ (30m^3×360원)+(20m^3×550원)+(10m^3×790원)
※ 물이용부담금 요율 적용은 사용 구분 없이 1m^3당 170원을 적용함

① 470,800원
② 474,600원
③ 484,800원
④ 524,800원
⑤ 534,600원

04 A씨와 B씨는 카셰어링 업체인 K카를 이용하여 각각 일정을 소화하였다. K카의 이용요금표와 일정이 다음과 같을 때, A씨와 B씨가 지불해야 하는 요금이 바르게 연결된 것은?

〈K카 이용요금표〉

구분	기준요금(10분)	누진 할인요금				주행요금
		대여요금(주중)		대여요금(주말)		
		1시간	1일	1시간	1일	
모닝	880원	3,540원	35,420원	4,920원	49,240원	160원/km
레이		3,900원	39,020원	5,100원	50,970원	170원/km
아반떼	1,310원	5,520원	55,150원	6,660원	65,950원	
K3						

※ 주중 / 주말 기준
- 주중 : 일요일 20:00 ~ 금요일 12:00
- 주말 : 금요일 12:00 ~ 일요일 20:00(공휴일 및 당사 지정 성수기 포함)

※ 최소 예약은 30분이며 10분 단위로 연장할 수 있음(1시간 이하는 10분 단위로 환산하여 과금함)
※ 예약시간이 4시간을 초과하는 경우에는 누진 할인요금이 적용됨(24시간 한도)
※ 연장요금은 기준요금으로 부과함
※ 이용시간 미연장에 따른 반납지연 패널티 요금은 초과한 시간에 대한 기준요금의 2배가 됨

〈일정〉

• A씨
- 차종 : 아반떼
- 예약시간 : 3시간(토요일, 11:00 ~ 14:00)
- 주행거리 : 92km
- A씨는 저번 주 토요일, 친구 결혼식에 참석하기 위해 인천에 다녀왔다. 인천으로 가는 길은 순탄하였으나 돌아오는 길에는 고속도로에서 큰 사고가 있었던 모양인지 예상했던 시간보다 1시간 30분이 더 걸렸다. A씨는 이용시간을 연장해야 한다는 사실을 몰라 하지 못했다.

• B씨
- 차종 : 레이
- 예약시간 : 목요일, 금요일 00:00 ~ 08:00
- 주행거리 : 243km
- B씨는 납품지연에 따른 상황을 파악하기 위해 강원도 원주에 있는 거래처에 들러 이틀에 걸쳐 일을 마무리한 후 예정된 일정에 맞추어 다시 서울로 돌아왔다.

	A씨	B씨
①	61,920원	120,140원
②	62,800원	122,570원
③	62,800원	130,070원
④	63,750원	130,070원
⑤	63,750원	130,200원

05 K공사는 연말 시상식을 개최하여 한 해 동안 모범이 되거나 훌륭한 성과를 낸 직원을 독려하고자 한다. 시상 내역과 상패 및 물품 비용에 대한 정보가 다음과 같을 때, 상품 구입비는 총 얼마인가?

〈시상 내역〉

시상 종류	수상 인원	상품
사내선행상	5명	1인당 금 도금 상패 1개, 식기 세트 1개
사회기여상	1명	1인당 은 도금 상패 1개, 신형 노트북 1대
연구공로상	2명	1인당 금 도금 상패 1개, 태블릿 PC 1대, 안마의자 1대
성과공로상	4명	1인당 은 도금 상패 1개, 태블릿 PC 1대, 만년필 2개
청렴모범상	2명	1인당 동 상패 1개, 안마의자 1대

〈상패 제작비〉

- 금 도금 상패 : 1개당 55,000원(5개 이상 주문 시 개당 가격 10% 할인)
- 은 도금 상패 : 1개당 42,000원(주문 수량 4개당 1개 무료 제공)
- 동 상패 : 1개당 35,000원

〈물품 구입비(1개당)〉

물품	구입비
식기 세트	450,000원
신형 노트북	1,500,000원
태블릿 PC	600,000원
안마의자	1,700,000원
만년필	100,000원

① 14,085,000원
② 15,050,000원
③ 15,534,500원
④ 16,805,000원
⑤ 17,200,000원

※ 다음 자료를 보고 이어지는 질문에 답하시오. [6~7]

〈비품 가격표〉

품명	수량(개)	단가(원)
라벨지 50mm(SET)	1	18,000
1단 받침대	1	24,000
블루투스 마우스	1	27,000
★특가★ 탁상용 문서수동세단기	1	36,000
AAA건전지(SET)	1	4,000

※ 3단 받침대는 개당 2,000원 추가
※ 라벨지 91mm 사이즈 변경 시 SET당 5% 금액 추가
※ 블루투스 마우스 3개 이상 구매 시 건전지 3SET 무료 증정

06 K공사에서는 2분기 비품 구매를 하려고 한다. 다음 주문서를 토대로 주문할 때, 총 주문 금액은?

주문서			
라벨지 50mm	2SET	1단 받침대	1개
블루투스 마우스	5개	AAA건전지	5SET

① 148,000원
② 183,000원
③ 200,000원
④ 203,000원
⑤ 210,000원

07 비품 구매를 담당하는 A사원은 주문 수량을 잘못 기재해서 주문 내역을 다음과 같이 수정하였다. 수정된 주문서를 토대로 주문할 때, 총 주문 금액은?

주문서			
라벨지 91mm	4SET	3단 받침대	2개
블루투스 마우스	3개	AAA건전지	3SET
탁상용 문서수동세단기	1개	–	–

① 151,000원
② 244,600원
③ 252,600원
④ 256,600원
⑤ 274,000원

대표기출유형

03 품목 확정

| 유형분석 |

- 물적 자원과 관련된 다양한 정보를 활용하여 풀어가는 문제이다.
- 주로 공정도·제품·시설 등에 대한 가격·특징·시간 정보가 제시되며, 이를 종합적으로 고려하는 문제가 출제된다.

K공사는 신축 본사에 비치할 사무실 명패를 제작하기 위해 다음과 같은 팸플릿을 참고하고 있다. 신축 본사에 비치할 사무실 명패는 사무실마다 국문과 영문을 함께 주문했고, 총 주문 비용이 80만 원이라면 사무실에 최대 몇 개의 국문과 영문 명패를 함께 비치할 수 있는가?(단, 추가 구입 가격은 1SET를 구입할 때 한 번씩만 적용된다)

〈명패 제작 가격〉

- 국문 명패 : 1SET(10개)에 10,000원, 5개 추가 시 2,000원
- 영문 명패 : 1SET(5개)에 8,000원, 3개 추가 시 3,000원

① 345개
② 350개
③ 355개
④ 360개
⑤ 365개

정답 ④

국문 명패 최저가는 15개에 12,000원이고, 영문 명패 최저가는 8개에 11,000원이다. 각 명패를 최저가에 구입하는 개수의 최소공배수를 구하면 120개이다. 이때의 비용은 $(12,000\times8)+(11,000\times15)=96,000+165,000=261,000$원이다. 따라서 한 사무실에 국문과 영문 명패를 함께 비치한다면 120개의 사무실에 명패를 비치하는 비용은 261,000원이다. 360개의 사무실에 명패를 비치한다면 783,000원이 필요하고, 남은 17,000원으로 국문 명패와 영문 명패를 동시에 구입할 수는 없다. 따라서 80만 원으로 최대 360개의 국문 명패와 영문 명패를 동시에 비치할 수 있다.

풀이 전략!

문제에서 묻고자 하는 바를 정확히 파악하는 것이 중요하다. 문제에서 제시한 물적 자원의 정보를 문제의 의도에 맞게 선별하면서 풀어간다.

01 K공사는 직원들의 교양증진을 위해 사내 도서관에 도서를 추가로 구비하고자 한다. 새로 구매할 도서는 직원들을 대상으로 한 사전조사 결과를 바탕으로 선정점수를 결정한다. 〈조건〉에 따라 추가로 구매할 도서를 선정할 때, 다음 중 최종 선정될 도서는?

〈후보 도서 사전조사 결과〉

도서명	저자	흥미도 점수	유익성 점수
재테크, 답은 있다	정우택	6	8
여행학개론	W. George	7	6
부장님의 서랍	김수권	6	7
IT혁명의 시작	정인성, 유오진	5	8
경제정의론	S. Collins	4	5
건강제일주의	임시학	8	5

조건

- K공사는 전 직원들을 대상으로 후보 도서들에 대한 사전조사를 하였다. 후보 도서들에 대한 흥미도 점수와 유익성 점수는 전 직원들이 10점 만점으로 부여한 점수의 평균값이다.
- 흥미도 점수와 유익성 점수를 3 : 2의 가중치로 합산하여 1차 점수를 산정하고, 1차 점수가 높은 후보 도서 3개를 1차 선정한다.
- 1차 선정된 후보 도서 중 해외저자의 도서는 가점 1점을 부여하여 2차 점수를 산정한다.
- 2차 점수가 가장 높은 2개의 도서를 최종 선정한다. 만일 선정된 후보 도서들의 2차 점수가 모두 동일한 경우, 유익성 점수가 가장 낮은 후보 도서는 탈락시킨다.

① 재테크, 답은 있다 / 여행학개론
② 재테크, 답은 있다 / 건강제일주의
③ 여행학개론 / 부장님의 서랍
④ 여행학개론 / 건강제일주의
⑤ IT혁명의 시작 / 건강제일주의

02 K공사에서 근무하는 S사원은 기업 관련 정책 홍보자료를 만들어서 배포하려고 한다. 다음 중 가장 저렴한 비용으로 인쇄할 수 있는 업체는?

〈인쇄업체별 비용 견적〉

(단위 : 원)

업체명	페이지당 비용	표지 가격		권당 제본 비용	할인
		유광	무광		
A인쇄소	50	500	400	1,500	–
B인쇄소	70	300	250	1,300	–
C인쇄소	70	500	450	1,000	100부 초과 시 초과 부수만 총비용에서 5% 할인
D인쇄소	60	300	200	1,000	–
E인쇄소	100	200	150	1,000	총 인쇄 페이지 5,000페이지 초과 시 총비용에서 20% 할인

※ 홍보자료는 관내 20개 지점에 배포하고, 지점마다 10부씩 배포함

※ 홍보자료는 30페이지 분량으로 제본하며, 표지는 유광표지로 함

① A인쇄소
② B인쇄소
③ C인쇄소
④ D인쇄소
⑤ E인쇄소

03 K씨는 밤도깨비 야시장에서 푸드 트럭을 운영하기로 계획하고 있다. 매출 순이익이 가장 높은 메인 메뉴 한 가지를 선정하려고 할 때, K씨가 선정할 메뉴로 옳은 것은?

메뉴	예상 월간 판매량(개)	생산 단가(원)	판매 가격(원)
A	500	3,500	4,000
B	300	5,500	6,000
C	400	4,000	5,000
D	200	6,000	7,000
E	150	3,000	5,000

※ 매출 순이익 : [(판매 가격)−(생산 단가)]×(판매량)

① A
② B
③ C
④ D
⑤ E

04 K회사 마케팅 팀장은 팀원 50명에게 선물을 하기 위해 물품을 구매하려고 한다. 다음은 업체별 품목 가격과 팀원들의 품목 선호도를 나타낸 자료이다. 〈조건〉에 따라 팀장이 구매하는 물품과 업체를 순서대로 바르게 나열한 것은?

〈업체별 품목 가격〉

구분		한 벌당 가격(원)
A업체	티셔츠	6,000
	카라 티셔츠	8,000
B업체	티셔츠	7,000
	후드 집업	10,000
	맨투맨	9,000

〈팀원 품목 선호도〉

순위	품목
1	카라 티셔츠
2	티셔츠
3	후드 집업
4	맨투맨

조건

- 팀원의 선호도를 우선으로 품목을 선택한다.
- 구매 금액이 총 30만 원 이상이면 총금액에서 5%를 할인해 준다.
- 차순위 품목이 1순위 품목보다 총금액이 20% 이상 저렴하면 차순위를 선택한다.

① 티셔츠, A업체
② 카라 티셔츠, A업체
③ 티셔츠, B업체
④ 후드 집업, B업체
⑤ 맨투맨, B업체

05 K사 기획팀 A사원은 다음 주 금요일에 열릴 세미나 장소를 섭외하라는 부장님의 지시를 받았다. 세미나에 참여할 인원은 총 17명이며, 모든 인원이 앉을 수 있는 테이블과 의자, 발표에 사용할 빔프로젝터 1개가 필요하다. A사원은 대회의실을 선택하였고, 필요한 비품은 모든 회의실과 창고에서 확보한 후 부족한 물품을 주문하였다. 주문한 물품이 도착한 후 물품을 확인했지만 수량을 착각해 빠트린 것이 있었다. A사원이 추가로 주문할 물품 목록으로 옳은 것은?

〈회의실별 비품 현황〉

구분	대회의실	1회의실	2회의실	3회의실	4회의실
테이블(2인용)	1	1	2	–	–
의자	3	2	–	–	4
빔프로젝터	–	–	–	–	–
화이트보드	–	–	–	–	–
보드마카	2	3	1	–	2

〈창고 내 비품 보유 현황〉

구분	테이블(2인용)	의자	빔프로젝터	화이트보드	보드마카
창고	–	2	1	5	2

〈1차 주문서〉

1. 테이블(2인용) 4개
2. 의자 1개
3. 화이트보드 1개
4. 보드마카 2개

① 빔프로젝터 : 1개, 의자 : 3개
② 빔프로젝터 : 1개, 테이블 : 1개
③ 테이블(2인용) : 1개, 의자 : 5개
④ 테이블(2인용) : 2개, 의자 : 3개
⑤ 테이블(2인용) : 2개, 의자 : 5개

06 K공사 문화홍보부 S대리는 부서 출장 일정에 맞춰 업무 시 사용할 렌터카를 대여하려고 한다. 다음 자료를 참고하여 S대리가 일정에 사용할 렌터카를 모두 고르면?

〈문화홍보부 출장 일정〉

일자	내용	인원	짐 무게
07-07(월)	보령화력 3부두 방문	2명	6kg
07-08(화)	임금피크제 도입 관련 세미나 참여	3명	3kg
07-09(수)	신서천화력 건설사업	5명	-
07-10(목)	햇빛새싹발전소(학교태양광) 발전사업 대상지 방문	3명	3kg
07-11(금)	제주 LNG복합 건설사업 관련 좌담회	8명	2kg
07-14(월)	H그린파워 제철 부생가스 발전사업 관련 미팅	10명	3kg
07-16(수)	방만경영 개선 이행실적 발표회	4명	1kg
07-17(목)	보령항로 준설공사현장 방문	3명	2kg
07-18(금)	보령 본사 방문	4명	6kg

※ 짐 무게 3kg당 탑승인원 1명으로 취급함

〈렌터카 요금 안내〉

렌터카	요금	유류	최대 탑승인원
A	45,000원	경유	4명
B	60,000원	휘발유	5명
C	55,000원	LPG	8명
D	55,000원	경유	6명

※ 렌터카 선정 시 가격을 가장 우선으로 하고, 최대 탑승인원을 다음으로 함

※ 7월 1~12일까지는 여름휴가 할인행사로 휘발유 차량을 30% 할인함

보내는 이 : S대리

안녕하십니까, 문화홍보부 S대리입니다.

금주 문화홍보부에서 참여하는 햇빛새싹발전소 발전사업 대상지 방문과 차주 보령 본사 방문에 관련된 정보를 첨부합니다. 해당 사항 확인해주시기 바랍니다. 감사합니다.

받는 이 : 문화홍보부

① A렌터카, B렌터카
② A렌터카, D렌터카
③ B렌터카, C렌터카
④ B렌터카, D렌터카
⑤ C렌터카, D렌터카

PART 1

대표기출유형

04 인원 선발

| 유형분석 |

- 인적 자원과 관련된 다양한 정보를 활용하여 풀어 가는 문제이다.
- 주로 근무명단, 휴무일, 업무할당 등의 주제로 다양한 정보를 활용하여 종합적으로 풀어 가는 문제가 출제된다.

다음 자료를 토대로 K공사가 하루 동안 고용할 수 있는 최대 인원은?

〈K공사의 예산과 고용비〉

총예산	본예산	500,000원
	예비비	100,000원
고용비	1인당 수당	50,000원
	산재보험료	(수당)×0.504%
	고용보험료	(수당)×1.3%

① 10명
② 11명
③ 12명
④ 13명
⑤ 14명

정답 ②

(하루 1인당 고용비)=(1인당 수당)+(산재보험료)+(고용보험료)

=50,000+(50,000×0.504%)+(50,000×1.3%)

=50,000+252+650=50,902원

(하루에 고용할 수 있는 인원 수)=[(본예산)+(예비비)]÷(하루 1인당 고용비)

=600,000÷50,902≒11.8

따라서 하루 동안 고용할 수 있는 최대 인원은 11명이다.

풀이 전략!

문제에서 신입사원 채용이나 인력배치 등의 주제가 출제될 경우에는 주어진 규정 혹은 규칙을 꼼꼼히 확인하여야 한다. 이를 근거로 각 선택지가 어긋나지 않는지 검토하며 문제를 풀어 간다.

01 K공사에서는 약 2개월 동안 근무할 인턴사원을 선발하고자 다음과 같은 공고를 게시하였다. A ~ E지원자 중 K공사의 인턴사원으로 가장 적절한 지원자는?

〈인턴사원 모집 공고〉

- 근무기간 : 약 2개월(6 ~ 8월)
- 자격 요건
  - 1개월 이상 경력자
  - 포토샵 가능자
  - 근무 시간(9 ~ 18시) 이후에도 근무가 가능한 자
- 기타 사항
  - 경우에 따라서 근무기간이 연장될 수 있음

A지원자	• 경력 사항 : 출판사 3개월 근무 • 컴퓨터 활용 능력 中(포토샵, 워드 프로세서) • 대학 휴학 중(9월 복학 예정)
B지원자	• 경력 사항 : 없음 • 포토샵 능력 우수 • 전문대학 졸업
C지원자	• 경력 사항 : 마케팅 회사 1개월 근무 • 컴퓨터 활용 능력 上(포토샵, 워드 프로세서, 파워포인트) • 4년제 대학 졸업
D지원자	• 경력 사항 : 제약 회사 3개월 근무 • 포토샵 가능 • 저녁 근무 불가
E지원자	• 경력 사항 : 마케팅 회사 1개월 근무 • 컴퓨터 활용 능력 中(워드 프로세서, 파워포인트) • 대학 졸업

① A지원자
② B지원자
③ C지원자
④ D지원자
⑤ E지원자

02 다음은 부서별 핵심역량 중요도와 평가결과를 나타낸 자료이다. 이를 바탕으로 C사원과 E사원의 부서를 바르게 연결한 것은?(단, '–'는 중요도를 고려하지 않는다는 표시이다)

〈핵심역량 중요도〉

구분	창의성	혁신성	친화력	책임감	윤리성
영업팀	–	중	상	중	–
개발팀	상	상	하	중	상
지원팀	–	중	–	상	하

〈핵심역량 평가결과〉

구분	창의성	혁신성	친화력	책임감	윤리성
A사원	상	하	중	상	상
B사원	중	중	하	중	상
C사원	하	상	상	중	하
D사원	하	하	상	하	중
E사원	상	중	중	상	하

	C사원	E사원
①	개발팀	지원팀
②	개발팀	영업팀
③	지원팀	영업팀
④	영업팀	개발팀
⑤	영업팀	지원팀

03 K회사에서는 신입사원 두 명을 채용하기 위하여 서류와 필기전형을 통과한 갑～정 네 명의 최종 면접을 실시하려고 한다. 다음과 같이 네 개 부서의 팀장이 각각 네 명을 모두 면접하여 채용 우선 순위를 결정하였다. 면접 결과에 대한 〈보기〉의 설명 중 옳은 것을 모두 고르면?

〈면접 결과〉

순위 \ 면접관	인사팀장	경영관리팀장	영업팀장	회계팀장
1순위	을	갑	을	병
2순위	정	을	병	정
3순위	갑	정	정	갑
4순위	병	병	갑	을

※ 우선순위가 높은 순서대로 2명을 채용함
※ 동점자는 인사팀장, 경영관리팀장, 영업팀장, 회계팀장 순서로 부여한 고순위자로 결정함
※ 각 팀장이 매긴 순위에 대한 가중치는 모두 동일함

보기

ㄱ. '을' 또는 '정' 중 한 명이 입사를 포기하면 '갑'이 채용된다.
ㄴ. 인사팀장이 '을'과 '정'의 순위를 바꾼다면 '갑'이 채용된다.
ㄷ. 경영관리팀장이 '갑'과 '병'의 순위를 바꾼다면 '정'은 채용되지 못한다.

① ㄱ
② ㄱ, ㄴ
③ ㄱ, ㄷ
④ ㄴ, ㄷ
⑤ ㄱ, ㄴ, ㄷ

04 K공사 재무회계부에서는 주말 사무보조 직원을 채용하기 위해 공고문을 게재하였으며, 지원자 명단은 다음과 같다. 최소비용으로 가능한 많은 인원을 채용하고자 한다면 총 몇 명의 지원자를 채용할 수 있겠는가?(단, 급여는 지원자가 희망하는 금액으로 지급한다)

〈사무보조 직원 채용 공고문〉

- 업무내용 : 문서작성, 전화응대 등
- 지원자격 : 경력, 성별, 나이, 학력 무관
- 근무조건 : 장기(6개월 이상, 협의 불가) / 주말 11:00 ~ 22:00(협의 가능)
- 급여 : 협의 후 결정
- 연락처 : 02-000-0000

〈지원자 명단〉

성명	희망근무기간	근무가능시간	최소근무시간 (하루 기준)	희망임금 (시간당 / 원)
박소다	10개월	11:00 ~ 18:00	3시간	7,500
서창원	12개월	12:00 ~ 20:00	2시간	8,500
한승희	8개월	18:00 ~ 22:00	2시간	7,500
김병우	4개월	11:00 ~ 18:00	4시간	7,000
우병지	6개월	15:00 ~ 20:00	3시간	7,000
김래원	10개월	16:00 ~ 22:00	2시간	8,000
최지홍	8개월	11:00 ~ 18:00	3시간	7,000

※ 지원자 모두 주말 이틀 중 하루만 출근하기를 원함
※ 하루에 2회 이상 출근은 불가함

① 2명
② 3명
③ 4명
④ 5명
⑤ 6명

05 K사에서는 직원 A ~ N 중 면접위원을 선발하고자 한다. 면접위원의 구성 조건이 아래와 같을 때, 다음 중 항상 옳지 않은 것은?

〈면접위원 구성 조건〉

- 면접관은 총 6명으로 구성한다.
- 이사 이상의 직급으로 50% 이상 구성해야 한다.
- 인사팀을 제외한 모든 부서는 2명 이상 선출할 수 없고, 인사팀은 반드시 2명 이상을 포함한다.
- 모든 면접위원의 입사 후 경력은 3년 이상으로 한다.

직원	직위	부서	입사 후 경력
A	대리	인사팀	2년
B	과장	경영지원팀	5년
C	이사	인사팀	8년
D	과장	인사팀	3년
E	사원	홍보팀	6개월
F	과장	홍보팀	2년
G	이사	고객지원팀	13년
H	사원	경영지원팀	5개월
I	이사	고객지원팀	2년
J	과장	영업팀	4년
K	대리	홍보팀	4년
L	사원	홍보팀	2년
M	과장	개발팀	3년
N	이사	개발팀	8년

① L사원은 면접위원으로 선출될 수 없다.
② N이사는 반드시 면접위원으로 선출된다.
③ B과장이 면접위원으로 선출된다면 K대리도 선출된다.
④ 과장은 2명 이상 선출된다.
⑤ 모든 부서에서 면접위원이 선출될 수는 없다.

CHAPTER 04

기술능력

합격 Cheat Key

기술능력은 업무를 수행함에 있어 도구, 장치 등을 포함하여 필요한 기술에 어떠한 것들이 있는지 이해하고, 실제 업무를 수행함에 있어 적절한 기술을 선택하여 적용하는 능력이다.

세부 유형은 기술 이해 · 기술 선택 · 기술 적용으로 나눌 수 있다. 제품설명서나 상황별 매뉴얼을 제시하는 문제 또는 명령어를 제시하고 규칙을 대입할 수 있는지 묻는 문제가 출제되기 때문에 이런 유형들을 공략할 수 있는 전략을 세워야 한다.

1 긴 지문이 출제될 때는 보기의 내용을 미리 보라!

기술능력에서 자주 출제되는 제품설명서나 상황별 매뉴얼을 제시하는 문제에서는 기술을 이해하고, 상황에 알맞은 원인 및 해결방안을 고르는 문제가 출제된다. 실제 시험장에서 문제를 풀 때는 시간적 여유가 없기 때문에 보기를 먼저 읽고, 그 다음 긴 지문을 보면서 동시에 보기와 일치하는 내용이 나오면 확인해 가면서 푸는 것이 좋다.

2 모듈형에도 대비하라!

모듈형 문제의 비중이 늘어나는 추세이므로 공기업을 준비하는 취업준비생이라면 모듈형 문제에 대비해야 한다. 기술능력의 모듈형 이론 부분을 학습하고 모듈형 문제를 풀어보고 여러 번 읽으며 이론을 확실히 익혀두면 실제 시험장에서 이론을 묻는 문제가 나왔을 때 단번에 답을 고를 수 있다.

3 전공 이론도 익혀 두어라!

지원하는 직렬의 전공 이론이 기술능력으로 출제되는 경우가 많기 때문에 전공 이론을 익혀두는 것이 좋다. 깊이 있는 지식을 묻는 문제가 아니더라도 출제되는 문제의 소재가 전공과 관련된 내용일 가능성이 크기 때문에 최소한 지원하는 직렬의 전공 용어는 확실히 익혀 두어야 한다.

4 쉽게 포기하지 말라!

직업기초능력에서 주요 영역이 아니면 소홀한 경우가 많다. 시험장에서 기술능력을 읽어보지도 않고 포기하는 경우가 많은데 차근차근 읽어보면 지문만 잘 읽어도 풀 수 있는 문제들이 출제되는 경우가 있다. 이론을 모르더라도 풀 수 있는 문제인지 파악해보자.

대표기출유형

01 기술 이해

| 유형분석 |

- 업무수행에 필요한 기술의 개념 및 원리, 관련 용어에 대한 문제가 자주 출제된다.
- 기술 시스템의 개념과 발전 단계에 대한 문제가 출제되므로 각 단계의 순서와 그에 따른 특징을 숙지하여야 하며, 단계별로 요구되는 핵심 역할이 다름에 유의한다.

다음 글에서 설명하고 있는 것은?

> 농부는 농기계와 화학비료를 써서 밀을 재배하고 수확한다. 이렇게 생산된 밀은 보관업자, 운송업자, 제분회사, 제빵 공장을 거쳐 시장으로 판매된다. 보다 높은 생산성을 위해 화학비료를 연구하고, 공장을 가동하기 위해 공작기계와 전기를 생산한다. 보다 빠른 운송을 위해서 트럭이나 기차, 배가 개발되었고, 보다 효과적인 운송수단과 농기계를 운용하기 위해 증기기관에서 석유에너지로 발전하였다. 이렇듯 우리의 식탁에 올라오는 빵은 여러 기술이 네트워크로 결합하여 시너지를 내고 있다.

① 기술시스템
② 기술혁신
③ 기술경영
④ 기술이전
⑤ 기술경쟁

정답 ①

기술시스템(Technological System)은 개별 기술이 네트워크로 결합하는 것을 말한다. 인공물의 집합체만이 아니라 투자회사, 법적 제도, 정치, 과학, 자연자원을 모두 포함하는 것으로, 사회기술시스템이라고도 한다.

풀이 전략!

문제에 제시된 내용만으로는 풀이가 어려울 수 있으므로, 사전에 관련 기술 이론을 숙지하고 있어야 한다. 자주 출제되는 개념을 확실하게 암기하여 빠르게 문제를 풀 수 있도록 하는 것이 좋다.

01 다음 중 D씨가 하고 있는 것은 무엇인가?

D씨는 하이베드 딸기 재배 기법을 배우기 위해 네덜란드 PTC+에서 교육을 받았다. 한국에 돌아온 D씨는 네덜란드 PTC+에서 배워온 딸기 재배 기법을 단순 적용한 것이 아니라 우리나라 실정에 맞게 변형한 재배 기법을 실시함으로써 고수익을 올릴 수 있었다. D씨는 수개월간의 시행착오 끝에 네덜란드의 기후, 토양의 질 등과는 다른 우리나라 환경에 적합한 딸기를 재배하기 위해 배양액의 농도, 토질, 조도시간, 생육기간과 당도까지 최적의 기술을 연구함으로써 국내 최고의 질을 자랑하는 딸기를 출하할 수 있게 되었다.

① 벤치마크
② 벤치마킹
③ 표절
④ 모방
⑤ 차용

02 다음 뉴스 내용에서 볼 수 있는 기술경영자의 능력으로 옳은 것은?

앵커 : 현재 국제 원유 값이 고공 행진을 계속하면서 석유자원에서 탈피하려는 기술 개발이 활발히 진행되고 있는데요. 석유자원을 대체하고 에너지의 효율성을 높일 수 있는 연구개발 현장을 이은경 기자가 소개합니다.

기자 : 네. 여기는 메탄올을 화학 산업에 많이 쓰이는 에틸렌과 프로필렌, 부탄 등의 경질 올레핀으로 만드는 공정 현장입니다. 석탄과 바이오매스, 천연가스를 원료로 만들어진 메탄올에서 촉매반응을 통해 경질 올레핀을 만들기 때문에 석유 의존도를 낮출 수 있는 기술을 볼 수 있는데요. 기존 석유 나프타 열분해 공정보다 수율이 높고, 섭씨 400℃ 이하에서 제조가 가능해 온실가스는 물론 에너지 비용을 50% 이상 줄일 수 있어 화제가 되고 있습니다.

① 빠르고 효과적으로 새로운 기술을 습득하고 기존의 기술에서 탈피하는 능력
② 기술 전문 인력을 운용할 수 있는 능력
③ 조직 내의 기술 이용을 수행할 수 있는 능력
④ 새로운 제품개발 시간을 단축할 수 있는 능력
⑤ 기술을 효과적으로 평가할 수 있는 능력

03 다음 중 지속가능한 기술의 사례로 적절한 것을 〈보기〉에서 모두 고르면?

보기

㉠ A사는 카메라를 들고 다니지 않으면서도 사진을 찍고 싶어 하는 소비자들을 위해 일회용 카메라 대신 재활용이 쉽고, 재사용도 가능한 카메라를 만들어내는 데 성공했다.

㉡ 잉크, 도료, 코팅에 쓰이던 유기 용제 대신에 물로 대체한 수용성 수지를 개발한 B사는 휘발성 유기화합물의 배출이 줄어듦과 동시에 대기오염 물질을 줄임으로써 소비자들로부터 찬사를 받고 있다.

㉢ C사는 가구처럼 맞춤 제작하는 냉장고를 선보였다. 맞춤 양복처럼 가족수와 식습관, 라이프스타일, 주방 형태 등을 고려해 1도어부터 4도어까지 여덟 가지 타입의 모듈을 자유롭게 조합하고, 세 가지 소재와 아홉 가지 색상을 매치해 공간에 어울리는 나만의 냉장고를 꾸밀 수 있게 된 것이다.

㉣ D사는 기존에 소각처리해야 했던 석유화학 옥탄올 공정을 변경하여 폐수처리로 전환하고, 공정 최적화를 통해 화약 제조 공정에 발생하는 총 질소의 양을 원천적으로 감소시키는 공정 혁신을 이루었다. 이로 인해 연간 4천 톤의 오염 물질 발생량을 줄였으며, 약 60억 원의 원가도 절감했다.

㉤ 등산 중 갑작스러운 산사태를 만나거나 길을 잃어서 조난 상황이 발생한 경우 골든타임 확보가 무척 중요하다. 이를 위해 E사는 조난객의 상황 파악을 위한 5G 통신 모듈이 장착된 비행선을 선보였다. 이 비행선은 현재 비행거리와 시간이 짧은 드론과 비용과 인력 소모가 많이 드는 헬기에 비해 매우 효과적일 것으로 기대하고 있다.

① ㉠, ㉡, ㉢
② ㉠, ㉡, ㉣
③ ㉠, ㉢, ㉣
④ ㉡, ㉢, ㉣
⑤ ㉡, ㉢, ㉤

04 다음 글을 읽고 산업 재해에 대한 원인으로 적절하지 않은 것은?

전선 제조 사업장에서 고장난 변압기 교체를 위해 K전력 작업자가 변전실에서 작업을 준비하던 중 특고압 배전반 내 충전부 COS 1차 홀더에 접촉 감전되어 치료 도중 사망하였다. 증언에 따르면 변전실 TR-5 패널의 내부는 협소하고, 피재해자의 키에 비하여 경첩의 높이가 높아 문턱 위에 서서 불안전한 작업자세로 작업을 실시하였다고 한다. 또한 피재해자는 전기 관련 자격이 없었으며, 복장은 일반 안전화, 면장갑, 패딩점퍼를 착용한 상태였다.

① 불안전한 행동
② 불안전한 상태
③ 작업 관리상 원인
④ 기술적 원인
⑤ 작업 준비 불충분

※ 다음 글을 읽고 이어지는 질문에 답하시오. **[5~6]**

> • 인쇄기기 제조업체 A사는 타 업체에 시장점유율이 밀리자 해당 업체의 프린터기를 구입하여 분해하고 분석한 뒤 성공요인을 도출하였다. 이러한 성공요인을 신제품 개발에 활용하거나 기존 제품에 적용함으로써 자사의 제품 경쟁력을 향상시켰다.
> • 대형 유통판매업체 B사는 해외 대형 할인점을 따라 다수의 패션브랜드를 매장 안에 입점시킴으로써 매장의 분위기를 전환하였다. B사의 관계자는 해외 대형 할인점을 참고한 것은 맞으나, 구체적인 방법은 국내 현실 및 소비자 성향에 맞게 조정하였다고 밝혔다.
> • 국내 금융업체인 C금융사의 본사에는 대형 디스플레이가 설치되어 있다. 이 디스플레이에는 C금융사 고객이 남긴 불만사항이 실시간으로 업데이트되고 있다. 이러한 방식은 뉴욕의 한 신문사에서 본사에 설치된 모니터의 독자의 댓글들이 실시간으로 나타나는 것을 보게 된 경영진이 C금융사에도 도입한 것이다. 그러나 디스플레이 도입 후, 직원들은 디스플레이가 부담스럽고 심리적 압박감을 유발한다고 불만사항을 제기하였다. 예상치 못한 결과에 C금융사의 경영진들은 직원들의 불만을 잠재우면서도 디스플레이의 설치 목적은 그대로 유지할 수 있는 방안을 마련하고자 한다.

05 **다음 중 A~C사가 수행한 기술선택의 방법에 대한 설명으로 옳지 않은 것은?**

① 우수 기업이나 성공 사례의 장점을 자사에 그대로 적용하는 방법이다.
② 특정 분야에서 뛰어난 업체나 상품, 기술, 경영 방식 등을 배워 합법적으로 응용하는 것이다.
③ 계획 단계, 자료 수집 단계, 분석 단계, 개선 단계로 진행될 수 있다.
④ 비교대상에 따른 분류와 수행방식에 따른 분류로 그 종류를 나눌 수 있다.
⑤ 수행방식에 따른 분류에는 직·간접적 방법이 있다.

06 **다음 중 C금융사가 수행한 기술선택의 방법으로 옳은 것을 〈보기〉에서 모두 고르면?**

> 보기
> ㉠ 같은 기업 내의 다른 지역, 타 부서, 국가 간의 유사한 활용을 대상으로 하는 기술선택 방법이다.
> ㉡ 동일 업종에서 고객을 직접적으로 공유하는 경쟁기업을 대상으로 하는 기술선택 방법이다.
> ㉢ 제품, 서비스 및 프로세스의 단위 분야에 있어 가장 우수한 실무를 보이는 비경쟁적 기업 내의 유사 분야를 대상으로 하는 기술선택 방법이다.
> ㉣ 대상을 직접 방문하여 수행하는 기술선택 방법이다.
> ㉤ 인터넷 및 문서 형태의 자료를 통해서 수행하는 기술선택 방법이다.

① ㉠, ㉡
② ㉠, ㉤
③ ㉡, ㉤
④ ㉢, ㉣
⑤ ㉣, ㉤

※ 다음 글을 읽고 이어지는 질문에 답하시오. [7~8]

국립과학수사연구원은 K공사와 함께 조사한 결과 지난달 십여 명이 부상을 입은 A역 에스컬레이터의 역주행 사고는 내부 모터의 감속기를 연결하는 연결부 부분에 우수의 유입 및 부품 노후화 등으로 인한 마모가 원인이 된 것으로 보인다고 밝혔다. 모터의 동력 전달 불량으로 제동장치가 작동하지 않았고 탑승객 하중을 견디지 못하여 역주행 사고가 발생하였다고 추정한 것이다. 국립과학수사연구소에서는 사고의 정확한 원인을 밝히기 위해 이상이 발생한 부품을 수거하여 정밀 감식을 진행한 후 정확한 원인을 밝힐 것이라고 말했다.

07 다음 사고예방대책의 원리 5단계 중 윗글에 해당하는 단계는 어느 단계인가?

① 안전 관리 조직
② 사실의 발견
③ 평가 및 분석
④ 시정책의 선정
⑤ 시정책의 적용

08 사고의 정밀 감식 결과, 사고의 원인은 에스컬레이터에서 걷거나 뛰는 행위로 인한 반복적이고 지속적인 충격하중으로 밝혀졌다고 한다. 다음 중 이 재해의 원인에 해당하는 것은?

① 기술(Engineering)
② 규제(Enforcement)
③ 사람(Man)
④ 기계(Mechanic)
⑤ 매체(Media)

09 다음 글의 빈칸 ㉠～㉢에 들어갈 단어를 순서대로 바르게 나열한 것은?

4차 산업혁명이란 인공지능, 클라우드 컴퓨터 등의 고도화된 정보통신기술이 사회, 산업 등 다양한 분야에 융합되어 기존과는 다른 혁신적인 변화를 이뤄 낸 21세기 산업혁명을 말한다.
무인항공기로도 불리는 ___㉠___은 원격 조종을 통해 기기를 제어하며 지정된 경로를 자율적으로 비행하거나 반자동으로 비행하곤 한다. 군사용으로 사용된 이것은 점차 민간 분야로 확대되어 농업, 수송 등 다양한 분야에서 쓰이고 있다. ___㉡___은 기기에 인터넷을 적용하여 사용자와의 커뮤니케이션은 물론 센서를 통해 환경 등을 감지하여 물체가 물체를 자동으로 제어하는 등 다양한 방식으로 적용되고 있다. ___㉢___는 이름 그대로 방대한 데이터이다. 크기(Volume), 속도(Velocity), 다양성(Variety)을 3대 중요 요소로 꼽는다. 하지만 단순 방대한 데이터 자체만으로는 의미가 없고 이 방대한 데이터를 분석하여 원하는 정보를 추출하고 가공하여 결론을 도출하는 과정에서 의미가 있다.

	㉠	㉡	㉢
①	인공위성	광케이블	빅데이터
②	드론	광케이블	데이터베이스
③	인공위성	사물인터넷	데이터베이스
④	드론	사물인터넷	빅데이터
⑤	인공위성	사물인터넷	빅데이터

대표기출유형

02 기술 적용

| 유형분석 |

- 주어진 자료를 해석하고 기술을 적용하여 풀어가는 문제이다.
- 자료 등을 읽고 제시된 문제 상황에 적절한 해결 방법을 찾는 문제가 자주 출제된다.
- 지문의 길이가 길고 복잡하므로, 문제에서 요구하는 정보를 놓치지 않도록 주의해야 한다.

K사는 생산팀 직원들을 위해 작업장에 의류 건조기를 설치했다. 이에 비품 담당자인 B사원은 다음 제품 설명서를 토대로 '건조기 사용 전 필독 유의사항'을 작성하려고 한다. 이때 유의사항에 들어갈 내용으로 적절하지 않은 것은?

[사용 전 알아두어야 할 사항]

1. 물통 또는 제품 내부에 절대 의류 외에 다른 물건을 넣지 마십시오.
2. 제품을 작동시키기 전 문이 제대로 닫혔는지 확인하십시오.
3. 필터는 제품 사용 전후로 반드시 청소해 주십시오.
4. 제품의 성능유지를 위해서 물통을 자주 비워 주십시오.
5. 겨울철이거나 건조기가 설치된 곳의 기온이 낮을 경우 건조시간이 길어질 수 있습니다.
6. 과도한 건조물을 넣고 기계를 작동시키면 완벽하게 건조되지 않거나 의류에 구김이 생길 수 있습니다. 최대용량 5kg 이내로 의류를 넣어 주십시오.
7. 가죽, 슬립, 전기담요, 마이크로 화이바 소재 의류, 이불, 동·식물성 충전재 사용 제품은 사용을 피해 주십시오.

[동결 시 조치방법]

1. 온도가 낮아지게 되면 물통이나 호스가 얼 수 있습니다.
2. 동결 시 작동 화면에 'ER' 표시가 나타납니다. 이 경우 일시정지 버튼을 눌러 작동을 멈춰 주세요.
3. 물통이 얼었다면 물통을 꺼내 따뜻한 물에 20분 이상 담가 주세요.
4. 호스가 얼었다면 호스 안의 이물질을 모두 꺼내고, 호스를 따뜻한 물 또는 따뜻한 수건으로 20분 이상 녹여 주세요.

① 사용 전후로 필터는 꼭 청소해 주세요.

② 건조기에 넣는 의류는 5kg 이내로 해 주세요.

③ 사용이 불가한 의류 제품 목록을 꼭 확인해 주세요.

④ 화면에 ER 표시가 떴을 때는 전원을 끄고 작동을 멈춰 주세요.

⑤ 호스가 얼었다면 호스를 따뜻한 물 또는 따뜻한 수건으로 20분 이상 녹여 주세요.

정답 ④

제시문의 동결 시 조치방법에서는 화면에 'ER' 표시가 나타나면 전원 버튼이 아닌 일시정지 버튼을 눌러 작동을 멈추라고 설명하고 있다.

오답분석

① 필터는 제품 사용 전후로 반드시 청소해 주라고 설명하고 있다.
② 과도한 건조물을 넣고 기계를 작동시키면 완벽하게 건조되지 않거나 의류에 구김이 생길 수 있으니 최대용량 5kg 이내로 의류를 넣어 주라고 설명하고 있다.
③ 건조기 사용이 불가한 제품 목록이 설명되어 있다.
⑤ 호스가 얼었다면 호스 안의 이물질을 모두 꺼내고, 호스를 따뜻한 물 또는 따뜻한 수건으로 20분 이상 녹여 주라고 설명하고 있다.

풀이 전략!

문제에 제시된 자료 중 필요한 정보를 빠르게 파악하는 것이 중요하다. 질문을 먼저 읽고 문제 상황을 파악한 뒤 제시된 선택지를 하나씩 소거하며 문제를 푸는 것이 좋다.

대표기출유형 02 기출응용문제

※ 기획전략팀에서는 사무실을 간편히 청소할 수 있는 새로운 청소기를 구매하였다. 기획전략팀의 B대리는 새 청소기를 사용하기 전에 다음 사용 설명서를 참고하였다. 이어지는 질문에 답하시오. **[1~3]**

〈사용 설명서〉

■ 충전

- 충전 시 작동 스위치 2곳을 반드시 꺼주십시오.
- 타 제품의 충전기를 사용할 경우 고장의 원인이 되오니 반드시 전용 충전기를 사용하십시오.
- 충전 시 충전기에 열이 느껴지는 것은 고장이 아닙니다.
- 본 제품에는 배터리 보호를 위하여 과충전 보호회로가 내장되어 있어 적정 충전시간을 초과하여도 배터리는 심한 손상이 없습니다.
- 충전기의 줄을 잡고 뽑을 경우 감전, 쇼트, 발화 및 고장의 원인이 됩니다.
- 충전하지 않을 때는 전원 콘센트에서 충전기를 뽑아 주십시오. 절연 열화에 따른 화재, 감전 및 고장의 원인이 됩니다.

■ 이상발생 시 점검 방법

증상	확인사항	해결 방법
스위치를 켜도 청소기가 작동하지 않는다면?	• 청소기가 충전잭에 꽂혀 있는지 확인하세요. • 충전이 되어 있는지 확인하세요. • 본체에 핸디 청소기가 정확히 결합되었는지 확인하세요. • 접점부(핸디, 본체)를 부드러운 면으로 깨끗이 닦아 주세요.	• 청소기에서 충전잭을 뽑아 주세요.
사용 중 갑자기 흡입력이 떨어진다면?	• 흡입구를 커다란 이물질이 막고 있는지 확인하세요. • 먼지 필터가 막혀 있는지 확인하세요. • 먼지통 내에 오물이 가득 차 있는지 확인하세요.	• 이물질을 없애고 다시 사용하세요.
청소기가 멈추지 않는다면?	• 스틱 손잡이 / 핸디 손잡이 스위치 2곳 모두 꺼져 있는지 확인하세요. • 청소기 본체에서 핸디 청소기를 분리하세요.	–
사용시간이 짧다고 느껴진다면?	• 10시간 이상 충전하신 후 사용하세요.	–
라이트 불이 켜지지 않는다면?	• 청소기 작동 스위치를 ON으로 하셨는지 확인하세요. • 라이트 스위치를 ON으로 하셨는지 확인하세요.	–
파워브러시가 작동하지 않는다면?	• 머리카락이나 실 등 이물질이 감겨있는지 확인하세요.	• 청소기 전원을 끄고 이물질 제거 후 전원을 켜면 파워브러시가 재작동하며, 평상시에도 파워브러시가 멈추었을 때는 전원 스위치를 껐다 켜시면 브러시가 재작동합니다.

01 **다음 중 배터리 충전 중 고장이 발생한 경우, 그 원인으로 적절하지 않은 것은?**

① 충전 시 작동 스위치 2곳을 모두 끄지 않은 경우
② 충전기를 뽑을 때 줄을 잡고 뽑은 경우
③ 충전하지 않을 때 충전기를 계속 꽂아 둔 경우
④ 적정 충전시간을 초과하여 충전한 경우
⑤ 타 제품의 충전기를 사용한 경우

02 **B대리는 청소기의 전원을 껐다 켬으로써 청소기의 작동 불량을 해결하였다. 다음 중 어떤 작동 불량이 발생하였는가?**

① 청소기가 멈추지 않았다.
② 사용시간이 짧게 느껴졌다.
③ 파워브러시가 작동하지 않았다.
④ 사용 중 흡입력이 떨어졌다.
⑤ 라이트 불이 켜지지 않았다.

03 **다음 중 청소기에 이물질이 많이 들어있을 때 나타날 수 있는 증상은?**

① 사용시간이 짧아진다.
② 라이트 불이 켜지지 않는다.
③ 스위치를 켜도 청소기가 작동하지 않는다.
④ 충전 시 충전기에서 열이 난다.
⑤ 사용 중 갑자기 흡입력이 떨어진다.

※ 사내 의무실 체온계의 고장으로 새로운 체온계를 구입하였다. 다음 설명서를 읽고 이어지는 질문에 답하시오. **[4~5]**

■ 사용방법

1) 체온을 측정하기 전 새 렌즈필터를 부착하여 주세요.
2) 〈ON〉 버튼을 눌러 액정화면이 켜지면 귓속에 체온계를 삽입합니다.
3) 〈START〉 버튼을 눌러 체온을 측정합니다.
4) 측정이 잘 이루어졌으면 '삐' 소리와 함께 측정 결과가 액정화면에 표시됩니다.
5) 60초 이상 사용하지 않으면 자동으로 전원이 꺼집니다.

■ 체온 측정을 위한 주의사항

- 오른쪽 귀에서 측정한 체온은 왼쪽 귀에서 측정한 체온과 다를 수 있습니다. 그러므로 항상 같은 귀에서 체온을 측정하십시오.
- 체온을 측정할 때는 정확한 측정을 위해 과다한 귀지가 없도록 하십시오.
- 한쪽 귀를 바닥에 대고 누워 있었을 때, 매우 춥거나 더운 곳에 노출되어 있는 경우, 목욕을 한 직후 등은 외부적 요인에 의해 귀 체온 측정에 영향을 미칠 수 있으므로 이런 경우에는 30분 정도 기다리신 후 측정하십시오.

■ 문제해결방법

상태	해결방법	에러 메시지
렌즈필터가 부착되어 있지 않음	렌즈필터를 끼우세요.	— —
체온계가 렌즈의 정확한 위치를 감지할 수 없어 정확한 측정이 어려움	〈ON〉 버튼을 3초간 길게 눌러 화면을 지운 다음 정확한 위치에 체온계를 넣어 측정합니다.	POE
측정체온이 정상범위(34 ~ 42.2℃)를 벗어난 경우 - HI : 매우 높음 - LO : 매우 낮음	온도가 10℃와 40℃ 사이인 장소에서 체온계를 30분간 보관한 다음 다시 측정하세요.	HI°C LO°C
건전지 수명이 다하여 체온 측정이 불가능한 상태	새로운 건전지(1.5V AA타입 2개)로 교체하세요.	— — —

04 **근무 중 몸이 좋지 않아 의무실을 방문한 A사원은 설명서를 바탕으로 체온을 측정하려고 한다. 다음 중 체온 측정 과정으로 가장 적절한 것은?**

① 렌즈필터가 깨끗해 새 것으로 교체하지 않고 체온을 측정하였다.
② 오른쪽 귀의 체온이 38°C로 측정되어 다시 왼쪽 귀의 체온을 측정하였다.
③ 정확한 측정을 위해 귓속의 귀지를 제거한 다음 체온을 측정하였다.
④ 정확한 측정을 위해 영점 조정을 맞춘 뒤 체온을 측정하였다.
⑤ 구비되어 있는 렌즈필터가 없어 렌즈를 알코올 솜으로 닦은 후 측정하였다.

05 **체온계 사용 중 'POE'의 에러 메시지가 떴다. 에러 메시지 확인 후 해결방법으로 가장 적절한 것은?**

① 〈ON〉 버튼을 3초간 길게 눌러 화면을 지운 다음 정확한 위치에서 다시 측정한다.
② 렌즈필터가 부착되어 있지 않으므로 깨끗한 새 렌즈필터를 끼운다.
③ 1분간 그대로 둬서 전원을 끈 다음 〈ON〉 버튼을 눌러 다시 액정화면을 켠다.
④ 건전지 삽입구를 열어 1.5V AA타입 2개의 새 건전지로 교체한다.
⑤ 온도가 10°C와 40°C 사이인 장소에서 체온계를 30분간 보관한 다음 다시 측정한다.

※ 교육서비스 업체인 K사에서는 업무 효율화를 위해 업무용 태블릿PC '에듀프렌드'를 전 직원에게 제공하기로 결정하였다. 다음 제품 설명서를 참고하여 이어지는 질문에 답하시오. **[6~7]**

■ 지원기능

1. 학습자 관리
   - 인적사항 등록 매뉴얼에서 학습자 인적사항을 등록할 수 있습니다.
   - 학습자 지도 및 평가 계획안을 첨부하여 등록할 수 있습니다.
   - 입력된 학습자 인적사항은 가나다순 또는 등록일자순, 나이순, 지역순으로 정렬할 수 있습니다.
   - 키워드 입력을 통해 원하는 학습자 정보를 검색할 수 있습니다.
2. 교사 스케줄링
   - 캘린더에 일정을 등록할 수 있고, 등록된 일정은 월별·주별·시간대별로 설정하여 확인할 수 있습니다.
   - 중요한 일정은 알람을 설정할 수 있습니다.
   - 위치정보를 활용해 학습자 방문지와의 거리 및 시간 정보와 경로를 탐색할 수 있습니다.
   - Office 문서작성을 지원하며, 터치펜으로 메모를 작성할 수 있습니다.
3. 커뮤니티
   - 커뮤니티에 접속해 공지사항을 확인할 수 있고, 게시판 기능을 활용할 수 있습니다.
   - 화상전화를 지원하여, 학습자와 시간과 장소에 제한 없이 소통할 수 있습니다.

■ 제품사양

프로세서	CPU 속도 1.7GHz	
디스플레이	Size 165.5×77×8.8mm, Weight 200g	
	해상도 2960×1440	
메모리	내장 500GB, 외장 500GB(총 1TB 지원)	
카메라	표준 2,400만 화소	
연결	USB 지원	블루투스 지원
	GPS 지원	이어잭 지원
	Wi-Fi 지원	-
배터리	표준 배터리 용량 4000mAh	
	비디오 재생시간 20h	

■ 주의사항

- 물 또는 빗물에 던지거나 담그지 마십시오.
- 젖은 배터리를 사용하거나 충전하지 마십시오.
- 화기 가까이 두지 마십시오(가급적 0～40℃ 사이에서 사용하세요).
- 신용카드, 전화카드, 통장 등의 자성을 이용한 제품에 가까이 두지 마십시오.
- 소량의 유해물질이 있으니 기기를 분해하지 마십시오.
- 기기를 떨어뜨리지 마십시오.
- 기기에 색을 칠하거나 도료를 입히지 마십시오.
- 출력 커넥터에 허용되는 헤드셋 또는 이어폰을 사용하십시오.

※ 지시사항을 위반하였을 때 제품손상이 발생할 수 있음

06 **A사원은 '에듀프렌드'를 제공받아 업무를 수행하였다. 다음 중 A사원이 에듀프렌드를 사용하여 수행한 업무로 적절하지 않은 것은?**

① 학습자 지도 및 평가 계획안의 메모리 용량(600GB)이 커서 일부분을 업로드하지 못하였다.
② 인적사항 등록 매뉴얼에서 A사원이 관리하는 학생 100명의 인적사항을 등록하였다.
③ A사원의 관리대상인 학습자 B군과 미팅을 잡고, 캘린더에 일정 알람을 등록하였다.
④ 위치정보를 활용해 학습자 B군의 집까지 최적 경로와 소요 시간을 탐색하였다.
⑤ 커뮤니티에 접속하여 공지사항을 통해 상반기 워크숍 일정을 확인하였다.

07 **A사원이 '에듀프렌드'를 사용하기 위해 전원 버튼을 눌렀지만, 전원이 켜지지 않았다. 다음 중 그 원인으로 적절하지 않은 것은?**

① 에듀프렌드의 출력 커넥터와 맞지 않는 이어폰을 꽂아 사용하였다.
② 차량용 자석 거치대를 설치하여 운전 시에 에듀프렌드를 자석 거치대 위에 두었다.
③ 식당에서 물을 쏟아 가방에 들어있던 에듀프렌드가 물에 젖어버렸다.
④ 주머니에 들어 있던 에듀프렌드를 바닥으로 떨어뜨렸다.
⑤ 에듀프렌드에 보호 커버를 씌우고, 보호 커버 위에 매직펜으로 이름을 썼다.

※ 다음은 전열 난방기구의 설명서이다. 이어지는 질문에 답하시오. **[8~10]**

■ **설치방법**

[스탠드형]

1) 제품 밑 부분이 위를 향하게 하고, 스탠드와 히터의 나사 구멍이 일치하도록 맞추세요.
2) 십자드라이버를 사용해 스탠드 조립용 나사를 단단히 고정시켜 주세요.
3) 스탠드 2개를 모두 조립한 후 제품을 똑바로 세워놓고 흔들리지 않는지 확인합니다.

[벽걸이형]

1) 벽걸이용 거치대를 본체에서 분리해 주세요.
2) 벽걸이용 거치대 양쪽 구멍의 거리에 맞춰 벽에 작은 구멍을 냅니다(단단한 콘크리트나 타일이 있을 경우 전동드릴로 구멍을 내면 좋습니다).
3) 제공되는 나사를 이용해 거치대를 벽에 고정시켜 줍니다.
4) 양손으로 본체를 들어서 평행을 맞춰 거치대에 제품을 고정시킵니다.
5) 거치대의 고정 나사를 단단히 조여 흔들리지 않도록 고정시킵니다.

■ **사용방법**

1) 전원선을 콘센트에 연결합니다.
2) 전원버튼을 누르면 작동을 시작합니다.
3) 1단(750W), 2단(1,500W)의 출력 조절버튼을 터치해 출력을 조절할 수 있습니다.
4) 온도 조절버튼을 터치하여 온도를 조절할 수 있습니다.
   - 설정 가능한 온도 범위는 15 ~ 40℃입니다.
   - 에너지 절약을 위해 실내온도가 설정온도에 도달하면 자동으로 전원이 차단됩니다.
   - 실내온도가 설정온도보다 약 2 ~ 3℃ 내려가면 다시 작동합니다.
5) 타이머 버튼을 터치하여 작동 시간을 설정할 수 있습니다.
6) 출력 조절버튼을 5초 이상 길게 누르면 잠금 기능이 활성화됩니다.

■ **주의사항**

- 제품을 사용하지 않을 때나 제품을 점검할 때는 전원코드를 반드시 콘센트에서 분리하세요.
- 사용자가 볼 수 있는 위치에서만 사용하세요.
- 사용 시에 화상을 입을 수 있으니 손을 대지 마세요.
- 바닥이 고르지 않은 곳에서는 사용하지 마세요.
- 젖은 수건, 의류 등을 히터 위에 올려놓지 마세요.
- 장난감, 철사, 칼, 도구 등을 넣지 마세요.
- 제품 사용 중 이상이 발생한 경우 분해하지 마시고, A/S센터로 문의해 주세요.
- 본체 가까이에서 스프레이 캔이나 인화성 위험물을 사용하지 마세요.
- 휘발유, 신나, 벤젠, 등유, 알칼리성 비눗물, 살충제 등을 이용하여 청소하지 마세요.
- 제품을 물에 담그지 마세요.
- 젖은 손으로 전원코드, 본체, 콘센트 등을 만지지 마세요.
- 전원 케이블이 과도하게 꺾이거나 피복이 벗겨진 경우에는 전원을 연결하지 마시고, A/S센터로 문의해 주세요.

※ 주의사항을 지키지 않을 경우 고장 및 감전, 화재의 원인이 될 수 있음

08 작업장에 벽걸이형 난방기구를 설치하고자 한다. 다음 중 벽걸이형 난방기구의 설치방법으로 옳은 것은?

① 벽걸이용 거치대의 양쪽 구멍과 상단 구멍의 위치에 맞게 벽에 작은 구멍을 낸다.
② 스탠드 2개를 조립한 후 벽걸이형 거치대를 본체에서 분리한다.
③ 벽이 단단한 콘크리트로 되어 있을 경우 거치대를 따로 고정하지 않아도 된다.
④ 거치대를 벽에 고정시킨 뒤, 평행을 맞추어 거치대에 제품을 고정시킨다.
⑤ 스탠드의 고정 나사를 조여 제품이 흔들리지 않는지 확인한다.

PART 1

09 다음 중 난방기구의 사용방법으로 옳지 않은 것은?

① 전원선을 콘센트에 연결 후 전원버튼을 누른다.
② 출력 조절버튼을 터치하여 출력을 1단으로 낮춘다.
③ 히터를 작동시키기 위해 설정온도를 현재 실내온도인 20°C로 조절하였다.
④ 전기료 절감을 위해 타이머를 1시간으로 맞추어 놓고 사용하였다.
⑤ 잠금 기능을 활성화하기 위해 출력 조절버튼을 5초 이상 길게 눌렀다.

10 난방기구가 사용 도중 갑자기 작동하지 않았다. 다음 중 난방기구의 고장 원인으로 옳지 않은 것은?

① 바닥 면이 고르지 않은 곳에 두었다.
② 젖은 수건을 히터 위에 두었다.
③ 열원이 방출되는 구멍에 연필이 들어갔다.
④ 전원 케이블의 피복이 벗겨져 있었다.
⑤ 작동되고 있는 히터를 손으로 만졌다.

CHAPTER 05

조직이해능력

합격 Cheat Key

조직이해능력은 업무를 원활하게 수행하기 위해 조직의 체제와 경영을 이해하고 국제적인 추세를 이해하는 능력이다. 현재 많은 공사·공단에서 출제 비중을 높이고 있는 영역이기 때문에 미리 대비하는 것이 중요하다. 실제 업무 능력에서 조직이해능력을 요구하기 때문에 중요도는 점점 높아 질 것이다.

세부 유형은 조직 체제 이해, 경영 이해, 업무 이해, 국제 감각으로 나눌 수 있다. 조직도를 제시하는 문제가 출제되거나 조직의 체계를 파악해 경영의 방향성을 예측하고, 업무의 우선순위를 파악하는 문제가 출제된다.

1 문제 속에 정답이 있다!

경력이 없는 경우 조직에 대한 이해가 낮을 수밖에 없다. 그러나 문제 자체가 실무적인 내용을 담고 있어도 문제 안에는 해결의 단서가 주어진다. 부담을 갖지 않고 접근하는 것이 중요하다.

2 경영·경제학원론 정도의 수준은 갖추도록 하라!

지원한 직군마다 차이는 있을 수 있으나, 경영·경제이론을 접목시킨 문제가 꾸준히 출제되고 있다. 따라서 기본적인 경영·경제이론은 익혀 둘 필요가 있다.

3 지원하는 공사 · 공단의 조직도를 파악하라!

출제되는 문제는 각 공사 · 공단의 세부내용일 경우가 많기 때문에 지원하는 공사 · 공단의 조직도를 파악해 두어야 한다. 조직이 운영되는 방법과 전략을 이해하고, 조직을 구성하는 체제를 파악하고 간다면 조직이해능력에서 조직도가 나올 때 단기간에 문제를 풀 수 있을 것이다.

4 실제 업무에서도 요구되므로 이론을 익혀라!

각 공사 · 공단의 직무 특성상 일부 영역에 중요도가 가중되는 경우가 있어서 많은 취업준비생들이 일부 영역에만 집중하지만, 실제 업무 능력에서 직업기초능력 10개 영역이 골고루 요구되는 경우가 많고, 현재는 필기시험에서도 조직이해능력을 출제하는 기관의 비중이 늘어나고 있기 때문에 미리 이론을 익혀 둔다면 모듈형 문제에서 고득점을 노릴 수 있다.

대표기출유형

01 경영 전략

| 유형분석 |

- 경영 전략에서 대표적으로 출제되는 문제는 마이클 포터(Michael Porter)의 본원적 경쟁 전략이다.
- 경영 전략의 기본적인 이해와 구조를 물어보는 문제가 자주 출제되므로 전략별 특징 및 개념에 대한 이론 학습이 요구된다.

경영이 어떻게 이루어지느냐에 따라 조직의 생사가 결정된다고 할 만큼 경영은 조직에 있어서 핵심이다. 다음 중 경영 전략을 추진하는 과정에 대한 설명으로 옳지 않은 것은?

① 경영 전략은 조직 전략, 사업 전략, 부문 전략으로 분류된다.

② 환경 분석을 할 때는 조직의 내부환경뿐만 아니라 외부환경에 대한 분석도 필수이다.

③ 전략 목표는 비전과 미션으로 구분되는데, 둘 다 있어야 한다.

④ 경영 전략이 실행됨으로써 세웠던 목표에 대한 결과가 나오는데, 그것에 대한 평가 및 피드백 과정도 생략되어서는 안 된다.

⑤ '환경 분석 → 전략 목표 설정 → 경영 전략 도출 → 경영 전략 실행 → 평가 및 피드백'의 과정을 거쳐 이루어진다.

정답 ⑤

전략 목표를 먼저 설정하고 환경을 분석해야 한다.

풀이 전략!

대부분의 기업들은 마이클 포터의 본원적 경쟁 전략을 사용하고 있다. 각 전략에 해당하는 대표적인 기업을 연결하고, 그들의 경영 전략을 상기하며 문제를 풀어보도록 한다.

대표기출유형 01 기출응용문제

01 **다음 중 기업의 핵심 역량을 연구개발에 집중하는 기술혁신형 중소기업으로 옳은 것은?**

① 모듈 기업
② 이노비즈 기업
③ 벤처 기업
④ 가상 기업
⑤ 전문 기업

02 **K회사는 새롭게 개발한 립스틱을 대대적으로 홍보하고 있다. 다음 중 K회사의 사례에 대한 대안으로 가장 적절한 것은?**

> K회사 립스틱의 특징은 지속력과 선명한 색상, 그리고 20대 여성을 타깃으로 한 아기자기한 디자인이다. 하지만 제품 홍보를 했음에도 불구하고 매출이 좋지 않다. 조사 결과 저가 화장품이라는 브랜드 이미지 때문인 것으로 드러났다.

① 블라인드 테스트를 통해 제품의 질을 인정받는다.
② 홍보비를 두 배로 늘려 더 많이 광고한다.
③ 브랜드 이름을 최대한 감추고 홍보한다.
④ 무료 증정 이벤트를 연다.
⑤ 타깃을 30대 여성으로 바꾼다.

03 다음 밑줄 친 마케팅 기법에 대한 설명으로 적절한 것을 〈보기〉에서 모두 고르면?

기업들이 신제품을 출시하면서 한정된 수량만 제작 판매하는 한정판 제품을 잇따라 내놓고 있다. 이번 기회가 아니면 더 이상 구입할 수 없다는 메시지를 끊임없이 던지며 소비자의 호기심을 자극하는 <u>마케팅 기법</u>이다. K자동차 회사는 가죽 시트와 일부 외형을 기존 제품과 다르게 제작한 모델을 8,000대 한정 판매하였는데, 단기간에 매진을 기록하였다.

보기

ㄱ. 소비자의 충동 구매를 유발하기 쉽다.
ㄴ. 이윤 증대를 위한 경영 혁신의 한 사례이다.
ㄷ. 의도적으로 공급의 가격탄력성을 크게 하는 방법이다.
ㄹ. 소장 가치가 높은 상품을 대상으로 하면 더 효과적이다.

① ㄱ, ㄴ
② ㄱ, ㄷ
③ ㄴ, ㄹ
④ ㄱ, ㄴ, ㄹ
⑤ ㄱ, ㄷ, ㄹ

04 다음 〈보기〉 중 경영 활동을 수행하고 있는 내용으로 적절하지 않은 것은?

보기

(가) 다음 시즌 우승을 목표로 해외 전지훈련에 참여하여 열심히 구슬땀을 흘리고 있는 선수단과 이를 운영하는 구단 직원들
(나) 자발적인 참여로 뜻을 같이한 동료들과 함께 매주 어려운 이웃을 찾아다니며 봉사활동을 펼치고 있는 S씨
(다) 교육지원대대장으로서 사병들의 교육이 원활히 진행될 수 있도록 훈련장 관리와 유지에 최선을 다하고 있는 박대령과 참모진
(라) 영화 촬영을 앞두고 시나리오와 제작 콘셉트를 회의하기 위해 모인 감독 및 스태프와 출연 배우들
(마) 대기업을 그만두고 가족들과 함께 조그만 무역회사를 차려 손수 제작한 밀짚 가방을 동남아로 수출하고 있는 B씨

① (가)
② (나)
③ (다)
④ (라)
⑤ (마)

05 다음 사례에서 나타난 마이클 포터의 본원적 경쟁 전략으로 가장 적절한 것은?

K사는 전자 제품 시장에서 경쟁회사가 가격을 낮추는 저가 전략을 사용하여 점유율을 높이려 하자, 이에 맞서 오히려 고급 기술을 적용한 고품질 프리미엄 제품을 선보이고 서비스를 강화해 시장의 점유율을 높였다.

① 차별화 전략
② 원가우위 전략
③ 집중화 전략
④ 마케팅 전략
⑤ 비교우위 전략

06 다음은 K공사의 해외시장 진출 및 지원 확대를 위한 전략과제의 필요성을 제시한 자료이다. 이를 통해 도출된 과제의 추진방향으로 적절하지 않은 것은?

〈전략과제 필요성〉

- 해외시장에서 기관이 수주할 수 있는 산업 발굴
- 국제사업 수행을 통한 경험축적 및 컨소시엄을 통한 기술·노하우 습득
- 해당 산업 관련 민간기업의 해외진출 활성화를 위한 실질적 지원

① 국제기관의 다양한 자금을 활용하여 사업을 발굴하고, 해당 사업의 해외진출을 위한 기술역량을 강화한다.
② 해외봉사활동 등과 연계하여 기관 이미지 제고 및 사업에 대한 사전조사, 시장조사를 통한 선제적 마케팅 활동을 추진한다.
③ 국제경쟁입찰의 과열 경쟁 심화와 컨소시엄 구성 시 민간기업과 업무배분, 이윤추구성향 조율에 어려움이 예상된다.
④ 해당 산업 민간(중소)기업을 대상으로 입찰 정보제공, 사업전략 상담, 동반 진출 등을 통한 실질적 지원을 확대한다.
⑤ 국제사업에 참여하여 경험을 축적시키고, 컨소시엄을 통해 습득한 기술 등을 재활용할 수 있는 사업을 구상하고 연구진을 지원한다.

07 다음 〈보기〉 중 제시된 질문에 가장 바르게 대답한 사람은?

K사 : 안녕하세요. 다름이 아니라 현재 단가로는 더 이상 귀사에 납품하는 것이 어려울 것 같아 자재의 단가를 조금 올리고 싶어서요. 이에 대해 어떻게 생각하시나요?

대답 : ________________________________

보기

A : 지난 달 자재의 불량률이 너무 높은데 단가를 더 낮춰야 할 것 같습니다.
B : 저희도 이정도 가격은 꼭 받아야 해서요. 단가를 지금 이상 드리는 것은 불가능합니다.
C : 불량률을 3% 아래로 낮춰서 납품해 주시면 단가를 조금 올리도록 하겠습니다.
D : 단가를 올리면 저희 쪽에서 주문하는 수량이 줄어들 텐데, K사에서 괜찮을까요?
E : 단가에 대한 협상은 K사의 사장님과 해 봐야 할 것 같네요.

① A ② B
③ C ④ D
⑤ E

08 다음 그림은 세계적 기업인 맥킨지(McKinsey)에 의해서 개발된 7S 모형이다. 빈칸 ㉠, ㉡에 들어갈 요소로 가장 적절한 것은?

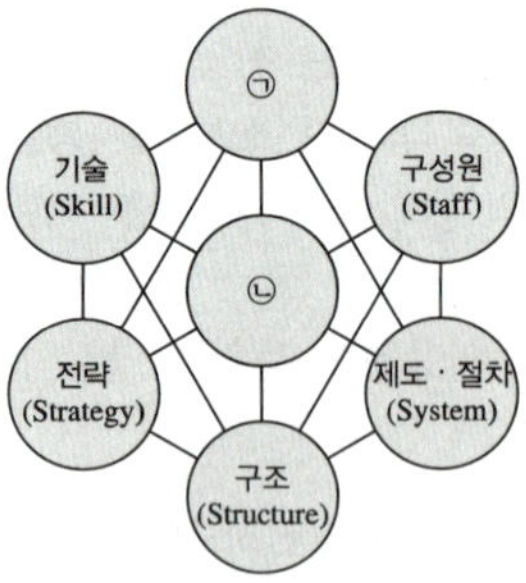

	㉠	㉡
①	스타일	공유가치
②	최고경영자	기술혁신
③	최고경영자	공유가치
④	기술혁신	스타일
⑤	공유가치	기술혁신

09 K회사 마케팅부에 근무하는 B대리는 최근 제품수명주기를 설명하는 다음 보고서를 읽게 되었다. 〈보기〉의 사례에 대한 제품수명주기의 유형을 바르게 연결한 것은?

〈제품수명주기〉

▸ **제품수명주기의 정의**

제품수명주기(Product Life Cycle)는 제품이 출시되는 도입기, 매출이 성장하는 성장기, 성장률이 둔화되는 성숙기, 매출이 감소하는 쇠퇴기를 거쳐서 시장에서 사라지게 되는 과정이다.

▸ **제품수명주기의 4가지 유형**

주기·재주기형	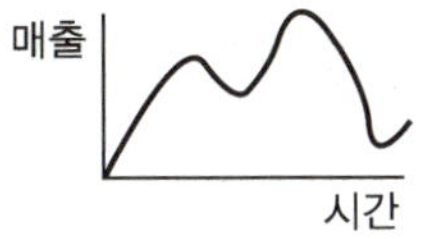	쇠퇴기에 접어들다가 촉진활동 강화 혹은 재포지셔닝에 의해 다시 한번 성장기를 맞이하는 경우로써 대부분의 제품에 해당한다.
연속성장형		새로운 제품 특성이나 용도 등을 발견함으로써 매출성장이 연속적으로 이어지는 경우이다.
패션형	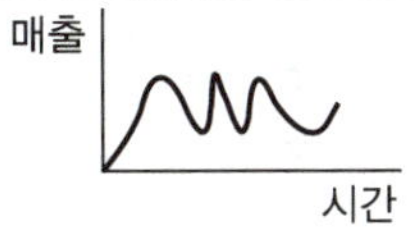	한 때 유행하였다가 일정시간이 지나 다시 유행하는 형태로 일정 주기를 타고 성장, 쇠퇴를 거듭한다.
패드형	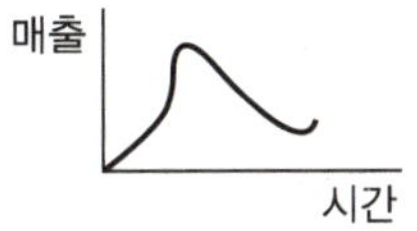	짧은 시간 내에 소비자들에 의해 급속하게 수용되었다가 매우 빨리 쇠퇴하는 형태를 보인다.

보기

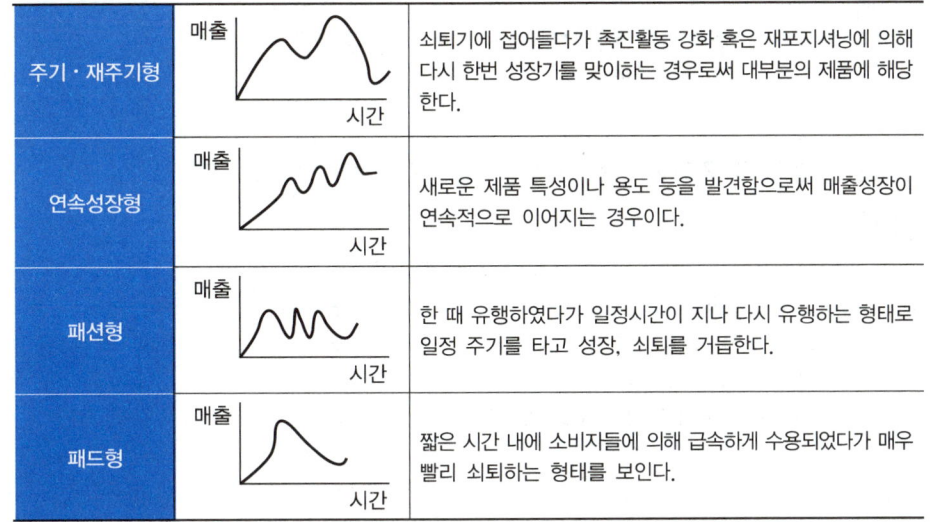

(가) A전자회사는 에어컨과 난방기를 생산하고 있다. 에어컨은 매년 7～9월의 여름에 일정하게 매출이 증가하고 있으며 난방기는 매년 12～2월에 일정하게 매출이 증가하고 있다.

(나) B게임회사는 최근 모바일 게임의 꾸준한 업데이트를 통해 게임 유저들의 흥미를 자극시킴으로써 매출이 계속 성장하고 있다.

(다) C출판사는 자기개발서를 출판하는 회사이다. 최근 자기개발서에 대한 매출이 줄어듦에 따라 광고 전략을 시행하였고 이로 인해 일시적으로 매출이 상승하게 되었다.

(라) D회사는 월드컵을 맞이하여 응원 T셔츠를 제작하여 큰 매출 효과를 가졌다. 그러나 며칠이 지나지 않아 월드컵이 끝난 후 응원 T셔츠에 대한 매력이 떨어져 매출이 급감하게 되었다.

	주기·재주기형	연속성장형	패션형	패드형
①	(가)	(라)	(나)	(다)
②	(나)	(다)	(가)	(라)
③	(다)	(나)	(가)	(라)
④	(다)	(라)	(가)	(나)
⑤	(라)	(나)	(가)	(다)

대표기출유형

02 조직 구조

| 유형분석 |

- 조직 구조 유형에 대한 특징을 물어보는 문제가 자주 출제된다.
- 기계적 조직과 유기적 조직의 차이점과 사례 등을 숙지하고 있어야 한다.
- 조직 구조 형태에 따라 기능적 조직, 사업별 조직으로 구분하여 출제되기도 한다.

다음 〈보기〉 중 조직 구조에 대한 설명으로 옳지 않은 것을 모두 고르면?

보기

ㄱ. 기계적 조직은 구성원들의 업무분장이 명확하게 이루어져 있는 편이다.
ㄴ. 기계적 조직은 조직 내 의사소통이 비공식적 경로를 통해 활발히 이루어진다.
ㄷ. 유기적 조직은 의사결정 권한이 조직 하부 구성원들에게 많이 위임되어 있으며, 업무내용이 명확히 규정되어 있는 것이 특징이다.
ㄹ. 유기적 조직은 기계적 조직에 비해 조직의 형태가 가변적이다.

① ㄱ, ㄴ
② ㄱ, ㄷ
③ ㄴ, ㄷ
④ ㄴ, ㄹ
⑤ ㄷ, ㄹ

정답 ③

ㄴ. 기계적 조직 내 의사소통은 비공식적 경로가 아닌 공식적 경로를 통해 주로 이루어진다.
ㄷ. 유기적 조직은 의사결정 권한이 조직 하부 구성원들에게 많이 위임되어 있으나, 업무내용은 기계적 조직에 비해 가변적이다.

오답분석

ㄱ. 기계적 조직은 위계질서 및 규정, 업무분장이 모두 명확하게 확립되어 있는 조직이다.
ㄹ. 유기적 조직에서는 비공식적인 상호 의사소통이 원활히 이루어지며, 규제나 통제의 정도가 낮아 변화에 따라 쉽게 변할 수 있는 특징을 가진다.

풀이 전략!

조직 구조는 유형에 따라 기계적 조직과 유기적 조직으로 나눌 수 있다. 기계적 조직과 유기적 조직은 서로 상반된 특징을 가지고 있으며, 기계적 조직이 관료제의 특징과 비슷함을 파악하고 있다면, 이와 상반된 유기적 조직의 특징도 수월하게 파악할 수 있다.

대표기출유형 02 기출응용문제

01 다음 중 빈칸 ㉠, ㉡에 들어갈 조직 유형을 바르게 짝지은 것은?

> 조직은 ___㉠___ 과 ___㉡___ 으로 구분할 수 있다. ___㉠___ 은 기업과 같이 이윤을 목적으로 하는 조직이며, ___㉡___ 은 정부 조직을 비롯하여 공익을 추구하는 병원, 대학, 시민단체, 종교단체 등이 해당한다.

	㉠	㉡
①	공식조직	비공식조직
②	비공식조직	공식조직
③	비영리조직	영리조직
④	영리조직	비영리조직
⑤	생산조직	통합조직

02 다음 중 대학생인 지수의 일과를 통해 알 수 있는 사실로 가장 적절한 것은?

> 지수는 화요일에 학교 수업, 아르바이트, 스터디, 봉사활동 등을 한다.
> 다음은 지수의 화요일 일과이다.
> • 지수는 오전 11시부터 오후 4시까지 수업이 있다.
> • 수업이 끝나고 학교 앞 프랜차이즈 카페에서 아르바이트를 3시간 동안 한다.
> • 아르바이트를 마친 후 NCS 공부를 하기 위해 스터디를 2시간 동안 한다.

① 비공식적이면서 소규모조직에서 3시간 있었다.
② 공식조직에서 9시간 있었다.
③ 비영리조직이면서 대규모조직에서 5시간 있었다.
④ 영리조직에서 2시간 있었다.
⑤ 비공식적이면서 비영리조직에서 3시간 있었다.

03 다음 중 조직 문화의 특징으로 옳지 않은 것은?

① 구성 요소에는 리더십 스타일, 제도 및 절차, 구성원, 구조 등이 있다.
② 조직 구성원들에게 일체감과 정체성을 준다.
③ 조직의 안정성을 유지하는 데 기여한다.
④ 조직 몰입도를 향상시킨다.
⑤ 구성원들 개개인의 다양성을 강화해준다.

04 다음 중 조직 목표의 기능에 대한 설명으로 옳지 않은 것은?

① 조직이 나아갈 방향을 제시해 주는 기능을 한다.
② 조직 구성원의 의사결정 기준의 기능을 한다.
③ 조직 구성원의 행동에 동기를 유발시키는 기능을 한다.
④ 조직을 운영하는 데 융통성을 제공하는 기능을 한다.
⑤ 조직 구조나 운영과정과 같이 조직 체제를 구체화할 수 있는 기준이 된다.

05 다음 중 K사가 해외 시장 개척을 앞두고 기존의 조직 구조를 개편할 경우, 추가해야 할 조직으로 적절하지 않은 것은?

> K사는 몇 년 전부터 자체 기술로 개발한 제품의 판매 호조로 인해 기대 이상의 수익을 창출하게 되었다. 경쟁 업체들이 모방할 수 없는 독보적인 기술력을 앞세워 국내 시장을 공략한 결과, 국내 시장에서는 경쟁자가 없다고 할 만큼 탄탄한 시장 점유율을 확보하였다. 이러한 K사의 사장은 올 초부터 해외 시장 진출의 꿈을 갖고 필요한 자료를 수집하기 시작하였다. 충분한 자금력을 확보한 K사는 우선 해외 부품 공장을 인수한 후 현지에 생산 기지를 건설하여 국내에서 생산되는 물량의 절반 정도를 현지로 이전하여 생산하고, 이를 통한 물류비 절감으로 주변국들부터 시장을 넓혀가겠다는 야심찬 계획을 세웠다. 한국 본사에서는 내년까지 4 ~ 5곳의 해외 거래처를 더 확보하여 지속적인 해외 시장 개척에 매진한다는 중장기 목표를 대내외에 천명해 둔 상태이다.

① 해외관리팀
② 기업회계팀
③ 외환업무팀
④ 국제법무팀
⑤ 통관물류팀

06 새로운 조직 개편 기준에 따라 조직도 (가)를 조직도 (나)로 변경하려고 한다. 다음 중 조직도 (나)의 빈칸에 들어갈 팀으로 적절하지 않은 것은?

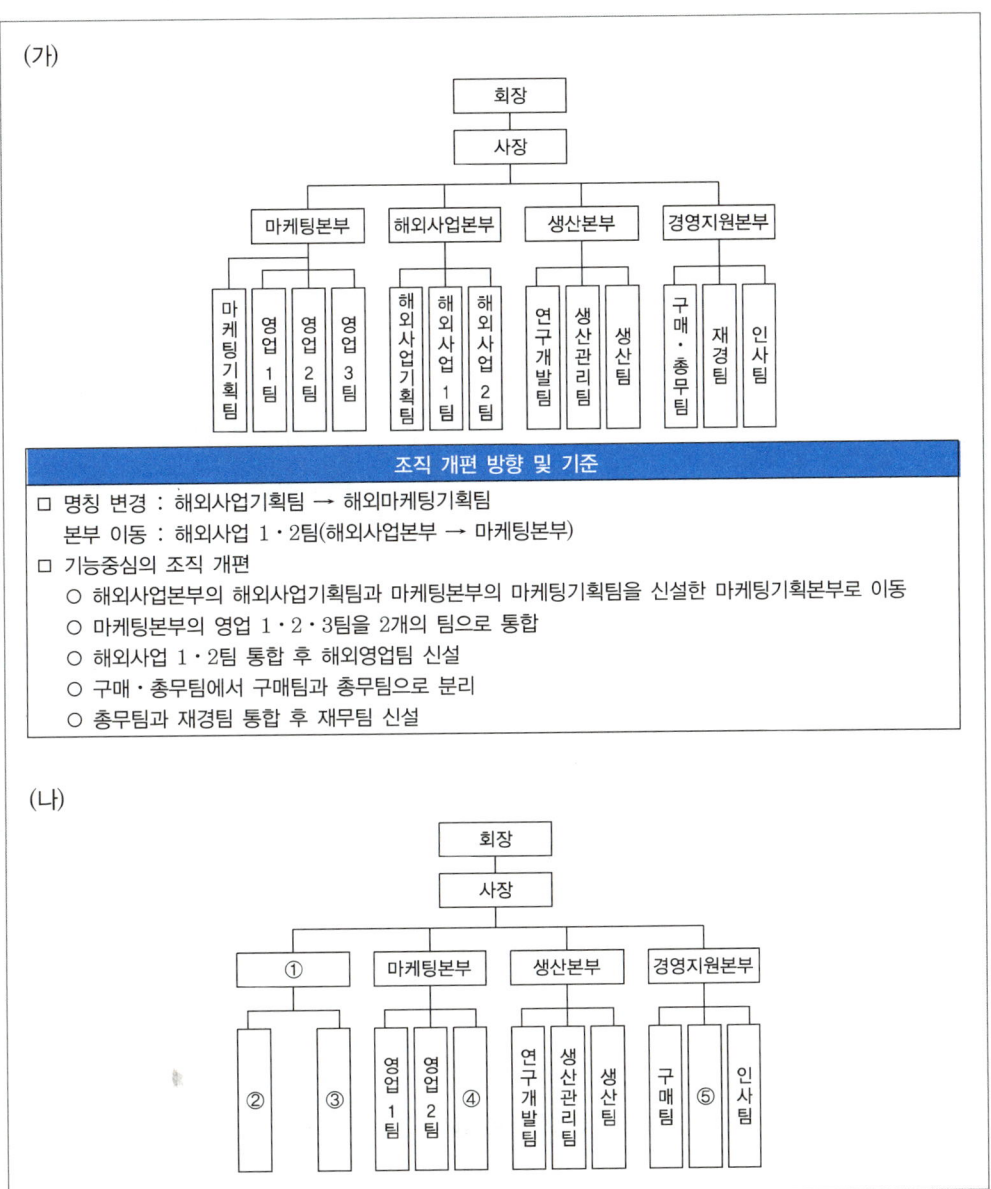

(가)

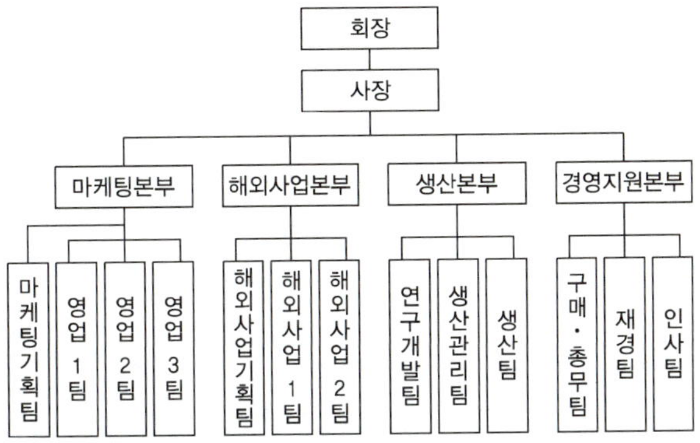

조직 개편 방향 및 기준

□ 명칭 변경 : 해외사업기획팀 → 해외마케팅기획팀
  본부 이동 : 해외사업 1·2팀(해외사업본부 → 마케팅본부)

□ 기능중심의 조직 개편
- ○ 해외사업본부의 해외사업기획팀과 마케팅본부의 마케팅기획팀을 신설한 마케팅기획본부로 이동
- ○ 마케팅본부의 영업 1·2·3팀을 2개의 팀으로 통합
- ○ 해외사업 1·2팀 통합 후 해외영업팀 신설
- ○ 구매·총무팀에서 구매팀과 총무팀으로 분리
- ○ 총무팀과 재경팀 통합 후 재무팀 신설

(나)

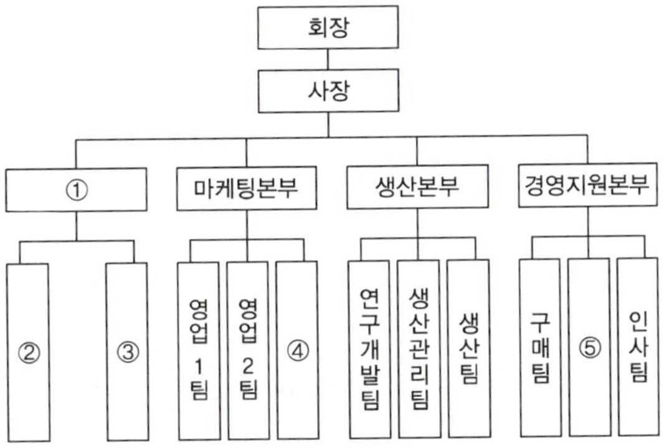

① 마케팅기획본부
② 해외마케팅기획팀
③ 영업 3팀
④ 해외영업팀
⑤ 재무팀

07 다음 글에서 설명하는 조직의 원리로 가장 적절한 것은?

> 조직의 각 구성원은 누구나 한 사람의 직속상관에게만 보고하고, 또 그로부터 명령을 받아야 한다. 이는 조직 내의 혼란을 방지하고 책임의 소재를 분명히 하고자 하는 데 목적이 있다.

① 계층제의 원리
② 분업의 원리
③ 조정의 원리
④ 적도집권의 원리
⑤ 명령통일의 원리

08 다음 중 밑줄 친 ㉠, ㉡에 대한 설명으로 옳은 것은?

> 조직 구조는 조직마다 다양하게 이루어지며, 조직목표의 효과적 달성에 영향을 미친다. 조직 구조에 대한 많은 연구를 통해 조직 구조에 영향을 미치는 요인으로는 조직의 전략, 규모, 기술, 환경 등이 있음을 확인할 수 있으며, 이에 따라 ㉠ 기계적 조직 혹은 ㉡ 유기적 조직으로 설계된다.

① ㉠은 의사결정 권한이 조직의 하부구성원들에게 많이 위임되어 있다.
② ㉡은 상하 간의 의사소통이 공식적인 경로를 통해 이루어진다.
③ ㉠은 규제나 통제의 정도가 낮아 의사소통 결정이 쉽게 변할 수 있다.
④ ㉡은 구성원들의 업무가 분명하게 정의된다.
⑤ 안정적이고 확실한 환경에서는 ㉠이 적절하고, 급변하는 환경에서는 ㉡이 적절하다.

09 다음 글에서 설명하는 조직의 유형으로 가장 적절한 것은?

> 의사결정 권한이 조직의 상층부에 집중되어 있다. 조직의 규모가 작거나 신설 조직이며 조직의 활동에 많은 예산이 필요할 때, 조직이 위기에 처하거나 직원들의 능력이 부족할 때 장점을 가지게 되는 구조로 행정의 통일성, 빠른 결정 등이 가능하다.

① 분권화
② 집권화
③ 수평적
④ 공식성
⑤ 유기적

10 다음 중 조직의 환경적응에 대한 설명으로 옳지 않은 것을 〈보기〉에서 모두 고르면?

> **보기**
> ㄱ. 기업에 대한 세계화의 영향은 진출시장, 투자대상 확대 등 기업의 대외적 경영 측면으로 국한된다.
> ㄴ. 특정 국가에서의 업무 동향 점검 시에는 거래 기업에 대한 정보와 시장의 특성뿐 아니라 법규에 대하여도 파악하는 것이 필수적이다.
> ㄷ. 이문화 이해는 곧 상이한 문화와의 언어적 소통을 가리키므로 현지에서의 인사법 등 예절에 주의하여야 한다.
> ㄹ. 이문화 이해는 특정 타 지역에 오랜 기간 형성된 문화를 이해하는 것으로, 단기간에 집중적인 학습으로 신속하게 수월한 언어적 능력을 갖추는 것이 최선이다.

① ㄱ
② ㄴ, ㄷ
③ ㄴ, ㄹ
④ ㄱ, ㄴ, ㄹ
⑤ ㄱ, ㄷ, ㄹ

대표기출유형

03 업무 종류

| 유형분석 |

- 부서별 주요 업무에 대해 묻는 문제이다.
- 부서별 특징과 담당 업무에 대한 이해가 필요하다.

다음 〈보기〉는 기업의 각 부서에서 하는 일이다. 일반적인 상황에서 부서와 그 업무를 바르게 나열한 것은?

보기

ㄱ. 의전 및 비서업무
ㄴ. 업무분장 및 조정
ㄷ. 결산 관련 업무
ㄹ. 임금제도
ㅁ. 소모품의 구입 및 관리
ㅂ. 법인세, 부가가치세
ㅅ. 판매 예산 편성
ㅇ. 보험가입 및 보상 업무
ㅈ. 견적 및 계약
ㅊ. 국내외 출장 업무 협조
ㅋ. 외상매출금 청구
ㅌ. 직원수급 계획 및 관리

① 총무부 : ㄱ, ㅁ, ㅅ
② 영업부 : ㅅ, ㅈ, ㅋ
③ 회계부 : ㄷ, ㅇ, ㅋ
④ 인사부 : ㄱ, ㄴ, ㄹ

정답 ②

영업부의 업무로는 판매 계획, 판매 예산의 편성(ㅅ), 견적 및 계약(ㅈ), 외상매출금의 청구 및 회수(ㅋ), 시장조사, 판매원가 및 판매가격의 조사 검토 등이 있다.

오답분석

① 총무부 : ㄱ, ㅁ, ㅊ
③ 회계부 : ㄷ, ㅂ, ㅇ
④ 인사부 : ㄴ, ㄹ, ㅌ

풀이 전략!

조직은 목적의 달성을 위해 업무를 효과적으로 분배하고 처리할 수 있는 구조를 확립해야 한다. 조직의 목적이나 규모에 따라 업무의 종류는 다양하지만, 대부분의 조직에서는 총무, 인사, 기획, 회계, 영업으로 부서를 나누어 업무를 담당하고 있다. 따라서 5가지 업무 종류에 대해서는 미리 숙지해야 한다.

대표기출유형 03 기출응용문제

01 현재 시각은 오전 11시이다. 오늘 중으로 마쳐야 하는 다음 네 가지의 업무가 있을 때, 업무의 우선순위를 순서대로 바르게 나열한 것은?(단, 업무시간은 오전 9시부터 오후 6시까지이며, 점심시간은 오후 12시부터 1시간이다)

업무 내용	처리 시간
ㄱ. 기한이 오늘까지인 비품 신청	1시간
ㄴ. 오늘 내에 보고해야 하는 보고서 초안을 작성해 달라는 부서장의 지시	2시간
ㄷ. 가능한 빨리 보내 달라는 인접 부서의 협조 요청	1시간
ㄹ. 오전 중으로 고객에게 보내기로 한 자료 작성	1시간

① ㄱ－ㄴ－ㄷ－ㄹ
② ㄴ－ㄷ－ㄹ－ㄱ
③ ㄷ－ㄴ－ㄹ－ㄱ
④ ㄹ－ㄱ－ㄷ－ㄴ
⑤ ㄹ－ㄴ－ㄷ－ㄱ

02 다음을 보고 A사원이 처리할 첫 업무와 마지막 업무를 바르게 나열한 것은?

A씨, 우리 팀이 준비하는 프로젝트가 마무리 단계인 건 알고 있죠? 이제 곧 그동안 진행해 온 팀 프로젝트를 발표해야 하는데 A씨가 발표자로 선정되어서 몇 가지 말씀드릴 게 있어요. 9월 둘째 주 월요일 오후 4시에 발표를 할 예정이니 그 시간에 비어있는 회의실을 찾아보고 예약해 주세요. 오늘이 벌써 첫째 주 수요일이네요. 보통 일주일 전에는 예약해야 하니 최대한 빨리 확인하고 예약해 주셔야 합니다. 또 발표 내용을 PPT 파일로 만들어서 저한테 메일로 보내 주세요. 검토 후 수정사항을 회신할 테니 반영해서 최종본 내용을 브로슈어에 넣어 주세요. 최종본 내용을 모두 입력하면 디자인팀 D대리님께 파일을 넘겨줘야 해요. 디자인팀에서 작업 후 인쇄소로 보낼 겁니다. 최종 브로슈어는 1층 인쇄소에서 받아오시면 되는데 원래는 한나절이면 찾을 수 있지만 이번에 인쇄 주문 건이 많아서 다음 주 월요일에 찾을 수 있을 거예요. 아, 그리고 브로슈어 내용 정리 전에 작년에 프로젝트 발표자였던 B주임에게 물어보면 어떤 식으로 작성해야 할지 이야기해 줄 거예요.

① PPT 작성 – D대리에게 파일 전달
② 회의실 예약 – B주임에게 조언 구하기
③ 회의실 예약 – 인쇄소 방문
④ B주임에게 조언 구하기 – 인쇄소 방문
⑤ 회의실 예약 – D대리에게 파일 전달

03 직무전결 규정상 전무이사가 전결인 '과장의 국내출장 건'의 결재를 시행하고자 한다. 박기수 전무이사가 해외출장으로 인해 부재중이어서 직무대행자인 최수영 상무이사가 결재하였다. 〈보기〉 중 적절하지 않은 것을 모두 고르면?

보기

ㄱ. 최수영 상무이사가 결재한 것은 전결이다.
ㄴ. 공문의 결재표상에는 '과장 최경옥, 부장 김석호, 상무이사 전결, 전무이사 최수영'이라고 표시되어 있다.
ㄷ. 박기수 전무이사가 출장에서 돌아와서 해당 공문을 검토하는 것은 후결이다.

① ㄱ
② ㄷ
③ ㄱ, ㄴ
④ ㄴ, ㄷ
⑤ ㄱ, ㄴ, ㄷ

04 다음은 최팀장이 김사원에게 남긴 음성메시지이다. 김사원이 가장 먼저 처리해야 할 일로 옳은 것은?

지금 업무 때문에 밖에 나와 있는데, 전화를 안 받아서 음성메시지 남겨요. 내가 중요한 서류를 안 가져왔어요. 미안한데 점심시간에 서류 좀 가져다 줄 수 있어요? 아, 그리고 이팀장한테 퇴근 전에 전화 좀 달라고 해 줘요. 급한 건 아닌데 확인할 게 있어서 그래요. 나는 오늘 여기서 퇴근할 거니까 회사로 연락 오는 거 있으면 정리해서 오후에 알려 주고. 오전에 박과장이 문의사항이 있어서 방문하기로 했으니까 응대 잘 할 수 있도록 해요. 박과장이 문의한 사항은 관련 서류 정리해서 내 책상에 두었으니까 미리 읽어 보고 궁금한 사항 있으면 연락 주세요.

① 박과장 응대하기
② 최팀장에게 서류 가져다 주기
③ 회사로 온 연락 최팀장에게 알려 주기
④ 이팀장에게 전화하라고 전하기
⑤ 최팀장 책상의 서류 읽어 보기

PART 1

※ 다음은 K공사 조직도의 일부이다. 이어지는 질문에 답하시오. **[5~6]**

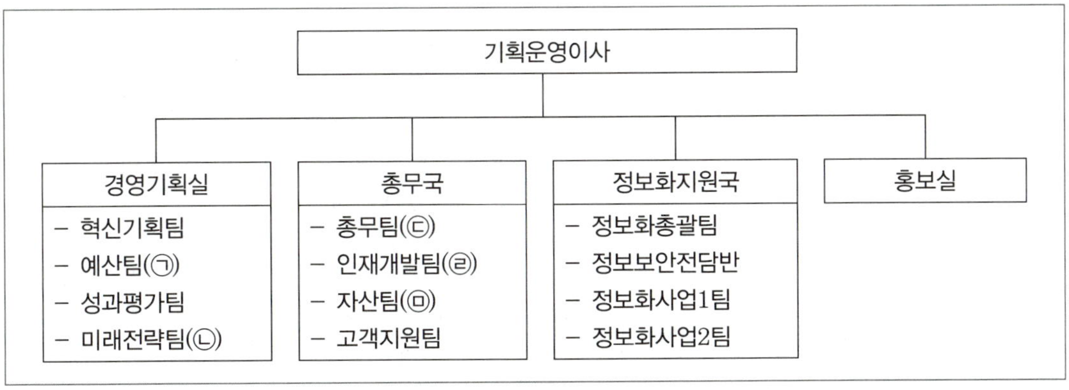

05 **다음 중 K공사의 각 부서와 업무가 바르게 연결되지 않은 것은?**

① ㉠ : 수입·지출 예산 편성 및 배정 관리
② ㉡ : 공사사업 관련 연구과제 개발 및 추진
③ ㉢ : 복무관리 및 보건·복리 후생
④ ㉣ : 임직원 인사, 상훈, 징계
⑤ ㉤ : 예산집행 조정, 통제 및 결산 총괄

06 **다음 중 정보보안전담반의 업무로 적절하지 않은 것은?**

① 정보보안기본지침 및 개인정보보호지침 제·개정 관리
② 직원 개인정보보호 의식 향상 교육
③ 개인정보종합관리시스템 구축·운영
④ 정보보안 및 개인정보보호 계획 수립
⑤ 전문자격 시험 출제정보시스템 구축·운영

07 다음 글을 읽고 A사원이 해야 할 업무를 순서대로 바르게 나열한 것은?

상사 : 벌써 2시 50분이네. 3시에 팀장회의가 있어서 지금 업무지시를 할게요. 업무보고는 내일 오전 9시 30분에 받을게요. 업무보고 전 아침에 회의실과 마이크 체크한 내용을 업무보고에 반영해 주세요. 내일 있을 3시 팀장회의도 차질 없이 준비해야 합니다. 아, 그리고 오늘 P사원이 아파서 조퇴했으니 P사원 업무도 부탁할게요. 간단한 겁니다. 사업 브로슈어에 사장님의 개회사를 추가하는 건데, 브로슈어 인쇄는 2시간밖에 걸리지 않지만 인쇄소가 오전 10시부터 오후 7시까지 하니 비서실에 방문해 파일을 미리 받아 늦지 않게 인쇄소에 넘겨 주세요. 비서실은 본관 15층에 있으니 가는 데 15분 정도 걸릴 거예요. 브로슈어는 다음 날 오전 10시까지 준비되어야 하는 거 알죠? 팀장회의에 사용할 케이터링 서비스는 매번 시키는 D업체로 예약해 주세요. 24시간 전에는 예약해야 하니 서둘러 주세요.

보기

㉠ 비서실 방문
㉡ 회의실, 마이크 체크
㉢ 케이터링 서비스 예약
㉣ 인쇄소 파일 전달
㉤ 업무보고

① ㉠ → ㉢ → ㉣ → ㉡ → ㉤
② ㉡ → ㉠ → ㉣ → ㉤ → ㉢
③ ㉢ → ㉠ → ㉣ → ㉡ → ㉤
④ ㉢ → ㉡ → ㉠ → ㉣ → ㉤
⑤ ㉢ → ㉡ → ㉣ → ㉠ → ㉤

PART 2

최종점검 모의고사

제1회
최종점검 모의고사

※ 한국가스기술공사 최종점검 모의고사는 최신 채용 공고와 후기를 기준으로 구성한 것으로, 실제 시험과 다를 수 있습니다.

■ 취약영역 분석

번호	O/×	영역	번호	O/×	영역	번호	O/×	영역
01		문제해결능력	21		자원관리능력	41		조직이해능력
02			22			42		
03			23			43		
04			24			44		
05			25			45		
06			26			46		
07			27			47		
08			28			48		
09			29			49		
10			30			50		
11		수리능력	31		기술능력			
12			32					
13			33					
14			34					
15			35					
16			36					
17			37					
18			38					
19			39					
20			40					

평가문항	50문항	평가시간	60분
시작시간	:	종료시간	:
취약 영역			

제1회

최종점검 모의고사

모바일 OMR

응시시간 : 60분　문항 수 : 50문항

정답 및 해설 p.050

01 약국에 희경, 은정, 소미, 정선 4명의 손님이 방문하였다. 약사는 이들로부터 처방전을 받아 A～D 네 봉지의 약을 조제하였다. 다음 〈조건〉이 참일 때, 옳은 것은?

조건
- 방문한 손님들의 병명은 몸살, 배탈, 치통, 피부병이다.
- 은정이의 약은 B에 해당하고, 은정이는 몸살이나 배탈 환자가 아니다.
- A는 배탈 환자에 사용되는 약이 아니다.
- D는 연고를 포함하고 있는데, 이 연고는 피부병에만 사용된다.
- 희경이는 임산부이고, A와 D에는 임산부가 먹어서는 안 되는 약품이 사용되었다.
- 소미는 몸살 환자가 아니다.

① 은정이는 피부병에 걸렸다.
② 정선이는 몸살이 났고, 이에 해당하는 약은 C이다.
③ 소미는 치통 환자이다.
④ 희경이는 배탈이 났다.
⑤ 소미가 처방받은 약은 A이다.

02 어느 요리를 만들기 위해서는 준비된 7가지의 재료 가～사를 정해진 순서대로 넣어야 한다. 다음 〈조건〉을 토대로 마지막에 넣는 재료가 가일 때, 두 번째로 넣어야 할 재료는 무엇인가?

조건
- 모든 재료는 차례로 한 번씩만 넣는다.
- 가 바로 앞에 넣는 재료는 라이다.
- 사는 라보다는 먼저 넣지만, 나보다 늦게 넣는다.
- 마는 다와 나의 사이에 넣는 재료이다.
- 다는 마보다 먼저 들어간다.
- 바는 다보다 먼저 들어간다.

① 다　② 라
③ 마　④ 바
⑤ 사

03 자선 축구대회에 한국, 일본, 중국, 미국 대표팀이 초청되었다. 월요일부터 금요일까지 서울, 수원, 인천, 대전 경기장에서 〈조건〉과 같이 연습을 할 때, 다음 중 옳지 않은 것은?

조건

- 각 경기장에는 한 팀씩 연습하며 연습을 쉬는 팀은 없다.
- 모든 팀은 모든 경기장에서 적어도 한 번 이상 연습을 해야 한다.
- 외국에서 온 팀의 첫 훈련은 공항에서 가까운 수도권 지역에 배정한다.
- 이동거리 최소화를 위해 각 팀은 한 번씩 경기장 한 곳을 이틀 연속해서 사용해야 한다.
- 미국은 월요일, 화요일에 수원에서 연습을 한다.
- 목요일에 인천에서는 아시아 팀이 연습을 할 수 없다.
- 금요일에 중국은 서울에서 연습을 하고, 미국은 대전에서 연습을 한다.
- 한국은 인천에서 연속으로 연습을 한다.

① 목요일, 금요일에 연속으로 같은 지역에서 연습하는 팀은 없다.
② 수요일에 대전에서는 일본이 연습을 한다.
③ 대전에서는 한국, 중국, 일본, 미국의 순서로 연습을 한다.
④ 한국은 화요일, 수요일에 같은 지역에서 연습을 한다.
⑤ 미국과 일본은 한 곳을 연속해서 사용하는 날이 같다.

PART 2

※ 다음은 K공사의 직원명단과 직원코드 생성방법에 대한 자료이다. 이어지는 질문에 답하시오. **[4~5]**

〈직원명단〉

- 1965년 8월 2일생 최지율 : 1988년도 공채 입사 2016년도 퇴사
- 1972년 2월 1일생 강이나라 : 2001년도 공채 입사 현재 재직 중
- 1958년 1월 19일생 김자영 : 1988년도 특채 입사 1999년도 퇴사
- 1993년 6월 5일생 이아름 : 2015년도 공채 입사 현재 재직 중
- 1998년 12월 20일생 유소정 : 2020년도 특채 입사 현재 재직 중

〈직원코드 생성방법〉

'입사연도 – 퇴사연도 – 재직기간 – 채용전형 – 생년월일 · 성명' 순으로 코드를 생성한다.

입사연도	퇴사연도	재직기간	채용전형	생년월일 · 성명
• 1960년대 : A6 • 1970년대 : A7 • 1980년대 : A8 • 1990년대 : A9 • 2000년대 : B0 • 2010년대 : B1 • 2020년대 : B2	• ~ 1999년 : X • 2000년 ~ : Y • 재직자 : Z	• 퇴사자 10년 이내 : ㄱ 10년 초과 20년 이내 : ㄴ 20년 초과 30년 이내 : ㄷ 30년 초과 : ㄹ • 재직자 : ㅁ	• 공채 : a • 특채 : b	주민등록번호 앞자리와 성명 중 앞 두자리 초성 예 930801ㅎㅇ

04 다음 중 직원명단의 직원코드로 옳지 않은 것은?

① A8YㄷA650802ㅊㅈ
② B0Zㅁa720201ㄱㅇ
③ A8Xㄴb580119ㄱㅈ
④ B1Zㅁa930605ㅇㅇ
⑤ B2Zㅁb981220ㅅㅈ

05 직원코드 생성방법 내용 중 일부가 다음과 같이 변경되었다. 변경사항을 적용했을 때, 직원명단의 직원코드로 옳지 않은 것은?

〈직원코드 생성방법 변경사항〉

- 입사연도를 두 문자로 구분 : 2000년대 이전 A, 2000년대부터 B
- 재직기간의 재직자 코드 : ㅁ → –
- 성명 : 성명의 모든 초성 입력

① AYㄷa650802ㅊㅈㅇ
② BZㅁa720201ㄱㅇㄴㄹ
③ AXㄴb580119ㄱㅈㅇ
④ BZ–a930605ㅇㅇㄹ
⑤ BZ–b981220ㅇㅅㅈ

06 다음은 K공사의 가스 사업 관련 SWOT 분석 결과이다. 이를 바탕으로 경영 전략을 세웠을 때, 〈보기〉에서 적절한 것을 모두 고르면?

〈가스 사업 관련 SWOT 분석 결과〉

구분	분석결과
강점(Strength)	• 해외 가스공급기관 대비 높은 LNG 구매력 • 세계적으로 우수한 배관 인프라
약점(Weakness)	• 타 연료 대비 높은 단가
기회(Opportunity)	• 북아시아 가스관 사업 추진 논의 지속 • 수소 자원 개발 고도화 추진 중
위협(Threat)	• 천연가스에 대한 수요 감소 추세 • 원전 재가동 확대 전망에 따른 에너지 점유율 감소 가능성

보기

ㄱ. 해외 가스공급기관 대비 LNG 확보가 용이하다는 점을 근거로 북아시아 가스관 사업 추진 시 우수한 효율을 이용하는 것은 SO전략에 해당한다.

ㄴ. 지속적으로 감소할 것으로 전망되는 천연가스 수요를 북아시아 가스관 사업을 통해 확보하는 것은 ST전략에 해당한다.

ㄷ. 수소 자원 개발을 고도화하여 다른 연료 대비 상대적으로 높았던 공급단가를 낮추려는 R&D 사업 추진은 WO전략에 해당한다.

ㄹ. 높은 LNG 확보 능력을 이용해 상대적으로 높은 가스 공급단가가 더욱 상승하는 것을 방지하는 것은 WT전략에 해당한다.

① ㄱ, ㄴ
② ㄱ, ㄷ
③ ㄴ, ㄷ
④ ㄴ, ㄹ
⑤ ㄷ, ㄹ

PART 2

07 K씨는 영업비밀 보호를 위해 자신의 컴퓨터 속 각 문서의 암호를 다음 규칙에 따라 만들었다. 파일 이름이 다음과 같을 때, 이 파일의 암호는 무엇인가?

〈규칙〉

1. 비밀번호 중 첫 번째 자리에는 파일 이름의 첫 문자가 한글일 경우 @, 영어일 경우 #, 숫자일 경우 *로 특수문자를 입력한다.
   → 고슴Dochi=@, haRAMY801=#, 1app루=*
2. 두 번째 자리에는 파일 이름의 총 자리 개수를 입력한다.
   → 고슴Dochi=@7, haRAMY801=#9, 1app루=*5
3. 세 번째 자리부터는 파일 이름 내에 숫자를 순서대로 입력한다. 숫자가 없을 경우 0을 두 번 입력한다.
   → 고슴Dochi=@700, haRAMY801=#9801, 1app루=*51
4. 그 다음 자리에는 파일 이름 중 한글이 있을 경우 초성만 순서대로 입력한다. 없다면 입력하지 않는다.
   → 고슴Dochi=@700ㄱㅅ, haRAMY801=#9801, 1app루=*51ㄹ
5. 그 다음 자리에는 파일 이름 중 영어가 있다면 뒤에 덧붙여 순서대로 입력하되, a, e, i, o, u만 'a=1, e=2, i=3, o=4, u=5'로 변형하여 입력한다(대문자 · 소문자 구분 없이 모두 소문자로 입력한다).
   → 고슴Dochi=@700ㄱㅅd4ch3, haRAMY801=#9801h1r1my, 1app루=*51ㄹ1pp

2024매운전골Cset3인기준recipe8

① @23202438ㅁㅇㅈㄱㅇㄱㅈcs2trecipe

② @23202438ㅁㅇㅈㄱㅇㄱㅈcs2tr2c3p2

③ *23202438ㅁㅇㅈㄱㅇㄱㅈcs2trecipe

④ *23202438ㅁㅇㅈㄱㅇㄱㅈcs2tr2c3p2

⑤ *23202438ㅁㅇㅈㄱㅇㄱㅈcsetrecipe

08 다음은 국가자격시험 전형관리 및 발급기관에 대한 정보이다. 〈보기〉에서 바르게 행동한 사람을 모두 고르면?

〈국가자격시험 전형관리 및 발급기관〉

업종	자격증종류	전형관리	자격증관리(발급)
여행업	관광통역 안내사	한국산업인력공단 홈페이지	한국관광공사
	국내여행 안내사		한국관광협회중앙회
	국외여행 인솔자	–	한국여행업협회
관광숙박업	호텔경영사	한국산업인력공단 홈페이지	한국관광공사
	호텔관리사		한국관광공사
	호텔 서비스사		한국관광협회중앙회
국제회의업	컨벤션기획사 1급		한국산업인력공단
	컨벤션기획사 2급		
의료관광업	국제의료관광 코디네이터		
문화관광 해설	문화관광해설사	지자체	–

• 제출서류(온라인 신청 시 파일 첨부)

구분	제출서류	비고
공통	반명함판 사진	단, 자격증에 사용할 사진 변경을 원하는 자에 한함
내국인	기본증명서 1부(일반) ※ 합격자 본인 명의로 주민센터 등에서 발급	단, 관광진흥법 제7조 제1항에 의거하여 공사에서 신원조회 후 결격사유가 발생하지 않은 경우 발급
외국인	신분증 사본 1부(외국인등록증, 여권)	

• 발급비용 : 7,800원(발급수수료 5,000원+택배발송비용 2,800원)

※ 한국관광공사에서 발급하는 자격증 방문 수령의 경우 강원도 원주 공사 본사를 직접 방문해야 함(발급 수수료 5,000원만 결제)

보기

정원 : 관광통역 안내사 자격증의 전형일에 대해 알아보기 위해 광주광역시에 문의하였어.

기현 : 호텔관리사 자격증과 호텔경영사 자격증의 발급일에 대해 문의하기 위해 한국관광공사에 연락하였어.

미라 : 독일인 친구의 컨벤션기획사1급 자격증 전형응시를 돕기 위해 친구의 반명함판 사진과 여권 사본 1부를 준비하여 제출하도록 하였어.

시연 : 국제의료관광 코디네이터 자격증을 발급받기 위해 한국관광공사 본사를 방문하여 5,000원을 지불하였어.

① 정원, 기현
② 정원, 미라
③ 기현, 미라
④ 기현, 시연
⑤ 미라, 시연

※ 다음은 K공사의 사무실 이전을 위해 건물 A～E에 대해 조사한 자료이다. 이어지는 질문에 답하시오. [9~10]

〈건물별 시설 현황〉

건물	층수	면적	거리	시설	월임대료
A	3층	총 40평	6km	엘리베이터, 장애인시설, 3층 대회의실, 주차장 5평	300만 원
B	2층	총 50평	10km	엘리베이터, 장애인시설, 주차장 10평	500만 원
C	1층	90평	4km	장애인시설, 주차장 15평	400만 원
D	2층	총 60평	14km	엘리베이터, 주차장 15평	500만 원
E	2층	총 55평	8km	장애인시설, 주차장 20평	400만 원

※ 거리는 각 건물에서 현장까지 거리임
※ 면적에 주차장은 포함하지 않음

〈항목별 환산점수〉

- 층수 : 층당 10점
- 면적 : 건물 총 면적 1평당 1점, 주차장 1평당 3점
- 거리 : 5km 이하 20점, 5km 초과 10km 이하 10점, 10km 초과 5점
- 시설 : 2층 이상 건물 중 엘리베이터 없을 시 10점 감점, 건물에 장애인시설 없을 시 5점 감점
- 임대료 : 100만 원당 10점 감점

09 K공사는 항목별 환산점수를 적용하여 환산점수 합이 가장 높은 건물로 사무실을 이전하려고 할 때, 이전할 건물은?

① A건물
② B건물
③ C건물
④ D건물
⑤ E건물

10 K공사는 다음 〈조건〉을 고려하여 환산점수 합이 가장 높은 건물로 사무실을 이전하려고 한다. 이때, 이전할 건물과 그 건물의 환산점수 합은?

조건
- 2층 이상의 건물로 엘리베이터와 장애인시설이 있을 것
- 현장과의 거리는 12km 이내일 것

① A건물, 145점
② B건물, 110점
③ C건물, 125점
④ D건물, 135점
⑤ E건물, 150점

11 KTX와 새마을호가 서로 마주 보며 오고 있다. 속력은 7 : 5의 비로 운행하고 있으며, 현재 두 열차 사이의 거리는 6km이다. 두 열차가 서로 만났을 때 새마을호가 이동한 거리는?

① 2km
② 2.5km
③ 3km
④ 3.5km
⑤ 4km

12 K사는 직원 휴게실의 앞문과 뒷문에 화분을 각각 한 개씩 배치하려고 한다. 가지고 있는 화분을 배치하는 방법이 총 30가지일 때, 전체 화분의 개수는?(단, 화분의 종류는 모두 다르다)

① 6개
② 7개
③ 8개
④ 9개
⑤ 10개

13 K사는 작년에 사원 수가 500명이었고, 올해는 남자 사원이 작년보다 10% 감소하고, 여자 사원이 작년보다 40% 증가하였다. 올해 전체 사원 수는 작년보다 8%가 늘어났을 때, 작년 남자 사원 수는 몇 명인가?

① 280명
② 300명
③ 315명
④ 320명
⑤ 325명

PART 2

14 일정한 규칙으로 수를 나열할 때, 빈칸에 들어갈 알맞은 수는?

225　256　289　324　(　)　400

① 148
② 242
③ 263
④ 361
⑤ 391

15 다음은 K회사의 모집단위별 지원자 수 및 합격자 수를 나타낸 자료이다. 이에 대한 설명으로 옳지 않은 것은?

〈모집단위별 지원자 수 및 합격자 수〉

(단위 : 명)

모집단위	남자		여자		합계	
	합격자 수	지원자 수	합격자 수	지원자 수	모집정원	지원자 수
A	512	825	89	108	601	933
B	353	560	17	25	370	585
C	138	417	131	375	269	792
합계	1,003	1,802	237	508	1,240	2,310

※ $(경쟁률)=\frac{(지원자\ 수)}{(모집정원)}$

① 3개의 모집단위 중 총 지원자 수가 가장 많은 집단은 A이다.
② 3개의 모집단위 중 합격자 수가 가장 적은 집단은 C이다.
③ K회사 전체 남자 합격자 수는 여자 합격자 수의 5배 이상이다.
④ B집단의 경쟁률은 약 1.6%이다.
⑤ C집단의 모집정원은 K회사 전체 모집정원의 약 22%를 차지한다.

※ 다음은 외국인 직접투자의 투자건수 비율과 투자금액 비율에 대한 자료이다. 이어지는 질문에 답하시오. **[16~17]**

〈외국인 직접투자의 투자건수 비율과 투자금액 비율〉

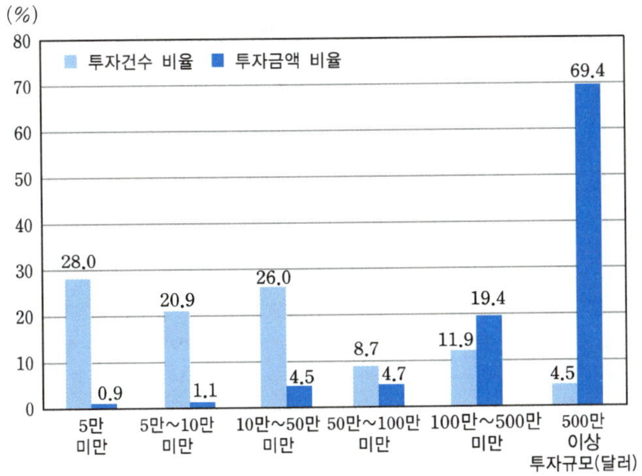

※ 투자규모는 외국인 직접투자의 건당 투자금액을 기준으로 구분함

※ $[\text{투자건수 비율(\%)}]=\frac{(\text{투자규모별 외국인 직접투자 건수})}{(\text{전체 외국인 직접투자 건수})}\times 100$

※ $[\text{투자금액 비율(\%)}]=\frac{(\text{투자규모별 외국인 직접투자 금액 합계})}{(\text{전체 외국인 직접투자 건수})}\times 100$

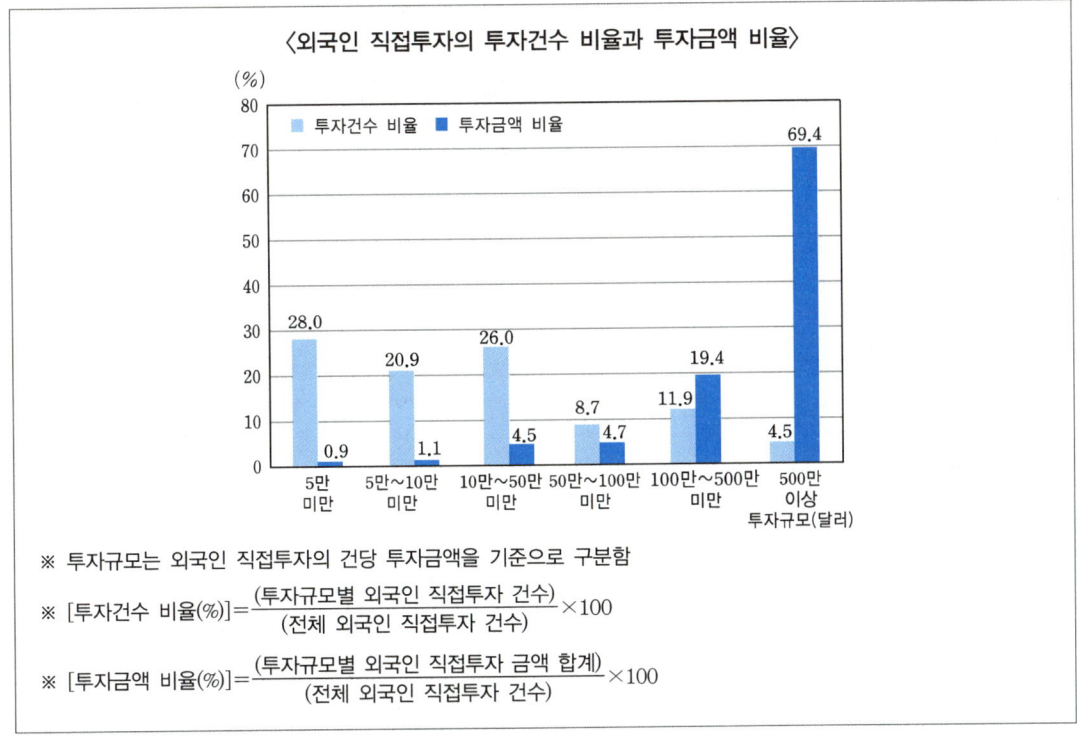

16 다음 중 투자규모가 50만 달러 미만인 투자건수 비율은?

① 55.3%
② 62.8%
③ 68.6%
④ 74.9%
⑤ 83.6.3%

17 다음 중 투자규모가 100만 달러 이상인 투자건수 비율은?

① 16.4%
② 19.6%
③ 23.5%
④ 26.1%
⑤ 30.7%

18 다음은 2020 ~ 2024년 지역별 이혼건수에 대한 자료이다. 이에 대한 설명으로 옳은 것은?

〈2020 ~ 2024년 지역별 이혼건수〉

(단위 : 천 건)

지역	2020년	2021년	2022년	2023년	2024년
서울	28	29	34	33	38
인천	22	24	35	32	39
경기	19	21	22	28	33
대전	11	13	12	11	10
광주	8	9	9	12	7
대구	15	13	14	17	18
부산	18	19	20	19	21
울산	7	8	8	5	7
제주	4	5	7	6	5
전체	132	141	161	163	178

※ 수도권은 서울, 인천, 경기임

① 2022 ~ 2024년 인천의 총 이혼건수는 서울보다 적다.

② 2020 ~ 2024년까지 전체 이혼건수가 가장 적은 해는 2024년이다.

③ 2020 ~ 2024년까지 수도권의 이혼건수가 가장 많은 해는 2023년이다.

④ 2020 ~ 2024년까지 전체 이혼건수 증감추이와 같은 증감추이를 보이는 지역은 한 곳이다.

⑤ 전체 이혼건수 대비 수도권의 이혼건수 비중은 2020년에 50% 이하, 2024년은 60% 이상을 차지한다.

19 다음은 창업보육센터의 현황에 대한 자료이다. 이에 대한 설명으로 옳지 않은 것을 〈보기〉에서 모두 고르면?

〈연도별 창업보육센터 수 및 지원금액〉

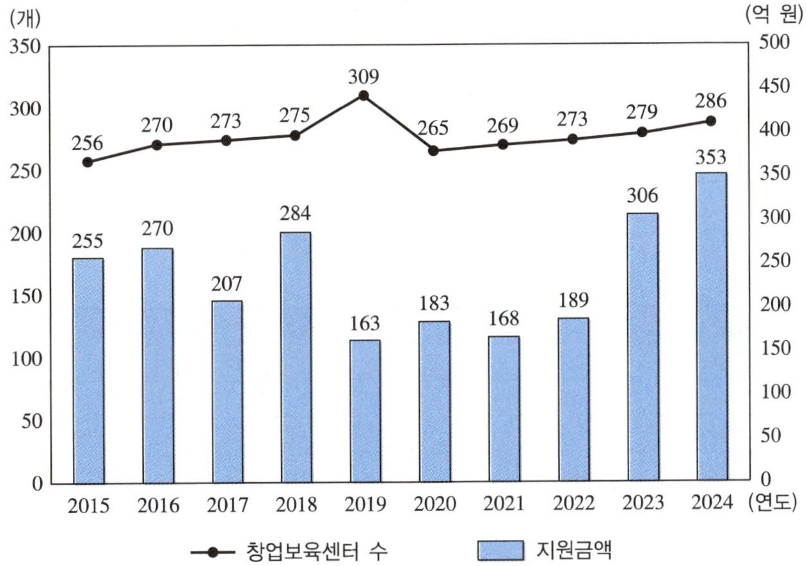

〈연도별 창업보육센터당 입주업체 수 및 매출액〉

(단위 : 개, 억 원)

구분	2022년	2023년	2024년
창업보육센터당 입주업체 수	16.6	17.1	16.8
창업보육센터당 입주업체 매출액	85.0	91.0	86.7

※ 한 업체는 1개의 창업보육센터에만 입주함

보기

ㄱ. 2024년 창업보육센터의 전년 대비 증가율은 창업보육센터 지원금액이 창업보육센터 수의 5배 이상이다.

ㄴ. 2024년 창업보육센터의 전체 입주업체 수는 전년보다 적다.

ㄷ. 창업보육센터당 지원금액이 가장 적은 해는 2019년이며, 가장 많은 해는 2024년이다.

ㄹ. 창업보육센터 입주업체의 전체 매출액은 2022년 이후 매년 증가하였다.

① ㄱ, ㄴ
② ㄱ, ㄷ
③ ㄴ, ㄷ
④ ㄴ, ㄹ
⑤ ㄷ, ㄹ

20 다음은 도로별 일평균 교통량에 대한 자료이다. 이에 대한 설명으로 옳지 않은 것은?

〈고속국도 일평균 교통량〉

(단위 : 대)

구분	2020년	2021년	2022년	2023년	2024년
승용차	28,864	31,640	32,593	33,605	35,312
버스	1,683	1,687	1,586	1,594	1,575
화물차	13,142	11,909	12,224	13,306	13,211
합계	43,689	45,236	46,403	48,505	50,098

〈일반국도 일평균 교통량〉

(단위 : 대)

구분	2020년	2021년	2022년	2023년	2024년
승용차	7,951	8,470	8,660	8,988	9,366
버스	280	278	270	264	256
화물차	2,945	2,723	2,657	2,739	2,757
합계	11,176	11,471	11,587	11,991	12,379

〈국가지원지방도 일평균 교통량〉

(단위 : 대)

구분	2020년	2021년	2022년	2023년	2024년
승용차	5,169	5,225	5,214	5,421	5,803
버스	230	219	226	231	240
화물차	2,054	2,126	2,059	2,176	2,306
합계	7,453	7,570	7,499	7,828	8,349

① 조사기간 중 고속국도와 일반국도 일평균 버스 교통량의 증감추이는 같다.

② 전년 대비 일반국도 일평균 화물차 교통량은 2022년까지 감소하다가 2023년부터 다시 증가하고 있다.

③ 2021 ~ 2024년 중 국가지원지방도 일평균 버스 교통량의 전년 대비 증가율이 가장 큰 해는 2023년이다.

④ 조사기간 중 고속국도 일평균 승용차 교통량은 일반국도와 국가지원지방도 일평균 승용차 교통량의 합보다 항상 많았다.

⑤ 2024년 고속국도 일평균 화물차 교통량은 2024년 일반국도와 국가지원지방도 일평균 화물차 교통량의 합의 2.5배 이상이다.

21 A대리는 다가오는 9월에 결혼을 앞두고 있다. 다음 〈조건〉을 참고할 때, A대리의 결혼날짜로 가능한 날은?

> **조건**
> - 9월은 1일부터 30일까지이며, 9월 1일은 금요일이다.
> - 9월 30일부터 추석연휴가 시작되고 추석연휴 이틀 전에는 A대리가 주관하는 회의가 있다.
> - A대리는 결혼식을 한 다음 날 8박 9일간 신혼여행을 간다.
> - 회사에서 신혼여행으로 주는 휴가는 5일이다.
> - A대리는 신혼여행과 겹치지 않도록 수요일 3주 연속 치과 진료가 예약되어 있다.
> - 신혼여행에서 돌아오는 날 부모님 댁에서 하루 자고, 그 다음날 출근할 예정이다.

① 1일
② 2일
③ 22일
④ 23일
⑤ 29일

PART 2

22 해외영업부에서 근무하는 K부장은 팀원과 함께 해외출장을 가게 되었다. 인천공항에서 대한민국 시간으로 7월 14일 09:00에 모스크바로 출발하고, 모스크바에서 일정 시간 동안 체류한 후, 영국 시간으로 7월 14일 18:30에 런던에 도착하는 일정이다. K부장이 모스크바에 체류한 시간은?

〈K부장 비행 일정〉

경로	출발	도착	비행 시간
인천→모스크바	7월 14일 09:00		9시간 30분
모스크바→런던		7월 14일 18:30	4시간

※ 시차정보(GMT 기준) : 영국 0, 러시아 +3, 대한민국 +9
※ 출발 시간은 출발지 기준, 도착 시간은 도착지 기준임

① 1시간
② 2시간
③ 3시간
④ 5시간
⑤ 7시간

23 다음 대화 내용을 읽고 A팀장과 B사원이 함께 시장조사를 하러 갈 수 있는 가장 적절한 시간은 언제인가?(단, 근무시간은 09:00 ~ 18:00, 점심시간은 12:00 ~ 13:00이다)

A팀장 : B씨, 저번에 우리가 함께 진행했던 제품이 오늘 출시된다고 하네요. 시장에서 어떤 반응이 있는지 조사하러 가야 할 것 같아요.
B사원 : 네, 팀장님. 그런데 오늘 갈 수 있을지 의문입니다. 우선 오후 4시에 사내 정기 강연이 예정되어 있고 초청강사가 와서 시간관리 강의를 한다고 합니다. 아마 두 시간 정도 걸릴 것 같은데, 저는 강연준비로 30분 정도 일찍 가야 할 것 같습니다. 그리고 부서장님께서 요청하셨던 기획안도 오늘 퇴근 전까지 제출해야 하는데, 팀장님 검토시간까지 고려하면 두 시간 정도 소요될 것 같습니다.
A팀장 : 오늘도 역시 할 일이 참 많네요. 지금이 11시니까 열심히 업무를 하면 한 시간 정도는 시장에 다녀올 수 있겠네요. 먼저 기획안부터 마무리 짓도록 합시다.
B사원 : 네, 알겠습니다. 팀장님, 오늘 점심은 된장찌개 괜찮으시죠? 바쁘니까 예약해두겠습니다.

① 11:00 ~ 12:00
② 13:00 ~ 14:00
③ 14:00 ~ 15:00
④ 15:00 ~ 16:00
⑤ 16:00 ~ 17:00

24 다음은 A사원의 4월 근태기록이다. 이를 토대로 A사원이 받을 시간 외 근무수당은 얼마인가?(단, 정규근로시간은 09:00 ~ 18:00이다)

〈시간 외 근무 규정〉

- 시간 외 근무(조기출근 포함)는 1일 4시간, 월 57시간을 초과할 수 없다.
- 시간 외 근무수당은 1일 1시간 이상 시간 외 근무를 한 경우에 발생하며, 1시간을 공제한 후 매분 단위까지 합산하여 계산한다(단, 월 단위 계산 시 1시간 미만은 절사함).
- 시간 외 근무수당 지급단가 : 사원(7,000원), 대리(8,000원), 과장(10,000원)

〈A사원의 4월 근태기록(출근시간 / 퇴근시간)〉

- 4월 1일부터 4월 15일까지의 시간 외 근무시간은 12시간 50분(1일 1시간 공제 적용)이다.

18일(월)	19일(화)	20일(수)	21일(목)	22일(금)
09:00 / 19:10	09:00 / 18:00	08:00 / 18:20	08:30 / 19:10	09:00 / 18:00
25일(월)	**26일(화)**	**27일(수)**	**28일(목)**	**29일(금)**
08:00 / 19:30	08:30 / 20:40	08:30 / 19:40	09:00 / 18:00	09:00 / 18:00

※ 주말 특근은 고려하지 않음

① 112,000원
② 119,000원
③ 126,000원
④ 133,000원
⑤ 140,000원

※ 다음은 K공사의 출장여비 기준에 대한 자료이다. 이어지는 질문에 답하시오. [25~26]

〈K공사의 출장여비 기준〉

항공	숙박(1박)	교통비	일비	식비
실비	• 1·2급 : 실비 • 3급 : 80,000원 • 4·5·6급 : 50,000원	• 서울·경기지역 : 1일 10,000원 • 나머지 지역 : 1일 15,000원	30,000원/일	20,000원/일

※ 2급 이상 차이 나는 등급과 출장에 동행하게 된 경우, 높은 등급이 묵는 호텔에서 묵을 수 있는 금액을 지원함

1급	2급	3급	4급	5급	6급
이사장	이사	부장	차장	과장	대리

※ 출장비는 이사장, 이사>부장>차장>과장>대리의 순서로 차등하게 지급함(부장부터 일비 만 원씩 감소)
※ 항공은 외국으로 출장을 갈 경우에 해당함

25 다음 중 자료에 대한 설명으로 옳은 것은?

① 외국으로 출장을 다니는 B과장이 항상 같은 객실에서 묵는다면 총비용은 언제나 같다.
② 서울·경기지역으로 1박 2일 출장을 가는 C차장의 출장비는 20만 원 이상이다.
③ 같은 조건으로 출장을 간다면 이사장이 이사보다 출장비를 많이 받는다.
④ 이사장과 함께 출장을 가게 된 A대리는 이사장과 같은 호텔, 등급의 객실에서 묵을 수 있다.
⑤ 자동차를 이용해 무박으로 지방 출장을 가는 부장과 차장의 비용은 같다.

26 A부장과 P차장이 9박 10일로 함께 제주도 출장을 가게 되었다. 동일한 출장비를 제공하기 위하여 P차장의 호텔을 한 단계 업그레이드할 때, P차장이 원래 묵을 수 있는 호텔보다 얼마나 이득인가?

① 230,000원
② 250,000원
③ 270,000원
④ 290,000원
⑤ 310,000원

※ 다음은 K홈쇼핑에서 F/W시즌에 선보일 겨울 방한의류별 특성을 정리한 제품 특성표이다. 이어지는 질문에 답하시오. **[27~28]**

〈제품 특성표〉

제품	가격	브랜드가치	무게	디자인	실용성
A	★★★☆☆	★★★★★	★★★★☆	★★☆☆☆	★★★☆☆
B	★★★★★	★★★★☆	★★★★☆	★★★☆☆	★★☆☆☆
C	★★★☆☆	★★★☆☆	★★★☆☆	★★★★☆	★★★☆☆
D	★★★★☆	★★★★★	★★☆☆☆	★★★☆☆	★★★☆☆
E	★★★★☆	★★★☆☆	★★★☆☆	★★☆☆☆	★★★☆☆

★★★★★ : 매우 좋음 / ★★★★☆ : 좋음 / ★★★☆☆ : 보통 / ★★☆☆☆ : 나쁨 / ★☆☆☆☆ : 매우 나쁨

27 시장조사 결과 50대 고객은 브랜드가치가 높고, 무게가 가벼우며, 실용성이 높은 방한의류를 선호한다고 한다. 제품 특성표를 참고하여 50대 고객을 대상으로 방한의류를 판매한다면, 어떤 제품이 가장 합리적인가?

① A제품
② B제품
③ C제품
④ D제품
⑤ E제품

28 다음은 연령대별 소비자 선호 특성을 나타낸 표이다. 20대와 30대 고객의 선호 특성을 토대로 방한의류를 판매한다면, 어떤 제품이 가장 합리적인가?

〈연령대별 소비자 선호도〉

연령대	선호 특성
20대	가격, 디자인
30대	무게, 실용성
40대	브랜드가치, 실용성

① A제품
② B제품
③ C제품
④ D제품
⑤ E제품

29 K공사는 인사이동을 통해 품질안전본부의 승진대상자 중 승진할 직원 2명을 선정하고자 한다. 승진자 결정방식이 다음과 같고 승진대상자 정보가 〈보기〉와 같을 때, 승진할 직원을 바르게 나열한 것은?

〈승진자 결정방식〉

- 품질안전본부의 승진대상자인 갑, 을, 병, 정, 무 중 승진점수가 높은 직원 2명이 승진하게 된다.
- 승진점수는 업무실적점수(20점 만점), 사고점수(10점 만점), 근무태도점수(10점 만점), 가점 및 벌점(최대 5점)을 합산하여 산정한다.
- 업무실적점수 산정기준(20점 만점)

등급	A	B	C	D
점수	20	17	13	10

- 사고점수 산정기준(10점 만점)
  - 만점인 10점에서 사고유형 및 건수에 따라 차감하여 계산한다.

구분	1건당 벌점
경미 / 과실	1점
중대 / 고의	3점

- 근무태도점수 산정기준(10점 만점)

등급	우수	보통	미흡
점수	10	7	4

- 가점 및 벌점 부여기준(최대 5점)
  - 무사고(모든 유형의 사고 건수 0건) : 가점 2점
  - 수상실적 : 1회당 가점 2점
  - 사고유형 중 중대 / 고의 사고 건수 2건 이상 : 벌점 4점

보기

직원	업무실적등급	사고건수		근무태도등급	수상실적
		경미 / 과실	중대 / 고의		
갑	A	–	1	보통	1회
을	B	1	–	우수	2회
병	C	2	–	보통	–
정	A	1	1	미흡	–
무	D	–	–	우수	1회

① 갑, 을
② 갑, 병
③ 을, 무
④ 병, 정
⑤ 정, 무

30 K공사에서 승진 대상자 후보 중 2명을 승진시키려고 한다. 승진의 조건은 동료 평가에서 '하'를 받지 않고 합산점수가 높은 순이다. 이때, 합산점수는 100점 만점의 점수로 환산한 승진시험 성적, 영어 성적, 성과 평가의 수치를 합산한다. 승진시험의 만점은 100점, 영어 성적의 만점은 500점, 성과 평가의 만점은 200점이라고 할 때, 다음 중 승진 대상자 2명은 누구인가?

〈K공사 승진 대상자 후보 평가 현황〉

(단위 : 점)

직원	승진시험 성적	영어 성적	동료 평가	성과 평가
A	80	400	중	120
B	80	350	상	150
C	65	500	상	120
D	70	400	중	100
E	95	450	하	185
F	75	400	중	160
G	80	350	중	190
H	70	300	상	180
I	100	400	하	160
J	75	400	상	140
K	90	250	중	180

① A, C
② B, K
③ E, I
④ F, G
⑤ H, D

31 **다음은 벤치마킹의 절차를 나타낸 자료이다. 이에 대한 설명으로 옳지 않은 것은?**

〈벤치마킹의 절차〉

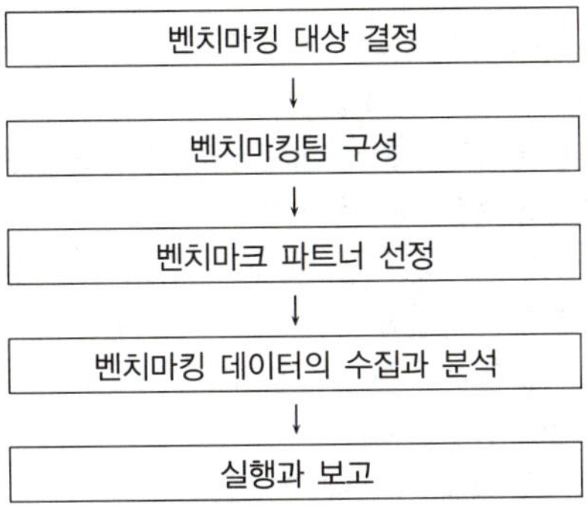

① 벤치마킹 데이터를 수집·분석할 경우 문서 편집 시스템보다는 수기로 작업하는 것이 좋다.
② 벤치마킹 대상이 결정되면 대상을 조사하기 위해 필요한 정보와 자원이 무엇인지 파악해야 한다.
③ 벤치마크 파트너 선정은 벤치마크 정보를 수집하는 데 이용될 정보의 원천을 확인하는 단계이다.
④ 벤치마킹팀 구성 시 구성원들 간의 의사소통이 원활하기 위한 네트워크 환경이 요구된다.
⑤ 벤치마킹팀의 경우 관계자 모두에게 벤치마킹이 명확하게 할당되고 중심 프로젝트가 정해지는 것을 돕기 위한 프로젝트 관리 기구가 필요하다.

32 **다음 중 기술능력이 뛰어난 사람의 특징에 대한 설명으로 옳지 않은 것은?**

① 인식된 문제를 위한 다양한 해결책을 개발하고 평가한다.
② 지식이나 기타 자원을 선택하고 최적화시키며 적용한다.
③ 불가능한 부분의 해결을 필요로 하는 문제를 인식한다.
④ 주어진 한계 속에서 제한된 자원을 사용한다.
⑤ 여러 상황 속에서 기술의 체계와 도구를 사용하고 습득한다.

※ K유치원에서는 유아 교육자료 제작을 위해 코팅기를 구입하였다. 다음 설명서를 참고하여 이어지는 질문에 답하시오. [33~34]

■ **사용방법**

1) 앞면에 있는 스위치를 'ON'으로 돌리면 파란불이 들어오며 예열을 시작합니다.
2) 3~5분 정도의 예열이 끝나면 예열표시등이 빨간불로 바뀌고 코팅을 할 수 있습니다.
3) 코팅할 서류를 코팅지에 넣어주시고, 봉합된 변까지 밀어 넣습니다.
   - 각 변에 최소 3~5mm 여유 공간을 남겨 주세요.
   - 두께가 100micron 이하이거나 160micron 이상인 코팅지를 사용하지 마세요.
4) 서류를 넣은 코팅지는 봉합된 부분부터 평행으로 코팅 투입구에 넣어 주세요.
5) 코팅지는 코팅기를 통과하며 기기 뒷면 코팅 배출구에서 나옵니다.
   - 임의로 코팅지를 잡아당기면 안 됩니다.
6) 코팅지가 전부 나온 후 기기에서 분리해 주세요.
7) 사용 완료 후 스위치를 'OFF'로 돌려 주세요.
   - 사용 후 1~2시간 정도 열을 식혀 주세요.

■ **코팅지 걸림 발생 시**

1) 코팅지가 기기에 걸렸을 경우 앞면의 스위치를 'OFF'로 돌린 다음 기기 전원을 차단시킵니다.
2) 기기 뒷면에 있는 'REMOVE' 스위치를 화살표 방향으로 밀면서 코팅 서류를 조심스럽게 당겨 뽑아 주세요.

■ **주의사항**

- 기기가 작동 중일 때 표면이 매우 뜨거우므로 손으로 만지지 마십시오.
- 기기를 사용한 후, 기계 플러그를 뽑고 열이 충분히 식은 후에 이동 및 보관을 합니다.
- 기기 위에 무겁거나 날카로운 물건을 두지 마십시오.
- 기기의 내부에 물을 떨어뜨리지 마십시오.
- 기기에 다른 물질을 넣지 마십시오.
- 전문가의 도움 없이 절대 분해하거나 재조립 또는 수리하지 마십시오.
- 기기를 장시간 사용하지 않을 경우 전원 코드를 뽑아 주세요.
- 사용 중 기기가 과열되거나 이상한 냄새가 나거나 종이 걸림이 있을 경우 신속히 전원을 끕니다.

■ **문제해결방법**

상태	원인	해결
코팅 중에 코팅물이 나오지 않을 때	• 필름을 잘라서 사용했을 경우 • 두께를 초과하는 용지로 코팅했을 경우 • 과도하게 용지를 투입했을 경우 • 코팅지가 롤러에 말린 경우	• 전원을 끄고 'REMOVE' 스위치를 화살표 방향으로 밀면서 말린 필름을 제거합니다.
필름을 투입했지만, 필름이 들어가지 않고 멈춰있을 때	• 투입 불량으로 접착액이 다량으로 붙어 있는 경우	• 전원을 끄고 냉각시킨 다음 다시 시도해봅니다.
전원 지시등이 켜지지 않을 때	• 기기 전원 스위치가 접속되어 있지 않은 경우	• 전원코드 및 기기 스위치가 'ON'으로 되어 있는지 확인합니다.

33 **A교사는 연구수업에 쓰일 교육자료 제작을 위해 코팅기를 사용하였다. 다음 중 A교사의 행동으로 가장 적절한 것은?**

① 코팅기기 앞면의 스위치를 'ON'으로 놓자마자 코팅지를 투입하였다.
② 120micron 코팅지에 코팅할 서류를 넣었다.
③ 코팅지를 평행으로 놓고, 봉합된 부분의 반대 방향부터 투입구에 넣었다.
④ 코팅기를 통과하면서 나오는 코팅지를 뒷면에서 잡아당겼다.
⑤ 사용 완료 후 기기 전원을 끄고 바로 보관함 상자에 넣었다.

PART 2

34 **B원장은 기기 관리를 위해 교사들에게 코팅기 사용 시 주의사항에 대해 안내하고자 한다. 다음 중 코팅기 사용 시 주의해야 할 사항으로 적절하지 않은 것은?**

① 사용 중 기기에 코팅지가 걸릴 경우 기기 앞면에서 코팅 서류를 조심스럽게 꺼냅니다.
② 기기 위에 무거운 물건이나 날카로운 물건을 올리지 마세요.
③ 기기 사용 중에는 표면이 많이 뜨거우므로 아이들의 손이 닿지 않도록 주의하세요.
④ 사용 중 이상한 냄새가 날 경우 신속히 전원을 끄도록 합니다.
⑤ 사용 후에는 스위치를 'OFF'로 돌려놓고, 퇴근 시에는 전원코드를 뽑아 주세요.

※ K씨는 이번 달 내로 모든 사무실의 복합기를 ★★복합기로 교체하라는 지시를 받았다. 모든 사무실의 복합기를 교체하였지만, 추후 문제가 생길 것을 대비해 신형 복합기의 문제 해결법을 인트라넷에 게시하였다. 이어지는 질문에 답하시오. **[35~36]**

〈문제 해결법〉

Q. 복합기가 비정상적으로 종료됩니다.

A. 제품의 전원 어댑터가 전원 콘센트에 정상적으로 연결되었는지 확인하십시오.

Q. 제품에서 예기치 못한 소음이 발생합니다.

A. 복합기의 자동 서비스 기능으로 프린트 헤드의 수명을 관리할 때에 제품에서 예기치 못한 소음이 발생할 수 있습니다.

▲ 참고

- 프린트 헤드의 손상을 방지하려면, 복합기에서 인쇄하는 동안에는 복합기를 끄지 마십시오.
- 복합기의 전원을 끌 때에는 반드시 전원 버튼을 사용하고, 복합기가 정지할 때까지 기다린 후 전원을 끄십시오.
- 잉크 카트리지를 모두 바르게 장착했는지 확인합니다.
- 잉크 카트리지가 하나라도 없을 경우, 복합기는 프린트 헤드를 보호하기 위해 자동으로 서비스 기능을 수행할 수 있습니다.

Q. 복합기가 응답하지 않습니다(인쇄되지 않음).

A. 1. 인쇄 대기열에 걸려 있는 인쇄 작업이 있는지 확인하십시오.
- 인쇄 대기열을 열어 모든 문서 작업을 취소한 다음 PC를 재부팅합니다.
- PC를 재부팅한 후 인쇄를 다시 시작합니다.

2. ★★소프트웨어 설치를 확인하십시오.
- 인쇄 도중 복합기가 꺼지면 PC 화면에 경고 메시지가 나타납니다.
- 메시지가 나타나지 않을 경우 ★★소프트웨어가 제대로 설치되지 않았을 수 있습니다.
- ★★소프트웨어를 완전히 제거한 다음 다시 설치합니다. 자세한 내용은 [프린터 소프트웨어 삭제하기]를 참고하십시오.

3. 케이블 및 연결 상태를 확인하십시오.
- USB 케이블이 복합기와 PC에 제대로 연결되었는지 확인합니다.
- 복합기가 무선 네트워크에 연결되어 있을 경우 복합기와 PC의 네트워크 연결 상태를 확인합니다.
- PC에 개인 방화벽 소프트웨어가 설치되어 있는지 확인합니다.
  - 개인 방화벽 소프트웨어는 외부 침입으로부터 PC를 보호하는 보안 프로그램입니다.
  - 방화벽으로 인해 PC와 복합기의 통신이 차단될 수 있습니다.
  - 복합기와 통신이 문제가 될 경우에는 방화벽을 일시적으로 해제하십시오. 해제 후에도 문제가 발생하면 방화벽에 의한 문제가 아니므로 방화벽을 다시 실행하십시오.

Q. 인쇄 속도가 느립니다.

A. 1. 인쇄 품질 설정을 확인하십시오.
- 인쇄 품질(해상도)이 최상 및 최대 DPI로 설정되었을 경우 인쇄 품질이 향상되나 인쇄 속도가 느려질 수 있습니다.

2. 잉크 카트리지의 잉크 잔량을 확인하십시오.
- 잉크 카트리지에 남아 있는 예상 잉크량을 확인합니다.
- 잉크 카트리지가 소모된 상태에서 인쇄를 할 경우 인쇄 속도가 느려질 수 있습니다.
- 위와 같은 방법으로 해결되지 않을 경우 복합기에 문제가 있을 수 있으므로, ★★서비스 센터에 서비스를 요청하십시오.

35 **A사원은 ★★복합기에서 소음이 발생하자 문제 해결법을 통해 복합기의 자동 서비스 기능으로 프린트 헤드의 수명을 관리할 때 소음이 발생할 수 있다는 것을 알았다. 다음 중 A사원이 숙지할 수 있는 참고 사항으로 옳지 않은 것은?**

① 잉크 카트리지를 모두 바르게 장착했는지 확인한다.

② 프린트 헤드 정렬 및 청소를 불필요하게 실시하면 많은 양의 잉크가 소모된다.

③ 프린트 헤드의 손상을 방지하려면, 복합기에서 인쇄하는 동안에는 복합기를 끄지 않는다.

④ 복합기의 전원을 끌 때에는 반드시 전원 버튼을 사용하고, 복합기가 정지할 때까지 기다린 후 전원을 끈다.

⑤ 잉크 카트리지가 하나라도 없을 경우, 복합기는 프린트 헤드를 보호하기 위해 자동으로 서비스 기능을 수행하게 된다.

36 **팀장에게 보고서를 제출하기 위해 인쇄를 하려던 Z사원은 보고서가 인쇄되지 않는다는 것을 알았다. 다음 중 Z사원이 복합기 문제를 해결할 수 있는 방안으로 옳지 않은 것은?**

① 인쇄 작업이 대기 중인 문서가 있는지 확인한다.

② 복합기 소프트웨어를 완전히 제거한 다음 다시 설치한다.

③ USB 케이블이 복합기와 PC에 제대로 연결되었는지 확인한다.

④ 잉크 카트리지에 남아 있는 예상 잉크량을 확인한다.

⑤ 대기 문서를 취소한 후 PC를 재부팅한다.

※ 다음은 사내 전화기 사용방법을 알려주기 위한 매뉴얼이다. 이어지는 질문에 답하시오. **[37~38]**

〈사내 전화기 사용방법〉

■ **전화걸기**
- 수화기를 들고 전화번호를 입력한 후 2초간 기다리거나 [#] 버튼을 누른다.
- 이전 통화자와 다시 통화하기를 원하면 수화기를 들고 [재다이얼] 버튼을 누른다.
- 통화 중인 상태에서 다른 곳으로 전화를 걸기 원하면 [메뉴 / 보류] 버튼을 누른 뒤 새로운 번호를 입력한 후 2초간 기다리거나 [#] 버튼을 누른다. 다시 이전 통화자와 연결을 원하면 [메뉴 / 보류] 버튼을 누른다.

■ **전화받기**
- 벨이 울릴 때 수화기를 들어 올린다.
- 통화 중에 다른 전화를 받기를 원하면 [메뉴 / 보류] 버튼을 누른다. 다시 이전 통화자와 연결을 원하면 [메뉴 / 보류] 버튼을 누른다.

■ **통화내역 확인**
- [통화내역] 버튼을 누르면 LCD 창에 '발신', '수신', '부재중' 3가지 메뉴가 뜨며, [볼륨조절] 버튼으로 원하는 메뉴에 위치한 후 [통화내역] 버튼을 눌러 내용을 확인한다.

■ **당겨받기**
- 다른 전화가 울릴 때 자신의 전화로 받을 수 있는 기능이며, 동일 그룹 안에 있는 경우만 가능하다.
- 수화기를 들고 [당겨받기] 버튼을 누른다.

■ **돌려주기**
- 걸려 온 전화를 다른 전화기로 돌려주는 기능이다.
- 통화 중일 때 [돌려주기] 버튼을 누른 뒤 돌려줄 번호를 입력하고 [#] 버튼을 누르면 새 통화가 연결되며, 그 후에 수화기를 내려놓는다.
- 즉시 돌려주기를 할 경우에는 위 통화 중일 때 [돌려주기] 버튼을 누른 후 돌려줄 번호를 입력하고 수화기를 내려놓는다.

■ **3자통화**
- 동시에 3인과 통화할 수 있는 기능이다.
- 통화 중일 때 [메뉴 / 보류] 버튼을 누르고 통화할 번호를 입력한 후, [#] 버튼을 눌러 새 통화가 연결되면 [3자통화] 버튼을 누른다.
- 통화 중일 때 다른 전화가 걸려 왔다면, [메뉴 / 보류] 버튼을 누른 후 새 통화가 연결되면 [3자통화] 버튼을 누른다.

■ **수신전환**
- 전화가 오면 다른 전화기로 받을 수 있도록 하는 기능으로, 무조건 · 통화중 · 무응답 세 가지 방법으로 설정할 수 있다.
- 전화기 내 [수신전환] 버튼을 누른 뒤 [볼륨조절] 버튼으로 전환방법을 선택한 후 [통화내역] 버튼을 누르고, 다른 전화기 번호를 입력한 후 다시 [통화내역] 버튼을 누른다.
- 해제할 경우에는 [수신전환] 버튼을 누르고 [볼륨조절] 버튼으로 '사용 안 함' 메뉴에 위치한 후 [통화내역] 버튼을 누른다.

37 오늘 첫 출근한 A사원에게 B대리는 별다른 설명 없이 사내 전화기 사용 매뉴얼을 건네주었다. 마침 매뉴얼을 한 번 다 읽어본 후, 옆 테이블에 있는 전화기가 울렸다. 그러나 주변에는 아무도 없었다. 이때, 전화기의 어떤 기능을 사용해야 하는가?

① 전화걸기
② 3자통화
③ 돌려주기
④ 당겨받기
⑤ 수신전환

38 A사원이 근무한 지 벌써 두 달이 지나 새로운 인턴사원이 입사하게 되었다. A사원은 새로운 인턴에게 사내 전화기 사용 매뉴얼을 전달하고자 한다. 그러나 글로만 되어 있던 매뉴얼이 불편했던 생각이 들어 더욱 쉽게 이해할 수 있도록 그림을 추가하고자 한다. 다음 중 전화걸기 항목에 들어갈 그림으로 옳은 것은?

①
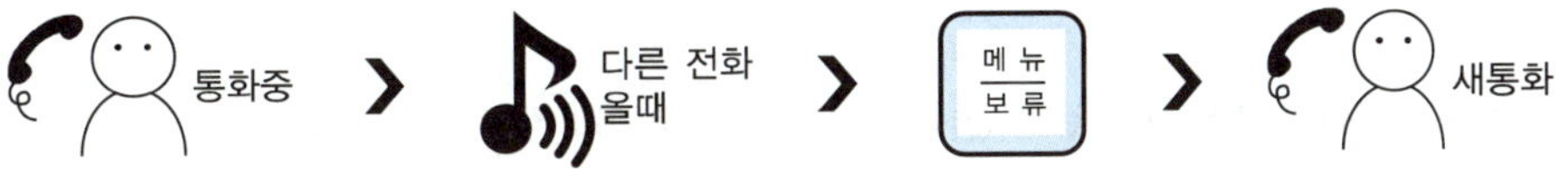

②

③

④
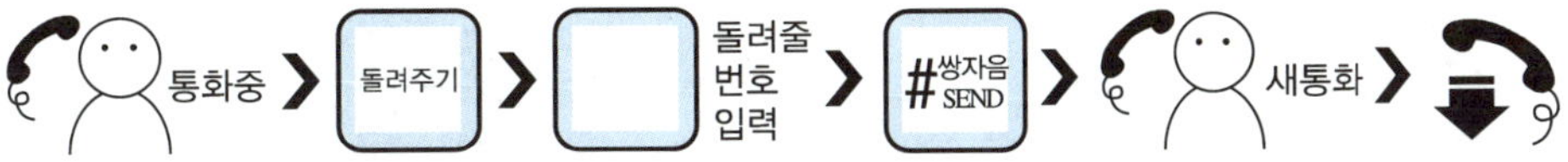

⑤

※ 다음 자료를 참고하여 이어지는 질문에 답하시오. [39~40]

스위치	기능
○	1번과 2번 기계를 시계 방향으로 90° 회전함
●	1번과 4번 기계를 시계 방향으로 90° 회전함
□	2번과 3번 기계를 시계 방향으로 90° 회전함
■	1번과 3번 기계를 시계 반대 방향으로 90° 회전함
◐	2번과 4번 기계를 시계 반대 방향으로 90° 회전함
◑	3번과 4번 기계를 시계 반대 방향으로 90° 회전함

39 처음 상태에서 스위치를 두 번 눌렀더니 화살표 모양과 같은 상태로 바뀌었다. 어떤 스위치를 눌렀는가?

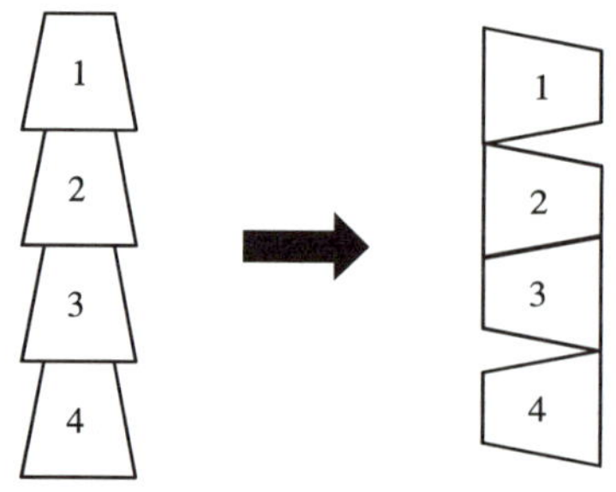

① ●◑
② ●□
③ ○◑
④ ■●
⑤ ◑◐

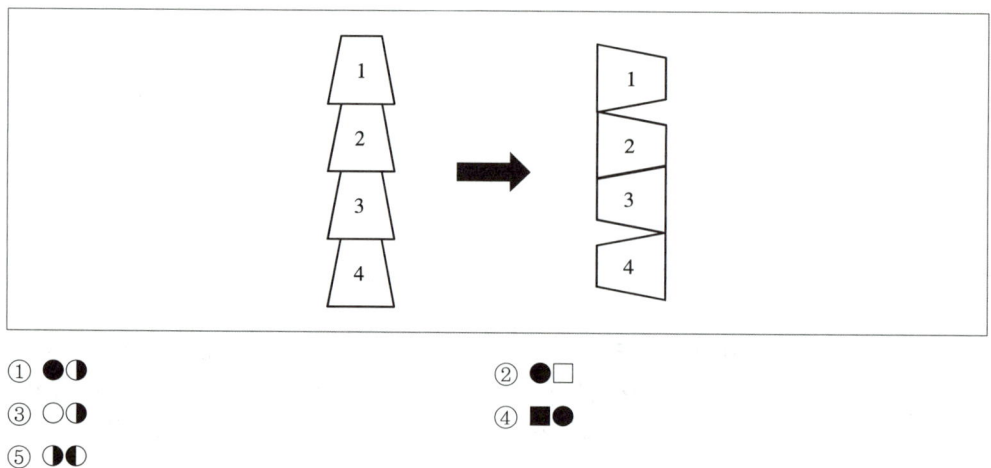

40 처음 상태에서 스위치를 두 번 눌렀더니 화살표 모양과 같은 상태로 바뀌었다. 어떤 스위치를 눌렀는가?

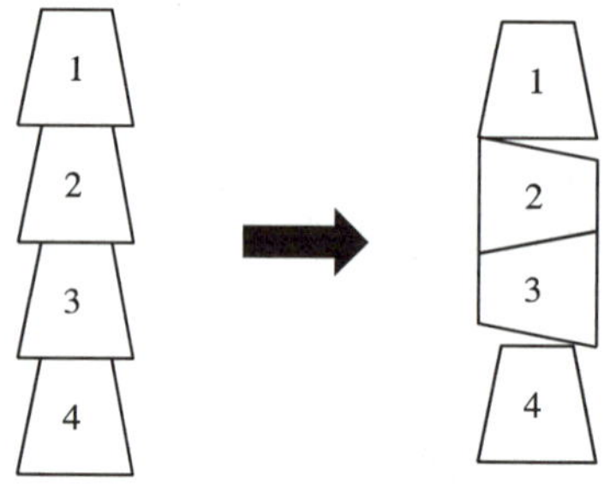

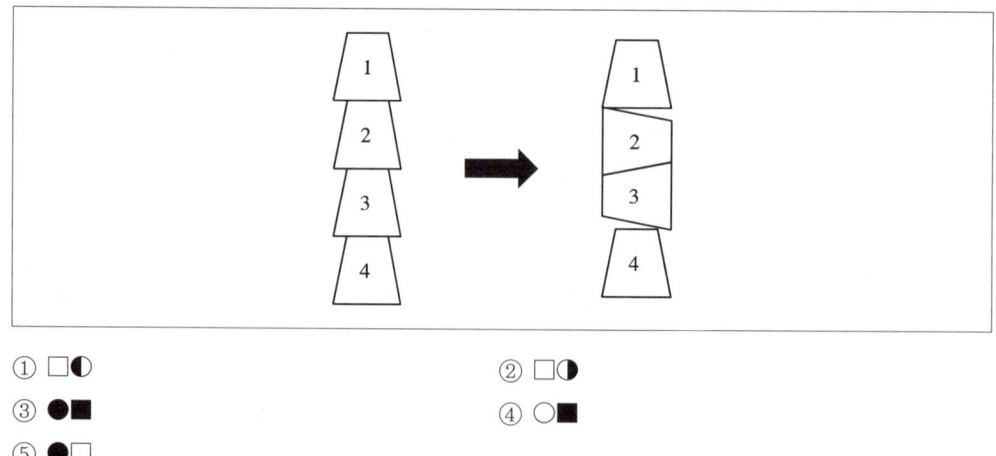

① □◐
② □◑
③ ●■
④ ○■
⑤ ●□

41 **경영참가제도는 자본참가, 성과참가, 의사결정참가 유형으로 구분된다. 다음 중 '자본참가' 유형의 사례로 가장 적절한 것은?**

① 임직원들에게 저렴한 가격으로 일정 수량의 주식을 매입할 수 있게 권리를 부여한다.
② 위원회제도를 활용하여 근로자의 경영참여와 개선된 생산의 판매가치를 기초로 성과를 배분한다.
③ 부가가치의 증대를 목표로 하여 이를 노사협력체제를 통해 달성하고, 이에 따라 증가된 생산성 향상분을 노사 간에 배분한다.
④ 천재지변의 대응, 생산성 하락, 경영성과 전달 등과 같이 단체교섭에서 결정되지 않은 사항에 대하여 노사가 서로 협력할 수 있도록 한다.
⑤ 노동자 또는 노동조합의 대표가 기업의 최고결정기관에 직접 참가해서 기업경영의 여러 문제를 노사 공동으로 결정한다.

42 **다음 사례를 통해 K전자가 TV 시장에서 경쟁력을 잃게 된 주요 원인으로 가장 적절한 것은?**

> 평판 TV 시장에서 PDP TV가 주력이 되리라 판단한 K전자는 2007년에 세계 최대 규모의 PDP 생산설비를 건설하기 위해 3조 원 수준의 막대한 투자를 결정하였다. 당시 L전자와 S전자는 LCD와 PDP 사업을 동시에 수행하면서도 성장성이 높은 LCD TV로 전략을 수정하는 상황이었지만 K전자는 익숙한 PDP 사업에 더욱 몰입한 것이다. 하지만 주요 기업들의 투자가 LCD에 집중되면서, 새로운 PDP 공장이 본격 가동될 시점에 PDP의 경쟁력은 이미 LCD에 뒤처지게 됐다.
> 결국, 활용가치가 현저하게 떨어진 PDP 생산설비는 조기에 상각함을 고민할 정도의 골칫거리로 전락했다. K전자는 2011년에만 11조 원의 적자를 기록했으며, 2012년에도 10조 원 수준의 적자가 발생되었다. 연이은 적자는 K전자의 신용등급을 투기 등급으로 급락시켰고, K전자의 CEO는 '디지털 가전에서 패배자가 되었음'을 인정하며 고개를 숙였다. TV를 포함한 가전제품 사업에서 K전자가 경쟁력을 회복하기 어려워졌음은 말할 것도 없다.

① 사업 환경의 변화 속도가 너무나 빨라졌고, 변화의 속성도 예측이 어려워져 따라가지 못하였다.
② 차별성을 지닌 새로운 제품을 기획하고 개발하는 것에 대한 성공 가능성이 낮아져 주저했다.
③ 기존 사업영역에 대한 강한 애착으로 신사업이나 신제품에 대해 낮은 몰입도를 보였다.
④ 실패가 두려워 새로운 도전보다 안정적이며 실패 확률이 낮은 제품을 위주로 미래를 준비하였다.
⑤ 외부 환경이 어려워짐에 따라 잠재적 실패를 감내할 수 있는 자금을 확보하지 못하였다.

43 다음과 같은 K기업의 상황을 고려할 때, 경영활동과 활동의 사례가 바르게 짝지어지지 않은 것은?

〈상황〉

- K기업은 국내 자동차 제조업체이다.
- K기업은 최근 인도네시아의 자동차 판매업체와 계약을 하여, 내년부터 인도네시아로 차량을 수출할 계획이다.
- K기업은 중국의 자동차 부품 제조업체와 협력하고 있는데, 최근 중국 내 전염병 확산으로 현지 업체들의 가동률이 급락하였다.
- K기업은 최근 내부 설문조사를 실시한 결과, 사내 유연근무제 도입을 희망하는 직원의 비율은 72%, 희망하지 않는 직원의 비율이 20%, 무응답이 8%였다.
- K기업의 1분기 생산라인 피드백 결과, 엔진 조립 공정에서 진행속도를 20% 개선할 경우, 생산성이 12% 증가하는 것으로 나타났다.

	경영활동	사례
①	외부경영활동	인도네시아 시장의 자동차 구매성향 파악
②	내부경영활동	국내 자동차 부품 제조업체와의 협력안 검토
③	내부경영활동	인도네시아 현지 자동차 법규 및 제도 조사
④	내부경영활동	엔진 조립 공정 개선을 위한 공정 기술 연구개발
⑤	내부경영활동	생산라인에 부분적 탄력근무제 도입

44 K공사는 경영진과 직원의 자유로운 소통, 부서 간 화합 등을 통해 참여와 열린 소통의 조직 문화를 조성하고자 노력한다. 이러한 조직 문화는 조직의 방향을 결정하고 조직을 존속하게 하는 데 중요한 요인 중의 하나이다. 다음 중 조직 문화에 대한 설명으로 적절하지 않은 것은?

① 조직 구성원들에게 일체감과 정체성을 부여하고, 결속력을 강화시킨다.

② 조직 구성원들의 조직몰입을 높여준다.

③ 조직 구성원의 사고방식과 행동양식을 규정한다.

④ 조직 구성원들의 생활양식이나 가치를 의미한다.

⑤ 대부분의 조직들은 서로 비슷한 조직 문화를 만들기 위해 노력한다.

45 다음 〈보기〉 중 비영리조직에 해당하는 것을 모두 고르면?

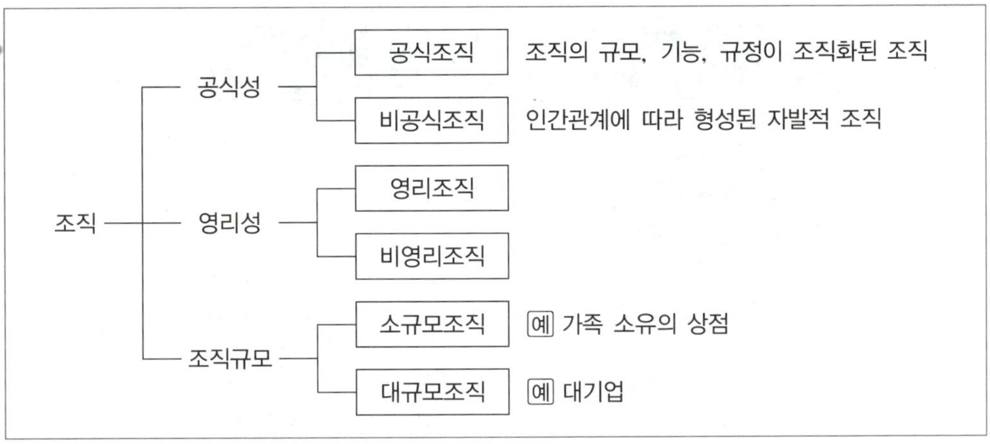

보기

ㄱ. 사기업
ㄴ. 자원봉사단체
ㄷ. 병원
ㄹ. 대학
ㅁ. 시민단체

① ㄱ, ㄷ
② ㄴ, ㅁ
③ ㄱ, ㄷ, ㄹ
④ ㄴ, ㄹ, ㅁ
⑤ ㄴ, ㄷ, ㄹ, ㅁ

46 다음 중 일반적인 조직에서 인사부의 업무로 옳은 것은?

① 주주총회 및 이사회 개최 관련 업무
② 중장기 사업계획의 종합 및 조정업무
③ 재무상태 및 경영실적 보고
④ 조직기구의 개편 및 조정업무
⑤ 판매원가 및 판매가격의 조사 검토

47 다음은 K회사의 직무전결표의 일부분이다. 이에 따라 문서를 처리하였을 경우 옳지 않은 것은?

직무 내용	대표이사	위임 전결권자		
		전무	이사	부서장
정기 월례 보고				○
각 부서장급 인수인계		○		
3천만 원 초과 예산 집행	○			
3천만 원 이하 예산 집행		○		
각종 위원회 위원 위촉	○			
해외 출장			○	

① 인사부장의 인수인계에 대하여 전무에게 결재받은 후 시행하였다.
② 인사징계위원회 위원을 위촉하기 위하여 대표이사 부재중에 전무가 전결하였다.
③ 영업팀장의 해외 출장을 위하여 이사에게 결재를 받았다.
④ 3천만 원에 해당하는 물품 구매를 위하여 전무 전결로 처리하였다.
⑤ 정기 월례 보고서를 작성한 후 부서장의 결재를 받았다.

48 김부장과 박대리는 K공사의 고객지원실에서 근무하고 있다. 다음 상황에서 김부장이 박대리에게 지시할 사항으로 가장 적절한 것은?

• 부서별 업무분장
  – 인사혁신실 : 신규 채용, 부서 · 직무별 교육계획 수립/시행, 인사고과 등
  – 기획조정실 : 조직 문화 개선, 예산사용계획 수립 및 시행, 대외협력, 법률지원 등
  – 총무지원실 : 사무실, 사무기기, 차량 등 업무지원 등

〈상황〉

박대리 : 부서에서 사용하는 A4 용지와 볼펜이 부족해서 비품을 신청해야 할 것 같습니다. 그리고 지난번에 말씀하셨던 고객 상담 관련 사내 교육 일정이 이번에 확정되었다고 합니다. 부서원들에게 관련 사항을 전달하려면 교육 일정 확인이 필요할 것 같습니다.

① 박대리, 기획조정실에 가서 교육 일정 확인하고, 인사혁신실에 가서 비품 신청하고 오도록 해요.
② 박대리, 총무지원실에 가서 교육 일정 확인하고, 간 김에 비품 신청도 하고 오세요.
③ 박대리, 인사혁신실에 전화해서 비품 신청하고, 전화한 김에 교육 일정도 확인해서 나한테 알려 줘요.
④ 박대리, 총무지원실에 전화해서 비품 신청하고, 기획조정실에서 교육 일정 확인해서 나한테 알려 줘요.
⑤ 박대리, 총무지원실에 전화해서 비품 신청하고, 인사혁신실에서 교육 일정 확인해서 나한테 알려 줘요.

※ 다음은 K회사의 회의록이다. 이어지는 질문에 답하시오. **[49~50]**

〈회의록〉

회의일시	2025년 2월 19일	부서	생산팀, 연구팀, 마케팅팀	작성자	이○○
참석자	생산팀 팀장・차장, 연구팀 팀장・차장, 마케팅팀 팀장・차장				
회의안건	제품에서 악취가 난다는 고객 불만에 따른 원인 조사 및 대책방안				
회의내용	주문폭주로 인한 물량증가로 잉크가 덜 마른 포장상자를 사용해 냄새가 제품에 스며든 것으로 추측				
결정사항	[생산팀] 내부 비닐 포장, 외부 종이상자 포장이었던 기존방식에서 내부 2중 비닐 포장, 외부 종이상자 포장으로 교체 [마케팅팀] 1. 주문량이 급격히 증가했던 일주일 동안 생산된 제품 전격 회수 2. 제품을 공급한 매장에 사과문 발송 및 100% 환불・보상 공지 [연구팀] 포장 재질 및 인쇄된 잉크의 유해성분 조사				

49 **다음 중 회의록을 통해 알 수 있는 내용으로 가장 적절한 것은?**

① 이 조직은 6명으로 이루어져 있다.

② 회의 참석자는 총 3명이다.

③ 연구팀에서 제품을 전격 회수해 포장 재질 및 인쇄된 잉크의 유해성분을 조사하기로 했다.

④ 주문량이 많아 잉크가 덜 마른 포장상자를 사용한 것이 문제 발생의 원인으로 추측된다.

⑤ 포장 재질 및 인쇄된 잉크 유해성분을 조사한 결과 인체에는 무해한 것으로 밝혀졌다.

50 **회의록을 참고할 때, 회의 후 가장 먼저 해야 할 일로 가장 적절한 것은?**

① 해당 브랜드의 전 제품 회수

② 포장 재질 및 인쇄된 잉크 유해성분 조사

③ 새로 도입하는 포장방식 홍보

④ 주문량이 급격히 증가한 일주일 동안 생산된 제품 파악

⑤ 제품을 공급한 매장에 사과문 발송

제2회
최종점검 모의고사

※ 한국가스기술공사 최종점검 모의고사는 최신 채용 공고와 후기를 기준으로 구성한 것으로, 실제 시험과 다를 수 있습니다.

■ 취약영역 분석

번호	O/×	영역	번호	O/×	영역	번호	O/×	영역
01		문제해결능력	21		자원관리능력	41		조직이해능력
02			22			42		
03			23			43		
04			24			44		
05			25			45		
06			26			46		
07			27			47		
08			28			48		
09			29			49		
10			30			50		
11		수리능력	31		기술능력			
12			32					
13			33					
14			34					
15			35					
16			36					
17			37					
18			38					
19			39					
20			40					

평가문항	50문항	평가시간	60분
시작시간	:	종료시간	:
취약 영역			

제2회

최종점검 모의고사

모바일 OMR

응시시간 : 60분　　문항 수 : 50문항

정답 및 해설 p.061

01 콩쥐, 팥쥐, 향단, 춘향 네 사람은 함께 마을 잔치에 참석하기로 했다. 족두리, 치마, 고무신을 빨간색, 파란색, 노란색, 검은색 색깔별로 총 12개의 물품을 공동으로 구입하여, 〈조건〉에 따라 각자 다른 색의 족두리, 치마, 고무신을 하나씩 빠짐없이 착용하기로 했다. 다음 중 항상 참인 것은? (예를 들어 어떤 사람이 빨간색 족두리, 파란색 치마를 착용한다면, 고무신은 노란색 또는 검은색으로 착용해야 한다)

조건

- 선호하는 것을 착용하고, 싫어하는 것은 착용하지 않는다.
- 콩쥐는 빨간색 치마를 선호하고, 파란색 고무신을 싫어한다.
- 팥쥐는 노란색을 싫어하고, 검은색 고무신을 선호한다.
- 향단이는 검은색 치마를 싫어한다.
- 춘향이는 빨간색을 싫어한다.

① 콩쥐는 검은색 족두리를 착용한다.
② 팥쥐는 노란색 족두리를 착용한다.
③ 향단이는 파란색 고무신을 착용한다.
④ 춘향이는 검은색 치마를 착용한다.
⑤ 빨간색 고무신을 착용하는 사람은 파란색 족두리를 착용한다.

02 각각 다른 심폐기능 등급을 받은 A～E 5명 중 등급이 가장 낮은 2명의 환자에게 건강관리 안내문을 발송하려 한다. 심폐기능 측정결과가 다음과 같을 때, 발송 대상자로 바르게 짝지어진 것은?

〈심폐기능 측정결과〉

- E보다 심폐기능이 좋은 환자는 2명 이상이다.
- E는 C보다 한 등급 높다.
- B는 D보다 한 등급 높다.
- A보다 심폐기능이 나쁜 환자는 2명이다.

① B, C　　② B, D
③ B, E　　④ C, D
⑤ C, E

※ K아파트의 자전거 보관소에서는 입주민들의 자전거를 편리하게 관리하기 위해 다음과 같은 기준으로 자전거에 일련번호를 부여한다. 이어지는 질문에 답하시오. **[3~4]**

〈일련번호 부여 기준〉

- 일련번호 순서 : [종류] – [무게] – [동] – [호수] – [등록순서]
- 자전거 종류 구분

일반 자전거			전기 자전거
성인용	아동용	산악용	
A	K	T	B

- 자전거 무게 구분

20kg 이상	10kg 초과 20kg 미만	10kg 이하
L	M	S

- 동 구분 : 101동부터 110동까지의 끝자리를 한 자리 숫자로 기재(예 101동 – 1)
- 호수 : 네 자리 숫자로 기재(예 101호 – 0101, 1101호 – 1101)
- 등록순서 : 동일 세대주당 자전거 등록순서를 한 자리 숫자로 기재

03 다음 중 자전거의 일련번호가 바르게 표기된 것은?

① MT11092
② AM20122
③ AB101211
④ KS901012
⑤ BL8200201

04 다음 중 일련번호가 'TM412052'인 자전거에 대한 설명으로 옳은 것은?

① 전기 모터를 이용해 주행할 수 있다.
② 자전거의 무게는 10kg 이하이다.
③ 204동 1205호에 거주하는 입주민의 자전거이다.
④ 자전거를 2대 이상 등록한 입주민의 자전거이다.
⑤ 해당 자전거의 소유자는 더 이상 자전거를 등록할 수 없다.

※ K공사는 다음과 같은 기준으로 사원번호를 부여한다. 이어지는 질문에 답하시오. **[5~6]**

〈사원번호 부여 기준〉

- 사원번호 순서 : [성별] – [부서] – [입사연도] – [입사월] – [입사순서]
- 성별

남성	여성
M	W

- 부서

총무부	인사부	기획부	영업부	생산부
01	02	03	04	05

- 입사연도 : 연도별 끝자리를 두 자리 숫자로 기재(예 2025년 – 25)
- 입사월 : 두 자리 숫자로 기재(예 5월 – 05)
- 입사순서 : 해당 월의 누적 입사순서를 두 자리 숫자로 기재(예 3번째 입사자 – 03)

※ K공사에 같은 날 입사자는 없음

05 다음 중 사원번호가 'W05240401'인 사원에 대한 설명으로 옳지 않은 것은?

① 생산부서 최초의 여직원이다.
② 2024년에 입사하였다.
③ 4월에 입사한 여성이다.
④ 'M03180511'인 사원보다 입사일이 빠르다.
⑤ 생산부로 입사하였다.

06 다음 K공사의 2024년 하반기 신입사원 명단을 참고할 때, 기획부에 입사한 여성은 모두 몇 명인가?

M01240903	W03241005	M05240912	W05240913	W01241001	W04241009
W02240901	M04241101	W01240905	W03240909	M02241002	W03241007
M03240907	M01240904	W02240902	M04241008	M05241107	M01241103
M03240908	M05240910	M02241003	M01240906	M05241106	M02241004
M04241101	M05240911	W03241006	W05241105	W03241104	M05241108

① 2명
② 3명
③ 4명
④ 5명
⑤ 6명

07 다음은 K기업의 레저용 차량 생산에 대한 SWOT 분석 결과이다. 이를 바탕으로 경영 전략을 세웠을 때, 〈보기〉에서 적절한 것을 모두 고르면?

〈K기업의 SWOT 분석 결과〉

강점(Strength)	약점(Weakness)
• 높은 브랜드 이미지 · 평판 • 훌륭한 서비스와 판매 후 보증수리 • 확실한 거래망, 딜러와의 우호적인 관계 • 막대한 R&D 역량 • 자동화된 공장 • 대부분의 차량 부품 자체 생산	• 한 가지 차종에만 집중 • 고도의 기술력에 대한 과도한 집중 • 생산설비에 막대한 투자 → 차량모델 변경의 어려움 • 한 곳의 생산 공장만 보유 • 전통적인 가족형 기업 운영
기회(Opportunity)	**위협(Threat)**
• 소형 레저용 차량에 대한 수요 증대 • 새로운 해외시장의 출현 • 저가형 레저용 차량에 대한 선호 급증	• 휘발유의 부족 및 가격의 급등 • 레저용 차량 전반에 대한 수요 침체 • 다른 회사들과의 경쟁 심화 • 차량 안전 기준의 강화

보기

ㄱ. ST전략 – 기술개발을 통하여 연비를 개선한다.
ㄴ. SO전략 – 대형 레저용 차량을 생산한다.
ㄷ. WO전략 – 규제강화에 대비하여 보다 안전한 레저용 차량을 생산한다.
ㄹ. WT전략 – 생산량 감축을 고려한다.
ㅁ. WO전략 – 국내 다른 지역이나 해외에 공장들을 분산 설립한다.
ㅂ. ST전략 – 경유용 레저 차량 생산을 고려한다.
ㅅ. SO전략 – 해외 시장 진출보다는 내수 확대에 집중한다.

① ㄱ, ㄴ, ㅁ, ㅂ
② ㄱ, ㄹ, ㅁ, ㅂ
③ ㄴ, ㄹ, ㅁ, ㅂ
④ ㄴ, ㄹ, ㅂ, ㅅ
⑤ ㄷ, ㄹ, ㅁ, ㅅ

※ 다음은 S카페의 메뉴별 성분 자료와 甲이 요일별로 마실 음료를 선택하는 기준이다. 이어지는 질문에 답하시오. **[8~9]**

〈메뉴별 성분〉

구분	우유	시럽	기타	구분	우유	시럽	기타
아메리카노	×	×	–	카페모카	○	초콜릿	크림
카페라테	○	×	–	시나몬모카	○	초콜릿	시나몬
바닐라라테	○	바닐라	–	비엔나커피	×	×	크림
메이플라테	○	메이플	–	홍차라테	○	×	홍차

※ ○(함유), ×(미함유)

〈甲의 음료 선택 기준〉

- 월요일과 화요일에는 크림이 들어간 음료를 마신다.
- 화요일과 목요일에는 우유가 들어간 음료를 마시지 않는다.
- 수요일에는 바닐라 시럽이 들어간 음료를 마신다.
- 금요일에는 홍차라테를 마신다.
- 주말에는 시럽이 들어가지 않고, 우유가 들어간 음료를 마신다.
- 비엔나커피는 일주일에 2번 이상 마시지 않는다.
- 바로 전날 마신 음료와 동일한 음료는 마시지 않는다.

08 甲이 오늘 아메리카노를 마셨다면, 오늘은 무슨 요일인가?

① 화요일 ② 수요일
③ 목요일 ④ 금요일
⑤ 토요일

09 甲이 금요일에 홍차라테가 아닌 카페라테를 마신다면, 토요일과 일요일에 마실 음료를 바르게 짝지은 것은?

	토요일	일요일
①	아메리카노	카페라테
②	카페라테	홍차라테
③	카페라테	카페모카
④	홍차라테	카페라테
⑤	홍차라테	카페모카

10 K공사는 워크숍에서 팀을 나눠 배드민턴 게임을 하기로 했다. 배드민턴 복식 경기방식을 따르며, 전략팀 직원 A, B와 총무팀 직원 C, D가 먼저 대결을 한다고 할 때, 다음과 같은 경기상황에 이어질 서브 방향 및 선수 위치로 가능한 것은?

〈배드민턴 복식 경기방식〉

- 점수를 획득한 팀이 서브권을 갖는다. 다만, 서브권이 상대팀으로 넘어가기 전까지는 팀 내에서 같은 선수가 연속해서 서브권을 갖는다.
- 서브하는 팀은 자신의 팀 점수가 0이거나 짝수인 경우는 우측에서, 점수가 홀수인 경우는 좌측에서 서브한다.
- 서브하는 선수로부터 코트의 대각선 위치에 선 선수가 서브를 받는다.
- 서브를 받는 팀은 자신의 팀으로 서브권이 넘어오기 전까지는 팀 내에서 선수끼리 서로 코트 위치를 바꾸지 않는다.

※ 좌측, 우측은 각 팀이 네트를 바라보고 인식하는 좌, 우임

〈경기상황〉

- 전략팀(A・B), 총무팀(C・D) 간 복식 경기 진행
- 3 : 3 동점 상황에서 A가 C에 서브하고 전략팀(A・B)이 1점 득점

점수	서브 방향 및 선수 위치	득점한 팀
3 : 3	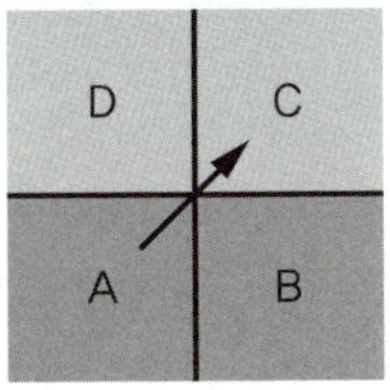	전략팀

①
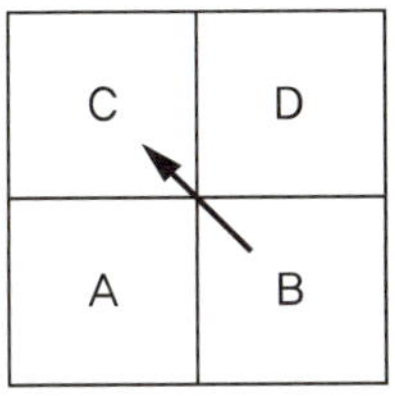

②
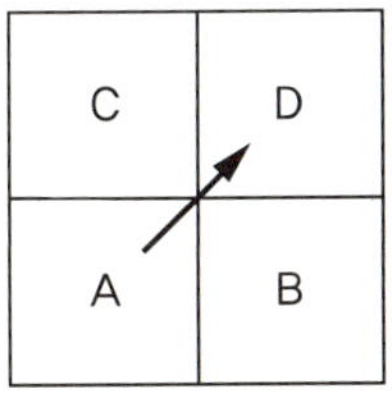

③
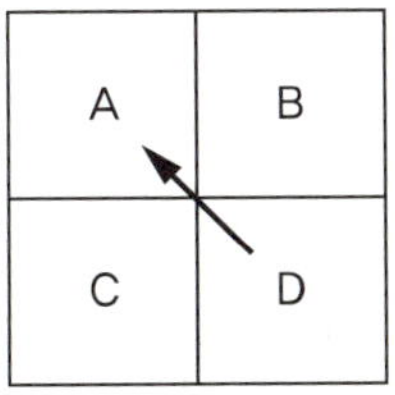

④
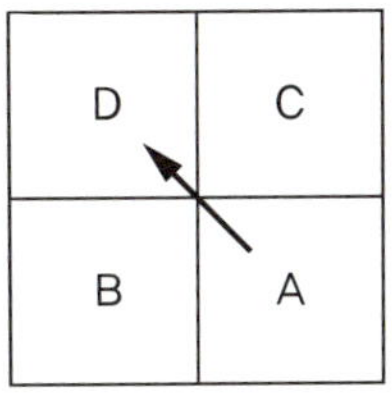

⑤
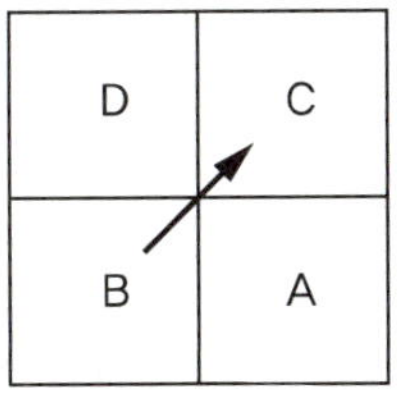

11 농도가 6%인 소금물 700g에서 한 컵의 소금물을 퍼내고, 퍼낸 양만큼 농도가 13%인 소금물을 넣었더니 농도가 9%인 소금물이 되었다. 이때, 퍼낸 소금물의 양은?

① 300g
② 320g
③ 350g
④ 390g
⑤ 450g

12 A기차와 B기차가 36m/s의 일정한 속력으로 달리고 있다. 600m 길이의 터널을 완전히 통과하는 데 A기차가 25초, B기차가 20초 걸렸다면 각 기차의 길이로 알맞게 짝지어진 것은?

	A기차	B기차
①	200m	150m
②	300m	100m
③	150m	120m
④	200m	130m
⑤	300m	120m

13 K여행사에서는 올해에도 크리스마스 행사로 경품 추첨을 진행하려 한다. 작년에는 제주도 숙박권 10명, 여행용 파우치 20명을 추첨하여 경품을 주었으며, 올해는 작년보다 제주도 숙박권은 20%, 여행용 파우치는 10% 더 준비했다. 올해 경품을 받는 인원은 작년보다 몇 명 더 많은가?(단, 경품은 중복 당첨이 불가능하다)

① 1명
② 2명
③ 3명
④ 4명
⑤ 5명

14 일정한 규칙으로 수를 나열할 때, 빈칸에 들어갈 알맞은 수는?

−7	3	2	(　)	−4	−13	27	5	−16

① 2
② 15
③ 25
④ 30
⑤ 35

15 다음은 K나라의 2022 ~ 2024년 보리와 쌀 가격에 대한 자료이다. 매년 K나라 국민은 보리 200g, 쌀 300g을 소비한다고 가정했을 때, 2024년도 물가상승률은?(단, 2022년이 기준 연도이며, 소비자물가지수를 100으로 가정한다)

〈1g당 보리와 쌀 가격〉

(단위 : 원)

구분	보리	쌀
2022년	120	180
2023년	150	220
2024년	180	270

※ $[\text{물가상승률}(\%)]=\frac{(\text{해당 연도 소비자물가지수})-(\text{기준 연도 소비자물가지수})}{(\text{기준 연도 소비자물가지수})}\times 100$

※ 소비자물가지수는 (기준 연도의 소비자물가):(기준 연도의 소비자물가지수)=(해당 연도의 소비자물가):(해당 연도의 소비자물가지수)로 구함

※ 소비자물가는 연간 국민이 소비한 상품 및 서비스의 총가격임

※ K나라 국민은 오로지 보리와 쌀만 거래하고 이외의 다른 서비스는 존재하지 않는다고 가정함

① 10%
② 30%
③ 50%
④ 100%
⑤ 150%

※ 다음은 1970년 이후 주요 작물 재배면적의 비중에 대한 자료이다. 이어지는 질문에 답하시오. **[16~17]**

〈주요 작물 재배면적의 비중〉

(단위 : %)

구분	식량작물			채소류			과실류		
	전체	미곡	맥류	전체	배추	양파	전체	사과	감귤
1970년	82.9	44.6	30.9	7.8	27.5	1.6	1.8	35.0	10.0
1975년	80.2	48.3	30.2	7.8	15.6	1.7	2.4	41.9	12.2
1980년	71.7	62.2	18.2	13.0	12.7	2.0	3.6	46.5	12.1
1985년	68.7	69.5	14.4	13.0	11.2	2.4	4.2	34.9	14.7
1990년	69.3	74.5	9.6	11.5	13.9	2.5	5.5	36.8	14.3
1995년	61.3	78.5	6.7	14.7	9.9	3.1	7.8	28.7	13.8
2000년	62.7	81.3	5.2	14.1	11.9	4.1	8.1	16.8	15.6
2005년	64.1	79.4	4.9	12.5	11.4	5.2	7.2	17.4	14.2
2010년	63.3	80.9	4.9	12.6	13.0	5.6	7.9	18.4	13.8
2017년	62.6	81.7	4.8	12.0	11.2	6.4	8.0	18.8	13.6
2022년	62.3	81.7	4.9	12.2	12.4	6.8	8.1	19.5	13.6
2023년	60.1	82.0	4.8	11.5	11.8	7.1	8.1	19.7	13.4
2024년	60.0	82.0	3.6	11.3	10.2	9.0	8.6	19.1	13.0

※ 식량작물, 채소류, 과실류 항목의 수치는 전체 경지이용면적 대비 각 작물의 재배면적 비중을 의미함

※ 미곡, 맥류 등 세부품목의 수치는 식량작물, 채소류, 과실류의 재배면적 대비 각 품목의 재배면적 비중을 의미함

16 다음 중 자료에 대한 설명으로 옳은 것은?

① 2023년과 2024년의 미곡 재배면적은 동일하다.

② 1970 ~ 2024년 양파의 재배면적은 꾸준히 증가하고 있다.

③ 1975년 과실류의 재배면적 중 사과의 재배면적이 가장 넓다.

④ 2000년 감귤의 재배면적은 배추의 재배면적보다 넓다.

⑤ 2005년 과실류의 재배면적이 1970년에 비하여 100%p 증가하였다고 가정할 경우, 전체 경지이용면적은 동일한 기간 동안 절반 수준으로 감소한 것으로 추정할 수 있다.

17 1970년에 비해서 2005년 비중이 가장 크게 감소한 작물의 감소치는 얼마인가?

① 26.0%p

② 27.3%p

③ 29.7%p

④ 31.4%p

⑤ 33.2%p

※ 다음은 연령대별 일자리 규모에 대한 자료이다. 이어지는 질문에 답하시오. [18~19]

〈연령대별 일자리 규모〉

(단위 : 만 개)

연령대	2023년			2024년		
	합계	지속 일자리	신규채용 일자리	합계	지속 일자리	신규채용 일자리
전체	2,301	1,563	738	2,323	1,587	736
19세 이하	26	3	23	25	3	22
20대	332	161	171	330	160	170
30대	545	390	155	530	382	148
40대	623	458	165	618	458	160
50대	515	373	142	532	388	144
60세 이상	260	178	82	288	196	92

18 다음 중 전년 대비 50대와 60세 이상의 2024년 전체 일자리의 증가 수를 바르게 나열한 것은?

	50대	60세 이상
①	150,000개	150,000개
②	150,000개	170,000개
③	170,000개	280,000개
④	170,000개	310,000개
⑤	200,000개	310,000개

19 다음 중 자료에 대한 설명으로 옳지 않은 것은?(단, 소수점 둘째 자리에서 반올림한다)

① 2024년 전체 일자리 규모에서 20대가 차지하는 비중은 2023년보다 약 0.2%p 감소했다.
② 2024년 전체 일자리 규모에서 30대가 차지하는 비중은 20% 이상이다.
③ 2023년 40대의 지속 일자리 규모는 신규채용 일자리 규모의 2.5배 이상이다.
④ 2024년 연령대별 전체 일자리 규모는 2023년보다 모두 증가했다.
⑤ 2024년 전체 일자리 규모는 2023년에 비해 22만 개 증가했다.

20 다음은 2024년 국내 신규 박사학위 취득자 분포에 대한 자료이다. 〈보기〉의 설명 중 옳은 것을 모두 고르면?(단, 소수점 둘째 자리에서 반올림한다)

〈연령대별 박사학위 취득자 분포〉

(단위 : 명)

연령대	남성	여성
30세 미만	196	141
30세 이상 35세 미만	1,811	825
35세 이상 40세 미만	1,244	652
40세 이상 45세 미만	783	465
45세 이상 50세 미만	577	417
50세 이상	1,119	466
합계	5,730	2,966

〈전공계열별 박사학위 취득자 분포〉

(단위 : 명)

전공계열	남성	여성
인문계열	357	368
사회계열	1,024	649
공학계열	2,441	332
자연계열	891	513
의약계열	581	537
교육·사범계열	172	304
예술·체육계열	266	260
합계	5,732	2,963

보기

ㄱ. 남성 박사학위 취득자 중 50세 이상이 차지하는 비율은 여성 박사학위 취득자 중 50세 이상이 차지하는 비율보다 높다.
ㄴ. 전공계열별 박사학위 취득자 중 여성보다 남성의 비율이 높은 순위는 1위가 공학계열, 2위가 사회계열, 3위가 자연계열 순서이다.
ㄷ. 남성의 연령대별 박사학위 취득자 수가 많은 순서와 여성의 연령대별 박사학위 취득자 수가 많은 순서는 같다.
ㄹ. 연령대가 올라갈수록 남녀 박사학위 취득자 수의 차이는 점점 커지고 있다.

① ㄱ, ㄴ
② ㄱ, ㄷ
③ ㄱ, ㄹ
④ ㄴ, ㄷ
⑤ ㄴ, ㄹ

21 모스크바 지사에서 일하고 있는 A대리는 밴쿠버 지사와의 업무협조를 위해 2월 22일 오전 10시 15분에 밴쿠버 지사로 업무협조 메일을 보냈다. 〈조건〉에 따라 밴쿠버 지사에서 가장 빨리 메일을 읽었을 때, 모스크바의 시각은?

조건

- 밴쿠버는 모스크바보다 10시간이 늦다.
- 밴쿠버 지사의 업무시간은 오전 10시부터 오후 6시까지다.
- 밴쿠버 지사에서는 2월 22일 오전 10시부터 15분간 전력 점검이 있었다.

① 2월 22일 오전 10시 15분
② 2월 23일 오전 10시 15분
③ 2월 22일 오후 8시 15분
④ 2월 23일 오후 8시 15분
⑤ 2월 23일 오후 10시 15분

※ K공사 신성장기술본부에서 근무하는 A부장은 적도기니로 출장을 가려고 한다. 다음 자료를 참고하여 이어지는 질문에 답하시오. **[22~23]**

〈경유지, 도착지 현지시각〉

국가(도시)	현지시각
한국(인천)	2025. 03. 05. AM 08:40
중국(광저우)	2025. 03. 05. AM 07:40
에티오피아(아디스아바바)	2025. 03. 05. AM 02:40
적도기니(말라보)	2025. 03. 05. AM 00:40

〈경로별 비행시간〉

비행경로	비행시간
인천 → 광저우	3시간 50분
광저우 → 아디스아바바	11시간 10분
아디스아바바 → 말라보	5시간 55분

〈경유지별 경유시간〉

경유지	경유시간
광저우	4시간 55분
아디스아바바	6시간 10분

22

A부장은 2025년 3월 5일 오전 8시 40분 인천에서 출발하는 비행기를 타고 적도기니로 출장을 가려고 한다. A부장이 두 번째 경유지인 아디스아바바에 도착하는 현지 날짜 및 시각으로 옳은 것은?

① 2025. 03. 05. PM 10:35
② 2025. 03. 05. PM 11:35
③ 2025. 03. 06. AM 00:35
④ 2025. 03. 06. AM 01:35
⑤ 2025. 03. 06. AM 02:40

23

기상악화로 인하여 광저우에서 출발하는 아디스아바바행 비행기가 2시간 지연출발하였다고 한다. 이때, 총소요시간과 적도기니에 도착하는 현지날짜 및 시각으로 옳은 것은?

	총소요시간	현지날짜 및 시각
①	31시간	2025. 03. 06. AM 07:40
②	32시간	2025. 03. 06. AM 08:40
③	33시간	2025. 03. 06. AM 09:40
④	34시간	2025. 03. 06. AM 10:40
⑤	36시간	2025. 03. 06. AM 10:50

24 K공사의 A사원은 지사방문 일정에 따라 여수와 순천으로 출장을 다녀와야 한다. 다음은 KTX 운행시간 및 요금에 대한 일부 자료이다. A사원이 용산역에서 오전 7시 30분 이후에 출발해서 일정을 마친 뒤 최대한 일찍 용산역에 도착하려고 할 때, A사원이 가장 일찍 용산역에 도착할 수 있는 시간과 총요금으로 옳은 것은?(단, A사원은 여수를 처음으로 방문하고, 점심식사 시간은 낮 12시 ~ 오후 1시이며, 열차 운행의 지연은 없다고 가정한다)

〈용산역 – 여수EXPO역 KTX 운행시간 및 요금〉

열차	출발 – 도착시간	요금(원)
KTX 703	07:15 ~ 10:18	47,200
KTX 781	07:45 ~ 11:19	46,000
KTX 705	08:40 ~ 11:40	47,200

※ 여수 지사방문 일정에는 40분이 소요됨(이동시간 포함)

〈여수EXPO역 – 순천역 KTX 운행시간 및 요금〉

열차	출발 – 도착시간	요금(원)
KTX 710	12:00 ~ 12:20	8,400
KTX 782	12:10 ~ 12:27	8,400
KTX 712	13:05 ~ 13:22	8,400
KTX 714	14:05 ~ 14:25	8,400
KTX 716	15:00 ~ 15:18	8,400

※ 순천 지사방문 일정에는 2시간이 소요됨(이동시간 포함)

〈순천역 – 용산역 KTX 운행시간 및 요금〉

열차	출발 – 도착시간	요금(원)
KTX 716	15:20 ~ 17:59	44,000
KTX 718	16:57 ~ 19:31	44,000
KTX 720	18:21 ~ 21:03	44,000
KTX 784	19:10 ~ 22:29	43,000
KTX 724	22:10 ~ 00:38	44,000

	용산역 도착시간	총요금
①	오후 5시 59분	99,600원
②	오후 7시 31분	98,400원
③	오후 9시 3분	98,600원
④	오후 10시 29분	97,400원
⑤	오후 11시 38분	98,400원

25 다음은 K사의 성과급 지급 기준 및 영업팀의 평가표이다. 영업팀에게 지급되는 성과급의 1년 총액은?(단, 성과평가 등급이 A등급이면 직전 분기 차감액의 50%를 가산하여 지급한다)

〈성과급 지급 기준〉

성과평가 점수	성과평가 등급	분기별 성과급 지급액
9.0 이상	A	100만 원
8.0~8.9	B	90만 원(10만 원 차감)
7.0~7.9	C	80만 원(20만 원 차감)
6.9 이하	D	40만 원(60만 원 차감)

〈영업팀 평가표〉

구분	1분기	2분기	3분기	4분기
유용성	8	8	10	8
안정성	8	6	8	8
서비스 만족도	6	8	10	8

※ (성과평가 점수)=(유용성)×0.4+(안정성)×0.4+(서비스 만족도)×0.2

① 340만 원
② 350만 원
③ 360만 원
④ 370만 원
⑤ 380만 원

PART 2

26 A도시락 전문점은 요일별 도시락 할인 이벤트를 진행하고 있다. K공사가 지난 한 주간 A도시락 전문점에서 구매한 내역이 〈보기〉와 같을 때, K공사의 지난주 도시락 구매비용은 총 얼마인가?

〈A도시락 요일별 할인 이벤트〉

요일	월		화		수		목		금	
할인품목	치킨마요		동백		돈가스		새치고기		진달래	
구분	원가	할인가	원가	할인가	원가	할인가	원가	할인가	원가	할인가
가격(원)	3,400	2,900	5,000	3,900	3,900	3,000	6,000	4,500	7,000	5,500
요일	토		일				매일			
할인품목	치킨제육		육개장		김치찌개		치킨(대)		치킨(중)	
구분	원가	할인가	원가	할인가	원가	할인가	원가	할인가	원가	할인가
가격(원)	4,300	3,400	4,500	3,700	4,300	3,500	10,000	7,900	5,000	3,900

※ 요일별 할인품목이 아닌 품목들은 원가로 계산함

보기

요일	월	화	수	목	금	토	일
구매 내역	동백 3개 치킨마요 10개	동백 10개 김치찌개 3개	돈가스 8개 치킨(중) 2개	새치고기 4개 치킨(대) 2개	진달래 4개 김치찌개 7개	돈가스 2개 치킨제육 10개	육개장 10개 새치고기 4개

① 299,800원
② 308,600원
③ 316,400원
④ 326,800원
⑤ 332,400원

27 K공사에서는 사업주의 직업능력개발훈련 시행을 촉진하기 위해 훈련방법과 기업규모에 따라 지원금을 차등 지급하고 있다. 다음 자료를 토대로 X～Z 세 기업의 원격훈련 지원금을 바르게 짝지은 것은?

〈기업규모별 지원 비율〉

기업	훈련	지원 비율
우선지원대상 기업	향상・양성훈련	100%
대규모 기업	향상・양성훈련	60%
	비정규직대상훈련 / 전직훈련	70%
상시근로자 1,000인 이상 대규모 기업	향상・양성훈련	50%
	비정규직대상훈련 / 전직훈련	70%

〈원격훈련 종류별 지원금〉

심사등급 \ 훈련종류	인터넷	스마트	우편
A등급	5,600원	11,000원	3,600원
B등급	3,800원	7,400원	2,800원
C등급	2,700원	5,400원	1,980원

※ 인터넷・스마트 원격훈련 : 정보통신매체를 활용하여 훈련이 시행되고 훈련생 관리 등이 웹상으로 이루어지는 훈련

※ 우편 원격훈련 : 인쇄매체로 된 훈련교재를 이용하여 훈련이 시행되고 훈련생 관리 등이 웹상으로 이루어지는 훈련

※ (원격훈련 지원금)=(원격훈련 종류별 지원금)×(훈련시간)×(훈련수료인원)×(기업규모별 지원 비율)

〈세 기업의 원격훈련 시행 내역〉

구분	기업규모	종류	내용	등급	시간	수료인원
X기업	우선지원대상 기업	스마트	향상・양성훈련	C등급	6시간	7명
Y기업	대규모 기업	인터넷	비정규직대상훈련 / 전직훈련	B등급	3시간	4명
Z기업	상시근로자 1,000인 이상 대규모 기업	스마트	향상・양성훈련	A등급	4시간	6명

① X기업 : 201,220원　　② X기업 : 226,800원

③ Y기업 : 34,780원　　④ Y기업 : 35,120원

⑤ Z기업 : 98,000원

PART 2

28 K공사는 상수원의 여과기 정비 업체를 새로 선정하려고 한다. 입찰업체 A ~ E의 1년 계약금 및 수질개선효과는 다음과 같다. 수질개선점수 산출방식에 따라 점수가 가장 큰 업체 두 곳을 선정한다고 할 때, 선정될 업체는?(단, 모든 계산 시 소수점 첫째 자리에서 버림한다)

〈업체별 계약금 및 수질개선효과〉

업체	1년 계약금 (만 원)	정비 1회당 수질개선효과		
		장비수명 개선(점)	여과효율 개선(점)	관리효율 개선(점)
A	3,950	75	65	80
B	4,200	79	68	84
C	4,800	74	62	84
D	4,070	80	55	90
E	5,100	83	70	86

※ 항목별 개선효과는 여과업체선정위원회에서 심사위원들이 업체별로 1 ~ 100점을 부과한 점수의 평균값임

〈수질개선점수 산출방식〉

- (수질개선점수)=(정비 1회당 수질개선효과)×(분기별 정비횟수)÷100
- (정비 1회당 수질개선효과)=(장비수명 개선)+(여과효율 개선)+(관리효율 개선)
- (분기별 정비횟수)=$\frac{[\text{1년 정비비용(만 원)}]}{30}$
- (1년 정비비용)=6,000만 원−(1년 계약금)

① A업체, B업체
② A업체, D업체
③ B업체, C업체
④ C업체, E업체
⑤ D업체, E업체

※ 다음은 K공사의 신입사원 채용시험 결과와 합격자 선발기준이다. 이어지는 질문에 답하시오. **[29~30]**

〈신입사원 채용시험 상위 5명 점수〉

(단위 : 점)

구분	언어	수리	정보	상식	인성
A	90	80	90	80	90
B	80	90	80	90	90
C	90	70	100	90	80
D	80	90	100	100	80
E	100	80	70	80	90

〈합격자 선발기준〉

언어	수리	정보	상식	인성
30%	30%	10%	10%	20%

※ 합격자 선발기준 가중치를 고려하여 채용시험 성적 총점을 산출하고 합격자를 정함

29 5명 중 점수가 가장 높은 상위 2명을 합격자로 선발할 때, 합격자를 바르게 나열한 것은?

① A, B
② A, D
③ B, C
④ C, D
⑤ D, E

30 합격자 선발기준에서 인성에 대한 가중치를 높이고자 인성 점수와 수리 점수의 가중치를 서로 바꾸었을 때, 합격자를 바르게 나열한 것은?

① A, B
② A, D
③ A, E
④ B, D
⑤ B, E

31 다음은 기술혁신의 과정과 역할을 나타낸 자료이다. (A) ~ (E)에 대한 설명으로 옳지 않은 것은?

〈기술혁신의 과정과 역할〉

기술혁신 과정	혁신 활동	필요한 자질과 능력
아이디어 창안 (Idea Generation)	• 아이디어를 창출하고 가능성을 검증한다. • ______(A)______ • 혁신적인 진보를 위해 탐색한다.	• 각 분야의 전문지식 • 추상화와 개념화 능력 • 새로운 분야의 일을 즐기는 능력
(B) 챔피언 (Entrepreneuring or Championing)	• 아이디어를 전파한다. • 혁신을 위한 자원을 확보한다. • 아이디어 실현을 위해 헌신한다.	• 정력적이고 위험을 감수하는 능력 • 아이디어의 응용에 관심을 가짐
프로젝트 관리 (Project Leading)	• 리더십을 발휘한다. • 프로젝트를 기획하고 조직한다. • ______(C)______	• 의사결정능력 • 업무 수행 방법에 대한 지식
정보 수문장 (Gate Keeping)	• 조직 내 정보원 기능을 수행한다.	• 높은 수준의 기술적 역량 • ______(D)______
______(E)______	• 혁신에 대해 격려하고 안내한다. • 불필요한 제약에서 프로젝트를 보호한다. • 혁신에 대한 자원 획득을 지원한다.	• 조직의 주요 의사결정에 대한 영향력

① (A)에 들어갈 내용으로 '일을 수행하는 새로운 방법을 고안한다.'를 볼 수 있다.

② 밑줄 친 (B)는 '기술적인 난관을 해결하는 방법을 찾아 시장상황에 대처할 수 있는 인재'를 의미한다.

③ (C)에 들어갈 내용으로 '조직 외부의 정보를 내부 구성원들에게 전달한다.'를 볼 수 있다.

④ (D)에 들어갈 내용으로 '원만한 대인관계능력'을 볼 수 있다.

⑤ (E)에 들어갈 용어는 '후원(Sponsoring or Coaching)'이다.

32 다음 글에 제시된 벤치마킹의 종류에 대한 설명으로 가장 적절한 것은?

> 네스프레소는 가정용 커피머신 시장의 선두주자이다. 이러한 성장 배경에는 기존의 산업 카테고리를 벗어나 랑콤, 이브로쉐 등 고급 화장품 업계의 채널 전략을 벤치마킹했다. 고급 화장품 업체들은 독립 매장에서 고객들에게 화장품을 직접 체험할 수 있는 기회를 제공하고, 이를 적극적으로 수요와 연계하고 있었다. 네스프레소는 이를 통해 신규 수요를 창출하기 위해서는 커피머신의 기능을 강조하는 것이 아니라, 즉석에서 추출한 커피의 신선한 맛을 고객에게 체험하게 하는 것이 중요하다는 인사이트를 도출했다. 이후 전 세계 유명 백화점에 오프라인 단독 매장들을 개설해 고객에게 커피를 시음할 수 있는 기회를 제공했다. 이를 통해 네스프레소의 수요는 급속도로 늘어나 매출 부문에서 30 ~ 40%의 고속성장을 거두게 됐고 전 세계로 확장되며 여전히 높은 성장세를 이어가고 있다.

① 자료수집이 쉬우며 효과가 크지만 편중된 내부시각에 대한 우려가 있다는 단점이 있다.
② 비용 또는 시간적 측면에서 상대적으로 많이 절감할 수 있다는 장점이 있다.
③ 문화 및 제도적인 차이에 대한 검토가 부족하면 잘못된 결과가 나올 수 있다.
④ 경영성과와 관련된 정보 입수가 가능하나 윤리적인 문제가 발생할 소지가 있다.
⑤ 새로운 아이디어가 나올 가능성이 높지만 가공하지 않고 사용한다면 실패할 수 있다.

33 다음 중 상향식 기술선택과 하향식 기술선택에 대한 설명으로 적절하지 않은 것은?

① 상향식 기술선택은 연구자나 엔지니어들이 자율적으로 기술을 선택한다.
② 상향식 기술선택은 기술 개발자들의 창의적인 아이디어를 활용할 수 있다.
③ 상향식 기술선택은 기업 간 경쟁에서 승리할 수 없는 기술이 선택될 수 있다.
④ 하향식 기술선택은 단기적인 목표를 설정하고 달성하기 위해 노력한다.
⑤ 하향식 기술선택은 기업이 획득해야 하는 대상 기술과 목표기술수준을 결정한다.

※ 논리 연산자를 다음과 같이 정의할 때 이어지는 질문에 답하시오. **[34~35]**

- AND(논리곱) : 둘 다 참일 때만 참, 나머지는 모두 거짓
- OR(논리합) : 둘 다 거짓일 때만 거짓, 나머지는 모두 참
- NAND(부정논리곱) : 둘 다 참일 때만 거짓, 나머지는 모두 참
- NOR(부정논리합) : 둘 다 거짓일 때만 참, 나머지는 모두 거짓
- XOR(배타적 논리합) : 둘의 참 / 거짓이 다르면 참, 같으면 거짓

34 다음과 같은 입력 패턴 A, B를 〈조건〉에 따라 원하는 출력 패턴으로 합성하고자 한다. (가)에 들어갈 논리 연산자로 옳은 것은?

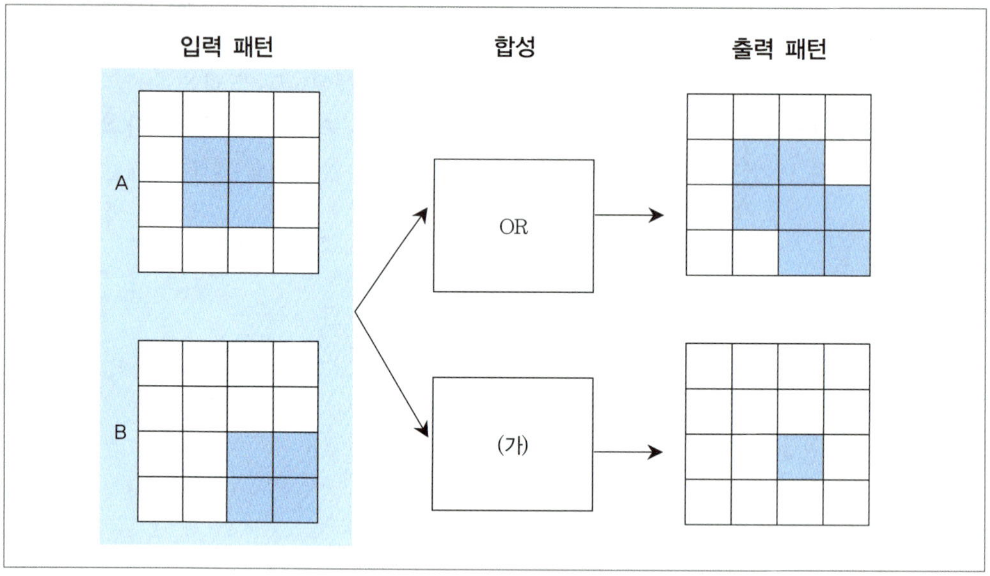

조건

- ■은 패턴값 '1'로, □은 패턴값 '0'으로 변환하여 합성에 필요한 논리 연산을 한 후, '1'은 ■으로, '0'은 □으로 표시한다.
- 합성은 두 개의 입력 패턴 A, B를 겹쳐서 1 : 1로 대응되는 위치의 패턴값끼리 논리 연산을 수행하여 이루어진다.
- 입력 패턴 A, B와 출력 패턴의 회전은 없다.

① OR　② NOR
③ XOR　④ AND
⑤ NAND

35 다음과 같은 패턴 A, B를 〈조건〉에 따라 합성하였을 때, 결과로 옳은 것은?

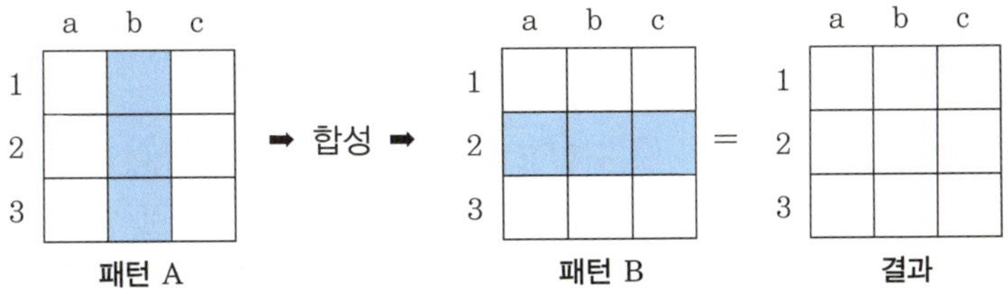

조건

- ■은 1, □은 0이다.
- 패턴 A, B의 회전은 없다.
- 패턴 A, B에서 대응되는 행과 열은 1 : 1로 각각 겹쳐 합성한다.

  예 패턴 A(1, b)의 ■은 패턴 B(1, b)의 □에 대응된다.
- 패턴 A와 B의 합성은 NOR 연산으로 처리한다.

①
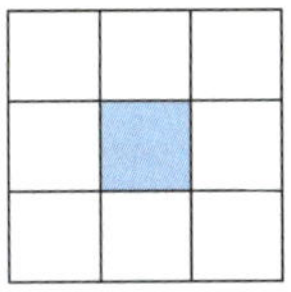

②
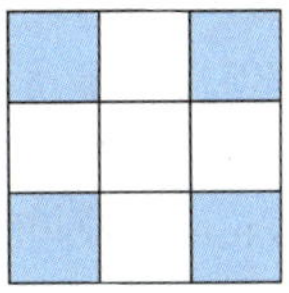

③
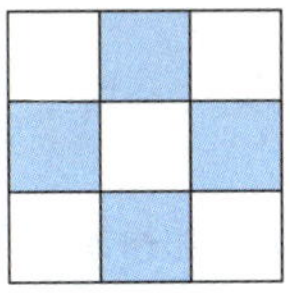

④
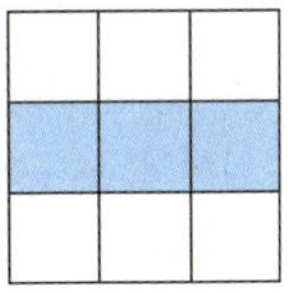

⑤
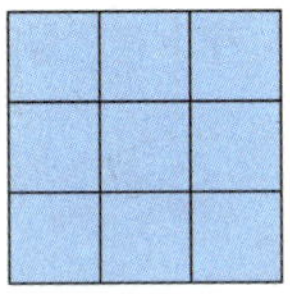

※ K사에서는 직원들이 이용할 수 있는 체력단련실을 마련하기 위해 실내사이클 10대를 구입하기로 계획하였다. 다음 제품 설명서를 참고하여 이어지는 질문에 답하시오. **[36~37]**

■ 계기판 작동법

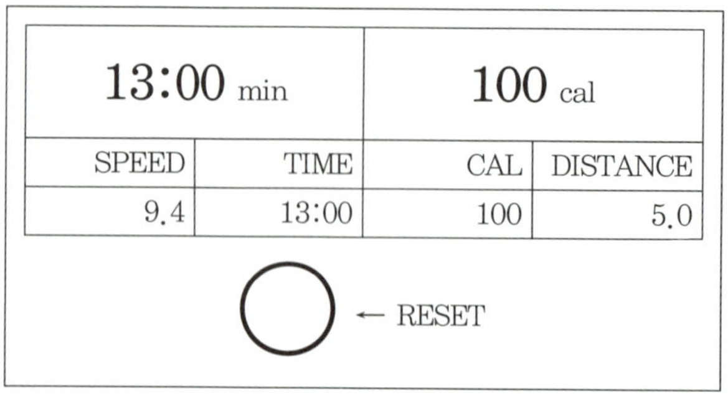

- SPEED : 현재 운동 중인 속도 표시
- TIME : 운동 중인 시간 표시
- CAL : 운동 중 소모된 칼로리 표시
- DISTANCE : 운동한 거리를 표시
- RESET 버튼 : 버튼을 누르면 모든 기능 수치를 초기화

■ 안전을 위한 주의사항

- 물기나 습기가 많은 곳에 보관하지 마십시오.
- 기기를 전열기구 주변에 두지 마십시오. 제품이 변형되거나 화재의 위험이 있습니다.
- 운동기기에 매달리거나 제품에 충격을 주어 넘어뜨리지 마십시오.
- 운동기기의 움직이는 부분에 물체를 넣지 마십시오.
- 손으로 페달 축을 돌리지 마십시오.
- 운동 중 주변사람과 적정거리를 유지하십시오.

■ 사용 시 주의사항

- 신체에 상해 및 안전사고 방지를 위해 반드시 페달과 안장높이를 사용자에 알맞게 조절한 후 안장에 앉은 후 운동을 시작해 주십시오.
- 사용자의 나이와 건강 상태에 따른 운동 횟수, 강도 및 적정 운동 시간을 고려하여 운동을 시작해 주십시오.
- 운동 중 가슴에 통증을 느끼거나 또는 가슴이 답답할 때, 또는 어지러움이나 기타 불편함이 느껴질 경우 즉시 운동을 멈추고 의사와 상담하십시오.
- 음주 후 사용하지 마십시오.

■ 고장 신고 전 확인사항

증상	해결방법
제품에서 소음이 발생합니다.	볼트 너트 체결부분이 제품사용에 따라 느슨해질 수 있습니다. 모든 부분을 다시 조여 주세요.
계기판이 작동하지 않습니다.	계기판의 건전지(AAA형 2개)를 교체하여 끼워 주세요.

36 A사원은 실내사이클 주의사항에 대한 안내문을 제작하려고 한다. 다음 중 안내문의 내용으로 적절하지 않은 것은?

① 안장높이를 사용자에 알맞게 조절하여 운동을 시작해 주십시오.
② 나이와 건강 상태에 맞게 적정 운동시간을 고려하여 주십시오.
③ 운동 중 가슴 통증이나 어지러움 등이 느껴질 경우 즉시 운동을 멈추십시오.
④ 매회 30분 정도 하는 것은 유산소 운동 효과를 가져올 수 있습니다.
⑤ 음주 후에는 절대 사용하지 마십시오.

37 A사원이 체력단련실에서 실내사이클을 이용하던 도중 소음이 발생하였다. 이에 대한 해결방법으로 가장 적절한 것은?

① 페달과 안장 높이를 다시 조절한다.
② RESET 버튼을 3초간 누른다.
③ 볼트와 너트 체결부분을 조여 준다.
④ 계기판의 건전지를 꺼내었다가 다시 끼운다.
⑤ 양지 바른 곳에 둔다.

※ 다음은 정수기 사용 설명서이다. 이어지는 질문에 답하시오. [38~40]

〈제품규격〉

모델명	SDWP-8820
전원	AC 220V/60Hz
외형치수	260(W)×360(D)×1100(H)(단위 : mm)

〈설치 시 주의사항〉

- 낙수, 우수, 목욕탕, 샤워실, 옥외 등 제품에 물이 닿거나 습기가 많은 장소에는 설치하지 마십시오.
- 급수호스가 꼬이거나 꺾이게 하지 마십시오.
- 화기나 직사광선은 피하십시오.
- 단단하고 수평한 곳에 설치하십시오.
- 제품은 반드시 냉수배관에 연결하십시오.
- 설치 위치는 벽면에서 20cm 이상 띄워 설치하십시오.

〈필터 종류 및 교환시기〉

구분	1단계	2단계	3단계	4단계
필터	세디먼트	프리카본	UF중공사막	실버블록카본
교환시기	약 4개월	약 8개월	약 20개월	약 12개월

〈청소〉

세척 부분	횟수	세척방법
외부	7일 1회	플라스틱 전용 세척제 및 젖은 헝겊으로 닦습니다(시너 및 벤젠은 제품의 변색이나 표면이 상할 우려가 있으므로 사용하지 마십시오).
물받이통	수시	중성세제로 닦습니다.
취수구	1일 1회	히든코크를 시계 반대 방향으로 돌려서 분리하고 취수구를 멸균 면봉을 사용하여 닦습니다. 히든코크는 젖은 헝겊을 사용하여 닦습니다.
피팅(연결구)	2년 1회 이상	필터 교환 시 피팅 또는 튜빙을 점검하고 필요 시 교환합니다.
튜빙(배관)		

〈제품 이상 시 조치방법〉

현상	예상원인	조치방법
온수 온도가 낮음	공급 전원 낮음	공급 전원이 220V인지 확인하고 아니면 전원을 220V로 맞춰 주십시오.
	온수 램프 확인	온수 램프에 전원이 들어오는지 확인하고 제품 뒷면의 온수 스위치가 켜져 있는지 확인하십시오.
냉수가 안 됨	공급 전원 낮음	공급 전원이 220V인지 확인하고 아니면 전원을 220V로 맞춰 주십시오.
	냉수 램프 확인	냉수 램프에 전원이 들어오는지 확인하고 제품 뒷면의 냉수 스위치가 켜져 있는지 확인하십시오.
물이 나오지 않음	필터 수명 종료	필터 교환 시기를 확인하고 서비스센터에 연락하십시오.
	연결 호스 꺾임	연결 호스가 꺾인 부분이 있으면 그 부분을 펴 주십시오.

냉수는 나오는데 온수 안 됨	온도 조절기 차단	제품 뒷면의 온수 스위치를 끄고 서비스센터에 연락하십시오.
	히터 불량	
정수물이 너무 느리게 채워짐	필터 수명 종료	서비스센터에 연락하고 필터를 교환하십시오.
제품에서 누수 발생	조립 부위 불량	원수밸브를 잠근 후 작동을 중지시키고 서비스센터에 연락하십시오.
불쾌한 맛이나 냄새 발생	냉수 탱크 세척 불량	냉수 탱크를 세척하여 주십시오.

38 다음 중 정수기에 대한 설명으로 옳지 않은 것은?

① 습기가 많은 곳에는 설치하면 안 된다.
② 정수기 청소는 하루에 최소 2곳을 해야 한다.
③ 불쾌한 맛이나 냄새가 발생하면 냉수 탱크를 세척하면 된다.
④ 정수기의 크기는 가로 26cm, 깊이 36cm, 높이 110cm이다.
⑤ 적정 시기에 필터를 교환하지 않으면 발생할 수 있는 문제는 2가지이다.

39 다음 〈보기〉 중 정수기에 대한 설명으로 옳은 것을 모두 고르면?

보기

ㄱ. 정수기에 사용되는 필터는 총 4개이다.
ㄴ. 급한 경우에는 시너나 벤젠을 사용하여 정수기 외부를 청소해도 된다.
ㄷ. 3년 사용할 경우 프리카본 필터는 3번 교환해야 한다.
ㄹ. 벽면과의 간격을 10cm로 하여 정수기를 설치하면 문제가 발생할 수 있다.

① ㄹ
② ㄱ, ㄴ
③ ㄱ, ㄷ
④ ㄱ, ㄹ
⑤ ㄴ, ㄷ, ㄹ

40 제품에 문제가 발생했을 때, 서비스센터에 연락해야만 해결이 가능한 현상이 아닌 것은?

① 정수물이 너무 느리게 채워진다.
② 제품에서 누수가 발생한다.
③ 냉수가 나오지 않는다.
④ 냉수는 나오는데 온수가 나오지 않는다.
⑤ 연결 호스가 꺾이지 않았는데 물이 나오지 않는다.

41 다음 〈보기〉 중 경영의 4요소로 옳은 것을 모두 고르면?

보기

ㄱ. 조직의 목적을 달성하기 위해 경영자가 수립하는 것으로 더욱 구체적인 방법과 과정이 담겨 있다.
ㄴ. 경영은 조직에서 일하는 구성원의 직무수행에 기초하여 이루어지기 때문에 이들의 배치 및 활용이 중요하다.
ㄷ. 생산자가 상품 또는 서비스를 소비자에게 유통하는 데 관련된 모든 체계적 경영 활동이다.
ㄹ. 특정의 경제적 실체에 대하여 이해관계를 이루는 사람들에게 합리적인 경제적 의사결정을 하는 데 유용한 재무적 정보를 제공하기 위한 일련의 과정 또는 체계이다.
ㅁ. 경영하는 데 사용할 수 있는 돈으로 이것이 충분히 확보되는 정도에 따라 경영의 방향과 범위가 정해지게 된다.
ㅂ. 조직이 변화하는 환경에 적응하기 위하여 경영 활동을 체계화하는 것으로, 목표 달성을 위한 수단이다.

① ㄱ, ㄴ, ㄷ, ㄹ
② ㄱ, ㄴ, ㄷ, ㅁ
③ ㄱ, ㄴ, ㅁ, ㅂ
④ ㄴ, ㄷ, ㅁ, ㅂ
⑤ ㄷ, ㄹ, ㅁ, ㅂ

42 다음 중 조직변화의 과정을 순서대로 바르게 나열한 것은?

㉠ 환경변화 인지	㉡ 변화결과 평가
㉢ 조직변화 방향 수립	㉣ 조직변화 실행

① ㉠－㉢－㉣－㉡
② ㉠－㉣－㉢－㉡
③ ㉡－㉢－㉣－㉠
④ ㉣－㉠－㉢－㉡
⑤ ㉣－㉢－㉠－㉡

43 **다음은 개인화 마케팅에 대한 글이다. 다음 중 개인화 마케팅의 사례로 적절하지 않은 것은?**

> 소비자들의 요구가 점차 다양해지고 복잡해짐에 따라 개인별로 맞춤형 제품과 서비스를 제공하며 '개인화 마케팅'을 펼치는 기업이 늘어나고 있다. 개인화 마케팅이란 각 소비자의 이름, 관심사, 구매이력 등의 데이터를 기반으로 특정 고객에 대한 개인화 서비스를 제공하는 활동을 의미한다. 이러한 개인화 마케팅은 개별적 커뮤니케이션 실현을 통한 효율성 증대 및 기업 이윤 창출을 목적으로 하고 있으며, 기업들의 지속적인 투자를 통해 다양한 방식으로 계속되고 있다. 빠르게 변화하고 있는 마케팅 시장에서 개인화된 서비스 제공을 통해 소비자 만족도를 끌어낼 수 있다는 점은 충분히 매력적일 수 있기 때문이다.

① 고객들의 사연을 받아 지하철역 에스컬레이터 벽면에 광고판을 만든 A배달업체는 고객들로 하여금 자신의 사연이 뽑히지 않았는지 관심을 갖도록 유도하여 광고 효과를 톡톡히 보고 있다.

② 최근 B전시관은 시각적인 시원한 민트색 벽지와 그에 어울리는 시원한 음향, 상쾌한 민트 향기, 민트맛 사탕을 나눠주며 민트에 대한 다섯 가지 감각을 이용한 미술관 전시로 화제가 되었다.

③ C위생용품회사는 자사의 인기 상품에 대한 단종으로 사과의 뜻을 담은 뮤직비디오를 제작했다. 고객들은 뮤직비디오를 보기 전에 자신의 이름을 입력하면, 뮤직비디오에 자신의 이름이 노출되어 자신이 직접 사과를 받는 듯한 효과를 느낄 수 있다.

④ 참치캔을 생산하는 D사는 최근 소외계층에게 힘이 되는 응원 메시지를 댓글로 받아 77명을 추첨하여 댓글 작성자의 이름으로 소외계층들에게 참치캔을 전달하는 이벤트를 진행하였다.

⑤ 커피전문점 E사는 고객이 자사 홈페이지에서 회원 가입 후 이름을 등록한 경우, 음료 주문 시 "○○○ 고객님, 주문하신 아메리카노 나왔습니다."와 같이 고객의 이름을 불러주는 서비스를 제공하고 있다.

※ 다음은 K기관의 조직도와 부서별 수행 업무에 대한 자료이다. 이어지는 질문에 답하시오. **[44~45]**

〈조직도〉

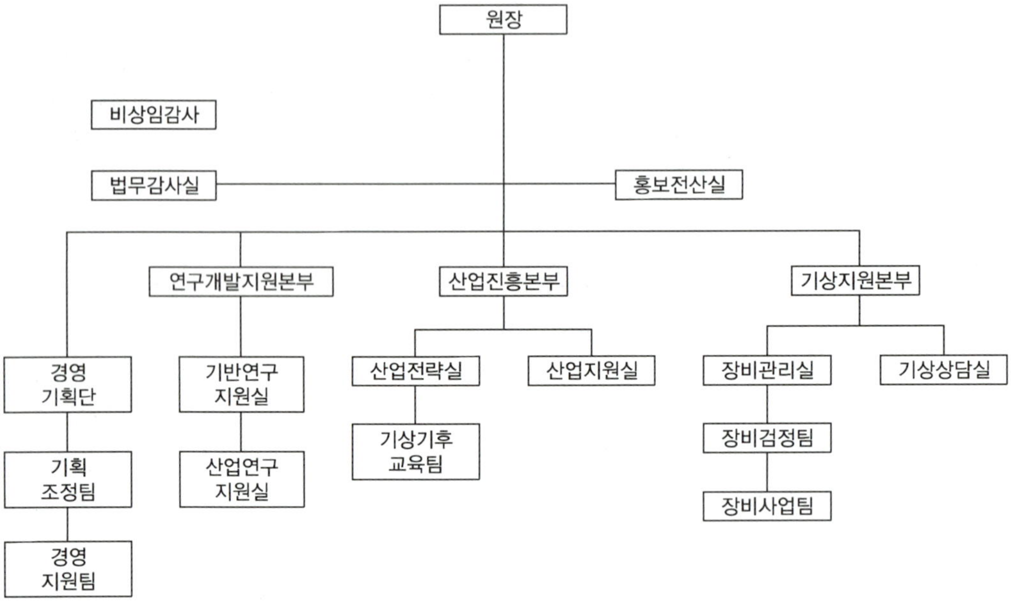

〈부서별 수행 업무〉

부서명	수행 업무
기반연구지원실	R&D 규정 및 지침 등 제도 관리, 평가위원 및 심의위원 운영 관리 등
산업연구지원실	기상산업 R&D 사업 관리 총괄, 도농사업 운영 관리 제도개선 등
산업전략실	날씨경영 지원사업, 기상산업 통계 관리 및 분석, 날씨경영우수기업 선정제도 운영 등
기상기후교육팀	교육사업 기획 및 사업비 관리, 기상산업 전문인력 양성사업, 교육현장 관리 등
산업지원실	부서 중장기 기획 및 사업운영, 산업육상 사업 기획 및 운영, 개도국 기상기후 공적사업 운영, 국제협력 사업 운영 및 관리 등
장비검정팀	지상기상관측장비 유지보수 관리, 기상장비 실내검정, 비교 관측 및 개발 & 관리, 지역별 현장검정 및 유지보수 관리 등
장비사업팀	기상관측장비 구매 & 유지보수 관리, 기상관측선 및 해양기상기지 유지보수 지원, 항공 업무보조 등
기상상담실	기상예보 해설 및 상담업무 지원, 기상상담실 상담품질관리, 대국민 기상상담 등

44 다음은 K기관에서 제공하고 있는 교육훈련과정 안내 중 일부 내용이다. 해당 교육내용과 가장 관련이 높은 부서는?

- 주요내용 : 기상산업 R&D 정책 및 사업화 추진 전략
- 교육대상 : 국가 R&D지원 사업 종사자 및 참여 예정자 등
- 모집인원 : ○○명
- 교육일수 / 시간 : 2일, 총 16시간

일자	시간	교육 내용
1일차	09:00 ~ 09:50 10:00 ~ 13:50 14:00 ~ 17:50	• 기상산업 R&D 정책 및 추진현황 • R&D 기술수요조사 활용 전략 • R&D 사업 제안서 작성
2일차	09:00 ~ 11:40 13:00 ~ 17:50	• R&D 지식재산권 확보, 활용 전략 • R&D 성과 사업화 추진 전략

① 기상기후교육팀
② 기반연구지원실
③ 기상상담실
④ 산업연구지원실
⑤ 장비사업팀

45 다음 중 기상상담실과 관련이 있는 자료로 가장 적절한 것은?

① 기상산업 지원 및 활용기술 개발사업 사업설명회 발표자료
② 기상기후산업 민관 합동 해외시장 개척단 ADB 방문 결과보고
③ 기상예보 해설 PPT 및 보도자료 결과보고
④ 기상업무 연구개발사업 평가지침 및 보완관리지침 개정
⑤ 개도국 기상기후에 대한 공적사업 운영에 대한 발표자료

46 다음 중 맥킨지의 7S 모형에 대한 설명으로 옳지 않은 것은?

① 기업, 부서 등 조직의 내부역량을 분석하는 도구이다.
② 전략, 공유가치, 관리기술은 경영 전략의 목표와 지침이 된다.
③ 하위 4S는 상위 3S를 지원하는 하위 지원 요소를 말한다.
④ 조직 문화는 구성원, 시스템, 구조, 전략 등과 밀접한 관계를 맺는다.
⑤ 지방자치단체, 국가와 같은 큰 조직에는 적절하지 않다.

47 K사 총무부의 A부장은 주말 동안 출장을 떠나며, 다음 주 월요일 부서 업무와 스케줄을 바탕으로 부서원에게 해당 업무를 배정할 수 있도록 G과장에게 메일을 남겼다. 다음 자료를 참고할 때, 처리해야 할 업무가 잘못 배정된 사람은?

〈A부장의 메일 내용〉

G과장, 내가 이번 주말 동안 지방 순회 출장을 가서 다음 주 월요일 오전에 회사에 복귀할 예정이야. 현안 업무 중 다음 주 전사 행사 준비, 전사 사무비품 보충, 지난달 완료한 ○○프로젝트 보고서 초안 작성이 시급한데, 내가 출장 준비 때문에 부서원들에게 일일이 업무를 부여하지 못했네. 우선 첨부파일로 다음 주 월요일에 해야 할 업무와 부서원의 스케줄을 정리해 놨으니, 확인하고 월요일 오전에는 나 대신 부서장 회의에 참석하고, 이후에 부서원들에게 업무지시를 좀 해줘야겠어. 사무비품 주문서의 경우는 작성만 확실히 해 두면 내가 오후에 직접 결재하고 발송할 테니 오류 없도록 G과장이 다시 한 번 확인해 줘.

〈총무부 월요일 업무〉

- 부서장 회의 참석(09:30 ~ 11:00)
- 사무비품 주문서 작성 및 주문 메일 발송
  ※ 주문서 최종 결재자 : A부장, 메일은 퇴근 전에 발송할 것
- 행사 용품 오배송건 반품
  ※ 택배 접수 마감 시간 16:00
- ○○프로젝트 보고서 초안 작성
- 행사 참여 안내문 등기 발송
  ※ 우체국 영업시간(09:00 ~ 18:00) 내 방문

〈총무부 월요일 스케줄〉

<table>
<tr><th>시간</th><th>A부장</th><th>G과장</th><th>J대리</th><th>L사원</th><th>O사원</th></tr>
<tr><td>09:00 ~ 10:00</td><td rowspan="2">출장 복귀</td><td></td><td rowspan="3">오전 반차</td><td colspan="2" rowspan="2">사내 교육 프로그램 참여</td></tr>
<tr><td>10:00 ~ 11:00</td><td></td></tr>
<tr><td>11:00 ~ 12:00</td><td></td><td></td><td></td><td></td></tr>
<tr><td>12:00 ~ 13:00</td><td colspan="5">점심시간</td></tr>
<tr><td>13:00 ~ 14:00</td><td></td><td rowspan="2">○○프로젝트 성과분석회의</td><td>오전 반차</td><td></td><td></td></tr>
<tr><td>14:00 ~ 15:00</td><td rowspan="3">외근</td><td rowspan="2">행사 진행 업체 사전미팅</td><td></td><td></td></tr>
<tr><td>15:00 ~ 16:00</td><td></td><td></td><td></td></tr>
<tr><td>16:00 ~ 17:00</td><td></td><td></td><td></td><td></td></tr>
<tr><td>17:00 ~ 18:00</td><td colspan="2">업무 보고</td><td></td><td colspan="2">비품 정리</td></tr>
</table>

① G과장 – 부서장 회의 참석
② G과장 – ○○프로젝트 보고서 초안 작성
③ J대리 – 행사 용품 오배송건 반품
④ L사원 – 우체국 방문 및 등기 발송
⑤ O사원 – 사무비품 주문서 작성

※ 다음은 K공사의 채용분야 중 경영분야의 직무분류표이다. 이어지는 질문에 답하시오. **[48~49]**

〈경영분야 직무분류표〉

대분류		중분류	소분류	세분류
경영	경영회계사무	기획사무	경영기획	경영기획
			마케팅	마케팅전략기획
		총무인사	총무	자산관리
			인사조직	인사
			일반사무	사무행정
		재무회계	회계	회계감사
	법률 / 경찰	법률	법무	법무(자체개발)
	운전운송	항공운전운송	항공운항	항공보안

48 K공사의 인사팀에서 근무하는 A사원이 수행해야 할 직무내용으로 적절하지 않은 것은?

① 인력채용
② 인사평가
③ 교육훈련
④ 재무분석
⑤ 조직 문화 관리

49 다음 중 K공사의 마케팅 업무 분야에 지원하고자 하는 B가 갖추어야 할 지식 · 기술 · 태도로 적절하지 않은 것은?

① STP(Segmentation, Targeting, Positioning) 전략
② 신규 아이템 사업예측 및 사업타당성 분석 지식
③ 예산편성 및 원가관리 개념
④ 시장 환경 분석 및 마케팅전략 수립 기술
⑤ 새로운 아이디어를 개발하고자 하는 창의적인 사고

50 K사의 항공교육팀은 항공보안실을 대상으로 다음과 같은 항공보안교육 계획을 세웠다. 〈보기〉 중 항공보안교육을 반드시 이수해야 하는 팀을 모두 고르면?

〈2025년 항공보안교육 계획〉

구분	과정명	비고
보안검색감독자	보안검색감독자 초기 / 정기	필수
보안검색요원	보안검색요원 초기 / 정기	필수
	보안검색요원 인증평가	필수
	보안검색요원 재교육	필요시
폭발물처리요원	폭발물 처리요원 직무	필요시
	폭발물 처리요원 정기	필요시
	폭발물위협분석관 초기 / 정기	필요시
장비유지보수요원	항공보안장비유지보수 초기 / 정기	필수

보기

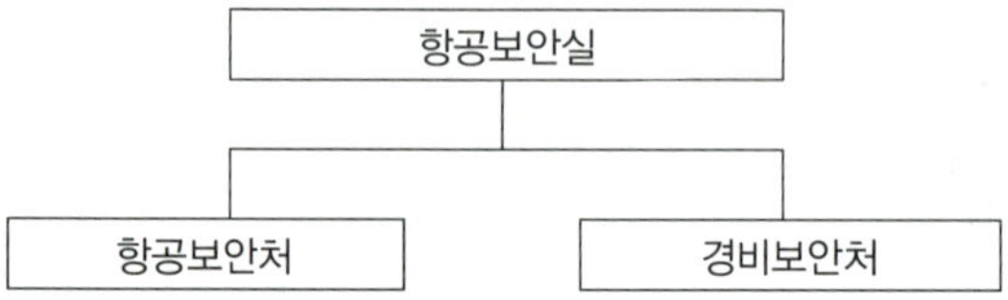

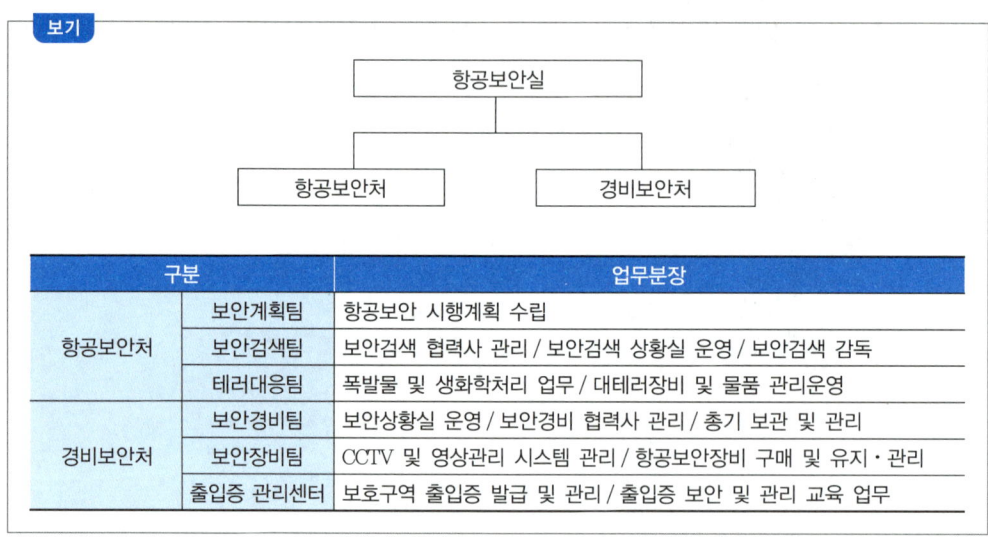

구분		업무분장
항공보안처	보안계획팀	항공보안 시행계획 수립
	보안검색팀	보안검색 협력사 관리 / 보안검색 상황실 운영 / 보안검색 감독
	테러대응팀	폭발물 및 생화학처리 업무 / 대테러장비 및 물품 관리운영
경비보안처	보안경비팀	보안상황실 운영 / 보안경비 협력사 관리 / 총기 보관 및 관리
	보안장비팀	CCTV 및 영상관리 시스템 관리 / 항공보안장비 구매 및 유지·관리
	출입증 관리센터	보호구역 출입증 발급 및 관리 / 출입증 보안 및 관리 교육 업무

① 보안계획팀, 보안검색팀
② 보안계획팀, 테러대응팀
③ 보안검색팀, 보안경비팀
④ 보안검색팀, 보안장비팀
⑤ 보안경비팀, 출입증 관리센터

PART 3

채용 가이드

CHAPTER 01

블라인드 채용 소개

1. 블라인드 채용이란?

채용 과정에서 편견이 개입되어 불합리한 차별을 야기할 수 있는 출신지, 가족관계, 학력, 외모 등의 편견요인은 제외하고, 직무능력만을 평가하여 인재를 채용하는 방식입니다.

2. 블라인드 채용의 필요성

- 채용의 공정성에 대한 사회적 요구
  - 누구에게나 직무능력만으로 경쟁할 수 있는 균등한 고용기회를 제공해야 하나, 아직도 채용의 공정성에 대한 불신이 존재
  - 채용상 차별금지에 대한 법적 요건이 권고적 성격에서 처벌을 동반한 의무적 성격으로 강화되는 추세
  - 시민의식과 지원자의 권리의식 성숙으로 차별에 대한 법적 대응 가능성 증가
- 우수인재 채용을 통한 기업의 경쟁력 강화 필요
  - 직무능력과 무관한 학벌, 외모 위주의 선발로 우수인재 선발기회 상실 및 기업경쟁력 약화
  - 채용 과정에서 차별 없이 직무능력중심으로 선발한 우수인재 확보 필요
- 공정한 채용을 통한 사회적 비용 감소 필요
  - 편견에 의한 차별적 채용은 우수인재 선발을 저해하고 외모·학벌 지상주의 등의 심화로 불필요한 사회적 비용 증가
  - 채용에서의 공정성을 높여 사회의 신뢰수준 제고

3. 블라인드 채용의 특징

편견요인을 요구하지 않는 대신 직무능력을 평가합니다.

※ 직무능력중심 채용이란?
기업의 역량기반 채용, NCS기반 능력중심 채용과 같이 직무수행에 필요한 능력과 역량을 평가하여 선발하는 채용방식을 통칭합니다.

4. 블라인드 채용의 평가요소

직무수행에 필요한 지식, 기술, 태도 등을 과학적인 선발기법을 통해 평가합니다.

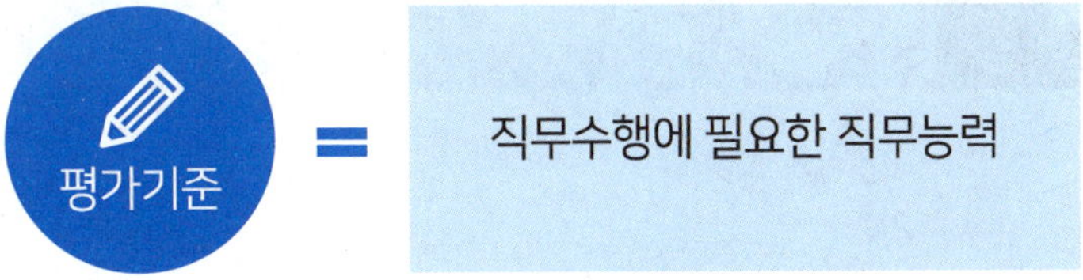

※ 과학적 선발기법이란?
직무분석을 통해 도출된 평가요소를 서류, 필기, 면접 등을 통해 체계적으로 평가하는 방법으로 입사지원서, 자기소개서, 직무수행능력평가, 구조화 면접 등이 해당됩니다.

5. 블라인드 채용 주요 도입 내용

- 입사지원서에 인적사항 요구 금지
  - 인적사항에는 출신지역, 가족관계, 결혼여부, 재산, 취미 및 특기, 종교, 생년월일(연령), 성별, 신장 및 체중, 사진, 전공, 학교명, 학점, 외국어 점수, 추천인 등이 해당
  - 채용 직무를 수행하는 데 있어 반드시 필요하다고 인정될 경우는 제외

    예 특수경비직 채용 시 : 시력, 건강한 신체 요구
    연구직 채용 시 : 논문, 학위 요구 등
- 블라인드 면접 실시
  - 면접관에게 응시자의 출신지역, 가족관계, 학교명 등 인적사항 정보 제공 금지
  - 면접관은 응시자의 인적사항에 대한 질문 금지

6. 블라인드 채용 도입의 효과성

- 구성원의 다양성과 창의성이 높아져 기업 경쟁력 강화
  - 편견을 없애고 직무능력 중심으로 선발하므로 다양한 직원 구성 가능
  - 다양한 생각과 의견을 통하여 기업의 창의성이 높아져 기업경쟁력 강화
- 직무에 적합한 인재선발을 통한 이직률 감소 및 만족도 제고
  - 사전에 지원자들에게 구체적이고 상세한 직무요건을 제시함으로써 허수 지원이 낮아지고, 직무에 적합한 지원자 모집 가능
  - 직무에 적합한 인재가 선발되어 직무이해도가 높아져 업무효율 증대 및 만족도 제고
- 채용의 공정성과 기업이미지 제고
  - 블라인드 채용은 사회적 편견을 줄인 선발 방법으로 기업에 대한 사회적 인식 제고
  - 채용과정에서 불합리한 차별을 받지 않고 실력에 의해 공정하게 평가를 받을 것이라는 믿음을 제공하고, 지원자들은 평등한 기회와 공정한 선발과정 경험

CHAPTER

02 서류전형 가이드

01 채용공고문

1. 채용공고문의 변화

기존 채용공고문	변화된 채용공고문
• 취업준비생에게 불충분하고 불친절한 측면 존재 • 모집분야에 대한 명확한 직무관련 정보 및 평가기준 부재 • 해당분야에 지원하기 위한 취업준비생의 무분별한 스펙 쌓기 현상 발생	• NCS 직무분석에 기반한 채용공고를 토대로 채용전형 진행 • 지원자가 입사 후 수행하게 될 업무에 대한 자세한 정보 공지 • 직무수행내용, 직무수행 시 필요한 능력, 관련된 자격, 직업기초능력 제시 • 지원자가 해당 직무에 필요한 스펙만을 준비할 수 있도록 안내
• 모집부문 및 응시자격 • 지원서 접수 • 전형절차 • 채용조건 및 처우 • 기타사항	• 채용절차 • 채용유형별 선발분야 및 예정인원 • 전형방법 • 선발분야별 직무기술서 • 우대사항

2. 지원 유의사항 및 지원요건 확인

채용 직무에 따른 세부사항을 공고문에 명시하여 지원자에게 적격한 지원 기회를 부여함과 동시에 채용과정에서의 공정성과 신뢰성을 확보합니다.

구성	내용	확인사항
모집분야 및 규모	고용형태(인턴 계약직 등), 모집분야, 인원, 근무지역 등	채용직무가 여러 개일 경우 본인이 해당되는 직무의 채용규모 확인
응시자격	기본 자격사항, 지원조건	지원을 위한 최소자격요건을 확인하여 불필요한 지원을 예방
우대조건	법정·특별·자격증 가점	본인의 가점 여부를 검토하여 가점 획득을 위한 사항을 사실대로 기재
근무조건 및 보수	고용형태 및 고용기간, 보수, 근무지	본인이 생각하는 기대수준에 부합하는지 확인하여 불필요한 지원을 예방
시험방법	서류·필기·면접전형 등의 활용방안	전형방법 및 세부 평가기법 등을 확인하여 지원전략 준비
전형일정	접수기간, 각 전형 단계별 심사 및 합격자 발표일 등	본인의 지원 스케줄을 검토하여 차질이 없도록 준비
제출서류	입사지원서(경력·경험기술서 등), 각종 증명서 및 자격증 사본 등	지원요건 부합 여부 및 자격 증빙서류 사전에 준비
유의사항	임용취소 등의 규정	임용취소 관련 법적 또는 기관 내부 규정을 검토하여 해당여부 확인

02 직무기술서

직무기술서란 직무수행의 내용과 필요한 능력, 관련 자격, 직업기초능력 등을 상세히 기재한 것으로 입사 후 수행하게 될 업무에 대한 정보가 수록되어 있는 자료입니다.

1. 채용분야

설명

NCS 직무분류 체계에 따라 직무에 대한 「대분류 – 중분류 – 소분류 – 세분류」 체계를 확인할 수 있습니다. 채용 직무에 대한 모든 직무기술서를 첨부하게 되며 실제 수행 업무를 기준으로 세부적인 분류정보를 제공합니다.

채용분야	분류체계			
사무행정	대분류	중분류	소분류	세분류
분류코드	02. 경영·회계·사무	03. 재무·회계	01. 재무	01. 예산
				02. 자금
			02. 회계	01. 회계감사
				02. 세무

2. 능력단위

설명

직무분류 체계의 세분류 하위능력단위 중 실질적으로 수행할 업무의 능력만 구체적으로 파악할 수 있습니다.

능력단위	(예산)	03. 연간종합예산수립 05. 확정예산 운영	04. 추정재무제표 작성 06. 예산실적 관리
	(자금)	04. 자금운용	
	(회계감사)	02. 자금관리 05. 회계정보시스템 운용 07. 회계감사	04. 결산관리 06. 재무분석
	(세무)	02. 결산관리 07. 법인세 신고	05. 부가가치세 신고

3. 직무수행내용

설명

세분류 영역의 기본정의를 통해 직무수행내용을 확인할 수 있습니다. 입사 후 수행할 직무내용을 구체적으로 확인할 수 있으며, 이를 통해 입사서류 작성부터 면접까지 직무에 대한 명확한 이해를 바탕으로 자신의 희망직무인지 아닌지, 해당 직무가 자신이 알고 있던 직무가 맞는지 확인할 수 있습니다.

직무수행내용	(예산) 일정기간 예상되는 수익과 비용을 편성, 집행하며 통제하는 일
	(자금) 자금의 계획 수립, 조달, 운용을 하고 발생 가능한 위험 관리 및 성과평가
	(회계감사) 기업 및 조직 내·외부에 있는 의사결정자들이 효율적인 의사결정을 할 수 있도록 유용한 정보를 제공, 제공된 회계정보의 적정성을 파악하는 일
	(세무) 세무는 기업의 활동을 위하여 주어진 세법범위 내에서 조세부담을 최소화시키는 조세전략을 포함하고 정확한 과세소득과 과세표준 및 세액을 산출하여 과세당국에 신고·납부하는 일

4. 직무기술서 예시

태도	(예산) 정확성, 분석적 태도, 논리적 태도, 타 부서와의 협조적 태도, 설득력
	(자금) 분석적 사고력
	(회계 감사) 합리적 태도, 전략적 사고, 정확성, 적극적 협업 태도, 법률준수 태도, 분석적 태도, 신속성, 책임감, 정확한 판단력
	(세무) 규정 준수 의지, 수리적 정확성, 주의 깊은 태도
우대 자격증	공인회계사, 세무사, 컴퓨터활용능력, 변호사, 워드프로세서, 전산회계운용사, 사회조사분석사, 재경관리사, 회계관리 등
직업기초능력	의사소통능력, 문제해결능력, 자원관리능력, 대인관계능력, 정보능력, 조직이해능력

5. 직무기술서 내용별 확인사항

항목	확인사항
모집부문	해당 채용에서 선발하는 부문(분야)명 확인 예 사무행정, 전산, 전기
분류체계	지원하려는 분야의 세부직무군 확인
주요기능 및 역할	지원하려는 기업의 전사적인 기능과 역할, 산업군 확인
능력단위	지원분야의 직무수행에 관련되는 세부업무사항 확인
직무수행내용	지원분야의 직무군에 대한 상세사항 확인
전형방법	지원하려는 기업의 신입사원 선발전형 절차 확인
일반요건	교육사항을 제외한 지원 요건 확인(자격요건, 특수한 경우 연령)
교육요건	교육사항에 대한 지원요건 확인(대졸 / 초대졸 / 고졸 / 전공 요건)
필요지식	지원분야의 업무수행을 위해 요구되는 지식 관련 세부항목 확인
필요기술	지원분야의 업무수행을 위해 요구되는 기술 관련 세부항목 확인
직무수행태도	지원분야의 업무수행을 위해 요구되는 태도 관련 세부항목 확인
직업기초능력	지원분야 또는 지원기업의 조직원으로서 근무하기 위해 필요한 일반적인 능력사항 확인

03 입사지원서

1. 입사지원서의 변화

기존지원서	VS	능력중심 채용 입사지원서
직무와 관련 없는 학점, 개인신상, 어학점수, 자격, 수상경력 등을 나열하도록 구성		해당 직무수행에 꼭 필요한 정보들을 제시할 수 있도록 구성

기존	→	능력중심 채용 입사지원서	
직무기술서		인적사항	성명, 연락처, 지원분야 등 작성 (평가 미반영)
직무수행내용		교육사항	직무지식과 관련된 학교교육 및 직업교육 작성
요구지식 / 기술		자격사항	직무관련 국가공인 또는 민간자격 작성
관련 자격증		경력 및 경험사항	조직에 소속되어 일정한 임금을 받거나(경력) 임금 없이(경험) 직무와 관련된 활동 내용 작성
사전직무경험			

2. 교육사항

- 지원분야 직무와 관련된 학교 교육이나 직업교육 혹은 기타교육 등 직무에 대한 지원자의 학습 여부를 평가하기 위한 항목입니다.
- 지원하고자 하는 직무의 학교 전공교육 이외에 직업교육, 기타교육 등을 기입할 수 있기 때문에 전공 제한 없이 직업교육과 기타교육을 이수하여 지원이 가능하도록 기회를 제공합니다.
  (기타교육 : 학교 이외의 기관에서 개인이 이수한 교육과정 중 지원직무와 관련이 있다고 생각되는 교육내용)

구분	교육과정(과목)명	교육내용	과업(능력단위)

3. 자격사항

- 채용공고 및 직무기술서에 제시되어 있는 자격 현황을 토대로 지원자가 해당 직무를 수행하는 데 필요한 능력을 가지고 있는지를 평가하기 위한 항목입니다.
- 채용공고 및 직무기술서에 기재된 직무관련 필수 또는 우대자격 항목을 확인하여 본인이 보유하고 있는 자격사항을 기재합니다.

자격유형	자격증명	발급기관	취득일자	자격증번호

4. 경력 및 경험사항

- 직무와 관련된 경력이나 경험 여부를 표현하도록 하여 직무와 관련한 능력을 갖추었는지를 평가하기 위한 항목입니다.
- 해당 기업에서 직무를 수행함에 있어 필요한 사항만을 기록하게 되어 있기 때문에 직무와 무관한 스펙을 갖추지 않아도 됩니다.
- 경력 : 금전적 보수를 받고 일정기간 동안 일했던 경우
- 경험 : 금전적 보수를 받지 않고 수행한 활동

※ 기업에 따라 경력 / 경험 관련 증빙자료 요구 가능

구분	조직명	직위 / 역할	활동기간(년 / 월)	주요과업 / 활동내용

Tip

입사지원서 작성 방법

○ 경력 및 경험사항 작성

- 직무기술서에 제시된 지식, 기술, 태도와 지원자의 교육사항, 경력(경험)사항, 자격사항과 연계하여 개인의 직무역량에 대해 스스로 판단 가능

○ 인적사항 최소화

- 개인의 인적사항, 학교명, 가족관계 등을 노출하지 않도록 유의

부적절한 입사지원서 작성 사례

- 학교 이메일을 기입하여 학교명 노출
- 거주지 주소에 학교 기숙사 주소를 기입하여 학교명 노출
- 자기소개서에 부모님이 재직 중인 기업명, 직위, 직업을 기입하여 가족관계 노출
- 자기소개서에 석·박사 과정에 대한 이야기를 언급하여 학력 노출
- 동아리 활동에 대한 내용을 학교명과 더불어 언급하여 학교명 노출

04 자기소개서

1. 자기소개서의 변화

- 기존의 자기소개서는 지원자의 일대기나 관심 분야, 성격의 장·단점 등 개괄적인 사항을 묻는 질문으로 구성되어 지원자가 자신의 직무능력을 제대로 표출하지 못합니다.
- 능력중심 채용의 자기소개서는 직무기술서에 제시된 직업기초능력(또는 직무수행능력)에 대한 지원자의 과거 경험을 기술하게 함으로써 평가 타당도의 확보가 가능합니다.

1. 우리 회사와 해당 지원 직무분야에 지원한 동기에 대해 기술해 주세요.

2. 자신이 경험한 다양한 사회활동에 대해 기술해 주세요.

3. 지원 직무에 대한 전문성을 키우기 위해 받은 교육과 경험 및 경력사항에 대해 기술해 주세요.

4. 인사업무 또는 팀 과제 수행 중 발생한 갈등을 원만하게 해결해 본 경험이 있습니까? 당시 상황에 대한 설명과 갈등의 대상이 되었던 상대방을 설득한 과정 및 방법을 기술해 주세요.

5. 과거에 있었던 일 중 가장 어려웠었던(힘들었었던) 상황을 고르고, 어떤 방법으로 그 상황을 해결했는지를 기술해 주세요.

PART 3

Tip

자기소개서 작성 방법

① 자기소개서 문항이 묻고 있는 평가 역량 추측하기

> 예시
>
> • 팀 활동을 하면서 갈등 상황 시 상대방의 니즈나 의도를 명확히 파악하고 해결하여 목표 달성에 기여했던 경험에 대해서 작성해 주시기 바랍니다.
>
> • 다른 사람이 생각해내지 못했던 문제점을 찾고 이를 해결한 경험에 대해 작성해 주시기 바랍니다.

② 해당 역량을 보여줄 수 있는 소재 찾기(시간×역량 매트릭스)

예시

시간

평가역량

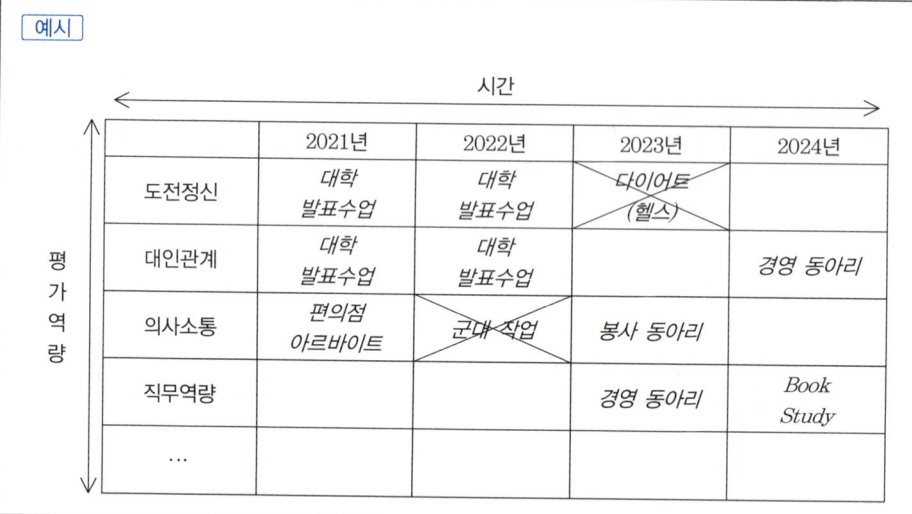

	2021년	2022년	2023년	2024년
도전정신	*대학 발표수업*	*대학 발표수업*	~~*다이어트 (헬스)*~~	
대인관계	*대학 발표수업*	*대학 발표수업*		*경영 동아리*
의사소통	*편의점 아르바이트*	~~*군대 작업*~~	*봉사 동아리*	
직무역량			*경영 동아리*	*Book Study*
…				

③ 자기소개서 작성 Skill 익히기

• 두괄식으로 작성하기
• 구체적 사례를 사용하기
• '나'를 중심으로 작성하기
• 직무역량 강조하기
• 경험 사례의 차별성 강조하기

CHAPTER

03 인성검사 소개 및 모의테스트

01 인성검사 유형

인성검사는 지원자의 성격특성을 객관적으로 파악하고 그것이 각 기업에서 필요로 하는 인재상과 가치에 부합하는가를 평가하기 위한 검사입니다. 인성검사는 KPDI(한국인재개발진흥원), K-SAD(한국사회적성개발원), KIRBS(한국행동과학연구소), SHR(에스에이치알) 등의 전문기관을 통해 각 기업의 특성에 맞는 검사를 선택하여 실시합니다. 대표적인 인성검사의 유형에는 크게 다음과 같은 세 가지가 있으며, 채용 대행업체에 따라 달라집니다.

1. KPDI 검사

조직적응성과 직무적합성을 알아보기 위한 검사로 인성검사, 인성역량검사, 인적성검사, 직종별 인적성검사 등의 다양한 검사 도구를 구현합니다. KPDI는 성격을 파악하고 정신건강 상태 등을 측정하고, 직무검사는 해당 직무를 수행하기 위해 기본적으로 갖추어야 할 인지적 능력을 측정합니다. 역량검사는 특정 직무 역할을 효과적으로 수행하는 데 직접적으로 관련 있는 개인의 행동, 지식, 스킬, 가치관 등을 측정합니다.

2. KAD(Korea Aptitude Development) 검사

K-SAD(한국사회적성개발원)에서 실시하는 적성검사 프로그램입니다. 개인의 성향, 지적 능력, 기호, 관심, 흥미도를 종합적으로 분석하여 적성에 맞는 업무가 무엇인가 파악하고, 직무수행에 있어서 요구되는 기초능력과 실무능력을 분석합니다.

3. SHR 직무적성검사

직무수행에 필요한 종합적인 사고 능력을 다양한 적성검사(Paper and Pencil Test)로 평가합니다. SHR의 모든 직무능력검사는 표준화 검사입니다. 표준화 검사는 표본집단의 점수를 기초로 규준이 만들어진 검사이므로 개인의 점수를 규준에 맞추어 해석・비교하는 것이 가능합니다. S(Standardized Tests), H(Hundreds of Version), R(Reliable Norm Data)을 특징으로 하며, 직군・직급별 특성과 선발 수준에 맞추어 검사를 적용할 수 있습니다.

02 인성검사와 면접

인성검사는 특히 면접질문과 관련성이 높습니다. 면접관은 지원자의 인성검사 결과를 토대로 질문을 하기 때문입니다. 일관적이고 이상적인 답변을 하는 것이 가장 좋지만, 실제 시험은 매우 복잡하여 전문가라 해도 일정 성격을 유지하면서 답변을 하는 것이 힘듭니다. 또한, 인성검사에는 라이 스케일(Lie Scale) 설문이 전체 설문 속에 교묘하게 섞여 들어가 있으므로 겉치레적인 답을 하게 되면 회답태도의 허위성이 그대로 드러나게 됩니다. 예를 들어 '거짓말을 한 적이 한 번도 없다.'에 '예'로 답하고, '때로는 거짓말을 하기도 한다.'에 '예'라고 답하여 라이 스케일의 득점이 올라가게 되면 모든 회답의 신빙성이 사라지고 '자신을 돋보이게 하려는 사람'이라는 평가를 받을 수 있으므로 주의해야 합니다. 따라서 모의테스트를 통해 인성검사의 유형과 실제 시험 시 어떻게 문제를 풀어야 하는지 연습해 보고 체크한 부분 중 자신의 단점과 연결되는 부분은 면접에서 질문이 들어왔을 때 어떻게 대처해야 하는지 생각해 보는 것이 좋습니다.

03 유의사항

1. 기업의 인재상을 파악하라!

인성검사를 통해 개인의 성격 특성을 파악하고 그것이 기업의 인재상과 가치에 부합하는지를 평가하는 시험이기 때문에 해당 기업의 인재상을 먼저 파악하고 시험에 임하는 것이 좋습니다. 모의테스트에서 인재상에 맞는 가상의 인물을 설정하고 문제에 답해 보는 것도 많은 도움이 됩니다.

2. 일관성 있는 대답을 하라!

짧은 시간 안에 다양한 질문에 답을 해야 하는데, 그 안에는 중복되는 질문이 여러 번 나옵니다. 이때 앞서 자신이 체크했던 대답을 잘 기억해뒀다가 일관성 있는 답을 하는 것이 중요합니다.

3. 모든 문항에 대답하라!

많은 문제를 짧은 시간 안에 풀려다 보니 다 못 푸는 경우도 종종 생깁니다. 하지만 대답을 누락하거나 끝까지 다 못했을 경우 좋지 않은 결과를 가져올 수도 있으니 최대한 주어진 시간 안에 모든 문항에 답할 수 있도록 해야 합니다.

04 KPDI 모의테스트

※ 모의테스트는 질문 및 답변 유형 연습을 위한 것으로 실제 시험과 다를 수 있습니다.
※ 인성검사는 정답이 따로 없는 유형의 검사이므로 결과지를 제공하지 않습니다.

번호	내용	예	아니요
001	나는 솔직한 편이다.	☐	☐
002	나는 리드하는 것을 좋아한다.	☐	☐
003	법을 어겨서 말썽이 된 적이 한 번도 없다.	☐	☐
004	거짓말을 한 번도 한 적이 없다.	☐	☐
005	나는 눈치가 빠르다.	☐	☐
006	나는 일을 주도하기보다는 뒤에서 지원하는 것을 선호한다.	☐	☐
007	앞일은 알 수 없기 때문에 계획은 필요하지 않다.	☐	☐
008	거짓말도 때로는 방편이라고 생각한다.	☐	☐
009	사람이 많은 술자리를 좋아한다.	☐	☐
010	걱정이 지나치게 많다.	☐	☐
011	일을 시작하기 전 재고하는 경향이 있다.	☐	☐
012	불의를 참지 못한다.	☐	☐
013	처음 만나는 사람과도 이야기를 잘 한다.	☐	☐
014	때로는 변화가 두렵다.	☐	☐
015	나는 모든 사람에게 친절하다.	☐	☐
016	힘든 일이 있을 때 술은 위로가 되지 않는다.	☐	☐
017	결정을 빨리 내리지 못해 손해를 본 경험이 있다.	☐	☐
018	기회를 잡을 준비가 되어 있다.	☐	☐
019	때로는 내가 정말 쓸모없는 사람이라고 느낀다.	☐	☐
020	누군가 나를 챙겨주는 것이 좋다.	☐	☐
021	자주 가슴이 답답하다.	☐	☐
022	나는 내가 자랑스럽다.	☐	☐
023	경험이 중요하다고 생각한다.	☐	☐
024	전자기기를 분해하고 다시 조립하는 것을 좋아한다.	☐	☐

025	감시받고 있다는 느낌이 든다.	☐	☐
026	난처한 상황에 놓이면 그 순간을 피하고 싶다.	☐	☐
027	세상엔 믿을 사람이 없다.	☐	☐
028	잘못을 빨리 인정하는 편이다.	☐	☐
029	지도를 보고 길을 잘 찾아간다.	☐	☐
030	귓속말을 하는 사람을 보면 날 비난하고 있는 것 같다.	☐	☐
031	막무가내라는 말을 들을 때가 있다.	☐	☐
032	장래의 일을 생각하면 불안하다.	☐	☐
033	결과보다 과정이 중요하다고 생각한다.	☐	☐
034	운동은 그다지 할 필요가 없다고 생각한다.	☐	☐
035	새로운 일을 시작할 때 좀처럼 한 발을 떼지 못한다.	☐	☐
036	기분 상하는 일이 있더라도 참는 편이다.	☐	☐
037	업무능력은 성과로 평가받아야 한다고 생각한다.	☐	☐
038	머리가 맑지 못하고 무거운 느낌이 든다.	☐	☐
039	가끔 이상한 소리가 들린다.	☐	☐
040	타인이 내게 자주 고민상담을 하는 편이다.	☐	☐

05 SHR 모의테스트

※ 모의테스트는 질문 및 답변 유형 연습을 위한 것으로 실제 시험과 다를 수 있습니다.
※ 인성검사는 정답이 따로 없는 유형의 검사이므로 결과지를 제공하지 않습니다.

※ 이 성격검사의 각 문항에는 서로 다른 행동을 나타내는 네 개의 문장이 제시되어 있습니다. 이 문장들을 비교하여, 자신의 평소 행동과 가장 가까운 문장을 'ㄱ' 열에 표기하고, 가장 먼 문장을 'ㅁ' 열에 표기하십시오.

01 나는 ______________________

	ㄱ	ㅁ
A. 실용적인 해결책을 찾는다.	☐	☐
B. 다른 사람을 돕는 것을 좋아한다.	☐	☐
C. 세부 사항을 잘 챙긴다.	☐	☐
D. 상대의 주장에서 허점을 잘 찾는다.	☐	☐

02 나는 ______________________

	ㄱ	ㅁ
A. 매사에 적극적으로 임한다.	☐	☐
B. 즉흥적인 편이다.	☐	☐
C. 관찰력이 있다.	☐	☐
D. 임기응변에 강하다.	☐	☐

03 나는 ______________________

	ㄱ	ㅁ
A. 무서운 영화를 잘 본다.	☐	☐
B. 조용한 곳이 좋다.	☐	☐
C. 가끔 울고 싶다.	☐	☐
D. 집중력이 좋다.	☐	☐

04 나는 ______________________

	ㄱ	ㅁ
A. 기계를 조립하는 것을 좋아한다.	☐	☐
B. 집단에서 리드하는 역할을 맡는다.	☐	☐
C. 호기심이 많다.	☐	☐
D. 음악을 듣는 것을 좋아한다.	☐	☐

05 나는 ______________________________

	ㄱ	ㅁ
A. 타인을 늘 배려한다.	☐	☐
B. 감수성이 예민하다.	☐	☐
C. 즐겨하는 운동이 있다.	☐	☐
D. 일을 시작하기 전에 계획을 세운다.	☐	☐

06 나는 ______________________________

	ㄱ	ㅁ
A. 타인에게 설명하는 것을 좋아한다.	☐	☐
B. 여행을 좋아한다.	☐	☐
C. 정적인 것이 좋다.	☐	☐
D. 남을 돕는 것에 보람을 느낀다.	☐	☐

07 나는 ______________________________

	ㄱ	ㅁ
A. 기계를 능숙하게 다룬다.	☐	☐
B. 밤에 잠이 잘 오지 않는다.	☐	☐
C. 한 번 간 길을 잘 기억한다.	☐	☐
D. 불의를 보면 참을 수 없다.	☐	☐

08 나는 ______________________________

	ㄱ	ㅁ
A. 종일 말을 하지 않을 때가 있다.	☐	☐
B. 사람이 많은 곳을 좋아한다.	☐	☐
C. 술을 좋아한다.	☐	☐
D. 휴양지에서 편하게 쉬고 싶다.	☐	☐

09 나는 ______________________

	ㄱ	ㅁ
A. 뉴스보다는 드라마를 좋아한다.	☐	☐
B. 길을 잘 찾는다.	☐	☐
C. 주말엔 집에서 쉬는 것이 좋다.	☐	☐
D. 아침에 일어나는 것이 힘들다.	☐	☐

10 나는 ______________________

	ㄱ	ㅁ
A. 이성적이다.	☐	☐
B. 할 일을 종종 미룬다.	☐	☐
C. 어른을 대하는 게 힘들다.	☐	☐
D. 불을 보면 매혹을 느낀다.	☐	☐

11 나는 ______________________

	ㄱ	ㅁ
A. 상상력이 풍부하다.	☐	☐
B. 예의 바르다는 소리를 자주 듣는다.	☐	☐
C. 사람들 앞에 서면 긴장한다.	☐	☐
D. 친구를 자주 만난다.	☐	☐

12 나는 ______________________

	ㄱ	ㅁ
A. 나만의 스트레스 해소 방법이 있다.	☐	☐
B. 친구가 많다.	☐	☐
C. 책을 자주 읽는다.	☐	☐
D. 활동적이다.	☐	☐

CHAPTER

04 면접전형 가이드

01 면접유형 파악

1. 면접전형의 변화

기존 면접전형에서는 일상적이고 단편적인 대화나 지원자의 첫인상 및 면접관의 주관적인 판단 등에 의해서 입사 결정 여부를 판단하는 경우가 많았습니다. 이러한 면접전형은 면접 내용의 일관성이 결여되거나 직무 관련 타당성이 부족하였고, 면접에 대한 신뢰도에 영향을 주었습니다.

기존 면접(전통적 면접)		능력중심 채용 면접(구조화 면접)
• 일상적이고 단편적인 대화 • 인상, 외모 등 외부 요소의 영향 • 주관적인 판단에 의존한 총점 부여 ⇩ • 면접 내용의 일관성 결여 • 직무관련 타당성 부족 • 주관적인 채점으로 신뢰도 저하	VS	• 일관성 – 직무관련 역량에 초점을 둔 구체적 질문 목록 – 지원자별 동일 질문 적용 • 구조화 – 면접 진행 및 평가 절차를 일정한 체계에 의해 구성 • 표준화 – 평가 타당도 제고를 위한 평가 Matrix 구성 – 척도에 따라 항목별 채점, 개인 간 비교 • 신뢰성 – 면접진행 매뉴얼에 따라 면접위원 교육 및 실습

2. 능력중심 채용의 면접 유형

① 경험 면접
- 목적 : 선발하고자 하는 직무 능력이 필요한 과거 경험을 질문합니다.
- 평가요소 : 직업기초능력과 인성 및 태도적 요소를 평가합니다.

② 상황 면접
- 목적 : 특정 상황을 제시하고 지원자의 행동을 관찰함으로써 실제 상황의 행동을 예상합니다.
- 평가요소 : 직업기초능력과 인성 및 태도적 요소를 평가합니다.

③ 발표 면접
- 목적 : 특정 주제와 관련된 지원자의 발표와 질의응답을 통해 지원자 역량을 평가합니다.
- 평가요소 : 직무수행능력과 인지적 역량(문제해결능력)을 평가합니다.

④ 토론 면접
- 목적 : 토의과제에 대한 의견수렴 과정에서 지원자의 역량과 상호작용능력을 평가합니다.
- 평가요소 : 직무수행능력과 팀워크를 평가합니다.

02 면접유형별 준비 방법

1. 경험 면접

① 경험 면접의 특징

- 주로 직업기초능력에 관련된 지원자의 과거 경험을 심층 질문하여 검증하는 면접입니다.
- 직무능력과 관련된 과거 경험을 평가하기 위해 심층 질문을 하며, 이 질문은 지원자의 답변에 대하여 '꼬리에 꼬리를 무는 형식'으로 진행됩니다.

> - 능력요소, 정의, 심사 기준
>   - 평가하고자 하는 능력요소, 정의, 심사기준을 확인하여 면접위원이 해당 능력요소 관련 질문을 제시합니다.
> - Opening Question
>   - 능력요소에 관련된 과거 경험을 유도하기 위한 시작 질문을 합니다.
> - Follow-up Question
>   - 지원자의 경험 수준을 구체적으로 검증하기 위한 질문입니다.
>   - 경험 수준 검증을 위한 상황(Situation), 임무(Task), 역할 및 노력(Action), 결과(Result) 등으로 질문을 구분합니다.

경험 면접의 형태

〈일대다 면접〉 〈다대다 면접〉

② 경험 면접의 구조

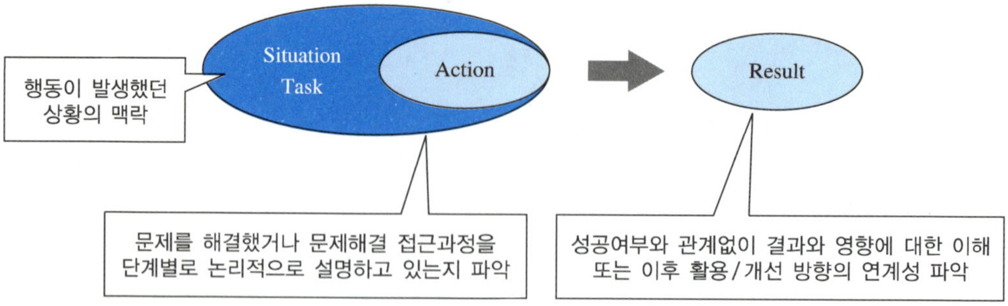

S(Situation)	귀하가 처해 있던 상황에 대해 말해 보시오.
T(Task)	귀하가 수행한 과제 / 과업은 무엇인가?
A(Action)	어떻게 행동(대응)했는가?
R(Result)	그 행동의 결과는 어땠는가?

(   )에 관한 과거 경험에 대하여 말해 보시오.

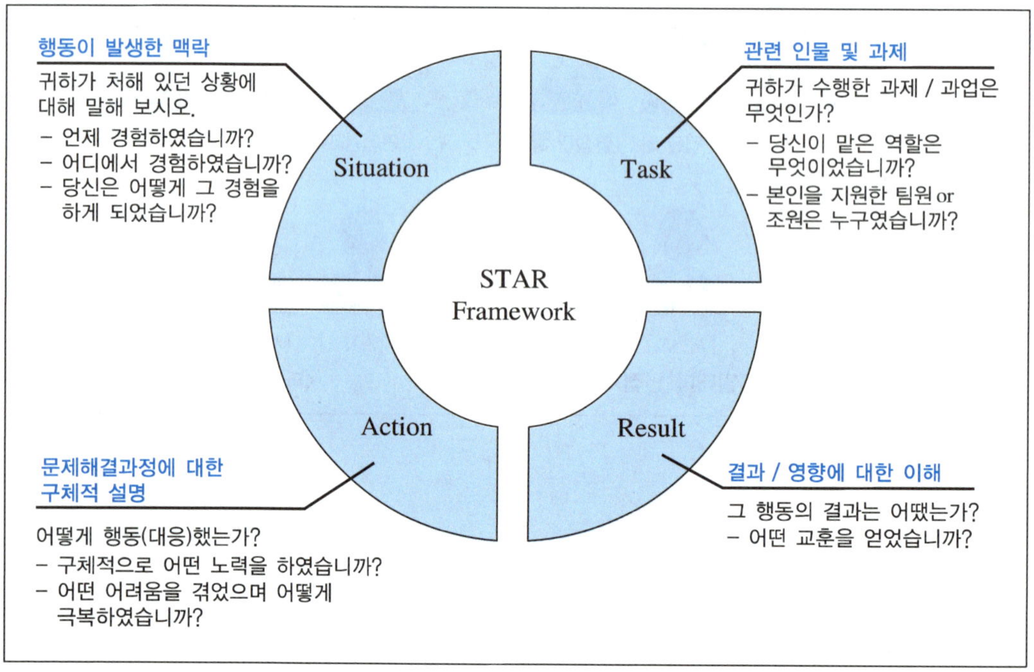

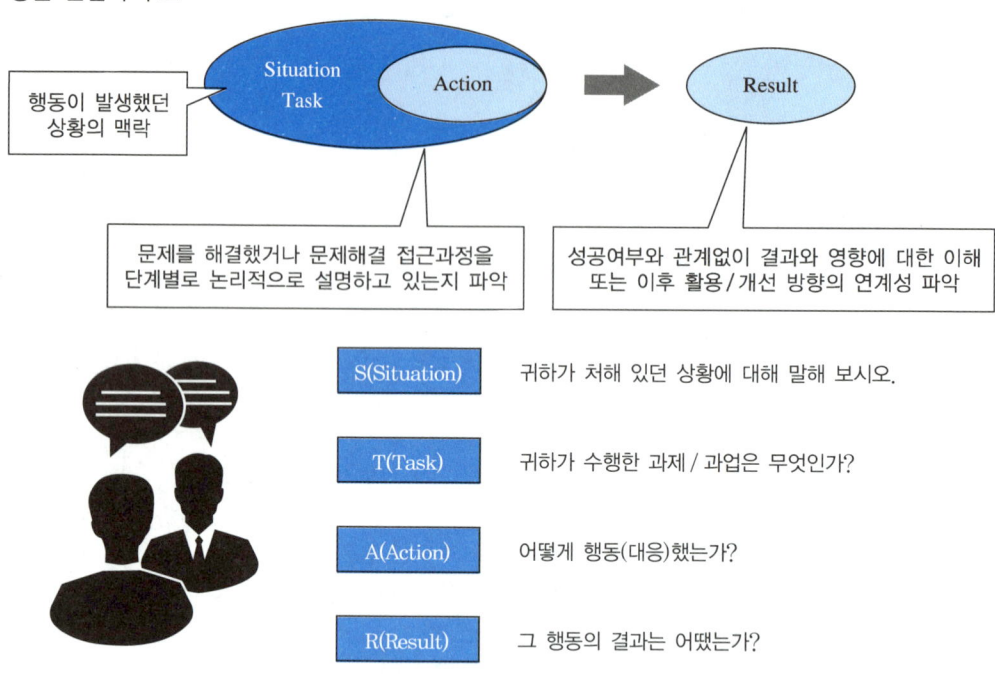

③ 경험 면접 질문 예시(직업윤리)

시작 질문	
1	남들이 신경 쓰지 않는 부분까지 고려하여 절차대로 업무(연구)를 수행하여 성과를 낸 경험을 구체적으로 말해 보시오.
2	조직의 원칙과 절차를 철저히 준수하며 업무(연구)를 수행한 것 중 성과를 향상시킨 경험에 대해 구체적으로 말해 보시오.
3	세부적인 절차와 규칙에 주의를 기울여 실수 없이 업무(연구)를 마무리한 경험을 구체적으로 말해 보시오.
4	조직의 규칙이나 원칙을 고려하여 성실하게 일했던 경험을 구체적으로 말해 보시오.
5	타인의 실수를 바로잡고 원칙과 절차대로 수행하여 성공적으로 업무를 마무리하였던 경험에 대해 말해 보시오.

후속 질문		
상황 (Situation)	상황	구체적으로 언제, 어디에서 경험한 일인가?
		어떤 상황이었는가?
	조직	어떤 조직에 속해 있었는가?
		그 조직의 특성은 무엇이었는가?
		몇 명으로 구성된 조직이었는가?
	기간	해당 조직에서 얼마나 일했는가?
		해당 업무는 몇 개월 동안 지속되었는가?
	조직규칙	조직의 원칙이나 규칙은 무엇이었는가?
임무 (Task)	과제	과제의 목표는 무엇이었는가?
		과제에 적용되는 조직의 원칙은 무엇이었는가?
		그 규칙을 지켜야 하는 이유는 무엇이었는가?
	역할	당신이 조직에서 맡은 역할은 무엇이었는가?
		과제에서 맡은 역할은 무엇이었는가?
	문제의식	규칙을 지키지 않을 경우 생기는 문제점 / 불편함은 무엇인가?
		해당 규칙이 왜 중요하다고 생각하였는가?
역할 및 노력 (Action)	행동	업무 과정의 어떤 장면에서 규칙을 철저히 준수하였는가?
		어떻게 규정을 적용시켜 업무를 수행하였는가?
		규정은 준수하는 데 어려움은 없었는가?
	노력	그 규칙을 지키기 위해 스스로 어떤 노력을 기울였는가?
		본인의 생각이나 태도에 어떤 변화가 있었는가?
		다른 사람들은 어떤 노력을 기울였는가?
	동료관계	동료들은 규칙을 철저히 준수하고 있었는가?
		팀원들은 해당 규칙에 대해 어떻게 반응하였는가?
		규칙에 대한 태도를 개선하기 위해 어떤 노력을 하였는가?
		팀원들의 태도는 당신에게 어떤 자극을 주었는가?
	업무추진	주어진 업무를 추진하는 데 규칙이 방해되진 않았는가?
		업무수행 과정에서 규정을 어떻게 적용하였는가?
		업무 시 규정을 준수해야 한다고 생각한 이유는 무엇인가?

결과 (Result)	평가	규칙을 어느 정도나 준수하였는가?
		그렇게 준수할 수 있었던 이유는 무엇이었는가?
		업무의 성과는 어느 정도였는가?
		성과에 만족하였는가?
		비슷한 상황이 온다면 어떻게 할 것인가?
	피드백	주변 사람들로부터 어떤 평가를 받았는가?
		그러한 평가에 만족하는가?
		다른 사람에게 본인의 행동이 영향을 주었다고 생각하는가?
	교훈	업무수행 과정에서 중요한 점은 무엇이라고 생각하는가?
		이 경험을 통해 느낀 바는 무엇인가?

2. 상황 면접

① 상황 면접의 특징

직무 관련 상황을 가정하여 제시하고 이에 대한 대응능력을 직무관련성 측면에서 평가하는 면접입니다.

- 상황 면접 과제의 구성은 크게 2가지로 구분
  - 상황 제시(Description) / 문제 제시(Question or Problem)
- 현장의 실제 업무 상황을 반영하여 과제를 제시하므로 직무분석이나 직무전문가 워크숍 등을 거쳐 현장성을 높임
- 문제는 상황에 대한 기본적인 이해능력(이론적 지식)과 함께 실질적 대응이나 변수 고려능력(실천적 능력) 등을 고르게 질문해야 함

상황 면접의 형태

② 상황 면접 예시

상황 제시	인천공항 여객터미널 내에는 다양한 용도의 시설(사무실, 통신실, 식당, 전산실, 창고 면세점 등)이 설치되어 있습니다.	실제 업무 상황에 기반함
	금년에 소방배관의 누수가 잦아 메인 배관을 교체하는 공사를 추진하고 있으며, 당신은 이번 공사의 담당자입니다.	배경 정보
	주간에는 공항 운영이 이루어져 주로 야간에만 배관 교체 공사를 수행하던 중, 시공하는 기능공의 실수로 배관 연결 부위를 잘못 건드려 고압배관의 소화수가 누출되는 사고가 발생하였으며, 이로 인해 인근 시설물에 누수에 의한 피해가 발생하였습니다.	구체적인 문제 상황
문제 제시	일반적인 소방배관의 배관연결(이음)방식과 배관의 이탈(누수)이 발생하는 원인에 대해 설명해 보시오.	문제 상황 해결을 위한 기본 지식 문항
	담당자로서 본 사고를 현장에서 긴급히 처리하는 프로세스를 제시하고, 보수완료 후 사후적 조치가 필요한 부분 및 재발방지 방안에 대해 설명해 보시오.	문제 상황 해결을 위한 추가 대응 문항

3. 발표 면접

① 발표 면접의 특징

- 직무관련 주제에 대한 지원자의 생각을 정리하여 의견을 제시하고, 발표 및 질의응답을 통해 지원자의 직무능력을 평가하는 면접입니다.
- 발표 주제는 직무와 관련된 자료로 제공되며, 일정 시간 후 지원자가 보유한 지식 및 방안에 대한 발표 및 후속 질문을 통해 직무적합성을 평가합니다.

- 주요 평가요소
  - 설득적 말하기 / 발표능력 / 문제해결능력 / 직무관련 전문성
- 이미 언론을 통해 공론화된 시사 이슈보다는 해당 직무분야에 관련된 주제가 발표면접의 과제로 선정되는 경우가 최근 들어 늘어나고 있음
- 짧은 시간 동안 주어진 과제를 빠른 속도로 분석하여 발표문을 작성하고 제한된 시간 안에 면접관에게 효과적인 발표를 진행하는 것이 핵심

발표 면접의 형태

〈개별 과제 발표〉 **〈팀 과제 발표〉**

※ 면접관에게 시각적 효과를 사용하여 메시지를 전달하는 쌍방향 커뮤니케이션 방식

※ 심층면접을 보완하기 위한 방안으로 최근 많은 기업에서 적극 도입하는 추세

② 발표 면접 예시

1. 지시문

당신은 현재 A사에서 직원들의 성과평가를 담당하고 있는 팀원이다. 인사팀은 지난주부터 사내 조직문화관련 인터뷰를 하던 도중 성과평가제도에 관련된 개선 니즈가 제일 많다는 것을 알게 되었다. 이에 팀장님은 인터뷰 결과를 종합하려 성과평가제도 개선 아이디어를 A4용지에 정리하여 신속 보고할 것을 지시하셨다. 당신에게 남은 시간은 1시간이다. 자료를 준비하는 대로 당신은 팀원들이 모인 회의실에서 5분 간 발표할 것이며, 이후 질의응답을 진행할 것이다.

2. 배경자료

〈성과평가제도 개선에 대한 인터뷰〉

최근 A사는 회사 사세의 급성장으로 인해 작년보다 매출이 두 배 성장하였고, 직원 수 또한 두 배로 증가하였다. 회사의 성장은 임금, 복지에 대한 상승 등 긍정적인 영향을 주었으나 업무의 불균형 및 성과보상의 불평등 문제가 발생하였다. 또한 수시로 입사하는 신입직원과 경력직원, 퇴사하는 직원들까지 인원들의 잦은 변동으로 인해 평가해야 할 대상이 변경되어 현재의 성과평가제도로는 공정한 평가가 어려운 상황이다.

[생산부서 김상호]
우리 팀은 지난 1년 동안 생산량이 급증했기 때문에 수십 명의 신규인력이 급하게 채용되었습니다. 이 때문에 저희 팀장님은 신규 입사자들의 이름조차 기억 못할 때가 많이 있습니다. 성과평가를 제대로 하고 있는지 의문이 듭니다.

[마케팅 부서 김흥민]
개인의 성과평가의 취지는 충분히 이해합니다. 그러나 현재 평가는 실적기반이나 정성적인 평가가 많이 포함되어 있어 객관성과 공정성에는 의문이 드는 것이 사실입니다. 이러한 상황에서 평가제도를 재수립하지 않고, 인센티브에 계속 반영한다면, 평가제도에 대한 반감이 커질 것이 분명합니다.

[교육부서 홍경민]
현재 교육부서는 인사팀과 밀접하게 일하고 있습니다. 그럼에도 인사팀에서 실시하는 성과평가제도에 대한 이해가 부족한 것 같습니다.

[기획부서 김경호 차장]
저는 저의 평가자 중 하나가 연구부서의 팀장님인데, 일 년에 몇 번 같이 일하지 않는데 어떻게 저를 평가할 수 있을까요? 특히 연구팀은 저희가 예산을 배정하는데, 저에게는 좋지만….

4. 토론 면접

① 토론 면접의 특징

- 다수의 지원자가 조를 편성해 과제에 대한 토론(토의)을 통해 결론을 도출해가는 면접입니다.
- 의사소통능력, 팀워크, 종합인성 등의 평가에 용이합니다.

> • 주요 평가요소
>   – 설득적 말하기, 경청능력, 팀워크, 종합인성
> • 의견 대립이 명확한 주제 또는 채용분야의 직무 관련 주요 현안을 주제로 과제 구성
> • 제한된 시간 내 토론을 진행해야 하므로 적극적으로 자신 있게 토론에 임하고 본인의 의견을 개진할 수 있어야 함

토론 면접의 형태

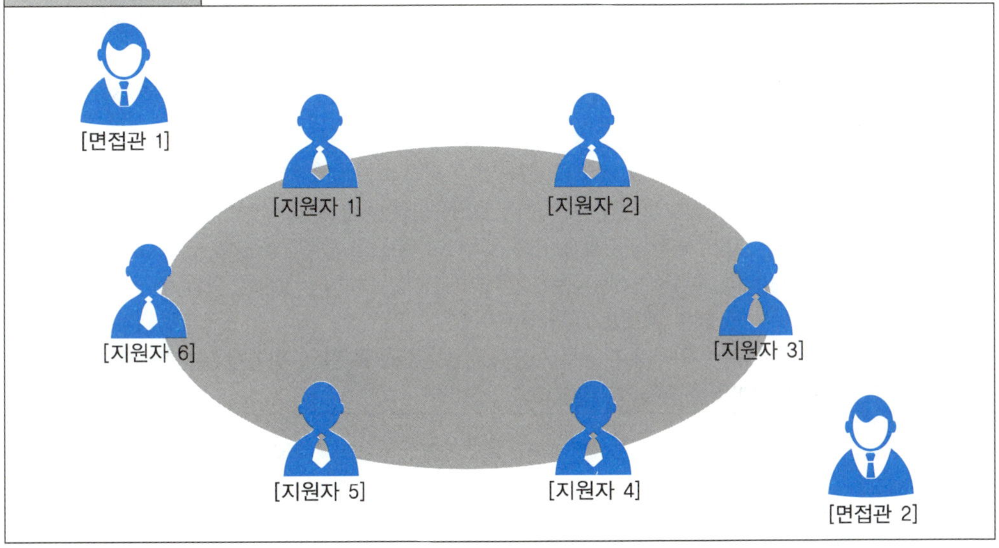

② 토론 면접 예시

고객 불만 고충처리
1. 들어가며
최근 우리 상품에 대한 고객 불만의 증가로 고객고충처리 TF가 만들어졌고 당신은 여기에 지원해 배치받았다. 당신의 업무는 불만을 가진 고객을 만나서 애로사항을 듣고 처리해 주는 일이다. 주된 업무로는 고객의 니즈를 파악해 방향성을 제시해 주고 그 해결책을 마련하는 일이다. 하지만 경우에 따라서 고객의 주관적인 의견으로 인해 제대로 된 방향으로 의사결정을 하지 못할 때가 있다. 이럴 경우 설득이나 논쟁을 해서라도 의견을 관철시키는 것이 좋을지 아니면 고객의 의견대로 진행하는 것이 좋을지 결정해야 할 때가 있다. 만약 당신이라면 이러한 상황에서 어떤 결정을 내릴 것인지 여부를 자유롭게 토론해 보시오.
2. 1분 자유 발언 시 준비사항
• 당신은 의견을 자유롭게 개진할 수 있으며 이에 따른 불이익은 없습니다. • 토론의 방향성을 이해하고, 내용의 장점과 단점이 무엇인지 문제를 명확히 말해야 합니다. • 합리적인 근거에 기초하여 개선방안을 명확히 제시해야 합니다. • 제시한 방안을 실행 시 예상되는 긍정적 · 부정적 영향요인도 동시에 고려할 필요가 있습니다.
3. 토론 시 유의사항
• 토론 주제문과 제공해드린 메모지, 볼펜만 가지고 토론장에 입장할 수 있습니다. • 사회자의 지정 또는 발표자가 손을 들어 발언권을 획득할 수 있으며, 사회자의 통제에 따릅니다. • 토론회가 시작되면, 팀의 의견과 논거를 정리하여 1분간의 자유발언을 할 수 있습니다. 순서는 사회자가 지정합니다. 이후에는 자유롭게 상대방에게 질문하거나 답변을 하실 수 있습니다. • 핸드폰, 서적 등 외부 매체는 사용하실 수 없습니다. • 논제에 벗어나는 발언이나 지나치게 공격적인 발언을 할 경우, 위에서 제시한 유의사항을 지키지 않을 경우 불이익을 받을 수 있습니다.

03 면접 Role Play

1. 면접 Role Play 편성

- 교육생끼리 조를 편성하여 면접관과 지원자 역할을 교대로 진행합니다.
- 지원자 입장과 면접관 입장을 모두 경험해 보면서 면접에 대한 적응력을 높일 수 있습니다.

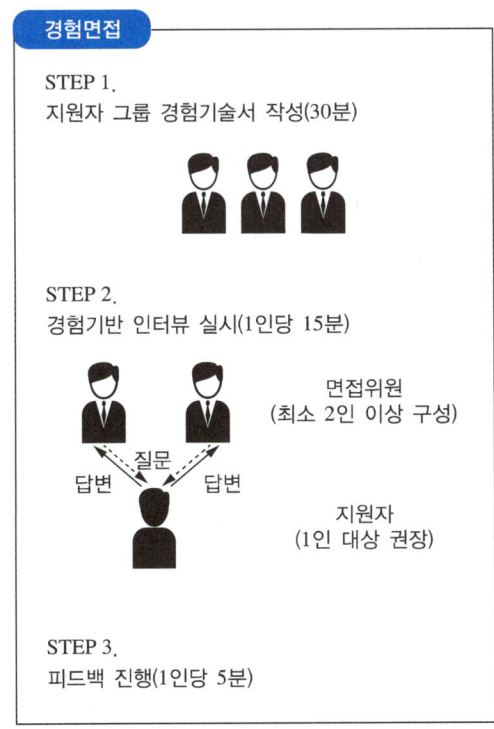

경험면접

STEP 1.
지원자 그룹 경험기술서 작성(30분)

STEP 2.
경험기반 인터뷰 실시(1인당 15분)

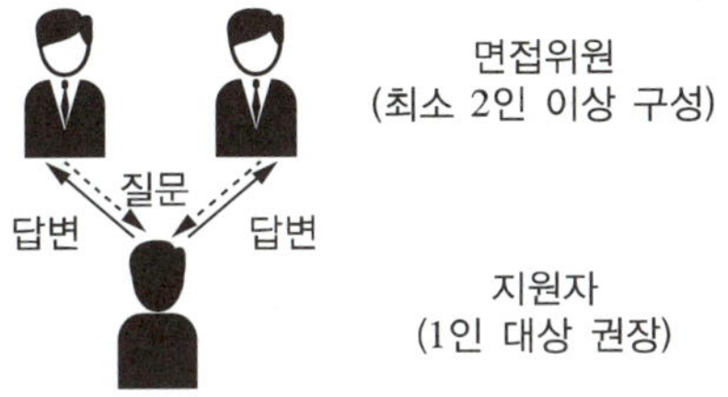

STEP 3.
피드백 진행(1인당 5분)

발표면접

STEP 1.
지원자 그룹 발표 내용 작성(30분)

STEP 2.
발표 5분+추가질의 5분(1인당 10분)

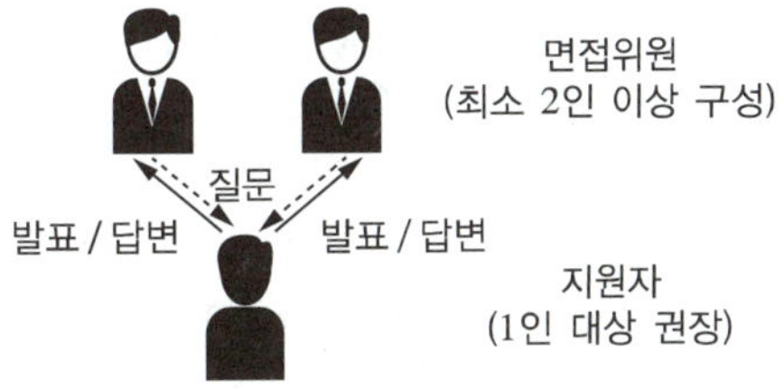

STEP 3.
피드백 진행(1인당 5분)

Tip

면접 준비하기

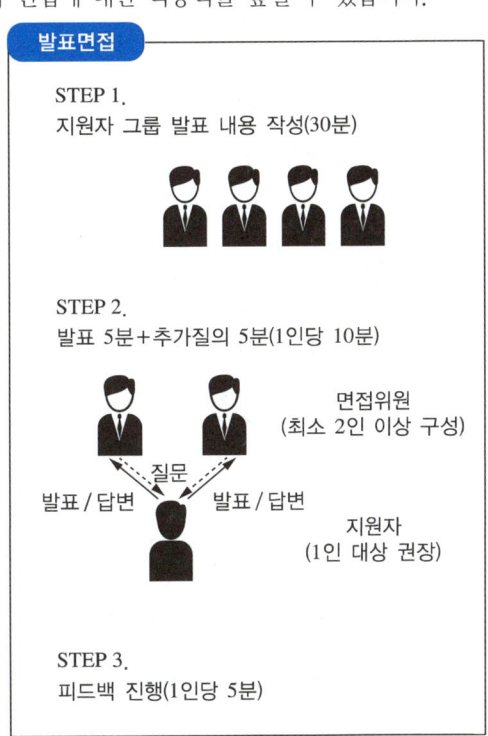

1. 면접 유형 확인 필수
   - 기업마다 면접 유형이 상이하기 때문에 해당 기업의 면접 유형을 확인하는 것이 좋음
   - 일반적으로 실무진 면접, 임원면접 2차례에 거쳐 면접을 실시하는 기업이 많고 실무진 면접과 임원 면접에서 평가요소가 다르기 때문에 유형에 맞는 준비방법이 필요
2. 후속 질문에 대한 사전 점검
   - 블라인드 채용 면접에서는 주요 질문과 함께 후속 질문을 통해 지원자의 직무능력을 판단 → STAR 기법을 통한 후속 질문에 미리 대비하는 것이 필요

PART 3

CHAPTER

05 한국가스기술공사 면접 기출질문

1. 직업기초능력

- 한국가스공사, 한국가스기술공사, 한국가스안전공사의 차이점에 대해 말해 보시오.
- 한국가스기술공사에서 하는 일이 무엇인지 말해 보시오.
- 한국가스기술공사에서 가장 관심 있는 직무가 무엇인지 말해 보시오.
- 원치않는 부서에 배치된다면 어떻게 할 것인지 말해 보시오.
- ESG경영에 본인이 기여할 수 있는 점에 대해 말해 보시오.
- 자신의 도덕성은 몇 퍼센트인지 말해 보시오.
- 안전이란 무엇이라고 생각하는지 말해 보시오.
- 최근 에너지 시장에 대한 견해를 말해 보시오.
- 1분간 자기소개를 해 보시오.
- 우리 공사를 어떻게 알게 되었고, 우리 공사에 지원한 이유가 무엇인가?
- 우리 공사의 홈페이지를 방문해 본 적이 있는가?
- 지원자가 알고 있는 우리 공사에 대한 정보를 말해 보시오.
- 팀 프로젝트를 해 본 적이 있는가?
- 팀 프로젝트를 진행하면서 힘들었던 것은 무엇인가?
- 업무를 함에 있어서 중요하게 생각하는 것은 무엇인가?
- 리더십 경험에 대하여 말해 보시오.
- 리더와의 갈등을 경험해 본 적이 있는가?
- 조직생활의 갈등을 해결해 본 경험에 대하여 말해 보시오.
- 동아리 활동을 하면서 가장 힘들었던 점에 대하여 말해 보시오.
- 팔로우십 경험에 대하여 말해 보시오.
- 상사가 부적절한 지시를 한다면 어떻게 하겠는가?
- 상사의 업무지시를 어기고 행동한 적이 있는가?
- 지원자 본인을 광고해 보시오.
- 지원자는 대인관계를 유지하기 위해 어떻게 하는가?
- 지원자를 채용해야 하는 이유를 설명해 보시오.
- 직무와 관련하여 지원자의 장점을 말해 보시오.
- 조직에서 규정이 명확하지 않아 난처했던 적이 있었는가?
- 본인이 지원한 직렬의 업무를 경험해 본 적이 있는가?
- 입사 후 해 보고 싶은 업무에 대하여 말해 보시오.
- 지원자의 특기는 무엇인가?
- 지원자가 경험한 사회 공헌 활동에 대하여 말해 보시오.
- 지원자는 해외경험이 있는데, 해외경험은 어떠했는가?
- 사회적 이슈인 윤리적인 사건들에 대한 지원자의 견해는 어떠한가?

- 다른 기업에도 입사지원한 곳이 있는가?
- 입사 후 지방에서 근무하게 되어도 괜찮은가?
- 실제 업무 상황에서 발생하는 갈등을 어떻게 해결하겠는가?
- 창의성을 발휘해 성과를 낸 경험을 말해 보시오.
- 불합리한 규정을 바꾸어 본 경험이 있는가?
- 지원한 직무와 다른 전공인데, 전공을 바꾼 이유가 무엇인가?
- 인생의 터닝포인트에 대해 말해 보시오.
- 최선을 다했지만 실패했던 경험에 대해 말해 보시오.
- 살면서 가장 감동적이었던 경험에 대해 말해 보시오.
- 희생을 통해 무언가 이뤄 본 경험에 대해 말해 보시오.
- 본인의 스트레스 해소법에 대해 말해 보시오.

2. 직무수행능력

- 가스의 종류에 대해 설며해 보시오.
- 자동전압조정기의 원리에 대해 설명해 보시오..
- 안전사고 발생원인과 대책에 대해 설명해 보시오.
- 스마트 안전기술을 통한 현장 안전관리 방법에 대해 설명해 보시오.
- UPS가 무엇인지 설명해 보시오.
- 컨버터와 인버터에 대해 설명해 보시오.
- 차단기에 대해 아는 대로 설명해 보시오.
- 가스란 무엇인지 설명해 보시오.
- 기술이란 무엇인지 설명해 보시오.
- 수소에 대해 아는 것을 말해 보시오.
- 가스 액화 과정을 설명해 보시오.
- 변압기 일상점검과 주기점검의 차이점을 아는가?
- 변압기 안전대책 방안에 대하여 설명해 보시오.
- LNG와 LPG의 차이점을 아는가?
- LNG탱크에 대해 아는 것이 있다면 말해 보시오.
- CNG가 무엇인지 설명해 보시오.
- 열역학 제2법칙에 대하여 설명해 보시오.
- 열역학 제3법칙에 대하여 설명해 보시오.
- 열역학 사이클에 대하여 설명해 보시오.
- 유도기와 기동법에 대하여 말해 보시오.
- 초전도체에 대하여 설명해 보시오.
- 밸브의 종류에 대해서 아는 대로 말해 보시오.
- 와류와 관련된 밸브의 종류에 대하여 말해 보시오.
- 캐비테이션 방지법에 대하여 설명해 보시오.
- 접지 설치 목적에 대하여 설명해 보시오.

- 접지의 종류와 그에 맞는 저항 크기에 대하여 아는가?
- 저항을 줄이기 위한 저감 대책에 대하여 말해 보시오.
- 누설전류의 발생 이유와 대책에 대하여 말해 보시오.
- 파스칼 원리에 대하여 설명해 보시오.
- 베르누이 원리에 대하여 설명해 보시오.
- 전동기 종류에 대해 말해 보시오.
- 유도전동기의 원리에 대하여 설명해 보시오.
- 비파괴검사의 종류에 대하여 설명해 보시오.
- 기업의 부실채권 감소 방안에 대하여 말해 보시오.
- 형광등을 LED 등으로 교체했을 때, 잔상이 남는 현상에 대한 이유와 해결책을 제시해 보시오.
- 중대재해에 대해 아는 것이 있다면 말해 보시오.
- 소방용수 파이프에서 물이 새고 있다면 어떤 일을 가장 먼저 할 것인가?

3. 토론면접

일반적으로 진행되는 토론면접의 주제는 최근 사회적 이슈와 더불어 한국가스기술공사와 관련된 시사주제가 출제되므로 꾸준한 관심을 가질 필요가 있다.

- 고령 운전자의 운전 금지에 대하여 토론하시오.
- 블라인드 채용 시행에 대하여 토론하시오.
- 흉악범 신상 공개에 대하여 토론하시오.
- 안락사 법제화에 대하여 토론하시오.
- 구급차 유료화에 대하여 토론하시오.
- 노 – 키즈존에 대하여 토론하시오.
- 예방 정비 절차에 대하여 토론하시오.
- 공사에 주어진 현안을 가지고 경비절감 방안에 대하여 토론하시오.
- 공유 경제에 대하여 토론하시오.
- 생명 윤리에 대하여 토론하시오.
- 층간소음 규제에 대하여 토론하시오.
- 반려동물 보유세에 대하여 토론하시오.
- 블라인드 채용에 대하여 토론하시오.
- 공사 설비와 관련된 자료를 바탕으로 토론하시오.
- 자료를 참고하여 모니터에 발생한 문제를 해결할 방안에 대하여 토론하시오.
- 인턴 선발 방법에 대하여 토론하시오.
- 시설관리 방법에 대하여 토론하시오.
- 설비의 점검표를 작성하고, 그 이유에 대하여 토론하시오.
- UPS 축전지 설페이션 현상에 대해 어떻게 조치할 것인지 토론하시오.

현재 나의 실력을 객관적으로 파악해 보자!

모바일 OMR

답안채점 / 성적분석 서비스

도서에 수록된 모의고사에 대한 객관적인 결과(정답률, 순위)를 종합적으로 분석하여 제공합니다.

OMR 입력

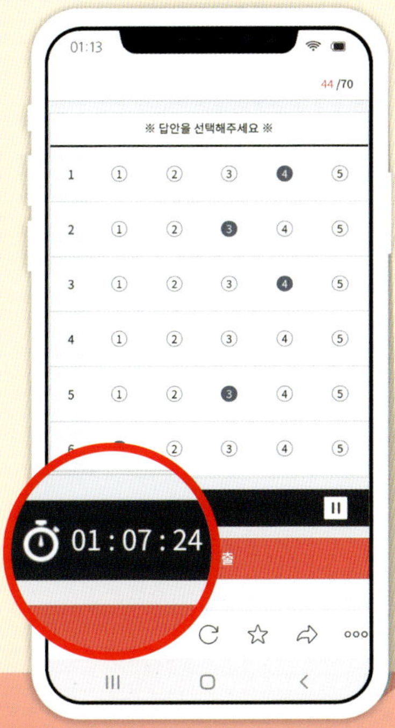

성적분석

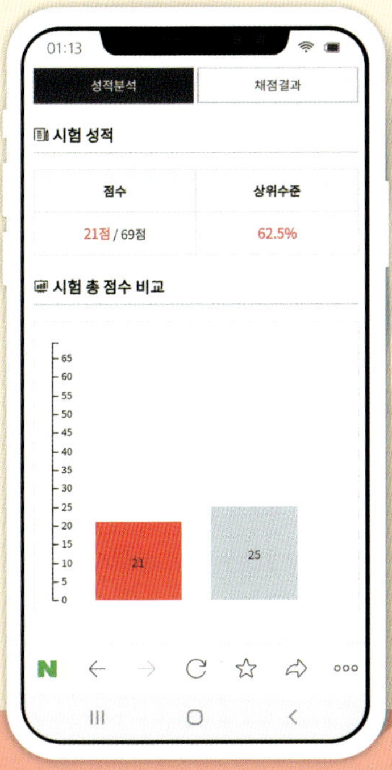

채점결과

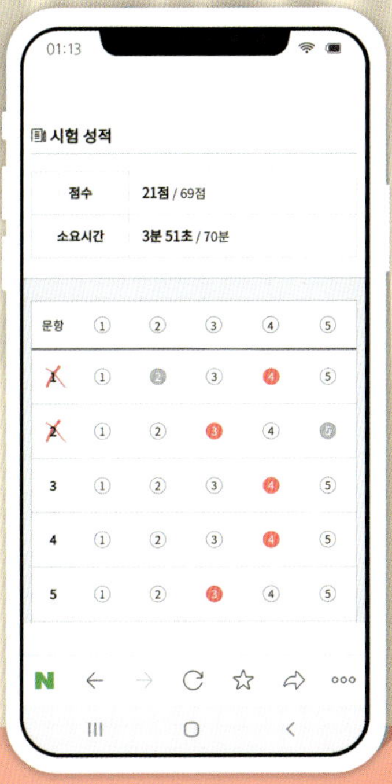

※OMR 답안채점 / 성적분석 서비스는 등록 후 30일간 사용 가능합니다.

도서 내 모의고사 우측 상단에 위치한 QR코드 찍기 → 로그인 하기 → '시작하기' 클릭 → '응시하기' 클릭 → 나의 답안을 모바일 OMR 카드에 입력 → '성적분석 & 채점결과' 클릭 → 현재 내 실력 확인하기

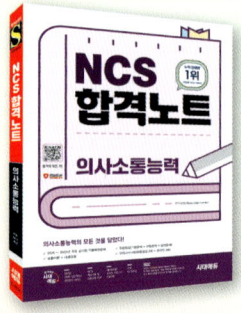

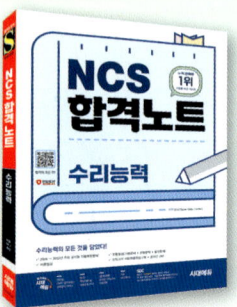

2025
최신판

한국가스
기술공사

판매량
1위
한국가스기술공사
YES24

정답 및 해설

NCS+최종점검 모의고사 5회

편저 | SDC(Sidae Data Center)

기출복원문제부터
대표기출유형 및
모의고사까지

한 권으로
마무리!

SDC
SDC는 시대에듀 데이터 센터의 약자로
약 30만 개의 NCS · 적성 문제 데이터를
바탕으로 최신 출제경향을 반영하여
문제를 출제합니다.

시대에듀

Add+

2024년 하반기 주요 공기업 NCS 기출복원문제

01	02	03	04	05	06	07	08	09	10	11	12	13	14	15	16	17	18	19	20
④	③	⑤	③	③	③	④	④	③	⑤	③	④	②	①	③	④	⑤	④	③	④
21	22	23	24	25	26	27	28	29	30	31	32	33	34	35	36	37	38	39	40
⑤	③	②	⑤	⑤	③	③	③	①	①	③	①	②	①	④	③	④	④	④	③
41	42	43	44	45	46	47	48	49	50										
②	③	⑤	③	①	④	④	⑤	②	②										

01

정답 ④

쉼이란 대화 도중에 잠시 침묵하는 것을 말한다. 쉼을 사용하는 대표적인 경우는 다음과 같다.

- 이야기의 전이 시(흐름을 바꾸거나 다른 주제로 넘어갈 때)
- 양해, 동조, 반문의 경우
- 생략, 암시, 반성의 경우
- 여운을 남길 때

위와 같은 목적으로 쉼을 활용함으로써 논리성, 감정 제고, 동질감 등을 확보할 수 있다.

반면, 연단공포증은 면접이나 발표 등 청중 앞에서 이야기할 때 가슴이 두근거리고, 입술이 타고, 식은땀이 나고, 얼굴이 달아오르는 생리적인 현상으로, 쉼과는 관련이 없다. 연단공포증은 90% 이상의 사람들이 호소하는 불안이므로 극복하기 위해서는 연단공포증에 대한 걱정을 떨쳐내고 이러한 심리현상을 잘 통제하여 의사 표현하는 것을 연습해야 한다.

02

정답 ③

미국의 심리학자인 도널드 키슬러는 대인관계 의사소통 방식을 체크리스트로 평가하여 8가지 유형으로 구분하였다. 이 중 친화형은 따뜻하고 배려심이 깊으며, 타인과의 관계를 중시하는 유형이다. 또한 협동적이고 조화로운 성격으로, 자기희생적인 경향이 강하다.

키슬러의 대인관계 의사소통 유형

- 지배형 : 자신감이 있고 지도력이 있으나 논쟁적이고 독단이 강하여 대인 갈등을 겪을 수 있으므로 타인의 의견을 경청하고 수용하는 자세가 필요하다.
- 실리형 : 이해관계에 예민하고 성취 지향적으로 경쟁적인 데다 자기중심적이어서 타인의 입장을 배려하고 관심을 갖는 자세가 필요하다.
- 냉담형 : 이성적인 의지력이 강하고 타인의 감정에 무관심하며 피상적인 대인관계를 유지하므로 타인의 감정 상태에 관심을 가지고 긍정적인 감정을 표현하는 것이 필요하다.
- 고립형 : 혼자 있는 것을 선호하고 사회적 상황을 회피하며 지나치게 자신의 감정을 억제하므로 대인관계의 중요성을 인식하고 타인에 대한 비현실적인 두려움의 근원을 성찰하는 것이 필요하다.
- 복종형 : 수동적이고 의존적이며 자신감이 없으므로 적극적인 자기표현과 주장이 필요하다.
- 순박형 : 단순하고 솔직하며 자기주관이 부족하므로 자기주장을 하는 노력이 필요하다.
- 친화형 : 따뜻하고 인정이 많고 자기희생적이나 타인의 요구를 거절하지 못하므로 타인과의 정서적인 거리를 유지하는 노력이 필요하다.
- 사교형 : 외향적이고 인정하는 욕구가 강하며, 타인에 대한 관심이 많아서 간섭하는 경향이 있고 흥분을 잘 하므로 심리적 안정과 지나친 인정욕구에 대한 성찰이 필요하다.

03

정답 ⑤

철도사고는 달리는 도중에도 발생할 수 있으므로 먼저 인터폰을 통해 승무원에게 사고를 알리고, 열차가 멈춘 후에 안내방송에 따라 비상핸들이나 비상콕크를 돌려 문을 열고 탈출해야 한다. 만일 화재가 발생했을 경우에는 승무원에게 사고를 알리고 곧바로 119에도 신고를 해야 한다.

오답분석

① 침착함을 잃고 패닉에 빠지게 되면, 적절한 행동요령에 따라 대피하기 어렵다. 따라서 사고현장에서 대피할 때는 승무원의 안내에 따라 질서 있게 대피해야 한다.
② 화재사고 발생 시 승객들은 여유가 있을 경우 전동차 양 끝에 비치된 소화기를 통해 초기 진화를 시도해야 한다.
③ 역이 아닌 곳에서 열차가 멈췄을 경우 감전의 위험이 있으므로 반드시 승무원의 안내에 따라 반대편 선로의 열차 진입에 유의하며 대피 유도등을 따라 침착하게 비상구로 대피해야 한다.
④ 전동차에서 대피할 때는 부상자, 노약자, 임산부 등 탈출이 어려운 사람부터 먼저 대피할 수 있도록 배려하고 도와주어야 한다.

04

정답 ③

하향식 읽기 모형은 독자의 배경지식을 바탕으로 글의 맥락을 먼저 파악하는 읽기 전략이다. ③의 경우 제품 설명서를 통해 세부 기능과 버튼별 용도를 파악하고 기계를 작동시켰으므로 상향식 읽기를 수행한 사례이다. 제품 설명서를 하향식으로 읽는다면 제품 설명서를 읽기 전 제품을 보고 배경지식을 바탕으로 어떤 기능이 있는지 예측하고, 해당 기능을 수행하는 세부 방법을 제품 설명서를 통해 찾아봐야 한다.

오답분석

① 회의의 주제에 대한 배경지식을 가지고 회의 안건을 예상한 후 회의 자료를 파악하였으므로 하향식 읽기 모형에 해당한다.
② 헤드라인을 먼저 읽어 배경지식을 바탕으로 전체적인 내용을 파악하고 상세 내용을 읽었으므로 하향식 읽기 모형에 해당한다.
④ 요리에 대한 경험과 지식을 바탕으로 요리 과정을 파악하였으므로 하향식 읽기 모형에 해당한다.
⑤ 해당 분야에 대한 기본적인 지식을 바탕으로 서문이나 목차를 통해 책의 전체적인 흐름을 파악하였으므로 하향식 읽기 모형에 해당한다.

05

정답 ③

농도가 15%인 소금물 200g의 소금의 양은 $200\times\frac{15}{100}=30$g이고, 농도가 20%인 소금물 300g의 소금의 양은 $300\times\frac{20}{100}=60$g이다.

따라서 두 소금물을 섞었을 때의 농도는 $\frac{30+60}{200+300}\times100=\frac{90}{500}\times100=18\%$이다.

06

정답 ③

여직원끼리 인접하지 않는 경우는 남직원과 여직원이 번갈아 앉는 경우뿐이다. 이때 여직원 D의 자리를 기준으로 남직원 B가 옆에 앉는 경우를 다음과 같이 나눌 수 있다.

- 첫 번째, 여섯 번째 자리에 여직원 D가 앉는 경우
  남직원 B가 여직원 D 옆에 앉는 경우는 1가지뿐으로, 남은 자리에 남직원, 여직원이 번갈아 앉아 경우의 수는 $2\times1\times2!\times2!=8$가지이다.
- 두 번째, 세 번째, 네 번째, 다섯 번째 자리에 여직원 D가 앉는 경우
  각 경우에 대하여 남직원 B가 여직원 D 옆에 앉는 경우는 2가지이다. 남은 자리에 남직원, 여직원이 번갈아 앉으므로 경우의 수는 $4\times2\times2!\times2!=32$가지이다.

따라서 구하고자 하는 경우의 수는 $8+32=40$가지이다.

07

정답 ④

제시된 수열은 홀수 항일 때 +12, +24, +48, …씩 증가하고, 짝수 항일 때 +20씩 증가하는 수열이다.
따라서 빈칸에 들어갈 수는 13+48=61이다.

08

정답 ④

2022년에 중학교에서 고등학교로 진학한 학생의 비율은 99.7%이고, 2023년 중학교에서 고등학교로 진학한 학생의 비율은 99.6%이다. 따라서 진학한 비율이 감소하였으므로 중학교에서 고등학교로 진학하지 않은 학생의 비율은 증가하였음을 알 수 있다.

오답분석

① 중학교의 취학률이 가장 낮은 해는 97.1%인 2020년이다. 이는 97% 이상이므로 중학교의 취학률은 매년 97% 이상이다.
② 매년 초등학교의 취학률이 가장 높다.
③ 고등교육기관의 취학률은 2020년 이후로 계속해서 70% 이상을 기록하였다.
⑤ 고등교육기관의 취학률이 가장 낮은 해는 2016년이고, 고등학교의 상급학교 진학률이 가장 낮은 해 또한 2016년이다.

09

정답 ③

오답분석

① B기업의 매출액이 가장 많은 때는 2024년 3월이지만, 그래프에서는 2024년 4월의 매출액이 가장 많은 것으로 나타났다.
② 2024년 2월에는 A기업의 매출이 더 많지만, 그래프에서는 B기업이 더 많은 것으로 나타났다.
④ A기업의 매출액이 가장 적은 때는 2024년 4월이지만, 그래프에서는 2024년 3월의 매출액이 가장 적은 것으로 나타났다.
⑤ A기업과 B기업의 매출액의 차이가 가장 큰 때는 2024년 1월이지만, 그래프에서는 2024년 5월과 6월의 매출액 차이가 더 큰 것으로 나타났다.

10

정답 ⑤

스마트 팜 관련 정부 사업 참여 경험은 K사의 강점 요인이다. 또한 정부의 적극적인 지원은 스마트 팜 시장 성장에 따른 기회 요인이다. 따라서 스마트 팜 관련 정부 사업 참여 경험을 바탕으로 정부의 적극적인 지원을 확보하는 것은 내부의 강점을 통해 외부의 기회 요인을 극대화하는 SO전략에 해당한다.

오답분석

①·②·③·④ 외부의 기회를 이용하여 내부의 약점을 보완하는 WO전략에 해당한다.

11

정답 ③

A~F 모두 문맥을 무시하고 일부 문구에만 집착하여 뜻을 해석하고 있으므로 '과대해석의 오류'를 범하고 있다. 과대해석의 오류는 전체적인 상황이나 맥락을 고려하지 않고 특정 단어나 문장에만 집착하여 의미를 해석하는 오류로, 글의 의미를 지나치게 확대하거나 축소하여 생각하고, 문자 그대로의 의미에만 너무 집착하여 다른 가능성이나 해석을 배제하게 되는 논리적 오류이다.

오답분석

① 무지의 오류 : '신은 존재하지 않는다가 증명되지 않았으므로 신은 존재한다.'처럼 증명되지 않았다고 해서 그 반대의 주장이 참이라고 생각하는 오류이다.
② 연역법의 오류 : '조류는 날 수 있다. 펭귄은 조류이다. 따라서 펭귄은 날 수 있다.'처럼 잘못된 삼단논법에 의해 발생하는 논리적 오류이다.
④ 허수아비 공격의 오류 : '저 사람은 과거에 거짓말을 한 적이 있으니 이번에 일어난 사기 사건의 범인이다.'처럼 개별적 인과관계를 입증하지 않고 전혀 상관없는 별개의 논리를 만들어 공격하는 논리적 오류이다.
⑤ 권위나 인신공격에 의존한 논증 : '제정신을 가진 사람이면 그런 주장을 할 수가 없다.'처럼 상대방의 주장 대신 인격을 공격하거나, '최고 권위자인 A교수도 이런 말을 했습니다.'처럼 자신의 논리적인 약점을 권위자를 통해 덮으려는 논리적 오류이다.

12

정답 ④

A～E열차의 운행시간 단위를 시간 단위로, 평균 속력의 단위를 시간당 운행거리로 통일하여 정리하면 다음과 같다.

구분	운행시간	평균 속력	운행거리
A열차	900분=15시간	50m/s=(50×60×60)m/h=180km/h	15×180=2,700km
B열차	10시간 30분=10.5시간	150km/h	10.5×150=1,575km
C열차	8시간	55m/s=(55×60×60)m/h=198km/h	8×198=1,584km
D열차	720분=12시간	2.5km/min=(2.5×60)km/h=150km/h	12×150=1,800km
E열차	10시간	2.7km/min=(2.7×60)m/h=162km/h	10×162=1,620km

따라서 C열차의 운행거리는 네 번째로 길다.

13

정답 ②

K대학교 기숙사 운영위원회는 단순히 '기숙사에 문제가 있다.'라는 큰 문제에서 벗어나 식사, 시설, 통신환경이라는 세 가지 주요 문제를 파악하고 문제별로 다시 세분화하여 더욱 구체적으로 인과관계 및 구조를 파악하여 분석하고 있다. 따라서 제시문에서 나타난 문제해결 절차는 '문제 도출'이다.

문제해결 절차 5단계

1. 문제 인식 : 해결해야 할 전체 문제를 파악하여 우선순위를 정하고 선정 문제에 대한 목표를 명확히 하는 단계
2. 문제 도출 : 선정된 문제를 분석하여 해결해야 할 것이 무엇인지를 명확히 하는 단계로, 현상에 대한 문제를 분해하여 인과관계 및 구조를 파악하는 단계
3. 원인 분석 : 파악된 핵심 문제에 대한 분석을 통해 근본 원인을 도출해 내는 단계
4. 해결안 개발 : 문제로부터 도출된 근본 원인을 효과적으로 해결할 수 있는 최적의 해결 방안을 수립하는 단계
5. 실행 및 평가 : 해결안 개발을 통해 만들어진 실행 계획을 실제 상황에 적용하는 단계로, 해결안을 통해 문제의 원인들을 제거해 나가는 단계

14

정답 ①

공공사업을 위해 투입된 세금을 본래의 목적에 사용하지 않고 무단으로 다른 곳에 쓴 상황이므로 '예정되어 있는 곳에 쓰지 아니하고 다른 데로 돌려서 씀'을 의미하는 '전용(轉用)'이 가장 적절한 단어이다.

오답분석

② 남용(濫用) : 일정한 기준이나 한도를 넘어서 함부로 씀
③ 적용(適用) : 알맞게 이용하거나 맞추어 씀
④ 활용(活用) : 도구나 물건 따위를 충분히 잘 이용함
⑤ 준용(遵用) : 그대로 좇아서 씀

15

정답 ③

시조새는 비대칭형 깃털을 가진 최초의 동물로, 현대의 날 수 있는 조류처럼 바람을 맞는 곳의 깃털은 짧고, 뒤쪽은 긴 형태로 이루어졌으며, 이와 같은 비대칭형 깃털이 양력을 제공하여 짧은 거리의 활강을 가능하게 하였다. 따라서 비행을 하기 위한 시조새의 신체 조건은 날개의 깃털이 비대칭 구조로 형성되어 있는 것이다.

오답분석

① 제시문에서 언급하지 않은 내용이다.
②·④ 세 개의 갈고리 발톱과 척추뼈가 꼬리까지 이어지는 구조는 공룡의 특징을 보여주는 신체 조건이다.
⑤ 시조새는 현대 조류처럼 가슴뼈가 비행에 최적화된 형태로 발달되지 않았다고 언급하고 있다.

16

정답 ④

제시문은 서양의학에 중요한 영향을 준 히포크라테스와 갈레노스에 대해 소개하고 있다. 히포크라테스는 자연적 관찰을 통해 의사를 과학적인 기반 위의 직업으로 만들었으며, 히포크라테스 선서와 같이 전문직업으로써의 윤리적 기준을 마련한 서양의학의 상징이라고 소개하고 있으며, 갈레노스는 실제 해부와 임상 실험을 통해 의학 이론을 증명하고 방대한 저술을 남겨 후대 의학 발전에 큰 영향을 주었음을 설명하고 있다. 따라서 '히포크라테스와 갈레노스가 서양의학에 끼친 영향과 중요성'이 제시문의 주제이다.

오답분석

① 갈레노스의 의사로서의 이력은 언급하고 있지만, 생애에 대해 구체적으로 밝히는 글은 아니다.
② 갈레노스가 해부와 실험을 통해 의학 이론을 증명하였음을 설명할 뿐이며, 해부학의 발전 과정에 대해 설명하는 글은 아니다.
③ 히포크라테스 선서는 히포크라테스가 서양의학에 남긴 중요한 윤리적 기준이지만, 이를 중심으로 설명하는 글은 아니다.
⑤ 히포크라테스와 갈레노스 모두 4체액설과 같은 부분에서는 현대 의학과는 거리가 있었음을 밝히고 있다.

17

정답 ⑤

'비상구'는 '화재나 지진 따위의 갑작스러운 사고가 일어날 때에 급히 대피할 수 있도록 특별히 마련한 출입구'이다. 따라서 이와 가장 비슷한 단어는 '갇힌 곳에서 빠져나가거나 도망하여 나갈 수 있는 출구'를 의미하는 '탈출구'이다.

오답분석

① 진입로 : 들어가는 길
② 출입구 : 나갔다가 들어왔다가 하는 어귀나 문
③ 돌파구 : 가로막은 것을 쳐서 깨뜨려 통과할 수 있도록 뚫은 통로나 목
④ 여울목 : 여울물(강이나 바다 따위의 바닥이 얕거나 폭이 좁아 물살이 세게 흐르는 곳의 물)이 턱진 곳

18

정답 ④

A열차의 속력을 V_a, B열차의 속력을 V_b라 하고, 터널의 길이를 l, 열차의 전체 길이를 x라 하자.

A열차가 터널을 진입하고 빠져나오는 데 걸린 시간은 $\frac{l+x}{V_a}=14$초이다. B열차가 A열차보다 5초 늦게 진입하고 5초 빠르게 빠져나왔으므로 터널을 진입하고 빠져나오는 데 걸린 시간은 $14-5-5=4$초이다. 그러므로 $\frac{l+x}{V_b}=4$초이다.

따라서 $V_a=14(l+x)$, $V_b=4(l+x)$이므로 $\frac{V_a}{V_b}=\frac{14(l+x)}{4(l+x)}=3.5$배이다.

19

정답 ③

A팀은 5일마다, B팀은 4일마다 회의실을 사용하므로 두 팀이 회의실을 사용하고자 하는 날은 20일마다 겹친다. 첫 번째 겹친 날에 A팀이 먼저 사용했으므로 20일 동안 A팀이 회의실을 사용한 횟수는 4회이다. 두 번째 겹친 날에는 B팀이 사용하므로 40일 동안 A팀이 회의실을 사용한 횟수는 7회이고, 세 번째로 겹친 날에는 A팀이 회의실을 사용하므로 60일 동안 A팀은 회의실을 11회 사용하였다. 이를 표로 정리하면 다음과 같다.

겹친 횟수	첫 번째	두 번째	세 번째	네 번째	다섯 번째	…	$(n-1)$번째	n번째
회의실 사용 팀	A팀	B팀	A팀	B팀	A팀	…	A팀	B팀
A팀의 회의실 사용 횟수	4회	7회	11회	14회	18회	…		

겹친 날을 기준으로 A팀은 9회, B팀은 8회를 사용하였으므로 다음으로는 B팀이 회의실을 사용할 순서이다. 이때, B팀이 m번째로 회의실을 사용할 순서라면 A팀이 이때까지 회의실을 사용한 횟수는 $7m$회이다. 따라서 B팀이 겹친 날을 기준으로 회의실을 8회까지 사용하였고, 9번째로 사용할 순서이므로 이때까지 A팀이 회의실을 사용한 횟수는 최대 $7\times9=63$회이다.

20

정답 ④

마지막 조건에 따라 광물 B는 인회석이고, 광물 B로 광물 C를 긁었을 때 긁힘 자국이 생기므로 광물 C는 인회석보다 무른 광물이다. 한편, 광물 A로 광물 C를 긁었을 때 긁힘 자국이 생기므로 광물 A는 광물 C보다 단단하고, 광물 A로 광물 B를 긁었을 때 긁힘 자국이 생기지 않으므로 광물 A는 광물 B보다는 무른 광물이다. 따라서 가장 단단한 광물은 B이며, 그다음으로 A, C 순으로 단단하다.

오답분석

① 광물 C는 인회석보다 무른 광물이므로 석영이 아니다.
② 광물 A는 인회석보다 무른 광물이지만, 방해석인지는 확인할 수 없다.
③ 가장 무른 광물은 C이다.
⑤ 광물 B는 인회석이므로 모스 굳기 단계는 5단계이다.

21

정답 ⑤

J공사의 지점 근무 인원이 71명이므로 가용 인원수가 부족한 B오피스는 제외된다. 또한, 시설 조건에서 스튜디오와 회의실이 필요하다고 했으므로 스튜디오가 없는 D오피스도 제외된다. 나머지 A, C, E오피스는 모두 교통 조건을 충족하므로 임대비용만 비교하면 된다. A, C, E오피스의 5년 임대비용은 다음과 같다.

- A오피스 : 600만×71×5=213,000만 원 → 21억 3천만 원
- C오피스 : 3,600만×12×5=216,000만 원 → 21억 6천만 원
- E오피스 : (3,800만×12×0.9)×5=205,200만 원 → 20억 5천 2백만 원

따라서 사무실 이전 조건을 바탕으로 가장 저렴한 공유 오피스인 E오피스로 이전한다.

22

정답 ③

에너지바우처를 신청하기 위해서는 소득기준과 세대원 특성기준을 모두 충족해야 한다. C는 생계급여 수급자으므로 소득기준을 충족하고, 65세 이상이므로 세대원 특성기준도 충족한다. 그러나 C의 경우 보장시설인 양로시설에 거주하는 보장시설 수급자이므로 지원 제외 대상이다. 따라서 C는 에너지바우처를 신청할 수 없다.

오답분석

① A의 경우 의료급여 수급자이므로 소득기준을 충족하고, 7세 이하의 영유아가 있으므로 세대원 특성기준도 충족한다. 따라서 에너지바우처를 신청할 수 있다.
② B의 경우 교육급여 수급자이므로 소득기준을 충족하고, 한부모가족이므로 세대원 특성기준도 충족한다. 또한 4인 이상 세대에 해당하므로 바우처 지원금액은 716,300원으로 70만 원 이상이다.
④ 동절기 에너지바우처 지원방법은 요금차감과 실물카드 2가지 방법이 있다. 이 중 D의 경우 연탄보일러를 이용하고 있으므로 실물카드를 받아 연탄을 직접 결제하는 방식으로 지원받아야 한다.
⑤ E의 경우 생계급여 수급자이므로 소득기준을 충족하고, 희귀질환을 앓고 있는 어머니가 세대원으로 있으므로 세대원 특성기준도 충족한다. 또한 2인 세대에 해당하므로 하절기 바우처 지원금액인 73,800원이 지원된다. 이때, 하절기는 전기요금 고지서에서 요금을 자동으로 차감해 주므로 전기비에서 73,800원이 차감될 것이다.

23

정답 ②

A가족과 B가족 모두 소득기준과 세대원 특성기준이 에너지바우처 신청기준을 충족한다. A가족의 경우 5명이므로 총 716,300원을 지원받을 수 있다. 그러나 이미 연탄쿠폰을 발급받았으므로 동절기 에너지바우처는 지원받을 수 없다. 따라서 하절기 지원금액인 117,000원을 지원받는다. B가족의 경우 2명이므로 총 422,500원을 지원받을 수 있으며, 지역난방을 이용 중이므로 하절기와 동절기 모두 요금차감의 방식으로 지원받는다. 따라서 두 가족의 에너지바우처 지원 금액은 117,000+422,500=539,500원이다.

24

정답 ⑤

제시된 프로그램은 'result'의 초기 값을 0으로 정의한 후 'result' 값이 2를 초과할 때까지 하위 명령을 실행하는 프로그램이다. 이때 'result' 값을 1 증가시킨 후 그 값을 출력하고, 다시 1을 빼므로 0 → 1 → 1 출력 → 0 → 1 → 1 출력 → 0 → 1 → 1 출력 → … 과정을 무한히 반복하게 된다. 따라서 1이 무한히 출력된다.

25

정답 ⑤

ROUND 함수는 인수를 지정한 자릿수로 반올림한 값을 구하는 함수로, 「=ROUND(인수,자릿수)」로 표현한다. 이때 자릿수는 다음과 같이 나타낸다.

만의 자리	천의 자리	백의 자리	십의 자리	일의 자리	소수점 첫째 자리	소수점 둘째 자리	소수점 셋째 자리
−4	−3	−2	−1	0	1	2	3

따라서 「=ROUND(D2,−1)」는 [D2] 셀에 입력된 117.3365의 값을 십의 자리로 반올림하여 나타내므로, 출력되는 값은 120이다.

26

정답 ③

제시문은 ADHD의 원인과 치료 방법에 대한 글이다. 첫 번째 문단에서는 ADHD가 유전적 원인에 의해 발생한다고 설명하고, 두 번째 문단에서는 환경적 원인에 의해 발생한다고 설명하고 있다. 이를 종합하면 ADHD가 다양한 원인이 복합적으로 작용하는 질환임을 알 수 있다. 또한 빈칸 뒤에서도 다양한 원인에 부합하는 맞춤형 치료와 환경 조성이 필요하다고 하였으므로 빈칸에 들어갈 내용으로 가장 적절한 것은 ③이다.

27

정답 ③

~율/률의 앞 글자가 'ㄱ' 받침을 가지고 있으므로 '출석률'이 옳은 표기이다.

~율과 ~률의 구별
- ~율 : 앞 글자의 받침이 없거나 받침이 'ㄴ'인 경우 → 비율, 환율, 백분율
- ~률 : 앞 글자의 받침이 있는 경우(단, 'ㄴ' 받침 제외) → 능률, 출석률, 이직률, 합격률

28

정답 ③

남성 합격자 수와 여성 합격자 수의 비율이 2 : 3이므로 여성 합격자는 48명이다.
남성 불합격자 수와 여성 불합격자 수가 모두 a명이라 하면 다음과 같이 정리할 수 있다.

(단위 : 명)

구분	합격자	불합격자	전체 지원자
남성	$2b=32$	a	$a+2b$
여성	$3b=48$	a	$a+3b$

남성 전체 지원자 수는 $(a+32)$명이고, 여성 전체 지원자 수는 $(a+48)$명이다.

$(a+32):(a+48)=6:7$

→ $6\times(a+48)=7\times(a+32)$

→ $a=(48\times6)-(32\times7)$

$\therefore a=64$

따라서 전체 지원자 수는 $2a+5b=(64\times2)+(16\times5)=128+80=208$명이다.

29

정답 ①

A씨는 2023년에는 9개월 동안 K공사에 근무하였다. (건강보험료)=(보수월액)×(건강보험료율)이고, 2023년 1월 1일 이후 (장기요양보험료)=(건강보험료)×$\frac{\text{(장기요양보험료율)}}{\text{(건강보험료율)}}$이므로 (장기요양보험료)=(보수월액)×(건강보험료율)×$\frac{\text{(장기요양보험료율)}}{\text{(건강보험료율)}}$이다.

그러므로 (보수월액)=$\frac{\text{(장기요양보험료)}}{\text{(장기요양보험료율)}}$이다.

따라서 A씨의 2023년 장기요양보험료는 35,120원이므로 보수월액은 $\frac{35,120}{0.9082\%}=\frac{35,120}{0.9082}\times 100 \fallingdotseq 3,866,990$원이다.

30

정답 ①

'가명처리'란 개인정보의 일부를 삭제하거나 일부 또는 전부를 대체하는 등의 방법으로 추가 정보가 없이는 특정 개인을 알아볼 수 없도록 처리하는 것을 말한다(개인정보보호법 제2조 제1의2호).

오답분석

② 개인정보보호법 제2조 제3호에 해당한다.
③ 개인정보보호법 제2조 제1호 가목에 해당한다.
④ 개인정보보호법 제2조 제2호에 해당한다.

31

정답 ③

「=COUNTIF(범위,조건)」 함수는 조건을 만족하는 범위 내 인수의 개수를 셈하는 함수이다. 이때, 열 전체에 적용하려면 해당 범위에서 숫자를 제외하면 된다. 따라서 B열에서 값이 100 이하인 셀의 개수를 구하는 함수는 「=COUNTIF(B:B,"<=100")」이다.

32

정답 ①

- 초등학생의 한 달 용돈의 합계는 B열부터 E열까지 같은 행에 있는 금액의 합이다. 따라서 (A)에 들어갈 함수는 「=SUM(B2:E2)」이다.
- 한 달 용돈이 150,000원 이상인 학생 수는 [F2] 셀부터 [F7] 셀까지 금액이 150,000원 이상인 셀의 개수로 구할 수 있다. 따라서 (B)에 들어갈 함수는 「=COUNTIF(F2:F7,">=150,000"」이다.

33

정답 ②

빅데이터 분석을 기획하고자 할 때는 먼저 범위를 설정한 다음 프로젝트를 정의해야 한다. 그 후에 수행 계획을 수립하고 위험 계획을 수립해야 한다.

34

정답 ①

㉠ 짜깁기 : 기존의 글이나 영화 따위를 편집하여 하나의 완성품으로 만드는 일
㉡ 뒤처지다 : 어떤 수준이나 대열에 들지 못하고 뒤로 처지거나 남게 되다.

오답분석

- 짜집기 : 짜깁기의 비표준어형
- 뒤쳐지다 : 물건이 뒤집혀서 젖혀지다.

35

정답 ④

공문서에서 날짜를 작성할 때 날짜 다음에 괄호를 사용할 경우에는 마침표를 찍지 않아야 한다.

> **공문서 작성 시 유의사항**
> - 한 장에 담아내는 것이 원칙이다.
> - 마지막엔 반드시 '끝'자로 마무리한다.
> - 날짜 다음에 괄호를 사용할 경우에는 마침표를 찍지 않는다.
> - 복잡한 내용은 항목별로 구분한다('-다음-', 또는 '-아래-').
> - 대외문서이며 장기간 보관되는 문서이므로 정확하게 기술한다.

36

정답 ③

영서가 1시간 동안 빚을 수 있는 만두의 수를 x개, 어머니가 1시간 동안 빚을 수 있는 만두의 수를 y개라 할 때 다음 식이 성립한다.

$\frac{2}{3}(x+y)=60 \cdots$ ㉠

$y=x+10 \cdots$ ㉡

㉠$\times\frac{3}{2}$에 ㉡을 대입하면

$x+(x+10)=90$

$\rightarrow 2x=80$

$\therefore\ x=40$

따라서 영서는 혼자서 1시간 동안 40개의 만두를 빚을 수 있다.

37

정답 ④

- 1,000 이상 10,000 미만
  맨 앞과 맨 뒤의 수가 같은 경우는 1 ~ 9의 수가 올 수 있으므로 9가지이고, 각각의 경우에 따라 두 번째 수와 네 번째 수로 0 ~ 9의 수가 올 수 있으므로 경우의 수는 10가지이다. 그러므로 모든 네 자리 대칭수의 개수는 $9\times10=90$개이다.
- 10,000 이상 50,000 미만
  맨 앞과 맨 뒤의 수가 같은 경우는 1, 2, 3, 4의 수가 올 수 있으므로 4가지이고, 각각의 경우에 따라 두 번째 수와 네 번째 수로 0 ~ 9의 수가 올 수 있으므로 경우의 수는 10가지, 그 각각의 경우에 따라 세 번째에 올 수 있는 수 또한 0 ~ 9의 수가 올 수 있으므로 경우의 수는 10가지이다. 그러므로 10,000 ~ 50,000 사이의 대칭수의 개수는 $4\times10\times10=400$개이다.

따라서 1,000 이상 50,000 미만의 모든 대칭수의 개수는 $90+400=490$개이다.

38

정답 ④

어떤 자연수의 모든 자릿수의 합이 3의 배수일 때, 그 자연수는 3의 배수이다. 그러므로 2+5+□의 값이 3의 배수일 때, 25□는 3의 배수이다. $2+5=7$이므로, 7+□의 값이 3의 배수가 되도록 하는 □의 값은 2, 5, 8이다. 따라서 가능한 모든 수의 합은 $2+5+8=15$이다.

39

정답 ④

바이올린(V), 호른(H), 오보에(O), 플루트(F) 중 첫 번째 조건에 따라 호른과 바이올린을 묶었을 때 가능한 경우는 3!=6가지로 다음과 같다.

- (HV) – O – F
- (HV) – F – O
- F – (HV) – O
- O – (HV) – F
- F – O – (HV)
- O – F – (HV)

이때 두 번째 조건에 따라 오보에는 플루트 왼쪽에 위치하지 않으므로 (HV) – O – F, O – F – (HV) 2가지는 제외된다. 따라서 왼쪽에서 두 번째 칸에는 바이올린, 호른, 오보에만 위치할 수 있으므로 플루트는 배치할 수 없다.

40

정답 ③

사회적 기업은 수익 창출을 통해 자립적인 운영을 추구하고, 사회적 문제 해결과 경제적 성장을 동시에 달성하려는 특징을 가진 기업 모델로, 영리조직에 해당한다.

영리조직과 비영리조직
- 영리조직 : 이윤 추구를 주된 목적으로 하는 집단으로, 일반적인 사기업이 해당된다.
- 비영리조직 : 사회적 가치 실현을 위해 공익을 추구하는 집단으로 자선단체, 의료기관, 교육기관, 비정부기구(NGO) 등이 해당된다.

41

정답 ②

$(\text{영업이익률})=\frac{(\text{영업이익})}{(\text{매출액})}\times 100$이고, 영업이익을 구하기 위해서는 매출총이익을 먼저 계산해야 한다. 따라서 2022년 4분기의 매출총이익은 $60-80=-20$십억 원이고, 영업이익은 $-20-7=-27$십 억 원이므로 영업이익률은 $-\frac{27}{60}\times 100=-45\%$이다.

42

정답 ③

1시간은 3,600초이므로 36초는 $36\text{초}\times\frac{1\text{시간}}{3{,}600\text{초}}=0.01$시간이다. 그러므로 무빙워크의 전체 길이는 $5\times 0.01=0.05$km이다. 따라서 무빙워크와 같은 방향으로 4km/h의 속력으로 걸을 때의 속력은 $5+4=9$km/h이므로 걸리는 시간은 $\frac{0.05}{9}=\frac{5}{900}=\frac{5}{900}\times\frac{3{,}600\text{초}}{1\text{시간}}=20$초이다.

43

정답 ⑤

제시된 순서도는 result 값이 6을 초과할 때까지 2씩 증가하고, result 값이 6을 초과하면 그 값을 출력하는 순서도이다. 따라서 result 값이 5일 때 2를 더하여 5+2=7이 되어 6을 초과하므로 출력되는 값은 7이다.

44

정답 ③

방문 사유 → 파손 관련(NO) → 침수 관련(NO) → 데이터 복구 관련(YES) → ◎ 출력 → STOP
따라서 출력되는 도형은 ◎이다.

45

정답 ①

상품코드의 맨 앞 자릿수가 '9'이므로 2 ~ 7번째 자릿수의 이진코드 변환 규칙은 'ABBABA'를 따른다. 이를 변환하면 다음과 같다.

3	8	7	6	5	5
A	B	B	A	B	A
0111101	0001001	0010001	0101111	0111001	0110001

따라서 주어진 수를 이진코드로 바르게 변환한 것은 ①이다.

46

정답 ④

안전 스위치를 누르는 동안에만 스팀이 나온다고 하였으므로 안전 스위치를 누르는 등의 외부 입력이 없다면 스팀은 발생하지 않는다.

오답분석

① 기본형 청소구로 카펫를 청소하면 청소 효율이 떨어질 뿐이며, 카펫 청소는 가능하다고 언급되어 있다.
② 스팀 청소 완료 후 충분히 식지 않은 상태에서 통을 분리하면 뜨거운 물이 새어 나와 화상의 위험이 있다고 언급되어 있다.
③ 기본형 청소구의 돌출부를 누른 상태에서 잡아당기면 좁은 흡입구를 꺼낼 수 있다고 언급되어 있다.
⑤ 스팀 청소구의 물통에 물을 채우는 작업, 걸레판에 걸레를 부착하는 작업 모두 반드시 전원을 분리한 상태에서 진행해야 한다고 언급되어 있다.

47

정답 ④

바닥에 물이 남는다면 스팀 청소구를 좌우로 자주 기울이지 않도록 주의하거나 젖은 걸레를 교체해야 한다.

48

정답 ⑤

팀 목표를 달성하도록 팀원을 격려하는 환경을 조성하기 위해서는 동료의 피드백이 필요하다. 긍정이든 부정이든 피드백이 없다면 팀원들은 개선을 이루거나 탁월한 성과를 내고자 하는 노력을 게을리하게 된다.

동료의 피드백을 장려하는 4단계

1. 간단하고 분명한 목표와 우선순위를 설정하라.
2. 행동과 수행을 관찰하라.
3. 즉각적인 피드백을 제공하라.
4. 뛰어난 수행성과에 대해 인정하라.

49

정답 ②

업무적으로 내적 동기를 유발하기 위해서는 업무 관련 교육을 꾸준히 하여야 한다.

내적 동기를 유발하는 방법
- 긍정적 강화법 활용하기
- 새로운 도전의 기회 부여하기
- 창의적인 문제해결법 찾기
- 자신의 역할과 행동에 책임감 갖기
- 팀원들을 지도 및 격려하기
- 변화를 두려워하지 않기
- 지속적인 교육 실시하기

50

정답 ②

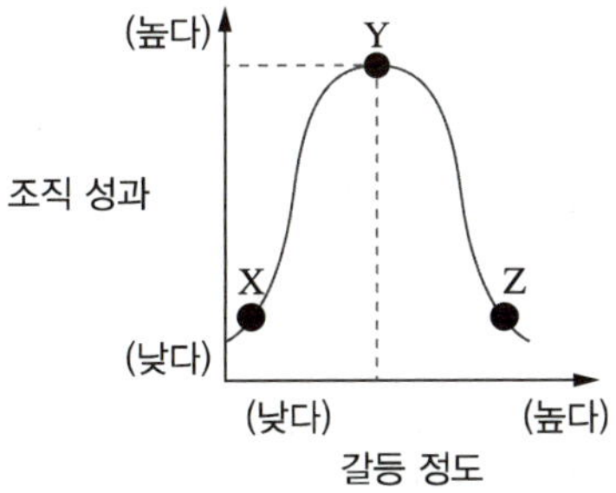

갈등 정도와 조직 성과에 대한 그래프에서 갈등이 X점 수준일 때에는 조직 내부의 의욕이 상실되고 환경의 변화에 대한 적응력도 떨어져 조직 성과가 낮아진다. 갈등이 Y점 수준일 때에는 갈등의 순기능이 작용하여 조직 내부에 생동감이 넘치고 변화 지향적이며 문제해결능력이 발휘되어 조직 성과가 높아진다. 반면, 갈등이 Z점 수준일 때에는 오히려 갈등의 역기능이 작용하여 조직 내부에 혼란과 분열이 발생하고 조직 구성원들이 비협조적이 되어 조직 성과는 낮아지게 된다.

모든 전사 중 가장 강한 전사는 이 두 가지, 시간과 인내다.

- 레프 톨스토이 -

PART 1

직업기초능력

CHAPTER 01

문제해결능력

대표기출유형 01 기출응용문제

01

정답 ④

C는 3층에 내렸으므로 다섯 번째 조건에 의해 B는 6층, F는 7층에 내린 것을 알 수 있다. 네 번째 조건에서 G는 C보다 늦게, B보다 빨리 내렸다고 하였으므로 G는 4층 또는 5층에 내렸다. 그리고 I는 D보다 늦게, G보다는 일찍 내렸으며, D는 A보다 늦게 내렸으므로 A는 1층, D는 2층, I는 4층이 된다. 그러므로 G는 5층에서 내렸다. 두 번째 조건에 의해 H는 홀수 층에서 내렸으므로 H는 9층, E는 8층에서 내렸다. 따라서 짝수 층에서 내리지 않은 사람은 G이다.

02

정답 ②

주어진 조건을 정리하면 다음과 같다.

구분	1일	2일	3일	4일	5일	6일
경우 1	B	E	F	C	A	D
경우 2	B	C	F	D	A	E
경우 3	A	B	F	C	E	D
경우 4	A	B	C	F	D	E
경우 5	E	B	F	C	A	D
경우 6	E	B	C	F	D	A

따라서 B영화는 어떠한 경우에도 1일 또는 2일에 상영된다.

오답분석

① A영화는 경우 3 또는 4에서 C영화보다 먼저 상영된다.
③ C영화는 경우 1 또는 5 또는 6에서 E영화보다 늦게 상영된다.
④ D영화는 경우 1 또는 3 또는 5에서 폐막작으로 상영되며, 경우 4 또는 6에서 5일에 상영된다.
⑤ E영화는 경우 1 또는 3에서 개막작이나 폐막작으로 상영되지 않는다.

03

정답 ②

'을'과 '정'이 서로 상반된 이야기를 하고 있으므로 둘 중 1명이 거짓말을 하고 있다. 만일 '을'이 참이고 '정'이 거짓이라면 화분을 깨뜨린 사람은 '병', '정'이 되는데, 화분을 깨뜨린 사람은 1명이어야 하므로 모순이다. 따라서 거짓말을 한 사람은 '을'이다.

04

정답 ③

주어진 조건을 정리하면 다음과 같다.

구분	A	B	C	D
경우 1	호밀식빵	우유식빵	밤식빵	옥수수식빵
경우 2	호밀식빵	밤식빵	우유식빵	옥수수식빵

따라서 항상 참인 것은 ③이다.

오답분석

①·②·④·⑤ 주어진 조건만으로는 판단하기 어렵다.

05

정답 ④

세 번째 조건에 의해 윤부장이 가담하지 않았다면 이과장과 강주임도 가담하지 않았음을 알 수 있다. 이과장이 가담하지 않았다면 두 번째 조건에 의해 김대리도 가담하지 않았으므로 가담한 사람은 박대리뿐이다. 이는 첫 번째 조건에 위배되므로, 윤부장은 입찰부정에 가담하였다. 네 번째 조건의 대우로 김대리가 가담하였다면 박대리도 가담하였고, 마지막 조건에 의해 박대리가 가담하였다면 강주임도 가담하였다. 이 또한 입찰부정에 가담한 사람은 두 사람이라는 첫 번째 조건에 위배되므로, 김대리는 입찰부정에 가담하지 않았다. 따라서 입찰부정에 가담하지 않은 사람은 김대리, 이과장, 박대리이며, 입찰부정에 가담한 사람은 윤부장과 강주임이다.

06

정답 ⑤

5명 중 단 1명만이 거짓말을 하고 있으므로 C와 D 중 1명은 반드시 거짓을 말하고 있다.

1) C의 진술이 거짓일 경우
   B와 C의 진술이 모두 거짓이 되므로 1명만 거짓말을 하고 있다는 조건이 성립하지 않는다.
2) D의 진술이 거짓일 경우

구분	A	B	C	D	E
출장 지역	잠실	광화문	여의도	강남	상암

따라서 ⑤는 항상 거짓이 된다.

07

정답 ③

을과 무의 진술이 모순되므로 둘 중 한 명은 참, 다른 한 명은 거짓이다. 여기서 을의 진술이 참일 경우 갑의 진술도 거짓이 되어 두 명이 거짓을 진술한 것이 되므로 문제의 조건에 위배된다. 따라서 을의 진술이 거짓, 무의 진술이 참이다. 그러므로 A강좌는 을이, B와 C강좌는 각각 갑과 정 중 한 명이, D강좌는 무가 담당하고, 병은 강좌를 담당하지 않는다.

08

정답 ③

먼저 A사원의 진술이 거짓이라면 A사원과 D사원 두 명이 3층에서 근무하게 되고, 반대로 D사원의 진술이 거짓이라면 3층에는 아무도 근무하지 않게 되므로 조건에 어긋난다. 따라서 A사원과 D사원은 진실을 말하고 있음을 알 수 있다. 또한 C사원의 진술이 거짓이라면 아무도 홍보부에 속하지 않으므로 C사원도 진실을 말하고 있음을 알 수 있다. 결국 거짓말을 하고 있는 사람은 B사원이며, A～D사원의 소속 부서와 부서 위치를 정리하면 다음과 같다.

구분	소속 부서	부서 위치
A사원	영업부	4층
B사원	총무부	6층
C사원	홍보부	5층
D사원	기획부	3층

따라서 기획부는 3층에 위치한다.

09

정답 ②

가대리와 마대리의 진술이 서로 모순이므로, 둘 중 한 사람은 거짓을 말하고 있다.

i) 가대리의 진술이 거짓인 경우

가대리의 말이 거짓이라면 나사원의 말도 거짓이 되고, 라사원의 말도 거짓이 되므로 모순이 된다.

ii) 가대리의 진술이 진실인 경우

가대리, 나사원, 라사원의 말이 진실이 되고, 다사원과 마대리의 말이 거짓이 된다.

진실

- 가대리 : 가대리·마대리 출근, 결근 사유 모름
- 나사원 : 다사원 출근, 가대리 진술은 진실
- 라사원 : 나사원 진술은 진실

거짓

- 다사원 : 라사원 결근 → 라사원 출근
- 마대리 : 라사원 결근, 라사원이 가대리한테 결근 사유 전함 → 라사원 출근, 가대리는 결근 사유 듣지 못함

따라서 나사원이 출근하지 않았다.

10

정답 ⑤

세 번째와 마지막 조건에 의해 종열이와 지훈이는 춤을 추지 않았다. 또한, 두 번째 조건의 대우에 의해 재현이가 춤을 추었고, 첫 번째 조건에 따라 서현이가 춤을 추었다. 따라서 재현이와 서현이가 춤을 추었다.

대표기출유형 02 기출응용문제

01

정답 ②

n번째에 배열하는 전체 바둑돌의 개수를 a_n개(단, n은 자연수)라고 하자.

제시된 규칙에 의하여 $a_1=1$, $a_2=1+2=3$, $a_3=1+2+3=6$, $\cdots$, $a_n=1+2+3+\cdots+n=\sum_{k=1}^{n} k=\frac{n(n+1)}{2}$

즉, 37번째에 배열하는 전체 바둑돌의 개수는 $a_{37}=\frac{37\times38}{2}=703$개이다.

제시된 그림을 보면 검은색 바둑돌은 홀수 번째에 배열된다. 홀수 번째에 있는 검은색 바둑돌의 개수를 b_{2m-1}개(단, m은 자연수)라고 하자. 제시된 규칙에 의하여 계산하면 다음과 같다.

m	$2m-1$	b_{2m-1}
1	1	1
2	3	$1+3=4$
3	5	$1+3+5=9$
$\cdots$	$\cdots$	$\cdots$
m	$2m-1$	$\sum_{k=1}^{m}(2k-1)=m^2$

즉, $2m-1=37$에서 $m=19$이므로 $b_{37}=19^2=361$개이다. 따라서 37번째에 배열된 흰색 바둑돌의 개수는 $703-361=342$개이므로 검은색 바둑돌이 흰색 바둑돌보다 $361-342=19$개 많다.

02

정답 ①

2023년 8월 23일부터는 난각코드를 6자리로 표시하고, 이후 2024년 2월 23일부터는 10자리로 변경되었다. 5자리 난각코드는 2023년 4월 25일부터 2023년 8월 22일까지 사용되었으므로 ①은 2023년 8월 23일 이후 생산된 달걀로 볼 수 없다.

03

정답 ④

발행형태가 4로 전집이기 때문에 한 권으로만 출판된 것이 아님을 알 수 있다.

오답분석

① 국가번호가 05(미국)로 미국에서 출판되었다.
② 서명식별번호가 1011로 1011번째 발행되었다. 441은 발행자번호로 이 책을 발행한 출판사의 발행자번호가 441이라는 것을 의미한다.
③ 발행자번호는 441로 세 자리로 이루어져 있다.
⑤ 도서의 내용이 710(한국어)이지만, 도서가 한국어로 되어 있는지는 알 수 없다.

04

정답 ②

한글 자음을 순서에 따라 바로 뒤의 자음으로 변환하면 다음과 같다.

ㄱ	ㄴ	ㄷ	ㄹ	ㅁ	ㅂ	ㅅ
ㄴ	ㄷ	ㄹ	ㅁ	ㅂ	ㅅ	ㅇ
ㅇ	ㅈ	ㅊ	ㅋ	ㅌ	ㅍ	ㅎ
ㅈ	ㅊ	ㅋ	ㅌ	ㅍ	ㅎ	ㄱ

한글 모음을 순서에 따라 알파벳으로 변환하면 다음과 같다.

ㅏ	ㅐ	ㅑ	ㅒ	ㅓ	ㅔ	ㅕ
a	b	c	d	e	f	g
ㅖ	ㅗ	ㅘ	ㅙ	ㅚ	ㅛ	ㅜ
h	i	j	k	l	m	n
ㅝ	ㅞ	ㅟ	ㅠ	ㅡ	ㅢ	ㅣ
o	p	q	r	s	t	u

ㄴ=ㄱ, u=ㅣ, ㅂ=ㅁ, ㅋ=ㅊ, u=ㅣ, ㅊㅊ=ㅉ, u=ㅣ, ㄴ=ㄱ, b=ㅐ
따라서 김대리가 말한 메뉴는 김치찌개이다.

05

정답 ③

ㅈ=ㅊ, ㅗ=i, ㄴ=ㄷ, ㅈ=ㅊ, ㅜ=n, ㅇ=ㅈ, ㄱ=ㄴ, ㅘ=j, 공백=0, ㅂ=ㅅ, ㅐ=b, ㄹ=ㅁ, ㅕ=g
따라서 암호화 규칙에 따라 변환하면 'ㅊiㄷㅊnㅈㄴj0ㅅbㅁg'이다.

06

정답 ⑤

(마)의 비상사고 코드가 N134라면, 철도사고 종류는 자연재해(N), 철도사고 형태는 침수(1), 철도사고 대상은 여객열차(3), 철도사고 위치는 교량(4)이어야 한다. 그러나 (마)의 철도사고 위치가 본선구간(2)이므로 N134가 아닌, N132가 되어야 한다.

07

정답 ①

조건에 따라 소괄호 안에 있는 부분을 순서대로 풀이하면

'1 A 5'에서 A는 좌우의 두 수를 더하는 것이지만, 더한 값이 10 미만이면 좌우에 있는 두 수를 곱해야 한다. 1+5=6으로 10 미만이므로 두 수를 곱하여 5가 된다.

'3 C 4'에서 C는 좌우의 두 수를 곱하는 것이지만, 곱한 값이 10 미만이면 좌우에 있는 두 수를 더한다. 이 경우 3×4=12로 10 이상이므로 12가 된다.

대괄호를 풀어보면 '5 B 12'이다. B는 좌우에 있는 두 수 가운데 큰 수에서 작은 수를 빼는 것이지만, 두 수가 같거나 뺀 값이 10 미만이면 두 수를 곱한다. 12−5=7로 10 미만이므로 두 수를 곱해야 한다. 따라서 60이 된다.

'60 D 6'에서 D는 좌우에 있는 두 수 가운데 큰 수를 작은 수로 나누는 것이지만, 두 수가 같거나 나눈 값이 10 미만이면 두 수를 곱해야 한다. 이 경우 나눈 값이 60÷6=10이므로 답은 10이다.

대표기출유형 03 기출응용문제

01

정답 ④

ㄴ. 민간의 자율주행기술 R&D를 지원하여 기술적 안정성을 높이는 전략은 위협을 최소화하는 내용은 포함하지 않고 약점만 보완하는 것이므로 ST전략으로 적절하지 않다.

ㄹ. 국내기업의 자율주행기술 투자가 부족한 약점을 국가기관의 주도로 극복하려는 것은 약점을 최소화하고 위협을 회피하려는 WT전략으로 적절하지 않다.

오답분석

ㄱ. 높은 수준의 자율주행기술을 가진 외국 기업과의 기술이전협약 기회를 통해 국내외에서 우수한 평가를 받는 국내 자동차기업의 수준을 향상시켜 국내 자율주행자동차 산업의 강점을 강화하는 전략은 SO전략으로 적절하다.

ㄷ. 국가가 지속적으로 자율주행차 R&D를 지원하는 법안이 본회의를 통과한 기회를 토대로 기술개발을 지원하여 국내 자율주행자동차 산업의 약점인 기술적 안전성을 확보하려는 전략은 WO전략으로 적절하다.

02

정답 ④

ㄴ. 다수의 풍부한 경제자유구역 성공 사례를 활용하는 것은 강점에 해당하지만, 외국인 근로자를 국내주민과 문화적으로 동화시키려는 시도는 외국인 근로자들의 입주만족도를 저해할 수 있다. 따라서 해당 전략은 ST전략으로 적절하지 않다.

ㄹ. 경제자유구역 인근 대도시와의 연계를 활성화하면 오히려 인근 기성 대도시의 산업이 확장된 교통망을 바탕으로 경제자유구역의 사업을 흡수할 위험이 커진다. 또한 인근 대도시와의 연계 확대는 경제자유구역 내 국내·외 기업 간의 구조 및 운영상 이질감을 해소하는 데에 직접적인 도움이 된다고 보기 어렵다. 따라서 해당 전략은 WT전략으로 적절하지 않다.

오답분석

ㄱ. 경제호황으로 인해 자국을 벗어나 타국으로 진출하려는 해외기업이 증가하는 기회상황에서, 성공적 경험에서 축적된 우리나라의 경제자유구역 조성 노하우로 이들을 유인하여 유치하는 전략은 SO전략으로 적절하다.

ㄷ. 기존에 국내에 입주한 해외기업의 동형화 사례를 활용하여 국내기업과 외국계 기업의 운영상 이질감을 해소하여 생산성을 증대시키는 전략은 WO전략으로 적절하다.

03

정답 ①

오답분석

ㄴ. ST전략에서 경쟁업체에 특허 기술을 무상 이전하는 것은 경쟁이 더 심화될 수 있으므로 적절하지 않다.

ㄹ. WT전략에서는 기존 설비에 대한 재투자보다는 수요에 맞게 다양한 제품을 유연하게 생산할 수 있는 신규 설비에 대한 투자가 필요하다.

04

정답 ②

경쟁자의 시장 철수로 인한 시장으로의 진입 가능성은 K공사가 가지고 있는 내부환경의 약점이 아닌 외부환경에서 비롯되는 기회에 해당한다.

대표기출유형 04 기출응용문제

01

정답 ④

출산장려금 지급 시기의 가장 우선순위인 임신일이 가장 긴 임산부는 B, D, E임산부이다. 이 중에서 만 19세 미만인 자녀 수가 많은 임산부는 D, E임산부이고, 소득 수준이 더 낮은 임산부는 D임산부이다. 따라서 D임산부가 가장 먼저 출산장려금을 받을 수 있다.

02

정답 ②

26일은 비가 오는 날이므로 첫 번째 조건에 따라 A사원은 커피류를 마신다. 또한, 평균기온은 27℃로 26℃ 이상이므로 두 번째 조건에 따라 큰 컵으로 마시고, 세 번째 조건에 따라 카페라테를 마신다. 따라서 A사원이 오늘 마실 음료는 '카페라테 큰 컵'이다.

03

정답 ④

24일은 비가 오지 않는 화요일이며, 평균기온은 28℃이므로 A사원은 밀크티 큰 컵을 마신다. 그리고 23일은 맑은 날이고 26℃이므로, A사원은 자몽에이드 큰 컵을 마셨을 것이다. 그러므로 B사원에게는 자몽에이드 큰 컵을 사 줄 것이다.

따라서 A사원이 지불할 금액은 $4,800+4,700=9,500$원이다.

04

정답 ④

을·정·무는 정이 운전을 하고 을이 차장이며, 부상 중인 사람이 없기 때문에 17시에 도착하므로 정의 당직 근무에도 문제가 없다. 따라서 가능한 조합이다.

오답분석

① 갑·을·병 : 갑이 부상인 상태이므로 B지사에 17시 30분에 도착하는데, 을이 17시 15분에 계약업체 면담을 진행해야 하므로 가능하지 않은 조합이다.

② 갑·병·정 : 갑이 부상인 상태이므로 B지사에 17시 30분에 도착하는데, 정이 17시 10분부터 당직 근무가 예정되어 있으므로 가능하지 않은 조합이다.

③ 을·병·무 : 1종 보통 운전면허를 소지하고 있는 사람이 없으므로 가능하지 않은 조합이다.

⑤ 병·정·무 : 책임자로서 차장 직위가 한 명은 포함되어야 하므로 가능하지 않은 조합이다.

05

정답 ⑤

글피는 모레의 다음날로 15일이다. 15일은 비가 내리지 않고 최저기온은 영하이다.

오답분석

① 12 ~ 15일의 일교차를 구하면 다음과 같다.
- 12일 : 11−0=11℃
- 13일 : 12−3=9℃
- 14일 : 3−(−5)=8℃
- 15일 : 8−(−4)=12℃

따라서 일교차가 가장 큰 날은 15일이다.

② 제시된 자료에서 미세먼지에 대한 내용은 확인할 수 없다.

③ 14일의 경우 비가 예보되어 있지만 낙뢰에 대한 예보는 확인할 수 없다.

④ 14일의 최저기온은 영하이지만 최고기온은 영상이다.

06

정답 ③

제시된 조건을 항목별로 정리하면 다음과 같다.

- 부서 배치
  - 성과급 평균은 48만 원이므로, A는 영업부 또는 인사부에서 일한다.
  - B와 D는 각각 비서실, 총무부, 홍보부 중에서 일한다.
  - C는 인사부에서 일한다.
  - D는 비서실에서 일한다.

  따라서 A는 영업부, B는 총무부, C는 인사부, D는 비서실, E는 홍보부에서 일한다.
- 휴가
  - A는 D보다 휴가를 늦게 간다. 따라서 C－D－B－A 또는 D－A－B－C 순으로 휴가를 간다.
- 성과급
  - D사원 : 60만 원
  - C사원 : 40만 원

오답분석

① A의 3개월 치 성과급은 20×3=60만 원, C의 2개월 치 성과급은 40×2=80만 원이다. 따라서 A의 3개월 치 성과급이 더 적다.

② C가 제일 먼저 휴가를 갈 경우, A가 제일 마지막으로 휴가를 가게 된다.

④ 휴가를 가지 않은 E는 두 배의 성과급을 받기 때문에 총 120만 원의 성과급을 받게 되고, D의 성과급은 60만 원이기 때문에 두 사람의 성과급 차이는 두 배이다.

⑤ C가 제일 마지막에 휴가를 갈 경우, B는 A보다 늦게 가게 된다.

CHAPTER

02 수리능력

대표기출유형 01 기출응용문제

01

정답 ④

같은 시간 동안 혜영이와 지훈이의 이동거리의 비가 3 : 4이므로 속력의 비 또한 3 : 4이다.

따라서 혜영이의 속력을 x/min이라 하면 지훈이의 속력은 $\frac{4}{3}x$/min이다.

같은 지점에서 같은 방향으로 출발하여 다시 만날 때 두 사람의 이동거리의 차이는 1,800m이므로 식을 세우면 다음과 같다.

$\frac{4}{3}x\times15-x\times15=1,800$

→ $5x=1,800$

∴ $x=360$

따라서 혜영이가 15분 동안 이동한 거리는 $360\times15=5,400$m이고, 지훈이가 15분 동안 이동한 거리는 $480\times15=7,200$m이므로 두 사람의 이동거리의 합은 $5,400+7,200=12,600$m이다.

02

정답 ②

떠낸 소금물의 양을 xg이라고 하고, 농도 2% 소금물의 양을 yg이라고 하면, 떠낸 소금물의 양만큼 부은 물의 양도 xg이므로 다음과 같은 식이 성립한다.

$200-x+x+y=320$

∴ $y=120$

또한, 소금물을 떠내고 같은 양의 물을 부어도 농도 8%의 소금물에 있는 소금의 양은 같으므로 식을 정리하면 다음과 같다.

$\frac{8}{100}\times(200-x)+\frac{2}{100}\times120=\frac{3}{100}\times320$

→ $1,600-8x+240=960$

→ $8x=880$

∴ $x=110$

따라서 떠낸 소금물의 양은 110g이다.

03

정답 ⑤

주사위를 두 번 던지는 경우의 수는 $6\times6=36$가지이고, 두 눈의 합이 10 이상인 경우를 정리하면 다음과 같다.

- 두 눈의 합이 10인 경우 : (4, 6), (5, 5), (6, 4)
- 두 눈의 합이 11인 경우 : (5, 6), (6, 5)
- 두 눈의 합이 12인 경우 : (6, 6)

따라서 두 눈의 합이 10 이상 나올 확률은 $\frac{6}{36}=\frac{1}{6}$이다.

04

정답 ③

K팀의 작년 총 경기 횟수를 x회라고 하고, 작년 승리 횟수를 $0.4x$회라고 하면, 작년과 올해의 경기를 합하여 승률이 45%이므로 다음과 같은 식이 성립한다.

$\frac{0.4x+65}{x+120}=0.45$

→ $5x=1,100$

∴ $x=220$

작년의 총 경기 횟수는 220회이고, 승률이 40%이므로 승리한 경기는 $220\times0.4=88$회이다.

따라서 K팀이 작년과 올해에 승리한 총 횟수는 $88+65=153$회이다.

05

정답 ⑤

원가를 x원이라고 하면, 정가는 $(x+3,000)$원이다.

정가에서 20%를 할인하여 5개 팔았을 때 순이익과 조각 케이크 1조각당 정가에서 2,000원씩 할인하여 4개를 팔았을 때의 매출액이 같으므로 다음과 같은 식이 성립한다.

$5\times\{0.8\times(x+3,000)-x\}=4\times(x+3,000-2,000)$

→ $5(-0.2x+2,400)=4x+4,000$

→ $5x=8,000$

∴ $x=1,600$

따라서 정가는 $1,600+3,000=4,600$원이다.

06

정답 ④

아버지의 나이를 x세, 형의 나이를 y세라고 하고, 어머니의 나이를 $(x-4)$세, 동생의 나이를 $(y-2)$세라고 하자.

먼저 형과 동생의 나이의 합이 40세이므로 형의 나이를 구하면 다음과 같다.

$y+(y-2)=40$

∴ $y=21$

아버지와 어머니의 나이의 합이 형의 나이보다 6배 많으므로 아버지의 나이를 구하면 다음과 같다.

$x+(x-4)=6\times21$

→ $2x=130$

∴ $x=65$

따라서 아버지의 나이는 65세이다.

07

정답 ④

B를 거치는 A와 C의 최단 경로는 A와 B 사이의 경로와 B와 C 사이의 경로를 나눠서 구할 수 있다.

- A와 B의 최단 경로의 경우의 수 : $\frac{5!}{3!\times2!}=10$가지
- B와 C의 최단 경로의 경우의 수 : $\frac{3!}{1!\times2!}=3$가지

따라서 B를 거치는 A와 C의 최단 경로의 경우의 수는 $3\times10=30$가지이다.

08

정답 ⑤

변 BC의 길이를 $x$cm라 하고, 변 AC의 길이를 $y$cm라 할 때, 피타고라스의 정리에 의해 식을 정리하면 다음과 같다.

$18^2+x^2=y^2 \rightarrow y^2-x^2=324$

$\rightarrow (y+x)(y-x)=324 \cdots$ ㉠

직각삼각형 ABC의 둘레가 72cm이므로 다음과 같은 식이 성립한다.

$x+y+18=72$

$\rightarrow x+y=54 \cdots$ ㉡

㉡을 ㉠에 대입하면 다음과 같다.

$54(y-x)=324$

$\rightarrow y-x=6 \cdots$ ㉢

㉡과 ㉢을 더하면 다음과 같다.

$2y=60$

$\therefore\ y=30$

이를 ㉢에 대입하면 다음과 같다.

$30-x=6$

$\therefore\ x=24$

따라서 직각삼각형 ABC의 넓이는 $24\times18\times\frac{1}{2}=216\text{cm}^2$이다.

09

정답 ②

A가 이긴 횟수(=B가 진 횟수)를 x번이라고 하고, A가 진 횟수(=B가 이긴 횟수)를 y번이라고 하면 다음과 같은 식이 성립한다.

$2x-y=11 \cdots$ ㉠

$2y-x=2 \rightarrow x=2y-2 \cdots$ ㉡

㉠에 ㉡을 대입하면 $x=8$, $y=5$이다.

따라서 A가 이긴 횟수는 8번이다.

10

정답 ④

화살을 1번 쏠 때 10점을 쏠 확률은 $\frac{1}{5}$이므로 화살을 1번 쏠 때 10점을 쏘지 못할 확률은 $1-\frac{1}{5}=\frac{4}{5}$이다.

따라서 화살을 4번 쏠 때 4번 중 2번은 10점을 쏘고, 나머지 2번은 10점을 쏘지 못할 확률은

${}_4C_2\left(\frac{1}{5}\right)^2\left(\frac{4}{5}\right)^2=\frac{4\times3}{2\times1}\times\frac{1}{25}\times\frac{16}{25}=\frac{96}{625}$이다.

11

정답 ③

전체 인원을 x명이라고 하면 다음과 같은 식이 성립한다.

$\left(x\times\frac{3}{7}-13\right)+\left(x\times\frac{1}{2}+33\right)=x$

$\rightarrow x\times\left(\frac{3}{7}+\frac{1}{2}\right)+20=x$

$\rightarrow x\left(1-\frac{13}{14}\right)=20$

$\therefore\ x=20\times14=280$

따라서 공청회에 참석한 전체 인원은 280명이다.

12

정답 ③

• 한 변에 심을 나무의 수를 계산할 때, 각 꼭짓점에 중복되는 부분을 고려해 계산해야 한다.
(한 변에 심을 나무의 수)={(전체 나무의 수)+6}÷6

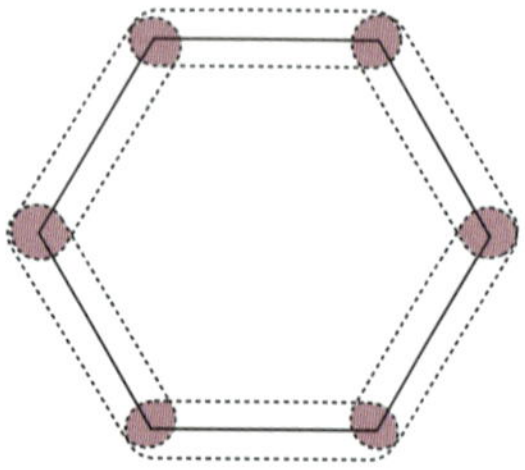

• (나무를 심을 간격의 수)=(나무의 수)−1

필요한 나무의 수가 750그루이므로 한 변에 심을 나무의 수는 (750+6)÷6=126그루이고, 나무를 심을 간격의 수는 126−1=125개이며, 나무 사이의 간격은 8m이므로 정육각형 한 변의 길이는 125×8=1,000m이다.
따라서 정육각형 모양 산책로의 길이는 1,000×6=6,000m=6km이다.

13

정답 ①

구매할 수 있는 컴퓨터를 x대라고 하면, 3대까지는 한 대당 100만 원을 지불해야 하므로 80만 원에 구매할 수 있는 컴퓨터는 $(x-3)$대이고, 다음과 같은 식이 성립한다.

$100\times3+80\times(x-3)\leq2,750$

→ $80(x-3)\leq2,450$

→ $x-3\leq30.625$

∴ $x\leq33.625$

따라서 컴퓨터는 최대 33대 구매 가능하다.

14

정답 ③

원의 둘레는 $2\times\pi\times r$이고, 각 롤러가 칠할 수 있는 면적은 (원의 둘레)×(너비)이다. A롤러의 반지름(r)은 5cm, B롤러의 반지름(r)은 1.5cm이므로 A롤러가 1회전 할 때 칠할 수 있는 면적은 $2\times\pi\times5\times$(너비), B롤러가 1회전 할 때 칠할 수 있는 면적은 $2\times\pi\times1.5\times$(너비)이다. π와 롤러의 너비는 같으므로 소거하면, A롤러는 10, B롤러는 3만큼의 면적을 칠한다. 즉, 처음으로 같은 면적을 칠하기 위해 A롤러는 3바퀴, B롤러는 10바퀴를 회전해야 한다.
따라서 A롤러와 B롤러가 회전한 수의 합은 10+3=13바퀴이다.

대표기출유형 02 기출응용문제

01

정답 ④

홀수 항에는 3을 곱하고 짝수 항에는 4를 곱하는 수열이다.

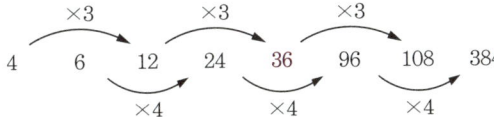

$\times3$ $\times3$ $\times3$

4 6 12 24 **36** 96 108 384

$\times4$ $\times4$ $\times4$

02

정답 ①

$\times4$, $\div2$, $\times4$, $\div2$, …인 수열이다.

$\times4$ $\times4$ $\times4$ $\times4$

3 12 6 24 12 48 **24** 96

$\div2$ $\div2$ $\div2$

03

정답 ①

$\times(-1)$, $+4$, $\times(-1)$, $+8$, $\times(-1)$, $+12$, …인 수열이다.

$\times(-1)$ $\times(-1)$ $\times(-1)$

-5 5 9 -9 -1 **1** 13

$+4$ $+8$ $+12$

04

정답 ②

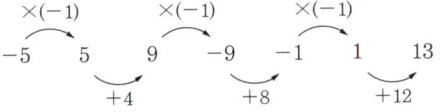

각 항을 두 개씩 묶었을 때, 두 항의 합이 101인 수열이다.

따라서 ( )$=101-72=29$이다.

05

정답 ④

앞의 항에 $\div4$, $(\div2+4)$의 규칙을 교대로 적용하는 수열이다.

$\div4$ $\div4$ $\div4$

64 16 12 3 $\frac{11}{2}$ $\mathbf{\frac{11}{8}}$ $\frac{75}{16}$

$\div2+4$ $\div2+4$ $\div2+4$

06

정답 ②

앞의 항에 $+2.7$, $\div2$의 규칙을 교대로 적용하는 수열이다.

$+2.7$ $+2.7$ $+2.7$

12.3 15 7.5 10.2 **5.1** 7.8 3.9

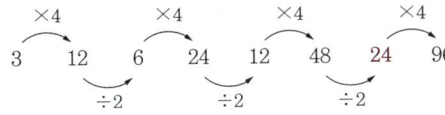

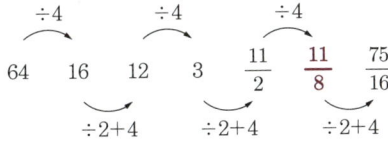

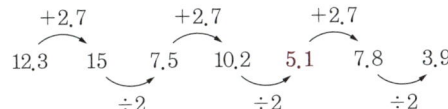

$\div2$ $\div2$ $\div2$

07

정답 ①

(앞의 항)×(뒤의 항)×(−2)=(다음 항)인 수열이다.

4
−1
8 [=4×(−1×(−2)]
16 [=(−1)×8×(−2)]
−256 [=8×16×(−2)]
8,192 [=(−256)×16×(−2)]

08

정답 ③

$A\ B\ C \rightarrow (A+B) \div 3 = C$

A	B	C
5	1	2 [=(5+1)÷3]
3	9	4 [=(3+9)÷3]
8	10	6 [=(8+10)÷3]

09

정답 ③

분자는 +5, 분모는 ×4인 수열이다.

$$\frac{1}{2} \quad \frac{6}{8} \quad \frac{11}{32} \quad \frac{16}{128} \quad \frac{21}{512}$$

(분자: +5, +5, +5, +5 / 분모: ×4, ×4, ×4, ×4)

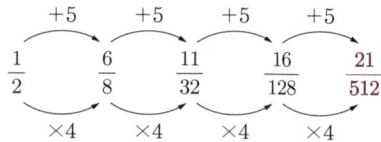

대표기출유형 03 기출응용문제

01

정답 ⑤

2023년 관광 수입이 가장 많은 국가는 중국(44,400백만 달러)이며, 가장 적은 국가는 한국(17,300백만 달러)이다. 두 국가의 2024년 관광 지출 대비 관광 수입 비율을 계산하면 다음과 같다.

- 한국 : $\frac{13,400}{30,600} \times 100 ≒ 43.8\%$
- 중국 : $\frac{32,600}{257,700} \times 100 ≒ 12.7\%$

따라서 두 국가의 비율 차이는 43.8−12.7=31.1%p이다.

02

정답 ②

K통신회사의 기본요금을 x원이라 하면, 8월과 9월의 요금 계산식은 각각 다음과 같다.

$x+60a+30\times2a=21,600 \rightarrow x+120a=21,600 \cdots$ ㉠

$x+20a=13,600 \cdots$ ㉡

㉠－㉡을 하면

$100a=8,000$

$\therefore a=80$

따라서 a의 값은 80이다.

PART 1

03

정답 ⑤

- (가) : $\frac{34,273-29,094}{29,094}\times100 \fallingdotseq 17.8\%$
- (나) : $66,652+34,273+2,729=103,654$백만 달러
- (다) : $\frac{103,654-91,075}{91,075}\times100 \fallingdotseq 13.8\%$

04

정답 ①

- (ㄱ) : 2021년 대비 2022년 의료 폐기물의 증감률로 $\frac{48,934-49,159}{49,159}\times100 \fallingdotseq -0.5\%$이다.
- (ㄴ) : 2019년 대비 2020년 사업장 배출시설계 폐기물의 증감률로 $\frac{123,604-130,777}{130,777}\times100 \fallingdotseq -5.5\%$이다.

05

정답 ②

- 공연음악 시장 규모 : 2025년의 후원 규모는 $6,305+118=6,423$백만 달러이고, 티켓 판매 규모는 $22,324+740=23,064$백만 달러이다. 따라서 2025년 공연음악 시장 규모는 $6,423+23,064=29,487$백만 달러이다.
- 스트리밍 시장 규모 : 2020년 스트리밍 시장의 규모가 1,530백만 달러이므로, 2025년의 스트리밍 시장 규모는 $1,530\times2.5=3,825$백만 달러이다.
- 오프라인 음반 시장 규모 : 2025년 오프라인 음반 시장 규모를 x백만 달러라고 하면 $\frac{x-8,551}{8,551}\times100=-6\%$이고, $x=-\frac{6}{100}\times8,551+8,551 \fallingdotseq 8,037.9$이므로 2025년 오프라인 음반 시장 규모는 8,037.9백만 달러이다.

06

정답 ⑤

영업팀별 연간 매출액을 구하면 다음과 같다.

- 영업 A팀 : $50\times0.1+100\times0.1+100\times0.3+200\times0.15=75$억 원
- 영업 B팀 : $50\times0.2+100\times0.2+100\times0.2+200\times0.4=130$억 원
- 영업 C팀 : $50\times0.3+100\times0.2+100\times0.25+200\times0.15=90$억 원
- 영업 D팀 : $50\times0.4+100\times0.5+100\times0.25+200\times0.3=155$억 원

따라서 연간 매출액이 큰 순서로 팀을 나열하면 D－B－C－A이고, 이때 매출 1위인 영업 D팀의 연 매출액은 155억 원이다.

07

정답 ①

(발생지역의 고사한 소나무 수)$=\frac{[감염률(\%)]}{100}\times\frac{[고사율(\%)]}{100}\times$(발생지역의 소나무 수)

- 거제 : $0.5\times0.5\times1,590=397.5$
- 경주 : $0.2\times0.5\times2,981=298.1$
- 제주 : $0.8\times0.4\times1,201=384.32$
- 청도 : $0.1\times0.7\times279=19.53$
- 포항 : $0.2\times0.6\times2,312=277.44$

따라서 고사한 소나무 수가 가장 많이 발생한 지역은 거제이다.

대표기출유형 04 기출응용문제

01

정답 ④

쓰레기 1kg당 처리비용은 400원으로 동결상태이므로 확인할 수 없는 내용이다. 오히려 쓰레기 종량제 봉투 가격이 인상될수록 K신도시의 쓰레기 발생량과 쓰레기 관련 예산 적자가 급격히 감소하는 것을 볼 수 있다.

02

정답 ③

대치동의 증권자산은 23.0조−17.7조−3.1조=2.2조 원이고, 서초동의 증권자산은 22.6조−16.8조−4.3조=1.5조 원이다.

오답분석

① 압구정동의 가구 수는 $\frac{14.4}{12.8}\fallingdotseq1.13$가구, 여의도동의 가구 수는 $\frac{24.9}{26.7}\fallingdotseq0.93$가구이므로 옳지 않은 설명이다.

② 이촌동의 가구 수가 2만 가구 이상이라면, 총자산이 7.4억×20,000=14.8조 원 이상이어야 한다. 그러나 이촌동은 총자산이 14.4조 원인 압구정동보다 순위가 낮으므로 이촌동의 가구 수는 2만 가구 미만인 것을 추론할 수 있다.

④ 여의도동의 부동산자산은 12.3조 원 미만이다. 여의도동의 부동산자산을 12.2조 원이라고 가정하면, 여의도동의 증권자산은 최대 24.9조−12.2조−9.6조=3.1조 원이므로 옳지 않은 설명이다.

⑤ 도곡동의 총자산 대비 부동산자산의 비율은 $\frac{12.3}{15.0}\times100=80\%$이고, 목동의 총자산 대비 부동산자산의 비율은 $\frac{13.7}{15.5}\times100\fallingdotseq$ 88.4%이므로 옳지 않은 설명이다.

03

정답 ③

2016 ~ 2024년까지 전년 대비 사기와 폭행의 발생건수 증감추이는 다음과 같다.

구분	2016년	2017년	2018년	2019년	2020년	2021년	2022년	2023년	2024년
사기	감소	감소	감소	감소	감소	감소	증가	증가	감소
폭행	증가	증가	증가	증가	증가	증가	감소	감소	증가

따라서 증감추이는 반비례한다.

오답분석

① 2016 ~ 2024년 범죄별 발생건수의 1 ~ 5위는 '절도 – 사기 – 폭행 – 살인 – 방화' 순이나 2015년에는 '절도 – 사기 – 폭행 – 방화 – 살인' 순으로 다르다.
② 2015 ~ 2024년 동안 발생한 방화의 총 발생건수는 5+4+2+1+2+5+2+4+5+3=33천 건으로 3만 건 이상이다.
④ 2017년 전체 범죄발생건수는 270+371+148+2+12=803천 건이며, 이 중 절도의 범죄건수가 차지하는 비율은 $\frac{371}{803}\times100$ ≒46.2%로 50% 미만이다.
⑤ 2015년 전체 범죄발생건수는 282+366+139+5+3=795천 건이고, 2024년에는 239+359+156+3+14=771천 건이다. 2015년 대비 2024년 전체 범죄발생건수 감소율은 $\frac{795-771}{795}\times100$≒3%로 5% 미만이다.

04

정답 ⑤

생산이 증가한 해에는 수출과 내수 모두 증가했다.

오답분석

① 표에서 ▽는 감소 수치를 나타내고 있으므로 옳은 판단이다.
② 내수가 가장 큰 폭으로 증가한 해는 2022년으로 생산과 수출 모두 감소했다.
③ 수출이 증가한 해는 2020, 2023, 2023년으로 내수와 생산 모두 증가했다.
④ 2022년의 경우 내수는 증가했지만 생산과 수출이 모두 감소했다.

05

정답 ④

온실가스 배출량 총량은 2022년에 감소했다가 다시 증가했다.

오답분석

① 이산화탄소는 2020 ~ 2024년 동안 가장 큰 비중을 차지한다.
②·③ 연도별 가계와 산업 부문의 배출량 차이 값은 다음과 같다.
- 2020년 : 58,168.8−25,449.1=32,719.7ppm
- 2021년 : 59,160.2−26,182.8=32,977.4ppm
- 2022년 : 60,030.0−24,984.3=35,045.7ppm
- 2023년 : 64,462.4−21,875.9=42,586.5ppm
- 2024년 : 65,491.6−22,769.8=42,721.8ppm

따라서 2024년에 가장 큰 값을 가지며, 해가 지날수록 지속적으로 증가하고 있다.
⑤ 가계·산업 부문을 통틀어 모든 시기에서 메탄은 아산화질소보다 더 많이 배출되고 있다.

06

정답 ④

제시된 자료의 원자력 소비량 수치를 보면 증감을 반복하고 있는 것을 확인할 수 있다.

오답분석

① 2015년 석유 소비량을 제외한 나머지 에너지 소비량의 합을 구하면 54.8+30.4+36.7+5.3=127.2백만 TOE이다. 즉, 석유 소비량인 101.5백만 TOE보다 크다. 2016 ~ 2024년 역시 석유 소비량을 제외한 나머지 에너지 소비량의 합을 구해 석유 소비량과 비교하면 석유 소비량이 나머지 에너지 소비량의 합보다 적음을 알 수 있다.
② 석탄 소비량은 2015 ~ 2021년까지 지속적으로 상승하다가 2022년 감소한 뒤 2023년부터 다시 상승세를 보이고 있다.
③ 제시된 자료를 보면 기타 에너지 소비량은 지속적으로 증가하고 있다.
⑤ 2019년에는 LNG 소비량이 감소했으므로 증가 추세가 심화되었다고 볼 수 없다.

07

정답 ③

2018년 대비 2019년에 생산가능인구는 12명 증가했다.

오답분석

① 2017년부터 2019년까지 고용률의 증감추이와 실업률의 증감추이는 '감소 – 감소'로 동일하다.
② 전년과 비교했을 때, 2018년에 경제활동인구가 202명으로 가장 많이 감소했다.
④ 분모가 작고 분자가 크면 비율이 높으므로, 고용률이 낮고 실업률이 높은 2021년과 2022년의 비율만 비교하면 된다.

- 2021년 : $\frac{8.1}{40.5}=0.2\%$
- 2022년 : $\frac{8.0}{40.3}\fallingdotseq 0.1985\%$

따라서 2021년의 비율이 더 크므로 옳은 설명이다.

⑤ 2022년과 2023년의 경제활동참가율은 같지만, 전체적으로는 경제활동참가율이 감소하고 있다.

CHAPTER
03 자원관리능력

대표기출유형 01 기출응용문제

01

정답 ④

20 ~ 21일은 주중이며, 출장 혹은 연수 일정이 없고, 부서이동 전에 해당되므로 김인턴이 경기본부의 파견 근무를 수행할 수 있는 일정이다.

오답분석

① 6 ~ 7일은 김인턴의 연수 참석 기간이므로 파견 근무를 진행할 수 없다.
② 11 ~ 12일은 주말인 11일을 포함하고 있다.
③ 14 ~ 15일 중 15일은 목요일로, 김인턴이 G본부로 출장을 가는 날이다.
⑤ 27 ~ 28일은 김인턴이 27일부터 부서를 이동한 이후이므로, 김인턴이 아니라 후임자가 경기본부로 파견 근무를 간다.

02

정답 ④

팀원들의 모든 스케줄이 비어 있는 시간대인 16:00 ~ 17:00가 가장 적절하다.

03

정답 ①

• 출장지에 도착한 현지 날짜 및 시각

서울 시각	5일 오후 1시 35분
비행 시간	+3시간 45분
대기 시간	+3시간 50분
비행 시간	+9시간 25분
시차	−1시간
	=6일 오전 5시 35분

04

정답 ③

대화 내용을 살펴보면 A과장은 패스트푸드점, B대리는 화장실, C주임은 은행, D사원은 편의점을 이용한다. 이는 동시에 이루어지는 일이므로 가장 오래 걸리는 일의 시간만을 고려하면 된다. 은행이 30분으로 가장 오래 걸리므로 17:20에 모두 모이게 된다. 따라서 17:00, 17:15에 출발하는 버스는 이용하지 못한다. 그리고 17:30에 출발하는 버스는 잔여석이 부족하여 이용하지 못한다. 최종적으로 17:45에 출발하는 버스를 탈 수 있다. 그러므로 서울에 도착 예정시각은 19:45이다.

05

정답 ④

체육대회는 주말에 한다고 하였으므로 평일과 비가 오는 장마기간은 제외한다. 12일과 13일에는 사장이 출장으로 자리를 비우고, 마케팅팀이 출근해야 하므로 적절하지 않다. 19일은 서비스팀이 출근해야 하며, 26일은 마케팅팀이 출근해야 한다. 또한, 운동장은 둘째・넷째 주말엔 개방하지 않으므로 27일을 제외하면 남은 날은 20일이다.

06

정답 ③

21일의 팀미팅은 워크숍 일정 시작 전인 오후 1시 30분에 끝나므로 3시 출발이 가능하며, 22일의 일정이 없기 때문에 21 ~ 22일이 워크숍 날짜로 적절하다.

오답분석

① 9 ~ 10일은 다른 팀과 함께하는 업무가 있는 주이므로 워크숍이 불가능하다.
② 18 ~ 19일은 19일은 주말이므로 워크숍이 불가능하다.
④ 28 ~ 29일은 E대리 휴가로 모든 팀원의 참여가 불가능하다.
⑤ 29 ~ 30일은 말일이므로 워크숍이 불가능하다.

대표기출유형 02 기출응용문제

01

정답 ④

1일 평균임금을 x원이라 하고, 퇴직금 산정공식을 이용하여 계산하면 다음과 같다.

1,900만=[30x×(5×365)]÷365

→ 1,900만=150x

∴ x ≒ 13만(∵ 천의 자리에서 올림)

따라서 1일 평균임금이 13만 원이므로 K씨의 평균 연봉을 계산하면 13만×365=4,745만 원이다.

02

정답 ④

수인이가 베트남 현금 1,670만 동을 환전하기 위해 필요한 한국 돈은 수수료를 제외하고 1,670만 동×483원/만 동=806,610원이다. 우대사항에서 50만 원 이상 환전 시 70만 원까지 수수료가 0.4%로 낮아진다. 70만 원의 수수료는 0.4%가 적용되고 나머지는 0.5%가 적용되므로 총수수료를 구하면 700,000×0.004+(806,610−700,000)×0.005=2,800+533.05 ≒ 3,330원이다.

따라서 수인이가 원하는 금액을 환전하기 위해서 필요한 총금액은 806,610+3,330=809,940원임을 알 수 있다.

03

정답 ①

세대당 월평균 사용량을 구하면 400÷2÷4=50m^{3}이다.

i) 상수도요금

- 사용요금

  1세대 1개월 요금은 사용요금 요율표를 적용하면 (30×360)+(20×550)=21,800원이다.

  즉, 사용요금은 21,800×4×2=174,400원이다.

- 기본요금

  기본요금은 계량기 구경이 20mm이므로, 3,000×2=6,000원이다.

그러므로 상수도요금은 사용요금과 기본요금을 합친 174,400+6,000=180,400원이다.

ii) 하수도요금

1세대 1개월 요금은 사용요금 요율표를 적용하면 (30×360)+(20×850)=27,800원이다.

그러므로 하수도요금은 27,800×4×2=222,400원이다.

iii) 물이용부담금

1세대 1개월 요금은 사용요금 요율표를 적용하면 50×170=8,500원이다.

그러므로 물이용부담금은 8,500×4×2=68,000원이다.

따라서 A씨 건물의 요금총액은 180,400+222,400+68,000=470,800원이다.

04

정답 ②

A씨와 B씨의 일정에 따라 요금을 계산하면 다음과 같다.

• A씨
  - 이용요금 : 1,310원×6×3=23,580원
  - 주행요금 : 92×170원=15,640원
  - 반납지연에 따른 패널티 요금 : (1,310원×9)×2=23,580원

  ∴ 23,580+15,640+23,580=62,800원

• B씨
  - 이용요금

    목요일 : 39,020원

    금요일 : 880원×6×8=42,240원

    → 81,260원
  - 주행요금 : 243×170원=41,310원

  ∴ 39,020+81,260+41,310=122,570원

05

정답 ③

상 종류별로 수상인원을 고려하여, 상패와 물품의 총수량과 비용을 계산하면 다음과 같다.

상패 혹은 물품	총수량(개)	개당 비용(원)	총비용(원)
금 도금 상패	7	49,500원(10% 할인)	7×49,500=346,500
은 도금 상패	5	42,000	42,000×4(1개 무료)=168,000
동 상패	2	35,000	35,000×2=70,000
식기 세트	5	450,000	5×450,000=2,250,000
신형 노트북	1	1,500,000	1×1,500,000=1,500,000
태블릿PC	6	600,000	6×600,000=3,600,000
안마의자	4	1,700,000	4×1,700,000=6,800,000
만년필	8	100,000	8×100,000=800,000
합계	-	-	15,534,500

따라서 상품 구입비용은 총 15,534,500원이다.

06

정답 ④

라벨지 50mm, 1단 받침대, 블루투스 마우스 가격을 차례대로 계산하면 (18,000×2)+24,000+(27,000×5)=195,000원이다. 그리고 블루투스 마우스를 3개 이상 구매하면 건전지 3SET를 무료로 증정하기 때문에 AAA건전지는 2SET만 더 구매하면 된다. 따라서 총 주문 금액은 195,000+(4,000×2)=203,000원이다.

07

정답 ②

라벨지는 91mm로 사이즈 변경 시 SET당 5%를 가산하기 때문에 가격은 (18,000×1.05)×4=75,600원이다. 3단 받침대의 가격은 1단 받침대에 2,000원씩을 추가하므로 (24,000+2,000)×2=52,000원이다. 그리고 블루투스 마우스의 가격은 27,000×3=81,000원이고 마우스 3개 이상 구매 시 AAA건전지 3SET를 무료로 증정하기 때문에 따로 주문하지 않는다. 마지막으로 탁상용 문서수동세단기의 가격인 36,000원을 더해 총 주문 금액을 구하면 75,600+52,000+81,000+36,000=244,600원이다.

대표기출유형 03 기출응용문제

01

정답 ①

조건에 따라 가중치를 적용한 후보 도서들의 점수를 나타내면 다음과 같다.

(단위 : 점)

도서명	흥미도 점수	유익성 점수	1차 점수	2차 점수
재테크, 답은 있다	6×3=18	8×2=16	34	34
여행학개론	7×3=21	6×2=12	33	33+1=34
부장님의 서랍	6×3=18	7×2=14	32	–
IT혁명의 시작	5×3=15	8×2=16	31	–
경제정의론	4×3=12	5×2=10	22	–
건강제일주의	8×3=24	5×2=10	34	34

따라서 최종 선정될 도서는 '재테크, 답은 있다'와 '여행학개론'이다.

02

정답 ④

제작하려는 홍보자료는 20×10=200부이며, 200×30=6,000페이지이다. 이를 활용하여 업체당 인쇄 비용을 구하면 다음과 같다.

구분	페이지 인쇄 비용	유광 표지 비용	제본 비용	할인을 적용한 총비용
A	6,000×50=30만 원	200×500=10만 원	200×1,500=30만 원	30+10+30=70만 원
B	6,000×70=42만 원	200×300=6만 원	200×1,300=26만 원	42+6+26=74만 원
C	6,000×70=42만 원	200×500=10만 원	200×1,000=20만 원	42+10+20=72만 원 → 200부 중 100부 5% 할인 → (할인 안 한 100부 비용) +(할인한 100부 비용) =36+(36×0.95)=70만 2천 원
D	6,000×60=36만 원	200×300=6만 원	200×1,000=20만 원	36+6+20=62만 원
E	6,000×100=60만 원	200×200=4만 원	200×1,000=20만 원	60+4+20=84만 원 → 총비용 20% 할인 84×0.8=67만 2천 원

따라서 가장 저렴한 비용으로 인쇄할 수 있는 업체는 D인쇄소이다.

03

정답 ③

매출 순이익은 [(판매 가격)−(생산 단가)]×(판매량)이므로 메뉴별 매출 순이익을 계산하면 다음과 같다.

메뉴	예상 월간 판매량(개)	생산 단가(원)	판매 가격(원)	매출 순이익(원)
A	500	3,500	4,000	(4,000−3,500)×500=250,000
B	300	5,500	6,000	(6,000−5,500)×300=150,000
C	400	4,000	5,000	(5,000−4,000)×400=400,000
D	200	6,000	7,000	(7,000−6,000)×200=200,000
E	150	3,000	5,000	(5,000−3,000)×150=300,000

따라서 매출 순이익이 가장 높은 C를 메인 메뉴로 선정하는 것이 가장 적절하다.

04

정답 ①

두 번째 조건에서 구매 금액이 총 30만 원 이상이면 총금액에서 5%를 할인해 주므로 한 벌당 가격이 300,000÷50=6,000원 이상인 품목은 할인이 적용된다. 업체별 품목 금액을 보면 모든 품목이 6,000원 이상이므로 5% 할인 적용대상이다. 따라서 모든 품목에 할인이 적용되어 정가로 비교가 가능하다. 마지막 조건에서 차순위 품목이 1순위 품목보다 총금액이 20% 이상 저렴한 경우 차순위를 선택한다고 했으므로 한 벌당 가격으로 계산하면 1순위인 카라 티셔츠의 20% 할인된 가격은 8,000×0.8=6,400원이다. 정가가 6,400원 이하인 품목은 A업체의 티셔츠이므로 팀장은 1순위인 카라 티셔츠보다 2순위인 A업체의 티셔츠를 구입할 것이다.

05

정답 ③

회의실에 테이블(2인용)이 4개 있었고 첫 번째 주문 후 테이블(2인용) 4개가 더 생겨 총 8개지만 16명만 앉을 수 있기 때문에 테이블(2인용) 1개를 추가로 주문해야 한다. 의자는 회의실에 9개, 창고에 2개, 주문한 1개를 더하면 총 12개로 5개를 더 주문해야 한다. 따라서 A사원이 추가로 주문할 물품 목록은 테이블(2인용) 1개, 의자 5개이다.

06

정답 ③

7월 10일에 있는 햇빛새싹발전소 발전사업 대상지 방문 일정에는 3명이 참석한다. 짐 무게 3kg당 탑승인원 1명으로 취급하므로, 총 4명의 인원이 탈 수 있는 렌터카가 필요하다. 최대 탑승인원을 만족하는 A, B, C, D렌터카 중 가장 저렴한 것은 A렌터카이지만 7월 1 ~ 12일에 여름휴가 할인행사로 휘발유 차량을 30% 할인하므로 B렌터카의 요금이 60,000×(1−0.3)=42,000원으로 가장 저렴하다.

7월 18일 보령 본사 방문에 참여하는 인원은 4명인데, 짐 무게 6kg은 탑승인원 2명으로 취급하므로 총 6명이 탈 수 있는 렌터카가 필요하다. 최대 탑승인원을 만족하는 C와 D렌터카는 요금이 동일하므로 조건에 따라 최대 탑승인원이 더 많은 C렌터카를 선택한다.

01

정답 ③

오답분석

① A지원자 : 9월에 복학 예정이기 때문에 근무기간이 연장될 경우 근무할 수 없으므로 적절하지 않다.
② B지원자 : 경력 사항이 없으므로 적절하지 않다.
④ D지원자 : 근무 시간(9 ~ 18시) 이후에 업무가 불가능하므로 적절하지 않다.
⑤ E지원자 : 포토샵을 활용할 수 없으므로 적절하지 않다.

02

정답 ⑤

C사원은 혁신성, 친화력, 책임감이 '상 – 상 – 중'으로 영업팀의 핵심역량 중요도에 부합하며, 창의성과 윤리성은 '하'이지만 영업팀에서 중요하게 생각하지 않는 역량이기에 영업팀으로의 부서 배치가 적절하다. E사원은 혁신성, 책임감, 윤리성이 '중 – 상 – 하'로 지원팀의 핵심역량 중요도에 부합하므로 지원팀으로의 부서 배치가 적절하다.

03

정답 ③

ㄱ. 각 팀장이 매긴 순위에 대한 가중치는 모두 동일하다고 했으므로 1, 2, 3, 4순위의 가중치를 각각 4, 3, 2, 1점으로 정해 네 사람의 면접점수를 산정하면 다음과 같다.
- 갑 : 2+4+1+2=9점
- 을 : 4+3+4+1=12점
- 병 : 1+1+3+4=9점
- 정 : 3+2+2+3=10점

면접점수가 높은 을, 정 중 한 명이 입사를 포기하면 갑, 병 중 한 명이 채용된다. 갑과 병의 면접점수는 9점으로 동점이지만 조건에 따라 인사팀장이 부여한 순위가 높은 갑을 채용하게 된다.

ㄷ. 경영관리팀장이 갑과 병의 순위를 바꿨을 때, 네 사람의 면접점수를 산정하면 다음과 같다.
- 갑 : 2+1+1+2=6점
- 을 : 4+3+4+1=12점
- 병 : 1+4+3+4=12점
- 정 : 3+2+2+3=10점

즉, 을과 병이 채용되므로 정은 채용되지 못한다.

오답분석

ㄴ. 인사팀장이 을과 정의 순위를 바꿨을 때, 네 사람의 면접점수를 산정하면 다음과 같다.
- 갑 : 2+4+1+2=9점
- 을 : 3+3+4+1=11점
- 병 : 1+1+3+4=9점
- 정 : 4+2+2+3=11점

즉, 을과 정이 채용되므로 갑은 채용되지 못한다.

04

정답 ④

제시된 조건을 정리하면 다음과 같다.

- 최소비용으로 가능한 많은 인원을 채용한다.
- 급여는 희망임금으로 지급한다.
- 6개월 이상 근무하되, 주말 근무시간은 협의 가능하다.
- 지원자들은 주말 이틀 중 하루만 출근하기 원한다.
- 하루 1회 출근만 가능하다.

위 조건을 모두 고려하여 근무스케줄을 작성해보면 총 5명의 직원을 채용할 수 있다.

<table>
<tr><th>근무시간</th><th>토요일</th><th>일요일</th></tr>
<tr><td>11:00 ~ 12:00</td><td rowspan="7">최지홍(7,000원)</td><td rowspan="4">박소다(7,500원)</td></tr>
<tr><td>12:00 ~ 13:00</td></tr>
<tr><td>13:00 ~ 14:00</td></tr>
<tr><td>14:00 ~ 15:00</td></tr>
<tr><td>15:00 ~ 16:00</td><td rowspan="5">우병지(7,000원)</td></tr>
<tr><td>16:00 ~ 17:00</td></tr>
<tr><td>17:00 ~ 18:00</td></tr>
<tr><td>18:00 ~ 19:00</td><td rowspan="4">한승희(7,500원)</td></tr>
<tr><td>19:00 ~ 20:00</td></tr>
<tr><td>20:00 ~ 21:00</td><td rowspan="2">김래원(8,000원)</td></tr>
<tr><td>21:00 ~ 22:00</td></tr>
</table>

※ 김병우 지원자의 경우에는 희망근무기간이 4개월이므로 채용하지 못함

05

정답 ③

먼저 모든 면접위원의 입사 후 경력은 3년 이상이어야 한다는 조건에 따라 A, E, F, H, I, L은 면접위원으로 선정될 수 없다. 이사 이상의 직급으로 6명 중 50% 이상 구성해야 하므로 자격이 있는 C, G, N은 반드시 면접위원으로 포함한다. 다음으로 인사팀을 제외한 부서는 2명 이상 선출할 수 없으므로 이미 N이사가 선출된 개발팀은 더 선출할 수 없고, 인사팀은 반드시 2명 이상을 포함해야 하므로 D과장은 반드시 선출된다. 이를 정리하면 다음과 같다.

구분	1	2	3	4	5	6
경우 1	C이사	D과장	G이사	N이사	B과장	J과장
경우 2	C이사	D과장	G이사	N이사	B과장	K대리
경우 3	C이사	D과장	G이사	N이사	J과장	K대리

따라서 B과장이 면접위원으로 선출되더라도 K대리가 선출되지 않는 경우도 있다.

CHAPTER

04 기술능력

대표기출유형 01 기출응용문제

01

정답 ②

벤치마킹은 경쟁력을 제고하기 위한 방법의 일환으로 타사에서 배워오는 혁신 기법이다. 그러나 복제나 모방과는 다른 개념이다. 벤치마킹은 단순히 경쟁 기업이나 선도 기업의 제품을 복제하는 수준이 아니라 장·단점을 분석해 자사의 제품을 한층 더 업그레이드해 시장 경쟁력을 높이고자 하는 개념이다.

오답분석

① 벤치마크 : 기준이 되는 점, 측정기준으로 비교평가 대상으로 볼 수 있다.
③ 표절 : 다른 사람의 저작물의 일부 또는 전부를 몰래 따다 쓰는 행위를 의미한다.
④ 모방 : 다른 것을 본떠서 흉내 내는 행위를 말한다.
⑤ 차용 : 돈이나 물건 따위를 빌려서 쓰는 행위를 말한다.

02

정답 ①

석유자원을 대체하고 에너지의 효율성을 높이는 것은 기존 기술에서 탈피하고 새로운 기술을 습득하는 기술경영자의 능력으로 볼 수 있다.

기술경영자의 능력

- 기술을 기업의 전반적인 전략 목표에 통합시키는 능력
- 빠르고 효과적으로 새로운 기술을 습득하고 기존의 기술에서 탈피하는 능력
- 기술을 효과적으로 평가할 수 있는 능력
- 기술 이전을 효과적으로 할 수 있는 능력
- 새로운 제품 개발 시간을 단축할 수 있는 능력
- 크고 복잡하며 서로 다른 분야에 걸쳐 있는 프로젝트를 수행할 수 있는 능력
- 조직 내의 기술 이용을 수행할 수 있는 능력
- 기술 전문 인력을 운용할 수 있는 능력

03

정답 ②

지속가능한 기술은 이용 가능한 자원과 에너지를 고려하고, 자원의 사용과 그것이 재생산되는 비율의 조화를 추구하며, 자원의 질을 생각하고, 자원이 생산적인 방식으로 사용되는가에 주의를 기울이는 기술이라고 할 수 있다. 즉, 지속가능한 기술은 되도록 태양 에너지와 같이 고갈되지 않는 자연 에너지를 활용하며, 낭비적인 소비 형태를 지양하고, 기술적 효용만이 아닌 환경효용(Eco-Efficiency)을 추구하는 것이다. ㉠, ㉡, ㉣의 사례는 낭비적인 소비 형태를 지양하고, 환경효용도 추구하므로 지속가능한 기술의 사례로 볼 수 있다.

오답분석

㉢·㉤ 환경효용이 아닌 생산수단의 체계를 인간에게 유용하도록 발전시키는 사례로, 기술발전에 해당한다.

04

정답 ④

'피재해자는 전기 관련 자격이 없었으며, 복장은 일반 안전화, 면장갑, 패딩점퍼를 착용한 상태였다.'는 문장에서 불안전한 행동·상태, 작업 관리상 원인, 작업 준비 불충분이란 것을 확인할 수 있다. 그러나 기술적 원인은 제시문에서 찾을 수 없다.

오답분석

① 불안전한 행동 : 위험 장소 접근, 안전장치 기능 제거, 보호 장비의 미착용 및 잘못 사용, 운전 중인 기계의 속도 조작, 기계·기구의 잘못된 사용, 위험물 취급 부주의, 불안전한 상태 방치, 불안전한 자세와 동작, 감독 및 연락 잘못 등이 해당된다.
② 불안전한 상태 : 시설물 자체 결함, 전기 시설물의 누전, 구조물의 불안정, 소방기구의 미확보, 안전 보호 장치 결함, 복장·보호구의 결함, 시설물의 배치 및 장소 불량, 작업 환경 결함, 생산 공정의 결함, 경계 표시 설비의 결함 등이 해당된다.
③ 작업 관리상 원인 : 안전 관리 조직의 결함, 안전 수칙 미제정, 작업 준비 불충분, 인원 배치 및 작업 지시 부적당 등이 해당된다.
⑤ 작업 준비 불충분 : 작업 관리상 원인의 하나이며, 피재해자는 경첩의 높이가 높음에도 불구하고 작업 준비에 필요한 자재를 준비하지 않은 채 불안전한 자세로 일을 시작하였다.

PART 1

05

정답 ①

제시문에서 나타난 A, B, C사들이 수행한 기술선택 방법은 벤치마킹이다. 벤치마킹이란 단순한 모방과는 달리 특정 분야에서 우수한 기업이나 성공한 상품, 기술, 경영 방식 등의 장점을 충분히 익힌 후 자사의 환경에 맞추어 재창조하는 것을 의미한다.

오답분석

④ 비교대상에 따른 벤치마킹의 종류

비교대상에 따른 분류	내용
내부 벤치마킹	같은 기업 내의 다른 지역, 타 부서, 국가 간의 유사한 활용을 비교 대상으로 함
경쟁적 벤치마킹	동일 업종에서 고객을 직접적으로 공유하는 경쟁기업을 대상으로 함
비경쟁적 벤치마킹	제품, 서비스 및 프로세스의 단위 분야에 있어 가장 우수한 실무를 보이는 비경쟁적 기업 내의 유사 분야를 대상으로 함
글로벌 벤치마킹	프로세스에 있어 최고로 우수한 성과를 보유한 동일업종의 비경쟁적 기업을 대상으로 함

⑤ 수행방식에 따른 벤치마킹의 종류

수행방식에 따른 분류	내용
직접적 벤치마킹	벤치마킹 대상을 직접 방문하여 수행하는 방법
간접적 벤치마킹	인터넷 검색 및 문서 형태의 자료를 통해서 수행하는 방법

06

정답 ④

㉢·㉣ C금융사는 비경쟁적 관계에 있는 신문사를 대상으로 한 비경쟁적 벤치마킹과 직접 방문을 통한 직접적 벤치마킹을 수행하였다.

오답분석

㉠ 내부 벤치마킹에 대한 설명이다.
㉡ 경쟁적 벤치마킹에 대한 설명이다.
㉤ 간접적 벤치마킹에 대한 설명이다.

07

정답 ③

A역 에스컬레이터 역주행 사고는 모터 감속기의 노후화 등의 마모로 인한 것이라 추정하였으며, 이에 대해 정밀 감식을 진행할 예정이므로 사고예방대책 원리의 평가 및 분석 단계에 해당된다.

08

정답 ④

승객들의 에스컬레이터에서 걷거나 뛰는 행위로 인해 부품에 이상이 생겨 사고로 이어졌다. 이는 반복적이고 지속적인 충격하중으로 인한 부품 이상을 사전에 충분히 점검 및 정비하지 않아 발생한 사고이므로 기계에 의한 물적 요인으로 볼 수 있다.

09

정답 ④

㉠ 드론(Drone) : 무인항공기(UAV; Unmanned Aerial Vehicle)로도 불리는 드론은 조종사가 탑승하지 않고 무선 원격 조종하는 비행체이다. 모형항공기와 비교되곤 하는데 드론과 모형항공기의 가장 큰 차이는 자동비행장치의 탑재 유무이다. 자동비행이 가능하면 드론의 일종으로 보고, 자동비행이 불가능하여 수동 조작이 필요하면 모형항공기의 일종으로 본다.

㉡ 사물인터넷(IoT; Internet of Things) : 물체에 인터넷 등의 네트워크를 적용하여 물체와 사용자와의 커뮤니케이션은 물론 연결된 기기 간의 상호작용을 통해 자동으로 기기를 제어하는 기술이다.

㉢ 빅데이터(Big data) : 기존 데이터 처리 능력으로는 감당이 안 되는 매우 크고 복잡한 비정형 데이터이다. 흔히 빅데이터의 3대 중요 요소로 크기(Volume), 속도(Velocity), 다양성(Variety)을 꼽으며 빅데이터를 통한 가치 창출이 중요해지면서 정확성(Veracity), 가치(Value)까지 포함하여 빅데이터의 주요 5대 중요 요소로 꼽는 사람들도 있다. 빅데이터는 시장 선호도 조사 등 다양한 산업 분야에서 목적에 따라 적절하게 처리하여 결론을 도출해야 한다.

대표기출유형 02 기출응용문제

01

정답 ④

배터리 보호를 위하여 과충전 보호회로가 내장되어 있어 적정 충전시간을 초과하여도 배터리에 큰 손상이 없다. 따라서 고장의 원인으로 적절하지 않다.

02

정답 ③

청소기 전원을 끄고 이물질 제거 후 전원을 켜면 파워브러시가 재작동하며, 평상시에도 파워브러시가 멈추었을 때는 전원 스위치를 껐다 켜면 재작동한다.

03

정답 ⑤

사용 중 갑자기 흡입력이 떨어지는 이유는 흡입구를 커다란 이물질이 막고 있거나, 먼지 필터가 막혀 있거나, 먼지통 내에 오물이 가득 차 있을 경우이다.

04

정답 ③

체온 측정을 위한 주의사항에 따르면 체온을 측정할 때는 정확한 측정을 위해 과다한 귀지가 없도록 해야 한다.

오답분석

① 체온을 측정하기 전 새 렌즈필터를 부착해야 한다.
② 오른쪽 귀에서 측정한 체온과 왼쪽 귀에서 측정한 체온은 다를 수 있으므로 항상 같은 귀에서 체온을 측정해야 한다.
④ 영점 조정에 대한 사항은 설명서에서 확인할 수 없는 내용이다.
⑤ 체온을 측정하기 전 새 렌즈필터를 부착해야 하며, 렌즈를 알코올 솜으로 닦는 사항은 설명서에서 확인할 수 없는 내용이다.

05

정답 ①

'POE' 에러 메시지는 체온계가 렌즈의 정확한 위치를 감지할 수 없어 정확한 측정이 어렵다는 메시지이다. 따라서 〈ON〉 버튼을 3초간 길게 눌러 화면을 지운 다음 정확한 위치에 체온계를 넣어 다시 측정해야 한다.

오답분석

② '– –' 에러 메시지가 떴을 때의 해결방법에 해당한다.
③ 설명서에서 확인할 수 없는 내용이다.
④ '– – –' 에러 메시지가 떴을 때의 해결방법에 해당한다.
⑤ 'HI℃' 또는 'LO℃' 에러 메시지가 떴을 때의 해결방법에 해당한다.

06

정답 ①

제품사양에 따르면 '에듀프렌드'는 내장 500GB, 외장 500GB 총 1TB의 메모리를 지원하고 있다. 1TB까지 저장이 가능하므로 500GB를 초과하더라도 추가로 저장할 수 있다.

오답분석

② 학습자 관리 기능으로 인적사항을 등록할 수 있다.
③ 교사 스케줄링 기능으로 일정을 등록할 수 있고, 중요한 일정은 알람을 설정할 수 있다.
④ 위치정보를 활용해 학습자 방문지와의 거리 및 시간 정보와 경로를 탐색할 수 있다.
⑤ 커뮤니티에 접속해 공지사항을 확인할 수 있다.

07

정답 ⑤

주의사항에 따르면 기기에 색을 칠하거나 도료를 입히면 안 되며, 이를 위반하였을 경우 제품손상이 발생할 수 있다. 그러나 ⑤와 같이 기기가 아닌 보호 커버 위에 매직펜으로 이름을 쓰는 것은 제품손상과 관계없다.

오답분석

① 출력 커넥터에 허용되는 헤드셋 또는 이어폰을 사용해야 한다.
② 자성을 이용한 제품을 가까이 두면 제품손상의 원인이 될 수 있다.
③ 물 또는 빗물에 던지거나 담그는 것은 제품손상의 원인이 될 수 있다.
④ 기기를 떨어뜨리는 것은 제품손상의 원인이 될 수 있다.

08

정답 ④

벽걸이형 난방기구를 설치하기 위해서는 거치대를 먼저 벽에 고정시킨 뒤, 평행을 맞춰 제품을 거치대에 고정시키고, 거치대의 고정 나사를 단단히 조여 흔들리지 않도록 한다.

오답분석

① 벽걸이용 거치대의 상단 구멍에 대한 내용은 설명서에 나타나 있지 않다.
② 스탠드는 벽걸이형이 아닌 스탠드형 설치에 필요한 제품이다.
③ 벽이 단단한 콘크리트나 타일일 경우 전동드릴로 구멍을 내어 거치대를 고정시킨다.
⑤ 스탠드가 아닌 거치대의 고정 나사를 조여 흔들리지 않도록 고정시킨다.

09

정답 ③

실내온도가 설정온도보다 약 2～3℃ 내려가면 히터가 다시 작동한다. 따라서 실내온도가 20℃라면 설정온도를 20℃보다 2～3℃ 높은 22～23℃로 조절해야 히터가 작동한다.

10

정답 ⑤

작동되고 있는 히터를 손으로 만지는 것은 화상을 입을 수 있는 등의 위험한 행동이지만, 난방기 고장의 원인으로 보기에는 거리가 멀다.

CHAPTER

05 조직이해능력

대표기출유형 01 기출응용문제

01

정답 ②

이노비즈(Innobiz)는 혁신(Innovation)과 기업(Business)의 합성어로, 뛰어난 기술을 바탕으로 경쟁력을 확보하는 중소기업이다.

02

정답 ①

제품의 질은 우수하나 브랜드의 저가 이미지 때문에 매출이 좋지 않은 것이므로 선입견을 제외하고 제품의 우수성을 증명할 수 있는 블라인드 테스트를 통해 인정을 받는다. 그리고 그 결과를 홍보의 수단으로 사용하는 것이 가장 적절하다.

03

정답 ④

밑줄 친 기법은 '한정 판매 마케팅' 기법으로, 한정판 제품의 공급을 통해 의도적으로 가격탄력성을 0에 가깝게 조정하는 것이다. 지금 아니면 못 산다는 심리를 이용하여 소비자의 소장욕구를 자극하기 때문에 소장 가치가 높은 상품을 대상으로 하면 더욱 효과적이다. 이 기법은 판매 기업의 입장에서는 이윤 증대를 위한 경영 혁신이지만 소비자의 합리적 소비를 저해할 수 있다.

04

정답 ②

경영 활동을 구성하는 요소는 경영 목적, 인적자원, 자금, 경영 전략이다. (나)의 경우와 같이 봉사활동을 수행하는 일은 목적과 인력, 자금 등이 필요한 일이지만, 정해진 목표를 달성하기 위한 조직의 관리, 전략, 운영활동이라고 볼 수 없으므로 경영 활동이 아니다.

05

정답 ①

마이클 포터의 본원적 경쟁 전략

- 차별화 전략 : 조직이 생산품이나 서비스를 차별화하여 고객에게 가치가 있고 독특하게 인식되도록 하는 전략으로, 이를 위해서는 연구개발이나 광고를 통하여 기술, 품질, 서비스, 브랜드 이미지를 개선할 필요가 있다.
- 원가우위 전략 : 원가절감을 통해 해당 산업에서 우위를 점하는 전략으로, 이를 위해서는 대량생산을 통해 단위 원가를 낮추거나 새로운 생산기술을 개발할 필요가 있다.
- 집중화 전략 : 특정 시장이나 고객에게 한정된 전략으로, 특정 산업을 대상으로 한다. 즉, 경쟁조직들이 소홀히 하고 있는 한정된 시장을 원가우위 전략이나 차별화 전략을 써서 집중 공략하는 방법이다.

06

정답 ③

①·②·④·⑤는 전략과제에서 도출할 수 있는 추진방향이지만, ③의 국제경쟁입찰의 과열 경쟁 심화와 컨소시엄 구성 시 민간기업과 업무배분, 이윤추구성향 조율의 어려움 등은 문제점에 대한 언급이기 때문에 추진방향으로 적절하지 않다.

07

정답 ③

C는 K사의 이익과 자사의 이익 모두를 고려하여 서로 원만한 합의점을 찾고 있다. 따라서 가장 바르게 협상한 사람은 C이다.

오답분석

① A는 K사의 협상당사자가 설정한 목표와 한계에서 벗어나는 요구를 하고 있으므로 바르게 협상한 것이 아니다.
② B는 합의점을 찾기보다는 자사의 특정 입장만 고집하고 있다. 따라서 바르게 협상한 것이 아니다.
④ D는 상대방의 상황에 대해서 지나친 염려를 하고 있다. 따라서 바르게 협상한 것이 아니다.
⑤ K사의 협상 당사자는 가격에 대한 결정권을 가지고 있으므로 협상을 시도한 것이며, 회사의 최고 상급자는 협상의 세부사항을 잘 알지 못하므로 E는 잘못된 사람과의 협상을 요구하고 있다. 따라서 바르게 협상한 것이 아니다.

08

정답 ①

맥킨지(McKinsey)에 의해서 개발된 7S 모형

1. 공유가치 : 조직 구성원들의 행동이나 사고를 특정 방향으로 이끌어 가는 원칙이나 기준이다.
2. 스타일 : 구성원들을 이끌어 나가는 전반적인 조직관리 스타일이다.
3. 구성원 : 조직의 인력 구성과 구성원들의 능력과 전문성, 가치관과 신념, 욕구와 동기, 지각과 태도 그리고 그들의 행동 패턴 등을 의미한다.
4. 제도・절차 : 조직운영의 의사결정과 일상 운영의 틀이 되는 각종 시스템을 의미한다.
5. 구조 : 조직의 전략을 수행하는 데 필요한 틀로서 구성원의 역할과 그들 간의 상호관계를 지배 하는 공식요소이다.
6. 전략 : 조직의 장기적인 목적과 계획 그리고 이를 달성하기 위한 장기적인 행동지침이다.
7. 기술 : 하드웨어는 물론 이를 사용하는 소프트웨어 기술을 포함하는 요소를 의미한다.

09

정답 ③

- (가) : 여름과 겨울에 일정하게 매출이 증가함으로써 일정 주기를 타고 성장, 쇠퇴를 거듭하는 패션형이 적절하다.
- (나) : 매출이 계속 성장하는 모습을 보여줌으로써 연속성장형이 적절하다.
- (다) : 광고 전략과 같은 촉진활동을 통해 매출이 상승함으로써 주기・재주기형이 적절하다
- (라) : 짧은 시간에 큰 매출 효과를 가졌으나, 며칠이 지나지 않아 매출이 급감함을 볼 때, 패드형이 적절하다.

대표기출유형 02 기출응용문제

01

정답 ④

조직은 영리성을 기준으로 영리조직과 비영리조직으로 구분할 수 있다.

㉠ 영리조직 : 재산상의 이익을 목적으로 활동하는 조직이다.

㉡ 비영리조직 : 자체의 이익을 추구하지 않고 공익을 목적으로 하는 조직이다.

02

정답 ③

비영리조직이면서 대규모조직인 학교에서 5시간 있었다.

- 학교 : 공식조직, 비영리조직, 대규모조직
- 카페 : 공식조직, 영리조직, 대규모조직
- 스터디 : 비공식조직, 비영리조직, 소규모조직

오답분석

① 비공식적이면서 소규모조직인 스터디에서 2시간 있었다.

② 공식조직인 학교와 카페에서 8시간 있었다.

④ 영리조직인 카페에서 3시간 있었다.

⑤ 비공식적이면서 비영리조직인 스터디에서 2시간 있었다.

03

정답 ⑤

조직 문화는 구성원 개개인의 개성을 인정하고 그 다양성을 강화하기보다는 구성원들의 행동을 통제하는 기능을 한다. 즉, 구성원을 획일화·사회화시킨다.

04

정답 ④

조직 목표의 기능

- 조직이 존재하는 정당성과 합법성 제공
- 조직이 나아갈 방향 제시
- 조직구성원 의사결정의 기준
- 조직구성원 행동수행의 동기유발
- 수행평가의 기준
- 조직설계의 기준

05

정답 ②

K사는 기존에 수행하지 않던 해외 판매 업무가 추가될 것이므로 그에 따른 해외영업팀 등의 신설 조직이 필요하다. 해외에 공장 등의 조직을 보유하게 되므로 이를 관리하는 해외 관리 조직이 필요하며, 물품의 수출에 따른 통관 업무를 담당하는 통관물류팀, 외화 대금 수취 및 해외 조직으로부터의 자금 이동 관련 업무를 담당할 외환업무팀, 국제 거래상 발생하게 될 해외 거래 계약 실무를 담당할 국제법무 조직 등이 필요하게 된다. 그러나 기업회계팀은 K사의 해외 사업과 상관없이 기존 회계를 담당하는 조직이라고 볼 수 있다.

06

정답 ③

마케팅기획본부는 해외마케팅기획팀과 마케팅기획팀으로 구성된다고 했으므로 적절하지 않다.

오답분석

①·② 마케팅본부의 마케팅기획팀과 해외사업본부의 해외마케팅기획팀을 통합해 마케팅기획본부가 신설된다고 했으므로 적절하다.
④ 해외사업본부의 해외사업 1팀과 해외사업 2팀을 해외영업팀으로 통합하고 마케팅본부로 이동한다고 했으므로 적절하다.
⑤ 구매·총무팀에서 구매팀과 총무팀이 분리되고 총무팀과 재경팀을 통합 후 재무팀이 신설된다고 했으므로 적절하다.

07

정답 ⑤

오답분석

① 계층제의 원리 : 조직의 목표를 달성하기 위한 업무를 수행함에 있어 권한과 책임의 정도에 따라 직위가 수직적으로 서열화되어 있는 것이다.
② 분업의 원리 : 조직의 업무를 직능 또는 성질별로 구분하여 한 사람에게 동일한 업무를 분담시키는 것이다.
③ 조정의 원리 : 조직 내에서 업무의 수행을 조절하고 조화로운 인간관계를 유지함으로써 협동의 효과를 최대한 거두려는 것이다.
④ 적도집권의 원리 : 중앙집권제와 분권제 사이에 적절한 균형을 도모하려는 것이다.

08

정답 ⑤

안정적이고 확실한 환경에서는 기계적 조직이 적절하고, 급변하는 환경에서는 유기적 조직이 적절하다.

기계적 조직과 유기적 조직의 특징

기계적 조직	유기적 조직
• 구성원들의 업무가 분명하게 정의된다. • 많은 규칙과 규제들이 있다. • 상하 간 의사소통이 공식적인 경로를 통해 이루어진다. • 엄격한 위계질서가 존재한다. • 대표적인 기계조직으로 군대를 볼 수 있다.	• 의사결정 권한이 조직의 하부구성원들에게 많이 위임되어 있다. • 업무가 고정되지 않고, 공유 가능하다. • 비공식적인 상호의사소통이 원활하게 이루어진다. • 규제나 통제의 정도가 낮아 변화에 따라 의사결정이 쉽게 변할 수 있다.

09

정답 ②

오답분석

① 분권화 : 의사결정 권한이 하급기관에 위임되는 조직 구조이다.
③ 수평적 : 부서의 수가 증가하는 것으로 조직 구조의 복잡성에 해당한다.
④ 공식성 : 조직 구성원의 행동이 어느 정도의 규칙성, 몰인격성을 갖는지에 대한 정도를 말한다.
⑤ 유기적 : 조직이 생물체처럼 서로 밀접하게 관련되어 있어 뗄 수 없게 된 것이다.

10

정답 ⑤

ㄱ. 세계화는 조직 구성원들의 근무환경 등 개인의 삶에도 직·간접적으로 영향을 주므로 구성원들은 의식 및 태도, 지식습득에 있어서 적응이 필요하다. 따라서 기업의 대외적 경영 측면뿐 아니라 대내적 관리에도 영향을 준다.
ㄷ. 이문화 이해는 언어적 소통 및 비언어적 소통, 문화, 정서의 이해를 모두 포괄하는 개념이다. 따라서 이문화 이해가 곧 언어적 소통이 되는 것은 아니다.
ㄹ. 문화란 장시간에 걸쳐 무의식적으로 형성되는 영역으로, 단기간에 외국문화를 이해하는 것은 한계가 있기 때문에 지속적인 학습과 노력이 요구된다.

오답분석

ㄴ. 대상국가의 법규 및 제도 역시 기업이 적응해야 할 경영환경이다.

대표기출유형 03 기출응용문제

01

정답 ⑤

현재 시각이 오전 11시이므로 오전 중으로 처리하기로 한 업무를 가장 먼저 처리해야 한다. 따라서 오전 중으로 고객에게 보내기로 한 자료 작성(ㄹ)을 가장 먼저 처리한다. 다음으로 오늘까지 처리해야 하는 업무 두 가지(ㄱ, ㄴ) 중 비품 신청(ㄱ)보다는 부서장이 지시한 부서 업무 사항(ㄴ)을 먼저 처리하는 것이 적절하다. 그리고 특별한 상황이 아닌 이상 개인의 단독 업무보다는 타인·타 부서와 협조된 업무를 우선적으로 처리해야 한다. 따라서 '고객에게 보내기로 한 자료 작성(ㄹ) – 부서 업무 사항(ㄴ) – 인접 부서의 협조 요청(ㄷ) – 단독 업무인 비품 신청(ㄱ)'의 순서로 업무를 처리해야 한다.

02

정답 ③

시간 순서대로 나열해 보면 '회의실 예약 – PPT 작성 – 메일 전송 – 수정사항 반영 – B주임에게 조언 구하기 – 브로슈어에 최종본 입력 – D대리에게 파일 전달 – 인쇄소 방문'이다.

03

정답 ③

최수영 상무이사가 결재한 것은 대결이다. 대결은 전결권자가 출장, 휴가, 기타 사유로 상당기간 부재중일 때 긴급한 문서를 처리하고자 할 경우에는 전결권자의 차하위 직위의 결재를 받아 시행하는 것을 말한다. 대결 시에는 기안문의 결재란 중 대결한 자의 란에 '대결'을 표시하고 서명 또는 날인한다. 결재표는 다음과 같다.

과장	부장	상무이사	전무이사
최경옥	김석호	대결 최수영	전결

04

정답 ⑤

김사원이 해야 할 일을 순서대로 나열해 보면 '최팀장 책상의 서류 읽어 보기(박과장 방문 전) → 박과장 응대하기(오전) → 최팀장에게 서류 가져다 주기(점심시간) → 회사로 온 연락 최팀장에게 알려 주기(오후) → 이팀장에게 전화하라고 전하기(퇴근 전)'이다.

05

정답 ⑤

예산집행 조정, 통제 및 결산 총괄 등 예산과 관련된 업무는 자산팀(㉤)이 아닌 예산팀(㉠)이 담당하는 업무이다. 자산팀은 물품 구매와 장비·시설물 관리 등의 업무를 담당한다.

06

정답 ⑤

전문자격 시험의 출제정보를 관리하는 시스템의 구축·운영 업무는 정보화사업팀이 담당하는 업무로, 개인정보 보안과 관련된 업무를 담당하는 정보보안전담반의 업무로는 적절하지 않다.

07

정답 ③

'㉠ 비서실 방문'은 브로슈어 인쇄를 위해 미리 파일을 받아야 하므로 '㉣ 인쇄소 파일 전달'보다 먼저 이루어져야 한다. '㉡ 회의실, 마이크 체크'는 내일 오전 '㉤ 업무보고' 전에 준비해야 할 사항이다. '㉢ 케이터링 서비스 예약'은 내일 3시 팀장회의를 위해 준비하는 것이므로 24시간 전인 오늘 3시 이전에 실시하여야 한다. 따라서 위 업무순서를 정리하면 ㉢ → ㉠ → ㉣ → ㉡ → ㉤이 되는데, 여기서 ㉢이 ㉠보다 먼저 이루어져야 하는 이유는 현재 시각이 2시 50분이기 때문이다. 비서실까지 가는 데 걸리는 시간이 15분이므로 비서실에 갔다 오면 3시가 지난다. 그러므로 케이터링 서비스 예약을 먼저 하는 것이 적절하다.

PART 2
최종점검 모의고사

제1회
최종점검 모의고사

01	02	03	04	05	06	07	08	09	10	11	12	13	14	15	16	17	18	19	20
④	①	②	⑤	②	②	④	③	⑤	①	②	①	④	④	③	④	①	④	④	①
21	22	23	24	25	26	27	28	29	30	31	32	33	34	35	36	37	38	39	40
①	④	③	③	④	③	①	②	①	④	①	③	②	①	②	④	④	②	③	④
41	42	43	44	45	46	47	48	49	50										
①	③	③	⑤	⑤	④	②	⑤	④	④										

01 명제 추론

정답 ④

두 번째와 네 번째 조건에 의해 B는 치통에 사용되는 약이고, A는 세 번째와 네 번째 조건에 의해 몸살에 사용되는 약이다.
∴ A－몸살, B－치통, C－배탈, D－피부병
두 번째와 다섯 번째 조건에 의해 은정이가 처방받은 약은 B, 희경이가 처방받은 약은 C에 해당된다. 그러면 소미가 처방받은 약은 마지막 조건에 의해 D에 해당된다.
따라서 네 사람이 처방받은 약은 정선－A(몸살), 은정－B(치통), 희경－C(배탈), 소미－D(피부병)이다.

02 명제 추론

정답 ①

주어진 조건에 따라 들어가야 할 재료 순서를 배치해 보면 다음과 같다.

첫 번째	두 번째	세 번째	네 번째	다섯 번째	여섯 번째	일곱 번째
바	다	마	나	사	라	가

따라서 두 번째로 넣어야 할 재료는 '다'이다.

03 명제 추론

정답 ②

다음의 논리 순서를 따라 주어진 조건을 정리하면 쉽게 접근할 수 있다.
- 세 번째 조건 : 한국은 월요일에 대전에서 연습을 한다.
- 다섯 번째 조건 : 미국은 월요일, 화요일에 수원에서 연습을 한다.
- 여섯 번째 조건 : 미국은 목요일에 인천에서 연습을 한다.
- 일곱 번째 조건 : 금요일에 중국은 서울에서 연습하고, 미국은 대전에서 연습을 한다.
- 마지막 조건 : 한국은 월요일에 대전에서 연습하므로, 화요일과 수요일에 이틀 연속으로 인천에서 연습을 한다.

이때, 미국은 자연스럽게 수요일에 서울에서 연습함을 유추할 수 있고, 한국은 금요일에 인천에서 연습을 할 수 없으므로, 목요일에는 서울에서, 금요일에는 수원에서 연습함을 알 수 있다. 그리고 만약 중국이 수요일과 목요일에 이틀 연속으로 수원에서 연습을 하게 되면 일본은 수원에서 연습을 못하게 되므로, 중국은 월요일에 인천에서 연습을 하고, 목요일에 수원에서 연습을 하며, 화요일과 수요일에 대전에서 이틀 연속으로 연습해야 함을 유추할 수 있다. 나머지는 일본이 모두 연습하면 된다.

이를 표로 정리하면 다음과 같다.

지역	월요일	화요일	수요일	목요일	금요일
서울	일본	일본	미국	한국	중국
수원	미국	미국	일본	중국	한국
인천	중국	한국	한국	미국	일본
대전	한국	중국	중국	일본	미국

따라서 수요일에 대전에서는 중국이 연습을 한다.

04 규칙 적용 정답 ⑤

직원명단 순서대로 직원코드를 생성하면 다음과 같다.

명단	입사연도	퇴사연도	재직기간	채용전형	생년월일 · 성명
최지율	1980년대 : A8	2016년 : Y	20년 초과 30년 이내 : ㄷ	공채 : a	650802ㅊㅈ
강이나라	2000년대 : B0	재직자 : Z	재직자 : ㅁ	공채 : a	720201ㄱㅇ
김자영	1980년대 : A8	1999년 : X	10년 초과 20년 이내 : ㄴ	특채 : b	580119ㄱㅈ
이아름	2010년대 : B1	재직자 : Z	재직자 : ㅁ	공채 : a	930605ㅇㅇ
유소정	2020년대 : B2	재직자 : Z	재직자 : ㅁ	특채 : b	981220ㅇㅅ

위 명단 순서대로 직원코드를 정리하면 다음과 같다.

- 최지율 : A8Yㄷa650802ㅊㅈ
- 강이나라 : B0Zㅁa720201ㄱㅇ
- 김자영 : A8Xㄴb580119ㄱㅈ
- 이아름 : B1Zㅁa930605ㅇㅇ
- 유소정 : B2Zㅁb981220ㅇㅅ

따라서 ⑤는 직원코드로 옳지 않다.

05 규칙 적용 정답 ②

입사연도 A6～A9를 A, B0～B2를 B로 수정하고, 세 번째 코드인 재직기간에서 재직자의 코드를 'ㅁ'에서 '–'로 수정해 준다. 마지막으로 생년월일 · 성명 코드에서 성명의 모든 초성을 적어 변경사항을 적용하면 다음과 같다.

- 최지율 : AYㄷa650802ㅊㅈㅇ
- 강이나라 : BZ–a720201ㄱㅇㄴㄹ
- 김자영 : AXㄴb580119ㄱㅈㅇ
- 이아름 : BZ–a930605ㅇㅇㄹ
- 유소정 : BZ–b981220ㅇㅅㅈ

따라서 ②는 직원코드로 옳지 않다.

06 SWOT 분석 정답 ②

ㄱ. LNG 구매력이 우수하다는 강점을 이용해 북아시아 가스관 사업이라는 기회를 활용하는 것은 SO전략으로 적절하다.
ㄷ. 수소 자원 개발이 고도화되고 있는 기회를 이용하여 높은 공급단가라는 약점을 보완하는 것은 WO전략으로 적절하다.

오답분석

ㄴ. 북아시아 가스관 사업은 강점이 아닌 기회에 해당되므로 ST전략으로 적절하지 않다.
ㄹ. 높은 LNG 확보 능력이라는 강점을 이용해 높은 가스 공급단가라는 약점을 보완하려는 것은 WT전략으로 적절하지 않다.

07 규칙 적용

정답 ④

파일 이름에 주어진 규칙을 적용하여 암호를 구하면 다음과 같다.

1. 비밀번호 중 첫 번째 자리에는 파일 이름의 첫 문자가 한글일 경우 @, 영어일 경우 #, 숫자일 경우 *로 특수문자를 입력한다.
   - 2024매운전골Cset3인기준recipe8 → *
2. 두 번째 자리에는 파일 이름의 총 자리 개수를 입력한다.
   - 2024매운전골Cset3인기준recipe8 → *23
3. 세 번째 자리부터는 파일 이름 내에 숫자를 순서대로 입력한다. 숫자가 없을 경우 0을 두 번 입력한다.
   - 2024매운전골Cset3인기준recipe8 → *23202438
4. 그 다음 자리에는 파일 이름 중 한글이 있을 경우 초성만 순서대로 입력한다. 없다면 입력하지 않는다.
   - 2024매운전골Cset3인기준recipe8 → *23202438ㅁㅇㅈㄱㅇㄱㅈ
5. 그 다음 자리에는 파일 이름 중 영어가 있다면 뒤에 덧붙여 순서대로 입력하되, a, e, i, o, u만 'a=1, e=2, i=3, o=4, u=5'로 변형하여 입력한다(대문자·소문자 구분 없이 모두 소문자로 입력한다).
   - 2024매운전골Cset3인기준recipe8 → *23202438ㅁㅇㅈㄱㅇㄱㅈcs2tr2c3p2

따라서 주어진 파일 이름의 암호는 '*23202438ㅁㅇㅈㄱㅇㄱㅈcs2tr2c3p2'이다.

08 자료 해석

정답 ③

오답분석

- 정원 : 관광통역 안내사 자격증의 전형관리기관은 한국산업인력공단이므로 지자체가 아닌 한국산업인력공단에 문의하여야 한다.
- 시연 : 의료관광업의 국제의료관광 코디네이터 자격증 발급기관은 한국산업인력공단이므로 한국관광공사가 아닌 한국산업인력공단으로 가야 한다.

09 자료 해석

정답 ⑤

건물별 항목마다 적용되는 환산점수 합을 구하면 다음과 같다.

(단위 : 점)

건물	층수	면적(건물+주차장)	거리	시설	월임대료
A	3×10=30	(40×3)+(5×3)=120+15	10(6km)	–	−30(300만 원)
B	2×10=20	(50×2)+(10×3)=100+30	10(10km)	–	−50(500만 원)
C	1×10=10	(90×1)+(15×3)=90+45	20(4km)	–	−40(400만 원)
D	2×10=20	(60×2)+(15×3)=120+45	5(14km)	−5(장애인시설 없음)	−50(500만 원)
E	2×10=20	(55×2)+(20×3)=110+60	10(8km)	−10(엘리베이터 없음)	−40(400만 원)

- A건물 : 30+(120+15)+10+(−30)=145점
- B건물 : 20+(100+30)+10+(−50)=110점
- C건물 : 10+(90+45)+20+(−40)=125점
- D건물 : 20+(120+45)+5+(−5)+(−50)=135점
- E건물 : 20+(110+60)+10+(−10)+(−40)=150점

따라서 점수가 가장 높은 E건물로 사무실을 이전한다.

10 자료 해석

정답 ①

2층 이상의 건물이므로 1층인 C건물은 제외되고, 엘리베이터가 없는 E건물과 장애인시설이 없는 D건물도 조건에 맞지 않아 K공사는 A, B건물 중에 계약해야 한다. 두 건물은 현장과의 거리도 모두 12km 이내이므로 환산점수 합을 비교하면 A건물이 145점으로 110점인 B건물보다 높아 K공사는 A건물로 사무실을 이전한다.

11 응용 수리

정답 ②

두 열차가 같은 시간 동안 이동한 거리의 합은 6km이다.
두 열차가 이동한 시간을 x시간이라고 하면, KTX와 새마을호 속력의 비는 7 : 5이므로 KTX와 새마을호가 이동한 거리는 각각 $7x$km, $5x$km이므로 다음과 같은 식이 성립한다.

$7x+5x=6$

$\therefore x=0.5$

따라서 새마을호가 이동한 거리는 2.5km, KTX가 이동한 거리는 3.5km이다.

12 응용 수리

정답 ①

가지고 있는 화분의 개수를 n개라고 하자.
화분을 앞문과 뒷문에 각각 한 개씩 배치한다고 하였으므로 배치하는 경우의 수는 ${}_nP_2=30$가지이다.

${}_nP_2=n\times(n-1)=30$

$\rightarrow (n+5)(n-6)=0$

$\therefore n=6$

따라서 전체 화분의 개수는 6개이다.

13 응용 수리

정답 ④

작년 남자 사원 수를 x명, 여자 사원 수를 y명이라고 하면 다음과 같은 식이 성립한다.

$x+y=500$ … ㉠

$0.9x+1.4y=500\times1.08 \rightarrow 0.9x+1.4y=540$ … ㉡

㉠과 ㉡을 연립하면 $x=320$, $y=180$이므로 작년 남자 사원 수는 320명이다.

14 수열 규칙

정답 ④

15^2, 16^2, 17^2, 18^2, …인 수열이다. 따라서 $19^2=361$이다.

15 자료 이해

정답 ③

남자 합격자 수는 1,003명, 여자 합격자 수는 237명이다. $\frac{1,003}{237}\fallingdotseq 4$이므로, 남자 합격자 수는 여자 합격자 수의 약 4배이다.

오답분석

①·② 자료를 통해 확인할 수 있다.

④ B집단의 경쟁률은 $\frac{585}{370}=\frac{117}{74}\fallingdotseq 1.6$%이다.

⑤ C집단의 모집정원은 K회사 전체 모집정원의 $\frac{269}{1,240}\times100\fallingdotseq 22$%를 차지한다.

16 자료 계산

정답 ④

그래프에서 '5만 미만', '5만 ~ 10만 미만', '10만 ~ 50만 미만'의 투자건수 비율을 모두 합하면 된다. 따라서 28+20.9+26=74.9%이다.

17 자료 계산

정답 ①

그래프에서 '100만 ~ 500만 미만', '500만 이상'의 투자건수 비율을 모두 합하면 된다. 따라서 11.9+4.5=16.4%이다.

18 자료 이해

정답 ④

2020 ~ 2024년까지 전체 이혼건수 증감추이는 계속적으로 증가했으며, 이와 같은 증감추이를 보이는 지역은 경기 지역 한 곳이다.

오답분석

① 2022 ~ 2024년 인천의 총 이혼건수는 35+32+39=106천 건, 서울의 총 이혼건수는 34+33+38=105천 건으로 인천이 많다.
② 2020 ~ 2024년까지 전체 이혼건수가 가장 적은 해는 2020년이고, 2024년은 이혼건수가 가장 많은 해이다.
③ 수도권(서울, 인천, 경기)의 이혼건수가 가장 많은 해는 2024년이다.

(단위 : 천 건)

지역	2020년	2021년	2022년	2023년	2024년
서울	28	29	34	33	38
인천	22	24	35	32	39
경기	19	21	22	28	33
합계(수도권)	69	74	91	93	110

⑤ 전체 이혼건수 대비 수도권의 이혼건수 비중은 2020년에 $\frac{69}{132}\times100≒52.3\%$, 2024년에는 $\frac{110}{178}\times100≒61.8\%$이다.

19 자료 이해

정답 ④

ㄴ. • 2023년 : 279×17.1≒4,771개
• 2024년 : 286×16.8≒4,805개

ㄹ. • 2022년 : 273×85=23,205억 원
• 2023년 : 279×91=25,389억 원
• 2024년 : 286×86.7=24,796.2억 원

오답분석

ㄱ. 2024년 창업보육센터 지원금액과 창업보육센터 수의 전년 대비 증가율을 구하면 다음과 같다.

• 2024년 창업보육센터 지원금액의 전년 대비 증가율 : $\frac{353-306}{306}\times100≒15.4\%$

• 2024년 창업보육센터 수의 전년 대비 증가율 : $\frac{286-279}{279}\times100≒2.5\%$

따라서 15.4>12.5(=2.5×5)이므로 2024년 창업보육센터 지원금액이 창업보육센터 수의 5배 이상이다.

ㄷ. 그래프를 통해 쉽게 확인할 수 있다.

20 자료 이해

정답 ①

고속국도 일평균 버스 교통량의 증감추이는 '증가 – 감소 – 증가 – 감소'이고, 일반국도 일평균 버스 교통량의 증감추이는 '감소 – 감소 – 감소 – 감소'이다. 따라서 고속국도와 일반국도 일평균 버스 교통량의 증감추이는 같지 않다.

오답분석

② 자료를 통해 확인할 수 있다.
③ 전년 대비 교통량이 감소한 2021년을 제외하고 국가지원지방도 연도별 일평균 버스 교통량의 전년 대비 증가율을 구하면 다음과 같다.

• 2022년 : $\frac{226-219}{219}\times100≒3.20\%$

• 2023년 : $\frac{231-226}{226}\times100≒2.21\%$

• 2024년 : $\frac{240-231}{231}\times100≒3.90\%$

따라서 2024년에 국가지원지방도 일평균 버스 교통량의 전년 대비 증가율이 가장 컸다.

④ 2020 ~ 2024년의 일반국도와 국가지원지방도 일평균 승용차 교통량의 합을 구하면 다음과 같다.

- 2020년 : 7,951+5,169=13,120대
- 2021년 : 8,470+5,225=13,695대
- 2022년 : 8,660+5,214=13,874대
- 2023년 : 8,988+5,421=14,409대
- 2024년 : 9,366+5,803=15,169대

따라서 고속국도 일평균 승용차 교통량은 일반국도와 국가지원지방도 일평균 승용차 교통량의 합보다 항상 많음을 알 수 있다.

⑤ 2024년 일반국도와 국가지원지방도 일평균 화물차 교통량의 합은 2,757+2,306=5,063대이고, 5,063×2.5=12,657.5<13,211이다. 따라서 2024년 고속국도 일평균 화물차 교통량은 2024년 일반국도와 국가지원지방도 일평균 화물차 교통량의 합의 2.5배 이상이다.

21 시간 계획

정답 ①

- 치과 진료 : 수요일 3주 연속 받는다고 하였으므로 13일, 20일은 무조건 치과 진료가 있다.
- 신혼여행 : 8박 9일간 신혼여행을 가고 휴가는 5일 사용할 수 있으므로 주말 4일을 포함해야 한다.

조건을 종합하면, 치과는 6일이 아닌 27일에 예약되어 있으며, 2일(토요일)부터 10일(일요일)까지 주말 4일을 포함하여 9일 동안 신혼여행을 다녀오게 된다. 신혼여행은 결혼식 다음 날 간다고 하였으므로 주어진 일정을 달력에 표시하면 다음과 같다.

일요일	월요일	화요일	수요일	목요일	금요일	토요일
					1 결혼식	2 신혼여행
3 신혼여행	4 신혼여행 / 휴가	5 신혼여행 / 휴가	6 신혼여행 / 휴가	7 신혼여행 / 휴가	8 신혼여행 / 휴가	9 신혼여행
10 신혼여행	11	12	13 치과	14	15	16
17	18	19	20 치과	21	22	23
24	25	26	27 치과	28 회의	29	30 추석연휴

따라서 A대리의 결혼날짜는 9월 1일이다.

22 시간 계획

정답 ④

모스크바에서의 체류시간을 구하기 위해서는 모스크바에 도착하는 시각과 모스크바에서 런던으로 출발하는 시각을 알아야 한다. 우선 각국의 시차를 계산하면, 러시아는 한국보다 6시간이 느리고(GMT+9−GMT+3), 영국보다는 3시간이 빠르다(GMT+0−GMT+3). 이를 참고하여 모스크바의 도착 및 출발 시간을 구하면 다음과 같다.

- 모스크바 도착 시간 : 7/14 09:00(대한민국 기준)+09:30(비행 시간)−06:00(시차)=7/14 12:30(러시아 기준)
- 모스크바 출발 시간(런던행) : 7/14 18:30(영국 기준)−04:00(비행 시간)+03:00(시차)=7/14 17:30(러시아 기준)

따라서 모스크바에서는 총 5시간(12:30 ~ 17:30)을 체류한다.

23 시간 계획

정답 ③

우선 B사원의 대화 내용을 살펴보면, 16:00부터 사내 정기 강연으로 2시간 정도 소요된다는 것을 알 수 있다. 또한 B사원은 강연 준비로 30분 정도 더 일찍 가야 하므로, 15:30부터는 가용할 시간이 없다. 그리고 기획안 작성업무는 두 시간 정도 걸릴 것으로 보고 있는데, A팀장이 먼저 기획안부터 마무리 짓자고 하였으므로, 11:00부터 업무를 시작하는 것으로 볼 수 있다. 그런데 중간에 점심시간이 껴 있으므로, 기획안 업무는 14:00에 완료될 것으로 볼 수 있다. 따라서 A팀장과 B사원 모두 여유가 되는 시간은 14:00 ~ 15:30이므로 가장 적절한 시간대는 ③이다.

24 비용 계산

정답 ③

정규시간 외에 초과근무가 있는 날의 시간 외 근무시간을 구하면 다음과 같다.

근무요일	초과 근무시간			1시간 공제
	출근	야근	합계	
1 ~ 15일	–	–	–	770분
18(월)	–	70분	70분	10분
20(수)	60분	20분	80분	20분
21(목)	30분	70분	100분	40분
25(월)	60분	90분	150분	90분
26(화)	30분	160분	190분	130분
27(수)	30분	100분	130분	70분
합계	–	–	–	1,130분

∴ 1,130분=18시간 50분

1시간 미만은 절사이므로 7,000원×18시간=126,000원이다.

25 비용 계산

정답 ④

대리와 이사장은 2급 이상 차이 나기 때문에 A대리는 이사장과 같은 호텔 등급의 객실에서 묵을 수 있다.

오답분석

① 비행기 요금은 실비이기 때문에 총비용은 변동이 있을 수 있다.
② 숙박비 5만 원, 교통비 2만 원, 일비 6만 원, 식비 4만 원으로 C차장의 출장비는 17만 원이다.
③ 같은 조건이라면 이사장과 이사는 출장비가 같다.
⑤ 부장과 차장은 출장비가 다르기 때문에 부장이 더 많이 받는다.

26 비용 계산

정답 ③

- A부장의 숙박비 : 80,000×9=720,000원
- P차장의 숙박비 : 50,000×9=450,000원

따라서 P차장의 호텔을 한 단계 업그레이드했을 때, 720,000−450,000=270,000원 이득이다.

27 품목 확정

정답 ①

우선 제품 특성표를 ★의 개수로 수치화하면 다음과 같다.

제품	가격	브랜드가치	무게	디자인	실용성
A	3	5	4	2	3
B	5	4	4	3	2
C	3	3	3	4	3
D	4	5	2	3	3
E	4	3	3	2	3

이때, 50대 고객이 선호하는 특성인 브랜드가치, 무게, 실용성 점수만 더하여 계산하면 다음과 같다.

- A : 5+4+3=12
- B : 4+4+2=10
- C : 3+3+3=9
- D : 5+2+3=10
- E : 3+3+3=9

따라서 점수가 가장 높은 A제품을 판매하는 것이 가장 합리적이다.

28 품목 확정

정답 ②

27번 해설의 표를 바탕으로 20대와 30대 고객이 선호하는 특성인 가격, 무게, 디자인, 실용성 점수만 더하여 계산하면 다음과 같다.

- A : 3+4+2+3=12
- B : 5+4+3+2=14
- C : 3+3+4+3=13
- D : 4+2+3+3=12
- E : 4+3+2+3=12

따라서 점수가 가장 높은 B제품을 판매하는 것이 가장 합리적이다.

29 인원 선발

정답 ①

승진자 결정방식에 따라 승진대상자 5명의 승진점수를 계산하면 다음과 같다.

(단위 : 점)

직원	업무실적점수	사고점수	근무태도점수	가점 및 벌점		승진점수
				점수	사유	
갑	20	7	7	+2	수상 1회	36
을	17	9	10	+4	수상 2회	40
병	13	8	7	–	–	28
정	20	6	4	–	–	30
무	10	10	10	+4	수상 1회, 무사고	34

승진점수가 높은 직원 2명은 승진점수가 40점인 을과 36점인 갑이므로, 갑과 을이 승진하게 된다.

30 인원 선발

정답 ④

우선 동료 평가에서 '하'를 받은 E와 I를 제외한다. 승진시험 성적은 100점 만점이므로 제시된 점수를 그대로 반영하고 영어 성적은 5를 나누어서 반영한다. 성과 평가의 경우는 2를 나누어서 반영해 합산점수를 구하면 다음과 같이 나온다.

구분	A	B	C	D	E	F	G	H	I	J	K
합산점수	220	225	225	200	제외	235	245	220	제외	225	230

따라서 F, G가 승진 대상자가 된다.

31 기술 이해

정답 ①

벤치마킹 데이터를 수집하고 분석하는 과정에서는 여러 보고서를 동시에 보고 붙이고 자르는 작업을 용이하게 해주는 문서 편집 시스템을 이용하는 것이 매우 유용하다.

32 기술 이해

정답 ③

기술능력이 뛰어난 사람의 특징

- 실질적 해결을 필요로 하는 문제를 인식한다.
- 인식된 문제를 위한 다양한 해결책을 개발하고 평가한다.
- 실제적 문제를 해결하기 위해 지식이나 기타 자원을 선택하고, 최적화시키며 적용한다.
- 주어진 한계 속에서 제한된 자원을 가지고 일한다.
- 기술적 해결에 대한 효용성을 평가한다.
- 여러 상황 속에서 기술의 체계와 도구를 사용하고 습득한다.

33 기술 적용

정답 ②

두께가 100 ~ 160micron 사이인 코팅지를 사용할 수 있으므로 120micron 코팅지는 사용할 수 있다.

오답분석

① 스위치를 'ON'으로 놓고 3 ~ 5분 정도 예열을 해야 하며, 예열표시등이 파란불에서 빨간불로 바뀌고 코팅을 할 수 있다.
③ 코팅지는 봉합된 부분부터 코팅 투입구에 넣어야 한다.
④ 코팅지는 코팅기를 통과하며 기기 뒷면 코팅 배출구에서 나오고, 임의로 코팅지를 잡아당기면 안 된다.
⑤ 사용 완료 후 1 ~ 2시간 정도 열을 충분히 식힌 후에 이동 및 보관해야 한다.

34 기술 적용

정답 ①

코팅지가 기기에 걸렸을 경우 앞면의 스위치를 'OFF'로 돌려 전원을 차단시킨 다음 기기 뒷면에 있는 'REMOVE' 스위치를 화살표 방향으로 밀면서 코팅 서류를 조심스럽게 당겨 뽑아야 한다.

35 기술 적용

정답 ②

②에 대한 내용은 문제 해결법에 나와 있지 않다.

36 기술 적용

정답 ④

인쇄 속도가 느릴 때 해결할 수 있는 방안이다.

37 기술 적용

정답 ④

다른 전화기에서 울리는 전화를 내 전화기에서 받으려면 '당겨받기' 기능을 사용하면 된다.

38 기술 적용

정답 ②

전화걸기 중 세 번째 문항에 대한 그림으로, 통화 중인 상태에서 다른 곳으로 전화를 걸기 원할 때의 사용방법을 설명하고 있다.

오답분석

① 전화받기에 해당하는 그림으로, 통화 중에 다른 전화를 받길 원할 때의 방법을 설명하고 있다.
③ 수신전환에 해당하는 그림으로, 다른 전화기로 수신을 전환하는 방법을 설명하고 있다.
④ 돌려주기에 해당하는 그림으로, 통화 중일 때 다른 전화기로 돌려주는 방법을 설명하고 있다.
⑤ 3자통화에 해당하는 그림으로, 통화 중일 때 제3자를 추가하여 통화하는 방법을 설명하고 있다.

39 기술 적용

정답 ③

처음 상태와 바뀐 상태를 비교하면, 1번과 2번 기계는 시계 방향으로 90°, 3번과 4번 기계는 시계 반대 방향으로 90° 회전했다. 우선 1번 기계가 시계 방향으로 90° 회전하려면 '○' 또는 '●' 스위치를 눌러야 한다. 이때 '●' 스위치를 누를 경우, 결과가 같아지려면 4번 기계가 180° 회전해야 한다. 즉, 스위치를 추가로 2번 눌러야 한다. 그러므로 '●' 스위치를 누르면 안 된다. 따라서 '○'와 '◑' 스위치를 눌러야 한다.

40 기술 적용

정답 ④

처음 상태와 바뀐 상태를 비교하면, 1번과 4번 기계는 모양이 바뀌지 않고, 2번 기계는 시계 방향으로 90°, 3번 기계는 시계 반대 방향으로 90° 회전했다. 우선 2번 기계가 시계 방향으로 90° 회전하려면 '○' 또는 '□' 스위치를 눌러야 한다. 이때 '□' 스위치를 누를 경우, 결과가 같아지려면 3번 기계가 180° 회전해야 한다. 즉, 스위치를 추가로 2번 눌러야 한다. 그러므로 '□' 스위치를 누르면 안 된다. 따라서 '○'와 '■' 스위치를 눌러야 한다.

41 경영 전략

정답 ①

스톡옵션제도에 대한 설명으로 자본참가 유형에 해당한다.

오답분석

② 스캔런 플랜에 대한 설명으로 성과참가 유형에 해당한다.
③ 러커 플랜에 대한 설명으로 성과참가 유형에 해당한다.
④ 노사협의제도에 대한 설명으로 의사결정참가 유형에 해당한다.
⑤ 노사공동결정제도에 대한 설명으로 의사결정참가 유형에 해당한다.

42 경영 전략

정답 ③

제시문의 내용을 살펴보면 K전자는 성장성이 높은 LCD 사업 대신에 익숙한 PDP 사업에 더욱 몰입하였으나, 점차 LCD의 경쟁력이 높아짐으로써 PDP는 무용지물이 되었다는 것을 알 수 있다. 따라서 K전자는 LCD 시장으로의 사업전략을 수정할 수 있었지만, 보다 익숙한 PDP 사업을 선택하고 집중함으로써 시장에서 경쟁력을 잃는 결과를 얻게 되었다.

43 경영 전략

정답 ③

경영활동은 조직의 효과성을 높이기 위해 총수입 극대화, 총비용 극소화를 통해 이윤을 창출하는 외부경영활동과, 조직내부에서 인적, 물적 자원 및 생산기술을 관리하는 내부경영활동으로 구분할 수 있다. 인도네시아 현지 시장의 규율을 조사하는 것은 시장진출을 준비하는 과정으로 외부경영활동에 해당된다.

오답분석

① 추후 진출 예정인 인도네시아 시장 고객들의 성향을 미리 파악하는 것은 외부경영활동이다.
② 가동률이 급락한 중국 업체를 대신해 국내 업체들과의 협력안을 검토하는 것은 내부 생산공정 관리와 같이 내부경영활동에 해당된다.
④ 내부 엔진 조립 공정을 개선하면 생산성을 증가시킬 수 있다는 피드백에 따라 이를 위한 기술개발에 투자하는 것은 생산관리로서 내부경영활동에 해당된다.
⑤ 다수의 직원들이 유연근무제를 원한다는 설문조사 결과에 따라 유연근무제의 일환인 탄력근무제를 도입하여 능률적으로 인력을 관리하는 것은 내부경영활동에 해당한다.

44 조직 구조

정답 ⑤

조직 문화는 조직의 안정성을 가져오므로 많은 조직들은 그 조직만의 독특한 조직 문화를 만들기 위해 노력한다.

45 조직 구조

정답 ⑤

영리조직의 사례로는 이윤 추구를 목적으로 하는 다양한 사기업을 들 수 있으며, 비영리조직으로는 자원봉사단체, 병원, 대학, 시민단체, 종교단체 등을 들 수 있다.

46 업무 종류

정답 ④

일반적인 조직에서 인사부는 조직기구의 개편 및 조정, 업무분장 및 조정, 직원수급계획 및 관리, 직무 및 정원의 조정 종합, 노사관리, 평가관리, 상벌관리, 인사발령, 교육체계 수립 및 관리, 임금제도, 복리후생제도 및 지원업무, 복무관리, 퇴직관리 등의 업무를 수행한다.

오답분석

① 총무부의 업무이다.
② 기획부의 업무이다.
③ 회계부의 업무이다.
⑤ 영업부의 업무이다.

47 업무 종류

정답 ②

각종 위원회 위원 위촉에 대한 전결규정은 없으므로 ②의 처리는 옳지 않다. 단, 대표이사의 부재중에 부득이하게 위촉을 해야 하는 경우가 발생했다면 차하위자(전무)가 대결을 할 수는 있다.

48 업무 종류

정답 ⑤

비품은 기관의 비품이나 차량 등을 관리하는 총무지원실에 신청해야 하며, 교육 일정은 사내 직원의 교육 업무를 담당하는 인사혁신실에서 확인해야 한다.

오답분석

기획조정실은 전반적인 조직 경영과 조직 문화 형성, 예산 업무, 이사회, 국회 협력 업무, 법무 관련 업무를 담당한다.

49 업무 종류

정답 ④

문제 발생의 원인은 회의내용에서 알 수 있는 내용이다.

오답분석

① 회의에 참가한 인원이 6명일 뿐 조직의 인원은 회의록에서 알 수 없다.
② 회의 참석자는 생산팀 2명, 연구팀 2명, 마케팅팀 2명으로 총 6명이다.
③ 마케팅팀에서 제품을 전격 회수하고 연구팀에서 유해성분을 조사하기로 했다.
⑤ 연구팀에서 유해성분을 조사하기로 결정했을 뿐 결과는 알 수 없다.

50 업무 종류

정답 ④

회의 후 가장 먼저 해야 할 일은 '주문량이 급격히 증가한 일주일 동안 생산된 제품 파악'이다. 문제의 제품이 전부 회수되어야 포장재질 및 인쇄된 잉크 유해성분을 조사한 뒤 적절한 조치가 가능하기 때문이다.

제2회

최종점검 모의고사

01	02	03	04	05	06	07	08	09	10	11	12	13	14	15	16	17	18	19	20
④	⑤	④	④	①	④	②	③	④	④	①	⑤	④	④	③	⑤	①	③	④	②
21	22	23	24	25	26	27	28	29	30	31	32	33	34	35	36	37	38	39	40
③	①	④	②	③	③	②	②	⑤	③	③	⑤	④	④	②	④	③	②	④	③
41	42	43	44	45	46	47	48	49	50										
③	①	②	④	③	⑤	③	④	③	④										

01 명제 추론

정답 ④

주어진 조건에 따르면 콩쥐는 빨간색 치마를 착용하고, 팥쥐는 검은색 고무신을 착용한다. 또한, 나머지 조건을 바탕으로 정리하면 다음과 같다.

- 콩쥐 : 파란색 고무신을 싫어하고 검은색 고무신은 이미 팥쥐가 착용하므로 빨간색과 노란색 고무신을 착용할 수 있는데, 콩쥐는 이미 빨간색 치마를 착용하므로 노란색 고무신을 착용한다.
- 팥쥐 : 이미 검은색 고무신을 착용하기 때문에 검은색 치마를 착용할 수 없고, 콩쥐가 빨간색 치마를 착용하기 때문에 노란색을 싫어하는 팥쥐는 파란색 치마를 착용한다. 또한, 노란색을 싫어하므로 빨간색 족두리를 착용한다.
- 향단 : 빨간색과 파란색 치마는 이미 팥쥐와 콩쥐가 착용하므로 검은색 치마를 싫어하는 향단이는 노란색 치마를 착용하고, 자연스럽게 춘향이가 검은색 치마를 착용한다. 또한, 춘향이가 빨간색을 싫어하므로 향단이가 빨간색 고무신을 착용하고, 춘향이는 파란색 고무신을 착용한다.
- 춘향 : 검은색 치마와 파란색 고무신을 착용하므로, 빨간색을 싫어하는 춘향이는 자연스럽게 노란색 족두리를 착용한다. 따라서 콩쥐와 향단이는 각각 파란색 또는 검은색 족두리를 착용하게 된다.

구분	족두리	치마	고무신
콩쥐	파란색 / 검은색	빨간색	노란색
팥쥐	빨간색	파란색	검은색
향단	검은색 / 파란색	노란색	빨간색
춘향	노란색	검은색	파란색

따라서 춘향이는 항상 검은색 치마를 착용한다.

오답분석

① · ⑤ 콩쥐와 향단이가 파란색과 검은색 족두리 중 어느 것을 착용할지는 알 수 없다.

② 팥쥐는 빨간색 족두리를 착용한다.

③ 향단이는 빨간색 고무신을 착용한다.

02 명제 추론

정답 ⑤

가장 높은 등급을 1등급이라 하고, 가장 낮은 등급을 5등급이라 하면, 마지막 조건에 따라 A는 3등급을 받는다. 또한, 첫 번째 조건에 따라 E는 4등급 또는 5등급이다. 이때, 두 번째 조건에 의해, C가 5등급, E가 4등급을 받고, 세 번째 조건에 의해, B는 1등급, D는 2등급을 받는다. 측정결과를 표로 정리하면 다음과 같다.

등급	1등급	2등급	3등급	4등급	5등급
환자	B	D	A	E	C

따라서 발송 대상자는 C와 E이다.

03 규칙 적용

정답 ④

'KS901012'는 아동용 10kg 이하의 자전거로, 109동 101호 입주민이 2번째로 등록한 자전거이다.

오답분석

① 등록순서를 제외한 일련번호는 7자리로 구성되어야 하며, 종류와 무게 구분 번호의 자리가 서로 바뀌어야 한다.
② 등록순서를 제외한 일련번호는 7자리로 구성되어야 한다.
③ 자전거 무게를 구분하는 두 번째 자리에는 L, M, S 중 하나만 올 수 있다.
⑤ 등록순서는 한 자리 숫자로 기재한다.

04 규칙 적용

정답 ④

마지막의 숫자는 동일 세대주가 자전거를 등록한 순서를 나타내므로 해당 자전거는 2번째로 등록한 자전거임을 알 수 있다. 따라서 자전거를 2대 이상 등록한 입주민의 자전거이다.

오답분석

① 'T'를 통해 산악용 자전거임을 알 수 있다.
② 'M'을 통해 자전거의 무게는 10kg 초과 20kg 미만임을 알 수 있다.
③ 104동 1205호에 거주하는 입주민의 자전거이다.
⑤ 자전거 등록대수 제한에 대한 정보는 나타나 있지 않다.

05 규칙 적용

정답 ①

입사순서는 해당 월의 누적 입사순서이므로 'W05240401'은 4월의 첫 번째 입사자임을 나타낼 뿐, 생산부서 최초의 여직원인지는 알 수 없다.

06 규칙 적용

정답 ④

M01240903	W03241005	M05240912	W05240913	W01241001	W04241009
W02240901	M04241101	W01240905	W03240909	M02241002	W03241007
M03240907	M01240904	W02240902	M04241008	M05241107	M01241103
M03240908	M05240910	M02241003	M01240906	M05241106	M02241004
M04241101	M05240911	W03241006	W05241105	W03241104	M05241108

여성(W) 중 기획부(03)에 입사한 사원은 모두 5명이다.

07 SWOT 분석

정답 ②

ㄱ. 기술개발을 통해 연비를 개선하는 것은 막대한 R&D 역량이라는 강점으로 휘발유의 부족 및 가격의 급등이라는 위협을 회피하거나 최소화하는 전략에 해당하므로 적절하다.

ㄹ. 생산설비에 막대한 투자를 했기 때문에 차량모델 변경의 어려움이라는 약점이 있는데, 레저용 차량 전반에 대한 수요 침체 및 다른 회사들과의 경쟁이 심화되고 있으므로 생산량 감축을 고려할 수 있다.

ㅁ. 생산 공장을 한 곳만 가지고 있다는 약점이 있지만 새로운 해외시장이 출현하고 있는 기회를 살려서 국내 다른 지역이나 해외에 공장들을 분산 설립할 수 있을 것이다.

ㅂ. 막대한 R&D 역량이라는 강점을 이용하여 휘발유의 부족 및 가격의 급등이라는 위협을 회피하거나 최소화하기 위해 경유용 레저 차량 생산을 고려할 수 있다.

오답분석

ㄴ. 소형 레저용 차량에 대한 수요 증대라는 기회 상황에서 대형 레저용 차량을 생산하는 것은 적절하지 않은 전략이다.

ㄷ. 차량모델 변경의 어려움이라는 약점을 보완하는 전략도 아니고, 소형 또는 저가형 레저용 차량에 대한 선호가 증가하는 기회에 대응하는 전략도 아니다. 또한, 차량 안전 기준의 강화 같은 규제 강화는 기회 요인이 아니라 위협 요인이다.

ㅅ. 기회는 새로운 해외시장의 출현인데 내수 확대에 집중하는 것은 기회를 살리는 전략이 아니다.

PART 2

08 자료 해석

정답 ③

월요일과 화요일에는 크림이 들어간 카페모카, 비엔나커피 중 하나를 마시는데, 화요일에는 우유가 들어가지 않은 음료를 마시므로 비엔나커피를 마시고, 전날 마신 음료는 다음 날 마시지 않으므로 월요일에는 카페모카를 마신다. 수요일에는 바닐라가 들어간 유일한 음료인 바닐라라테를 마신다. 목요일에는 우유가 들어가지 않은 아메리카노와 비엔나커피 중 하나를 마시는데, 비엔나커피는 일주일에 2번 이상 마시지 않으며, 비엔나커피는 이미 화요일에 마셨으므로 아메리카노를 마신다. 금요일에는 홍차라테를 마시고, 토요일과 일요일에는 시럽이 없고 우유가 들어가는 카페라테와 홍차라테 중 하나를 마신다. 바로 전날 마신 음료는 마시지 않으므로 토요일에는 카페라테를, 일요일에는 홍차라테를 마신다. 이를 표로 정리하면 다음과 같다.

일	월	화	수	목	금	토
홍차라테	카페모카	비엔나커피	바닐라라테	아메리카노	홍차라테	카페라테

따라서 아메리카노를 마신 날은 목요일이다.

09 자료 해석

정답 ④

바뀐 조건에 따라 甲이 요일별로 마실 음료를 정리하면 다음과 같다.

일	월	화	수	목	금	토
카페라테	카페모카	비엔나커피	바닐라라테	아메리카노	카페라테	홍차라테

금요일에는 카페라테를 마시고, 토요일과 일요일에는 시럽이 없고 우유가 들어가는 카페라테와 홍차라테를 한 잔씩 마신다. 바로 전날 마신 음료는 마실 수 없으므로 토요일에는 홍차라테를, 일요일에는 카페라테를 마신다.

10 자료 해석

정답 ④

A가 서브한 게임에서 전략팀이 득점하였으므로 이어지는 서브권은 A가 가지며, 전략팀이 총 4점을 득점한 상황이므로 팀 내에서 선수끼리 자리를 교체하여 A가 오른쪽에서 서브를 해야 한다. 그리고 서브를 받는 총무팀은 서브권이 넘어가지 않았기 때문에 선수끼리 코트 위치를 바꾸지 않는다. 따라서 ④가 가능하다.

11 응용 수리

정답 ①

퍼낸 소금물의 양을 xg이라고 하면 다음과 같은 식이 성립한다.

$\frac{6}{100}\times700-\frac{6}{100}x+\frac{13}{100}x=\frac{9}{100}\times700$

→ $4,200-6x+13x=6,300$

→ $7x=2,100$

∴ $x=300$

따라서 퍼낸 소금물의 양은 300g이다.

12 응용 수리

정답 ⑤

A, B기차의 길이를 각각 am, bm라고 가정하고 터널을 지나는 시간에 대한 방정식을 세우면 다음과 같다.

- A기차 : $\frac{600+a}{36}=25$ → $600+a=900$ → $a=300$
- B기차 : $\frac{600+b}{36}=20$ → $600+b=720$ → $b=120$

따라서 A기차의 길이는 300m이며, B기차의 길이는 120m이다.

13 응용 수리

정답 ④

작년보다 제주도 숙박권은 20%, 여행용 파우치는 10%를 더 준비했다고 했으므로 제주도 숙박권은 $10\times0.2=2$명, 여행용 파우치는 $20\times0.1=2$명이 경품을 더 받는다. 따라서 올해 경품을 받는 인원은 작년보다 4명 더 많다.

14 수열 규칙

정답 ④

$\underline{A\ B\ C}$ → $C=-\frac{1}{2}(A+B)$

A	B	C
−7	3	$2\left[=-\frac{1}{2}(-7+3)\right]$
30	−4	$-13\left[=-\frac{1}{2}\{30+(-4)\}\right]$
27	5	$-16\left[=-\frac{1}{2}(27+5)\right]$

15 자료 계산

정답 ③

보리와 쌀이 유일한 재화이므로, 물가지수는 보리와 쌀의 가격으로 구할 수 있다. 이를 토대로 소비자물가와 소비자물가지수를 구하면 다음과 같다.

구분	소비자물가	소비자물가지수
2022년	120×200+180×300=78,000원	100
2023년	150×200+220×300=96,000원	123
2024년	180×200+270×300=117,000원	150

2024년 소비자물가지수를 x라고 하면 다음과 같은 식이 성립한다.

$78,000 : 100=117,000 : x$

→ $x=150$

따라서 2024년도 물가상승률은 $\frac{150-100}{100}\times100=50\%$이다.

16 자료 이해

정답 ⑤

1970년 대비 2005년 과실류의 재배면적 비중은 4배 증가했는데, 2005년 과실류의 재배면적이 1970년에 비하여 100%p, 즉 2배 증가하였다고 가정할 경우, 전체 경지이용면적은 동일한 기간 동안 절반 수준으로 감소한 것으로 추정할 수 있으므로 옳은 설명이다.

오답분석

① 2023년과 2024년의 전체 재배면적이 같다면 미곡 재배면적도 동일하지만, 2024년의 전체 재배면적은 감소했으므로 미곡 재배면적도 감소했다.
② 양파의 재배면적 비중은 계속 증가하고 있지만, 양파의 재배면적이 꾸준히 증가하는지는 알 수 없다.
③ 1975년 사과와 감귤의 재배면적 비중은 54.1%(=41.9+12.2)이다. 따라서 다른 작물의 재배면적 비중이 45% 이상일 수 있으므로 1975년 과실류의 재배면적 중 사과의 재배면적이 가장 넓다고 할 수 없다.
④ 2000년 감귤의 재배면적은 1.26%(≒0.081×0.156×100)이고, 배추의 재배면적은 1.68%(≒0.141×0.119×100)이다. 따라서 감귤의 재배면적은 배추의 재배면적보다 좁다.

17 자료 계산

정답 ①

1970년에 비해서 2005년 비중이 가장 크게 감소한 작물은 맥류이고, 감소치는 30.9−4.9=26.0%p이다.

18 자료 계산

정답 ③

- 전년 대비 50대의 2024년 전체 일자리의 증가 수 : 532−515=17만 개
- 전년 대비 60세 이상의 2024년 전체 일자리의 증가 수 : 288−260=28만 개

19 자료 이해

정답 ④

자료를 통해 50대와 60세 이상의 연령대를 제외한 다른 연령대의 전체 일자리 규모는 감소했음을 알 수 있다.

오답분석

① 2023년 전체 일자리 규모에서 20대가 차지하는 비중은 $\frac{332}{2,301}\times100 \fallingdotseq 14.4\%$이고, 2024년은 $\frac{330}{2,323}\times100 \fallingdotseq 14.2\%$이다. 따라서 약 0.2%p 감소했다.
② 2024년 전체 일자리 규모에서 30대가 차지하는 비중은 $\frac{530}{2,323}\times100 \fallingdotseq 22.8\%$이다.
③ 2023년 40대의 지속 일자리 규모는 신규채용 일자리 규모의 $\frac{458}{165} \fallingdotseq 2.8$배이다.
⑤ 2024년 전체 일자리 규모는 2023년에 비해 2,323−2,301=22만 개 증가했다.

20 자료 이해

정답 ②

ㄱ. 남성 박사학위 취득자 중 50세 이상이 차지하는 비율은 $\frac{1,119}{5,730}\times100 \fallingdotseq 19.5\%$이고, 여성 박사학위 취득자 중 50세 이상이 차지하는 비율은 $\frac{466}{2,966}\times100 \fallingdotseq 15.7\%$이다. 따라서 남성 박사학위 취득자 중 50세 이상이 차지하는 비율이 더 높다.
ㄷ. 남성과 여성의 연령대별 박사학위 취득자 수가 많은 순위는 30세 이상 35세 미만>35세 이상 40세 미만>50세 이상>40세 이상 45세 미만>45세 이상 50세 미만>30세 미만 순서로 동일하다.

오답분석

ㄴ. 공학계열 박사학위 취득자 중 남성의 비율은 $\frac{2,441}{2,441+332}\times100≒88.0\%$, 사회계열 박사학위 취득자 중 남성의 비율은 $\frac{1,024}{1,024+649}\times100≒61.2\%$, 자연계열 박사학위 취득자 중 남성의 비율은 $\frac{891}{891+513}\times100≒63.5\%$이므로 남성의 비율이 높은 순위는 공학계열>자연계열>사회계열 순서이다.

ㄹ. 연령대별 남녀 박사학위 취득자 수의 차이를 구해보면, 30세 미만은 196－141＝55명, 30세 이상 35세 미만은 1,811－825＝986명, 35세 이상 40세 미만은 1,244－652＝592명, 40세 이상 45세 미만은 783－465＝318명, 45세 이상 50세 미만은 577－417＝160명, 50세 이상은 1,119－466＝653명이다. 따라서 연령대가 올라갈수록 남녀 박사학위 취득자 수의 차이가 점점 커지고 있다는 설명은 옳지 않다.

21 시간 계획

정답 ③

밴쿠버 지사에 메일이 도착한 밴쿠버 현지 시각은 2월 22일 오전 12시 15분이지만, 업무 시간이 아니므로 메일을 읽을 수 없다. 따라서 밴쿠버 지사에서 가장 빠르게 읽을 수 있는 시각은 전력 점검이 끝난 2월 22일 오전 10시 15분이다. 모스크바는 밴쿠버와 10시간의 시차가 있으므로 이때의 모스크바 현지 시각은 2월 22일 오후 8시 15분이다.

22 시간 계획

정답 ①

• 인천에서 아디스아바바까지 소요시간

(인천 → 광저우)	3시간 50분
(광저우 경유시간)	＋4시간 55분
(광저우 → 아디스아바바)	＋11시간 10분
	＝19시간 55분

• 아디스아바바에 도착한 현지날짜 및 시각

한국시간	3월 5일 오전 8시 40분
소요시간	＋19시간 55분
시차	－6시간
	＝3월 5일 오후 10시 35분

23 시간 계획

정답 ④

• 인천에서 말라보까지 소요시간

(인천 → 광저우)	3시간 50분
(광저우 경유시간)	＋4시간 55분
(지연출발)	＋2시간
(광저우 → 아디스아바바)	＋11시간 10분
(아디스아바바 경유시간)	＋6시간 10분
(아디스아바바 → 말라보)	＋5시간 55분
	＝34시간

• 말라보에 도착한 현지날짜 및 시각

한국시간	3월 5일 오전 8시 40분
소요시간	＋34시간
시차	－8시간
	＝3월 6일 오전 10시 40분

24 비용 계산

정답 ②

i) A사원이 용산역에서 오전 7시 30분 이후에 출발한다고 하였으므로 오전 7시 45분에 출발하는 KTX 781 열차를 탑승하고, 여수에 오전 11시 19분에 도착한다. 여수 지사방문 일정에는 40분이 소요되므로 일정을 마치는 시각은 오전 11시 59분이고, 낮 12시부터는 점심식사 시간이다. 식사를 마친 뒤 여수에서 순천으로 가는 열차는 오후 1시 5분에 출발하는 KTX 712 열차를 탑승하고, 순천에 오후 1시 22분에 도착한다. 순천 지사방문 일정에는 2시간이 소요되므로 일정을 마치는 시간은 오후 3시 22분이다. 따라서 용산역으로 돌아오는 열차는 오후 4시 57분에 출발하는 KTX 718 열차를 탑승할 수 있고, 이때 용산역 도착시간은 오후 7시 31분이다.

ii) 열차의 요금은 KTX 781 – 46,000원, KTX 712 – 8,400원, KTX 718 – 44,000원이므로, 총요금은 46,000+8,400+44,000=98,400원이다.

25 비용 계산

정답 ③

성과급 지급 기준에 따라 영업팀의 성과를 평가하면 다음과 같다.

구분	성과평가 점수	성과평가 등급	성과급 지급액
1분기	8×0.4+8×0.4+6×0.2=7.6	C	80만 원
2분기	8×0.4+6×0.4+8×0.2=7.2	C	80만 원
3분기	10×0.4+8×0.4+10×0.2=9.2	A	100+10=110만 원
4분기	8×0.4+8×0.4+8×0.2=8.0	B	90만 원

따라서 영업팀에게 1년간 지급되는 성과급의 총액은 80+80+110+90=360만 원이다.

26 비용 계산

정답 ③

도시락 구매비용을 요일별로 계산하면 다음과 같다.

- 월요일 : (5,000×3)+(2,900×10)=44,000원
- 화요일 : (3,900×10)+(4,300×3)=51,900원
- 수요일 : (3,000×8)+(3,900×2)=31,800원
- 목요일 : (4,500×4)+(7,900×2)=33,800원
- 금요일 : (5,500×4)+(4,300×7)=52,100원
- 토요일 : (3,900×2)+(3,400×10)=41,800원
- 일요일 : (3,700×10)+(6,000×4)=61,000원

따라서 K공사의 지난주 도시락 구매비용은 총 316,400원이다.

27 비용 계산

정답 ②

제시된 자료를 이용해 원격훈련 지원금 계산에 필요한 수치를 정리하면 다음과 같다.

구분	원격훈련 종류별 지원금	시간	수료인원	기업 규모별 지원 비율
X기업	5,400원	6시간	7명	100%
Y기업	3,800원	3시간	4명	70%
Z기업	11,000원	4시간	6명	50%

세 기업의 원격훈련 지원금을 계산하면 다음과 같다.

- X기업 : 5,400×6×7×1=226,800원
- Y기업 : 3,800×3×4×0.7=31,920원
- Z기업 : 11,000×4×6×0.5=132,000원

따라서 바르게 짝지어진 것은 ②이다.

28 품목 확정

정답 ②

각 업체의 1년 정비비용, 분기별 정비횟수, 정비 1회당 수질개선효과를 구한 후, 이에 따른 수질개선점수를 도출하면 다음과 같다.

업체	1년 정비비용(만 원)	분기별 정비횟수(회)	정비 1회당 수질개선효과(점)	수질개선점수(점)
A	6,000−3,950=2,050	$\frac{2,050}{30}=68$	75+65+80=220	$\frac{220\times68}{100}\fallingdotseq149$
B	6,000−4,200=1,800	$\frac{1,800}{30}=60$	79+68+84=231	$\frac{231\times60}{100}\fallingdotseq138$
C	6,000−4,800=1,200	$\frac{1,200}{30}=40$	74+62+84=220	$\frac{220\times40}{100}=88$
D	6,000−4,070=1,930	$\frac{1,930}{30}=64$	80+55+90=225	$\frac{225\times64}{100}=144$
E	6,000−5,100=900	$\frac{900}{30}=30$	83+70+86=239	$\frac{239\times30}{100}\fallingdotseq71$

따라서 수질개선점수가 가장 높은 A업체와 D업체가 선정된다.

29 인원 선발

정답 ⑤

신입사원 채용시험 영역별 점수를 가중치를 적용하여 총점을 계산하면 다음과 같다.

(단위 : 점)

구분	언어	수리	정보	상식	인성	총점
A	90×0.3=27	80×0.3=24	90×0.1=9	80×0.1=8	90×0.2=18	86
B	80×0.3=24	90×0.3=27	80×0.1=8	90×0.1=9	90×0.2=18	86
C	90×0.3=27	70×0.3=21	100×0.1=10	90×0.1=9	80×0.2=16	83
D	80×0.3=24	90×0.3=27	100×0.1=10	100×0.1=10	80×0.2=16	87
E	100×0.3=30	80×0.3=24	70×0.1=7	80×0.1=8	90×0.2=18	87

따라서 D와 E가 합격자로 선발된다.

30 인원 선발

정답 ③

변화된 선발기준의 가중치를 적용하여 총점을 계산하면 다음과 같다.

(단위 : 점)

구분	언어	수리	정보	상식	인성	총점
A	90×0.3=27	80×0.2=16	90×0.1=9	80×0.1=8	90×0.3=27	87
B	80×0.3=24	90×0.2=18	80×0.1=8	90×0.1=9	90×0.3=27	86
C	90×0.3=27	70×0.2=14	100×0.1=10	90×0.1=9	80×0.3=24	84
D	80×0.3=24	90×0.2=18	100×0.1=10	100×0.1=10	80×0.3=24	86
E	100×0.3=30	80×0.2=16	70×0.1=7	80×0.1=8	90×0.3=27	88

따라서 A와 E가 합격자로 선발된다.

31 기술 이해

정답 ③

조직 외부의 정보를 내부 구성원들에게 전달하는 것은 정보 수문장(Gate Keeping)의 혁신 활동으로 볼 수 있다. (C)에 들어갈 내용으로는 '프로젝트의 효과적인 진행을 감독한다.' 등이 적절하다.

32 기술 이해

정답 ⑤

벤치마킹은 비교대상에 따라 내부 · 경쟁적 · 비경쟁적 · 글로벌 벤치마킹으로 분류되며, 네스프레소는 뛰어난 비경쟁 기업의 유사 분야를 대상으로 벤치마킹하는 비경쟁적 벤치마킹을 하고 있다. 비경쟁적 벤치마킹은 아이디어 창출 가능성은 높으나 가공하지 않고 사용하면 실패할 가능성이 높다.

오답분석

① 내부 벤치마킹에 대한 설명이다.
②·③ 글로벌 벤치마킹에 대한 설명이다.
④ 경쟁적 벤치마킹에 대한 설명이다.

33 기술 이해

정답 ④

하향식 기술선택은 중장기적인 목표를 설정하고, 이를 달성하기 위해 핵심고객층 등에 제공하는 제품 및 서비스를 결정한다.

34 기술 적용

정답 ④

0	0	0	0
0	1	1	0
0	1	1	0
0	0	0	0

→ (가) →

0	0	0	0
0	0	0	0
0	0	1	1
0	0	1	1

=

0	0	0	0
0	0	0	0
0	0	1	0
0	0	0	0

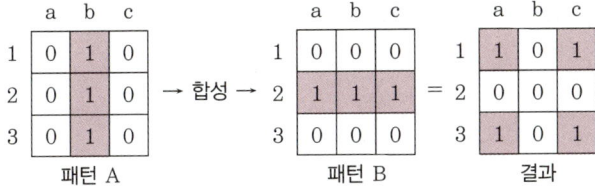

패턴 A, 패턴 B 모두 1인 경우에만 결괏값이 1이 되므로 AND 연산자가 사용되었다.

35 기술 적용

정답 ②

NOR(부정논리합) : 둘 다 거짓일 때만 참, 나머지 모두 거짓

	a	b	c
1	0	1	0
2	0	1	0
3	0	1	0

패턴 A

→ 합성 →

	a	b	c
1	0	0	0
2	1	1	1
3	0	0	0

패턴 B

=

	a	b	c
1	1	0	1
2	0	0	0
3	1	0	1

결과

36 기술 적용

정답 ④

사용 시 주의사항에서 유산소 운동의 효과를 가져올 수 있는 운동 시간에 대해서는 알 수 없으므로 ④는 안내문의 내용으로 적절하지 않다.

37 기술 적용

정답 ③

볼트와 너트 체결부분이 느슨해지면 제품에서 소음이 발생할 수 있으므로 체결부분을 다시 조여주어야 한다.

38 기술 적용

정답 ②

'수시'는 '일정하게 정하여 놓은 때 없이 그때그때 상황에 따름'을 의미한다. 즉, 하루에 한 번 청소할 수도 있고, 아닐 수도 있다. 따라서 정수기 청소는 하루에 1곳만 할 수도 있다.

오답분석

① 설치 시 주의사항에 설명되어 있다.
③ 제품 이상 시 조치방법에 설명되어 있다.
④ 10mm=1cm이므로, 외형치수를 환산하면 옳은 설명임을 알 수 있다.
⑤ 적정 시기에 필터를 교환하지 않으면 물이 나오지 않거나 정수물이 너무 느리게 채워지는 문제가 발생한다.

39 기술 적용

정답 ④

ㄱ. 정수기에 사용되는 필터는 세디먼트 필터, 프리카본 필터, UF중공사막 필터, 실버블록카본 필터로 총 4개이다.
ㄹ. 설치 시 주의사항으로 벽면에서 20cm 이상 띄워 설치하라고 언급했다. 따라서 지켜지지 않을 경우 문제가 발생할 수 있다.

오답분석

ㄴ. 시너 및 벤젠은 제품의 변색이나 표면이 상할 우려가 있으므로 사용하지 말라고 명시되어 있다. 따라서 급한 경우라도 사용하지 않는 것이 옳다.
ㄷ. 프리카본 필터의 교환주기는 약 8개월이다. 3년은 36개월이므로, 4번 교환해야 한다.

40 기술 적용

정답 ③

냉수가 나오지 않을 때는 공급 전원이 220V인지 확인하고 전원을 220V로 맞추거나, 냉수 램프에 전원이 들어오는지 확인하고 제품 뒷면의 냉수 스위치가 켜져있는지 확인하면 된다. 따라서 서비스센터에 연락하지 않고 해결이 가능하다.

41 경영 전략

정답 ③

경영은 경영목적, 인적자원, 자금, 전략의 4요소로 구성된다.
ㄱ. 경영목적
ㄴ. 인적자원
ㅁ. 자금
ㅂ. 전략

오답분석

ㄷ. 마케팅
ㄹ. 회계

42 조직 구조

정답 ①

조직변화의 과정

1. 환경변화 인지
2. 조직변화 방향 수립
3. 조직변화 실행
4. 변화결과 평가

43 경영 전략

정답 ②

시각, 청각, 후각, 촉각, 미각의 다섯 가지 감각을 통해 만들어진 감각 마케팅의 사례로, 개인화 마케팅의 사례로 보기는 어렵다.

오답분석

① 고객들의 개인적인 사연을 기반으로 광고 서비스를 제공함으로써 개인화 마케팅의 사례로 적절하다.
③ 고객들이 자신이 직접 사과를 받는 듯한 효과를 얻게 됨으로써 개인화 마케팅의 사례로 적절하다.
④ 댓글 작성자의 이름을 기반으로 이벤트를 진행함으로써 개인화 마케팅의 사례로 적절하다.
⑤ 고객의 이름을 불러주고 서비스를 제공해 줌으로써 개인화 마케팅의 사례로 적절하다.

44 조직 구조

정답 ④

교육내용은 R&D 정책, 사업 제안서, 지식재산권 등 모두 R&D 사업과 관련된 내용이다. 따라서 기상산업 R&D 사업 관리를 총괄하는 산업연구지원실이 가장 관련이 높은 부서이다.

45 조직 구조

정답 ③

기상상담실은 기상예보 해설 및 상담업무 지원, 기상상담실 상담품질관리, 대국민 기상상담 등의 업무를 수행하므로 기상예보 해설 PPT 및 보도자료 결과보고와 밀접하게 관련이 있다.

46 경영 전략

정답 ⑤

세계적 기업인 맥킨지에 의해 개발된 7S 모형은 조직의 내부역량을 분석하는 도구이다. 조직문화를 구성하고 있는 7S는 전략, 공유가치, 관리기술, 시스템, 스태프, 스타일, 조직 구조를 말한다. 7S 모형은 기업, 부서나 사업뿐만 아니라 지방자치단체, 국가 등 큰 조직을 진단하고 변혁할 때도 사용된다.

7S 모형

- 3S : 경영 전략의 목표와 지침이 되는 항목
  - 시스템(System) : 조직 운영의 의사결정과 일상 운영의 틀이 되는 각종 시스템
  - 조직 구조(Structure) : 조직의 전략을 수행하는 데 필요한 틀로서 구성원의 역할과 그들 간의 상호관계를 지배하는 공식 요소
  - 전략(Strategy) : 조직의 장기적인 목적과 계획 그리고 이를 달성하기 위한 장기적인 행동지침
- 4S : 상위 3S를 지원하는 하위 지원 요소
  - 스태프(Staff) : 조직의 인력 구성, 구성원들의 능력과 전문성·가치관과 신념·욕구와 동기·지각과 태도·행동패턴
  - 스타일(Style) : 구성원들을 이끌어 나가는 전반적인 조직관리 스타일
  - 공유가치(Shared Value) : 조직 구성원들의 행동이나 사고를 특정 방향으로 이끌어 가는 원칙이나 기준
  - 관리기술(Skill) : 하드웨어는 물론 이를 사용하는 소프트웨어 기술을 포함하는 요소

47 업무 종류

정답 ③

오전 반차를 사용한 이후 14시부터 16시까지 미팅 업무가 있는 J대리는 택배 접수 마감 시간인 16시 이전에 행사 용품 오배송건 반품 업무를 진행할 수 없다.

오답분석

① A부장은 G과장에게 부서장 대리로서 회의에 참석해 달라고 하였다.
② ○○프로젝트 보고서 초안 작성 업무는 해당 프로젝트 회의에 참석하는 G과장이 담당하는 것이 적절하다.
④·⑤ 사내 교육 프로그램 참여 이후 17시 전까지 주요 업무가 없는 L사원과 O사원은 우체국 방문 및 등기 발송 업무나 사무비품 주문서 작성 업무를 담당할 수 있다.

48 업무 종류

정답 ④

재무분석은 회계감사 분야의 직무내용으로 인사팀이 아닌 재무회계팀이 담당하는 업무이다.

49 업무 종류

정답 ③

예산편성 및 원가관리 개념은 경영기획 분야에서 필요로 하는 지식으로, 경영기획 분야에서는 주로 사업 환경을 분석하고, 사업별 투자와 예산, 경영 리스크 등을 관리한다.

오답분석

①·②·④·⑤ 마케팅전략 계획 수립과 신상품 기획 등의 직무를 수행하는 마케팅전략기획 분야에서 필요로 하는 지식·기술·태도이다.

50 조직 구조

정답 ④

항공보안교육을 반드시 이수해야 하는 교육 대상자는 보안검색감독자, 보안검색요원, 장비유지보수요원이다. 보안검색팀의 경우 보안검색 협력사를 관리하고, 보안검색을 감독하는 업무를 담당하고 있으므로 보안검색요원은 보안검색요원교육을, 보안검색감독자는 보안검색감독자교육을 반드시 이수해야 한다. 또한 보안장비팀은 항공보안장비를 구매하고 유지·관리하는 업무를 담당하므로 장비유지보수요원은 반드시 장비유지보수교육을 이수해야 한다. 따라서 항공보안교육을 반드시 이수해야 하는 팀은 보안검색팀과 보안장비팀이다.

한국가스기술공사 NCS 답안카드

성 명

지원 분야

문제지 형별기재란	
( )형	Ⓐ Ⓑ

수 험 번 호						
⓪	⓪	⓪	⓪	⓪	⓪	⓪
①	①	①	①	①	①	①
②	②	②	②	②	②	②
③	③	③	③	③	③	③
④	④	④	④	④	④	④
⑤	⑤	⑤	⑤	⑤	⑤	⑤
⑥	⑥	⑥	⑥	⑥	⑥	⑥
⑦	⑦	⑦	⑦	⑦	⑦	⑦
⑧	⑧	⑧	⑧	⑧	⑧	⑧
⑨	⑨	⑨	⑨	⑨	⑨	⑨

감독위원 확인
㉠ 인

1	① ② ③ ④ ⑤	21	① ② ③ ④ ⑤	41	① ② ③ ④ ⑤
2	① ② ③ ④ ⑤	22	① ② ③ ④ ⑤	42	① ② ③ ④ ⑤
3	① ② ③ ④ ⑤	23	① ② ③ ④ ⑤	43	① ② ③ ④ ⑤
4	① ② ③ ④ ⑤	24	① ② ③ ④ ⑤	44	① ② ③ ④ ⑤
5	① ② ③ ④ ⑤	25	① ② ③ ④ ⑤	45	① ② ③ ④ ⑤
6	① ② ③ ④ ⑤	26	① ② ③ ④ ⑤	46	① ② ③ ④ ⑤
7	① ② ③ ④ ⑤	27	① ② ③ ④ ⑤	47	① ② ③ ④ ⑤
8	① ② ③ ④ ⑤	28	① ② ③ ④ ⑤	48	① ② ③ ④ ⑤
9	① ② ③ ④ ⑤	29	① ② ③ ④ ⑤	49	① ② ③ ④ ⑤
10	① ② ③ ④ ⑤	30	① ② ③ ④ ⑤	50	① ② ③ ④ ⑤
11	① ② ③ ④ ⑤	31	① ② ③ ④ ⑤		
12	① ② ③ ④ ⑤	32	① ② ③ ④ ⑤		
13	① ② ③ ④ ⑤	33	① ② ③ ④ ⑤		
14	① ② ③ ④ ⑤	34	① ② ③ ④ ⑤		
15	① ② ③ ④ ⑤	35	① ② ③ ④ ⑤		
16	① ② ③ ④ ⑤	36	① ② ③ ④ ⑤		
17	① ② ③ ④ ⑤	37	① ② ③ ④ ⑤		
18	① ② ③ ④ ⑤	38	① ② ③ ④ ⑤		
19	① ② ③ ④ ⑤	39	① ② ③ ④ ⑤		
20	① ② ③ ④ ⑤	40	① ② ③ ④ ⑤		

※ 본 답안지는 마킹연습용 모의 답안지입니다.

〈절취선〉

한국가스기술공사 NCS 답안카드

성 명

지원 분야

문제지 형별기재란	
( )형	Ⓐ Ⓑ

수 험 번 호						
⓪	⓪	⓪	⓪	⓪	⓪	⓪
①	①	①	①	①	①	①
②	②	②	②	②	②	②
③	③	③	③	③	③	③
④	④	④	④	④	④	④
⑤	⑤	⑤	⑤	⑤	⑤	⑤
⑥	⑥	⑥	⑥	⑥	⑥	⑥
⑦	⑦	⑦	⑦	⑦	⑦	⑦
⑧	⑧	⑧	⑧	⑧	⑧	⑧
⑨	⑨	⑨	⑨	⑨	⑨	⑨

감독위원 확인
㊞

1	①	②	③	④	⑤	21	①	②	③	④	⑤	41	①	②	③	④	⑤
2	①	②	③	④	⑤	22	①	②	③	④	⑤	42	①	②	③	④	⑤
3	①	②	③	④	⑤	23	①	②	③	④	⑤	43	①	②	③	④	⑤
4	①	②	③	④	⑤	24	①	②	③	④	⑤	44	①	②	③	④	⑤
5	①	②	③	④	⑤	25	①	②	③	④	⑤	45	①	②	③	④	⑤
6	①	②	③	④	⑤	26	①	②	③	④	⑤	46	①	②	③	④	⑤
7	①	②	③	④	⑤	27	①	②	③	④	⑤	47	①	②	③	④	⑤
8	①	②	③	④	⑤	28	①	②	③	④	⑤	48	①	②	③	④	⑤
9	①	②	③	④	⑤	29	①	②	③	④	⑤	49	①	②	③	④	⑤
10	①	②	③	④	⑤	30	①	②	③	④	⑤	50	①	②	③	④	⑤
11	①	②	③	④	⑤	31	①	②	③	④	⑤						
12	①	②	③	④	⑤	32	①	②	③	④	⑤						
13	①	②	③	④	⑤	33	①	②	③	④	⑤						
14	①	②	③	④	⑤	34	①	②	③	④	⑤						
15	①	②	③	④	⑤	35	①	②	③	④	⑤						
16	①	②	③	④	⑤	36	①	②	③	④	⑤						
17	①	②	③	④	⑤	37	①	②	③	④	⑤						
18	①	②	③	④	⑤	38	①	②	③	④	⑤						
19	①	②	③	④	⑤	39	①	②	③	④	⑤						
20	①	②	③	④	⑤	40	①	②	③	④	⑤						

※ 본 답안지는 마킹연습용 모의 답안지입니다.

한국가스기술공사 NCS 답안카드

성 명

지원 분야

문제지 형별기재란	
(　　　)형	Ⓐ Ⓑ

수 험 번 호						
⓪	⓪	⓪	⓪	⓪	⓪	⓪
①	①	①	①	①	①	①
②	②	②	②	②	②	②
③	③	③	③	③	③	③
④	④	④	④	④	④	④
⑤	⑤	⑤	⑤	⑤	⑤	⑤
⑥	⑥	⑥	⑥	⑥	⑥	⑥
⑦	⑦	⑦	⑦	⑦	⑦	⑦
⑧	⑧	⑧	⑧	⑧	⑧	⑧
⑨	⑨	⑨	⑨	⑨	⑨	⑨

감독위원 확인
㊞

1	①	②	③	④	⑤	21	①	②	③	④	⑤	41	①	②	③	④	⑤
2	①	②	③	④	⑤	22	①	②	③	④	⑤	42	①	②	③	④	⑤
3	①	②	③	④	⑤	23	①	②	③	④	⑤	43	①	②	③	④	⑤
4	①	②	③	④	⑤	24	①	②	③	④	⑤	44	①	②	③	④	⑤
5	①	②	③	④	⑤	25	①	②	③	④	⑤	45	①	②	③	④	⑤
6	①	②	③	④	⑤	26	①	②	③	④	⑤	46	①	②	③	④	⑤
7	①	②	③	④	⑤	27	①	②	③	④	⑤	47	①	②	③	④	⑤
8	①	②	③	④	⑤	28	①	②	③	④	⑤	48	①	②	③	④	⑤
9	①	②	③	④	⑤	29	①	②	③	④	⑤	49	①	②	③	④	⑤
10	①	②	③	④	⑤	30	①	②	③	④	⑤	50	①	②	③	④	⑤
11	①	②	③	④	⑤	31	①	②	③	④	⑤						
12	①	②	③	④	⑤	32	①	②	③	④	⑤						
13	①	②	③	④	⑤	33	①	②	③	④	⑤						
14	①	②	③	④	⑤	34	①	②	③	④	⑤						
15	①	②	③	④	⑤	35	①	②	③	④	⑤						
16	①	②	③	④	⑤	36	①	②	③	④	⑤						
17	①	②	③	④	⑤	37	①	②	③	④	⑤						
18	①	②	③	④	⑤	38	①	②	③	④	⑤						
19	①	②	③	④	⑤	39	①	②	③	④	⑤						
20	①	②	③	④	⑤	40	①	②	③	④	⑤						

※ 본 답안지는 마킹연습용 모의 답안지입니다.

〈절취선〉

한국가스기술공사 NCS 답안카드

성 명

지원 분야

문제지 형별기재란	
( )형	Ⓐ Ⓑ

수 험 번 호						
⓪	⓪	⓪	⓪	⓪	⓪	⓪
①	①	①	①	①	①	①
②	②	②	②	②	②	②
③	③	③	③	③	③	③
④	④	④	④	④	④	④
⑤	⑤	⑤	⑤	⑤	⑤	⑤
⑥	⑥	⑥	⑥	⑥	⑥	⑥
⑦	⑦	⑦	⑦	⑦	⑦	⑦
⑧	⑧	⑧	⑧	⑧	⑧	⑧
⑨	⑨	⑨	⑨	⑨	⑨	⑨

감독위원 확인
(인)

1	①	②	③	④	⑤	21	①	②	③	④	⑤	41	①	②	③	④	⑤
2	①	②	③	④	⑤	22	①	②	③	④	⑤	42	①	②	③	④	⑤
3	①	②	③	④	⑤	23	①	②	③	④	⑤	43	①	②	③	④	⑤
4	①	②	③	④	⑤	24	①	②	③	④	⑤	44	①	②	③	④	⑤
5	①	②	③	④	⑤	25	①	②	③	④	⑤	45	①	②	③	④	⑤
6	①	②	③	④	⑤	26	①	②	③	④	⑤	46	①	②	③	④	⑤
7	①	②	③	④	⑤	27	①	②	③	④	⑤	47	①	②	③	④	⑤
8	①	②	③	④	⑤	28	①	②	③	④	⑤	48	①	②	③	④	⑤
9	①	②	③	④	⑤	29	①	②	③	④	⑤	49	①	②	③	④	⑤
10	①	②	③	④	⑤	30	①	②	③	④	⑤	50	①	②	③	④	⑤
11	①	②	③	④	⑤	31	①	②	③	④	⑤						
12	①	②	③	④	⑤	32	①	②	③	④	⑤						
13	①	②	③	④	⑤	33	①	②	③	④	⑤						
14	①	②	③	④	⑤	34	①	②	③	④	⑤						
15	①	②	③	④	⑤	35	①	②	③	④	⑤						
16	①	②	③	④	⑤	36	①	②	③	④	⑤						
17	①	②	③	④	⑤	37	①	②	③	④	⑤						
18	①	②	③	④	⑤	38	①	②	③	④	⑤						
19	①	②	③	④	⑤	39	①	②	③	④	⑤						
20	①	②	③	④	⑤	40	①	②	③	④	⑤						

※ 본 답안지는 마킹연습용 모의 답안지입니다.

한국가스기술공사 NCS 답안카드

성 명

지원 분야

문제지 형별기재란	
(　　　)형	Ⓐ Ⓑ

수 험 번 호						
⓪	⓪	⓪	⓪	⓪	⓪	⓪
①	①	①	①	①	①	①
②	②	②	②	②	②	②
③	③	③	③	③	③	③
④	④	④	④	④	④	④
⑤	⑤	⑤	⑤	⑤	⑤	⑤
⑥	⑥	⑥	⑥	⑥	⑥	⑥
⑦	⑦	⑦	⑦	⑦	⑦	⑦
⑧	⑧	⑧	⑧	⑧	⑧	⑧
⑨	⑨	⑨	⑨	⑨	⑨	⑨

감독위원 확인
㊞

1	① ② ③ ④ ⑤	21	① ② ③ ④ ⑤	41	① ② ③ ④ ⑤
2	① ② ③ ④ ⑤	22	① ② ③ ④ ⑤	42	① ② ③ ④ ⑤
3	① ② ③ ④ ⑤	23	① ② ③ ④ ⑤	43	① ② ③ ④ ⑤
4	① ② ③ ④ ⑤	24	① ② ③ ④ ⑤	44	① ② ③ ④ ⑤
5	① ② ③ ④ ⑤	25	① ② ③ ④ ⑤	45	① ② ③ ④ ⑤
6	① ② ③ ④ ⑤	26	① ② ③ ④ ⑤	46	① ② ③ ④ ⑤
7	① ② ③ ④ ⑤	27	① ② ③ ④ ⑤	47	① ② ③ ④ ⑤
8	① ② ③ ④ ⑤	28	① ② ③ ④ ⑤	48	① ② ③ ④ ⑤
9	① ② ③ ④ ⑤	29	① ② ③ ④ ⑤	49	① ② ③ ④ ⑤
10	① ② ③ ④ ⑤	30	① ② ③ ④ ⑤	50	① ② ③ ④ ⑤
11	① ② ③ ④ ⑤	31	① ② ③ ④ ⑤		
12	① ② ③ ④ ⑤	32	① ② ③ ④ ⑤		
13	① ② ③ ④ ⑤	33	① ② ③ ④ ⑤		
14	① ② ③ ④ ⑤	34	① ② ③ ④ ⑤		
15	① ② ③ ④ ⑤	35	① ② ③ ④ ⑤		
16	① ② ③ ④ ⑤	36	① ② ③ ④ ⑤		
17	① ② ③ ④ ⑤	37	① ② ③ ④ ⑤		
18	① ② ③ ④ ⑤	38	① ② ③ ④ ⑤		
19	① ② ③ ④ ⑤	39	① ② ③ ④ ⑤		
20	① ② ③ ④ ⑤	40	① ② ③ ④ ⑤		

※ 본 답안지는 마킹연습용 모의 답안지입니다.

〈절취선〉

한국가스기술공사 NCS 답안카드

성 명

지원 분야

문제지 형별기재란	
( )형	Ⓐ Ⓑ

수 험 번 호						
⓪	⓪	⓪	⓪	⓪	⓪	⓪
①	①	①	①	①	①	①
②	②	②	②	②	②	②
③	③	③	③	③	③	③
④	④	④	④	④	④	④
⑤	⑤	⑤	⑤	⑤	⑤	⑤
⑥	⑥	⑥	⑥	⑥	⑥	⑥
⑦	⑦	⑦	⑦	⑦	⑦	⑦
⑧	⑧	⑧	⑧	⑧	⑧	⑧
⑨	⑨	⑨	⑨	⑨	⑨	⑨

감독위원 확인
인

1	①	②	③	④	⑤	21	①	②	③	④	⑤	41	①	②	③	④	⑤
2	①	②	③	④	⑤	22	①	②	③	④	⑤	42	①	②	③	④	⑤
3	①	②	③	④	⑤	23	①	②	③	④	⑤	43	①	②	③	④	⑤
4	①	②	③	④	⑤	24	①	②	③	④	⑤	44	①	②	③	④	⑤
5	①	②	③	④	⑤	25	①	②	③	④	⑤	45	①	②	③	④	⑤
6	①	②	③	④	⑤	26	①	②	③	④	⑤	46	①	②	③	④	⑤
7	①	②	③	④	⑤	27	①	②	③	④	⑤	47	①	②	③	④	⑤
8	①	②	③	④	⑤	28	①	②	③	④	⑤	48	①	②	③	④	⑤
9	①	②	③	④	⑤	29	①	②	③	④	⑤	49	①	②	③	④	⑤
10	①	②	③	④	⑤	30	①	②	③	④	⑤	50	①	②	③	④	⑤
11	①	②	③	④	⑤	31	①	②	③	④	⑤						
12	①	②	③	④	⑤	32	①	②	③	④	⑤						
13	①	②	③	④	⑤	33	①	②	③	④	⑤						
14	①	②	③	④	⑤	34	①	②	③	④	⑤						
15	①	②	③	④	⑤	35	①	②	③	④	⑤						
16	①	②	③	④	⑤	36	①	②	③	④	⑤						
17	①	②	③	④	⑤	37	①	②	③	④	⑤						
18	①	②	③	④	⑤	38	①	②	③	④	⑤						
19	①	②	③	④	⑤	39	①	②	③	④	⑤						
20	①	②	③	④	⑤	40	①	②	③	④	⑤						

※ 본 답안지는 마킹연습용 모의 답안지입니다.

2025 최신판 시대에듀 한국가스기술공사 NCS + 최종점검 모의고사 5회 + 무료NCS특강

개정7판1쇄 발행	2025년 03월 20일 (인쇄 2025년 02월 19일)
초 판 발 행	2019년 05월 03일 (인쇄 2019년 04월 05일)
발 행 인	박영일
책 임 편 집	이해욱
편 저	SDC(Sidae Data Center)
편 집 진 행	김재희 · 윤소빈
표지디자인	박수영
편집디자인	양혜련 · 장성복
발 행 처	(주)시대고시기획
출 판 등 록	제10-1521호
주 소	서울시 마포구 큰우물로 75 [도화동 538 성지 B/D] 9F
전 화	1600-3600
팩 스	02-701-8823
홈 페 이 지	www.sdedu.co.kr

I S B N	979-11-383-8790-3 (13320)
정 가	25,000원

한국가스 기술공사

NCS+최종점검 모의고사 5회

최신 출제경향 전면 반영

시대에듀가 합격을 준비하는
당신에게 제안합니다.
결심하셨다면 지금 당장 실행하십시오.
시대에듀와 함께라면 문제없습니다.
성공의 기회!
시대에듀를 잡으십시오.
NEXT STEP!
기회란 포착되어 활용되기 전에는 기회인지조차 알 수 없는 것이다.
– 마크 트웨인 –